高等院校石油天然气类规划教材

油气储存与装卸

(富媒体)

主 编 黄 坤 王保庆
副主编 段蜀波 南子龙 孙永忠

石油工业出版社

内 容 提 要

本书结合我国油气库生产建设和运营管理实际状况，按照油气储运专业范畴，系统介绍了石油库设计基本知识、油品储存与装卸、地下储气库、液化天然气储存与装卸、液化石油气储存与装卸的相关理论知识和工艺，阐述了油气库自动化系统、安全分析方法和技术。本书在校企联合编写的基础上，以二维码为纽带，介绍了油气储存与装卸生产过程中涉及的典型案例。同时，本书各章均附有课程思政内容，把立德树人贯穿于教育教学全过程。

本书可作为高等院校油气储运工程专业的专业教材，也可作为油气储运工程技术人员和相关从业人员的学习和培训资料。

图书在版编目（CIP）数据

油气储存与装卸：富媒体/黄坤，王保庆主编. —北京：石油工业出版社，2024.2（2025.1重印）

高等院校石油天然气类规划教材

ISBN 978-7-5183-6556-2

Ⅰ.①油… Ⅱ.①黄…②王… Ⅲ.①石油与天然气储运—高等学校—教材 Ⅳ.①TE8

中国国家版本馆CIP数据核字（2024）第042673号

出版发行：石油工业出版社
（北京市朝阳区安华里二区1号楼 100011）
网　　址：www.petropub.com
编辑部：（010）64523697
图书营销中心：（010）64523633
经　　销：全国新华书店
排　　版：三河市聚拓图文制作有限公司
印　　刷：北京中石油彩色印刷有限责任公司

2024年2月第1版　2025年1月第2次印刷
889毫米×1194毫米　开本：1/16　印张：17.25　插页：6
字数：595千字

定价：49.90元
（如发现印装质量问题，我社图书营销中心负责调换）
版权所有，翻印必究

《油气储存与装卸（富媒体）》编写人员

主　编：黄　坤　西南石油大学
　　　　王保庆　中石化天津液化天然气有限责任公司
副主编：段蜀波　西南石油大学
　　　　南子龙　国家管网集团工程技术创新有限公司
　　　　孙永忠　中石油四川销售分公司
主　审：马国光　西南石油大学
　　　　谢　丹　国家石油天然气管网集团有限公司
编　委：（以姓氏拼音为序）
　　　　蔡亮学　西南石油大学
　　　　陈晓辉　中石油昆仑燃气有限公司湖南分公司
　　　　黄　橙　西南石油大学
　　　　刘可薇　西南石油大学
　　　　毛川勤　中石油西南油气田分公司
　　　　孙　杰　西南石油大学

前　　言

油气储存与装卸是油气储运工程生产中最重要的环节，是油气储运工程专业的专业核心课程，内容涉及原油石油库、成品油石油库、地下储气库、液化天然气和液化石油气方面的储存与装卸和控制技术。本教材在调研、资料收集和分析整理的基础上，结合我国当前油气库建设和生产管理实际状况，采用校企联合方式，经过两年课堂教学实践编写而成。

在本书的编写过程中，力求体现和反映近年来在油气储存与装卸方面国内外的新技术和新工艺。根据油气储运工程专业的课程设置，其他课程涉及的油气储存与装卸相关知识内容未再进行介绍。为培养卓越工程师和学生的创新能力，书中工艺提炼于生产实际，思考题进行了拓展和扩散。本书依托富媒体资源介绍了油气储存与装卸生产过程中涉及的典型案例，并按照《高等学校课程思政建设指导纲要》的要求，编写了课程思政内容。

本书由黄坤、王保庆担任主编，段蜀波、南子龙、孙永忠担任副主编，马国光、谢丹担任主审。具体编写分工如下：第1章由孙杰和蔡亮学编写；第2章和第3章由黄坤和孙永忠编写；第4章由毛川勤和南子龙编写；第5章由黄橙和王保庆编写；第6章由黄橙和陈晓辉编写；第7章由刘可薇和段蜀波编写；第8章由段蜀波编写；全书由黄坤统稿。

在编写过程中，中石油四川销售分公司、中石油华东设计院有限公司、总装备部工程设计研究总院、中石化天津液化天然气有限责任公司、中石化工程建设有限公司等单位提供了宝贵资料，编者深表谢意！西南石油大学油气储运工程专业寸德灿、王雅、鲜依池、王鑫、刘威霆，工商管理专业王越等研究生帮助查阅和修订了大量资料以及绘制流程图；马国光和谢丹审阅了全部书稿，并提出了宝贵意见，在此一并表示感谢！本书参考和引用了许多中外文文献，有些未列出请谅解，并向原作者致谢！

由于编者水平有限，书中难免存在一些缺点和欠妥之处，敬请使用本教材的师生和读者批评指正！

编　者

2023 年 10 月

目　　录

第 1 章　绪论 ········· 1
　1.1　油气资源现状与发展前景 ········· 1
　1.2　石油储存现状及发展趋势 ········· 2
　1.3　天然气储存现状及发展趋势 ········· 4
　1.4　课程性质和学习要求 ········· 7
　课程思政　新形势下中国油气能源安全的挑战和举措 ········· 8
　思考题 ········· 9

第 2 章　石油库设计基本知识 ········· 10
　2.1　石油库概述 ········· 10
　2.2　石油库设计阶段划分 ········· 23
　2.3　石油库总图设计 ········· 28
　2.4　石油库可行性研究案例 ········· 34
　课程思政　国家能源安全 ········· 34
　思考题 ········· 35

第 3 章　油品储存与装卸 ········· 36
　3.1　油品装卸工艺 ········· 36
　3.2　油品储存工艺 ········· 67
　3.3　石油库工艺设计计算 ········· 83
　3.4　成品油库工艺设计计算案例 ········· 91
　课程思政　工艺设计创新 ········· 91
　思考题 ········· 92

第 4 章　地下储气库 ········· 93
　4.1　地下储气库的类型和组成 ········· 93
　4.2　地下储气库选址和平面布置 ········· 97
　4.3　地下储气库地面工艺 ········· 103
　4.4　地下储气库主要工艺设备选型 ········· 126
　4.5　地下储气库地面工艺案例 ········· 133
　课程思政　地下储气库的发展 ········· 134
　思考题 ········· 134

第 5 章　液化天然气储存与装卸 ········· 135
　5.1　天然气液化工艺 ········· 135
　5.2　LNG 储存 ········· 142
　5.3　LNG 装卸工艺 ········· 153
　5.4　LNG 接收站 ········· 159
　5.5　LNG 主要工艺设备 ········· 166

5.6 LNG 接收站案例 …… 172
 课程思政　清洁能源——北海 LNG 接收站 …… 173
 思考题 …… 173

第 6 章　液化石油气储存与装卸 …… 174
6.1 LPG 储存、装卸及倒罐工艺 …… 174
6.2 LPG 站库工艺流程 …… 178
6.3 LPG 储库主要工艺设备 …… 183
6.4 LPG 储配库初步设计案例 …… 185
 课程思政　能源综合利用 …… 185
 思考题 …… 186

第 7 章　油气库自动化系统 …… 187
7.1 计算机控制系统概述 …… 187
7.2 石油库信息集成自动化系统概述 …… 198
7.3 石油库自动控制系统 …… 211
7.4 地下储气库自动控制系统 …… 218
7.5 储气库 SCADA 系统设计案例 …… 226
 课程思政　民族品牌——浙大中控 …… 226
 思考题 …… 227

第 8 章　油气库安全分析 …… 228
8.1 安全分析方法简介 …… 228
8.2 石油库 HAZOP 和 LOPA 分析 …… 242
8.3 LNG 储库 HAZOP 和 LOPA 分析 …… 255
8.4 油库安全分析案例 …… 263
 课程思政　油气装卸安全事故 …… 263
 思考题 …… 263

参考文献 …… 264

富媒体资源目录

序号	名称	页码
1	文本 2.4　石油库可行性研究案例	34
2	视频 3.1.1　管输作业操作流程	37
3	视频 3.1.2　铁路装卸操作流程	46
4	视频 3.1.3　公路发油操作流程	60
5	彩图 3.1.51　码头成品油石油库卸油工艺流程	63
6	视频 3.2.1　油气回收工艺流程	75
7	彩图 3.2.13　原油储备库工艺流程	80
8	彩图 3.2.14　码头原油石油库工艺流程	80
9	彩图 3.2.15　成品油石油库工艺管道及仪表流程	81
10	彩图 3.2.16　某成品油石油库工艺自控流程	82
11	文本 3.4　成品油库工艺设计计算案例	91
12	视频 4.0.1　中国储气库	93
13	视频 4.1.1　地下储气库的类型	93
14	视频 4.1.2　盐穴型储气库	94
15	文本 4.5　地下储气库地面工艺案例	133
16	视频 5.2.1　LNG 储罐升顶	144
17	视频 5.2.2　LNG 储罐施工	148
18	彩图 5.3.3　LNG 储备库工艺流程	156
19	视频 5.4.1　LNG 接收站储罐施工	162
20	彩图 5.4.8　某 LNG 接收站工艺流程	165
21	文本 5.6　LNG 接收站案例	172
22	彩图 6.2.4　LPG 储配库工艺流程	182
23	文本 6.4　LPG 储配库初步设计案例	185
24	彩图 7.2.6　成品油库 SCADA 系统结构图	204
25	文本 7.5　储气库 SCADA 系统设计案例	226
26	彩图 8.2.1　石油库分析节点图	242
27	彩图 8.3.1　LNG 接收站分析节点图	255
28	文本 8.4　油库安全分析案例	263

第1章 绪　　论

1.1 油气资源现状与发展前景

1.1.1 世界油气资源与发展前景

1. 石油天然气资源概况

石油和天然气是世界工业的基础资源。截至 2022 年，以油气当量计，全球油气经济可采储量 2038.64×10^8 t，技术剩余可采储量 4342.44×10^8 t；全球原油经济可采储量 1198.35×10^8 t，技术剩余可采储量 2381.04×10^8 t；天然气经济剩余可采储量 99.51×10^{12} m^3，技术剩余可采储量 232.28×10^{12} m^3。前十大国家油气技术剩余可采储量占全球的 78.03%。位于中东地区的资源国有 6 个，储量占比 39.22%；位于美洲地区的资源国有 3 个，储量占比 24.3%；位于中亚—俄罗斯地区的资源国有 1 个。

2. 油气资源发展前景

能源消费结构清洁化、低碳化是世界能源体系发展的必然趋势。据国际能源署预测，未来半个世纪以油气为主的化石能源仍将在能源供应中占主导地位。预计到 2050 年，全球一次能源消费总量为 182×10^8 t 油当量，其中石油占比 24.8%~28.6%，天然气占比 22.8%~27%，煤炭占比 11.1%~25.4%，非化石能源占比 27%~33.3%（图 1.1.1），形成煤炭、石油、天然气和新能源"四分天下"的格局。

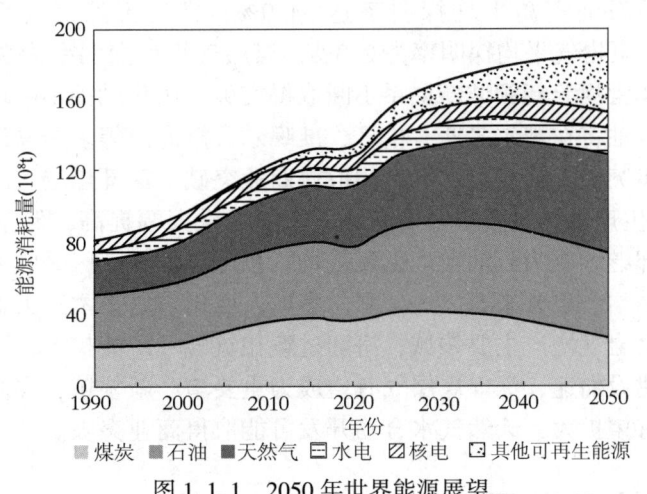

图 1.1.1　2050 年世界能源展望

1.1.2 我国油气资源与发展前景

1. 我国石油天然气资源概况

我国一次能源资源的特点是多煤、少油、少气且分布不均衡。2016—2020 年，我国先后发现了 9 个亿吨级油田，集中分布在鄂尔多斯、准噶尔、塔里木等盆地及近海海域；发现了 10 个千亿立方米级气田，其中 5 个常规气田、5 个页岩气田，集中于四川、鄂尔多斯、塔里木等盆地及近海海域等。

2021年新增探明石油地质储量$16.37×10^8$t，新增天然气（含非常规）探明地质储量$16284×10^8m^3$，均创历史新高。新增常规天然气（含致密气）、页岩气、煤层气探明地质储量分别为$8051×10^8m^3$、$7454×10^8m^3$、$779×10^8m^3$（表1.1.1）。截至2021年底，全国累计探明石油地质储量$438.4×10^8$t，累计探明常规天然气（含致密气）地质储量约$17.7×10^{12}m^3$，累计探明页岩气地质储量约$2.7×10^{12}m^3$，累计探明煤层气地质储量约$0.8×10^{12}m^3$。

表1.1.1　2001—2021年全国年均新增探明油气地质储量统计

年均新增探明地质储量	2006—2010年	2011—2015年	2016—2020年	2021年
石油（10^8t）	11.50	12.25	10.06	16.37
常规天然气（10^8m^3）	6140	7841	7818	8051
煤层气（10^8m^3）	331	723	313	779
页岩气（10^8m^3）			2860（2014—2020年）	7454

资料来源：自然资源部《全国油气矿产储量通报》《全国石油天然气资源勘查开采通报》。

2. 我国油气资源发展前景

1）油气需求预测

统筹能源安全与"双碳"目标，考虑新能源发展和煤炭清洁利用的影响以及国产资源增供能力，我国油气需求峰值、达峰时间充满不确定性。近年来，多家中国权威机构发布了"双碳"目标下能源及油气需求预测研究成果。我国石油需求将于2030年后达峰，峰值在$7.5×10^8$t左右，2060年降至$2.0×10^8$t左右；天然气需求将于2040年后达峰，峰值在$(6500\sim7000)×10^8m^3$，2060年降至约$4000×10^8m^3$。总体看，石油需求达峰前尚有一定增量空间，达峰后高位稳定5年左右，随后快速下降。天然气需求达峰前增量空间较大，且差异也较大，增量$(1000\sim4200)×10^8m^3$，相差约4倍，充分反映了对未来天然气持续较快发展的共识，但对发展前景存在较大分歧。

2）油气勘探开发前景

截至2021年底，全国石油资源平均探明率达34.9%，常规天然气（含致密气）平均探明率为19.5%，年均提升0.85%；页岩气平均探明率为2.3%，煤层气平均探明率为2.7%。未来10年，油气勘探将继续在深水、深层、非常规等新领域新层系不断取得突破，风险勘探不断取得重大新发现，新增储量将继续保持高位增长，页岩油将在鄂尔多斯、松辽、准噶尔、渤海湾等多个盆地取得更大规模突破，海相深层页岩气有望获得进一步突破，陆相页岩气有望取得商业突破，深部煤层气勘探将获得重大突破。

未来10年，油气开发生产总体呈较快发展态势，产能建设大幅提高，储量动用能力不断增强，生产供应能力提升。海域、西部继续成为石油增产主要战场；东部老油气产区采收率持续提高；页岩油开发获得较快发展，逐步成为石油增产重要来源之一。鄂尔多斯、四川、塔里木三大盆地依旧是天然气增产主战场，海相深层页岩气成为页岩气增产主要领域，海陆过渡相页岩气产能扩大，陆相页岩气规模效益开发有望取得突破，煤层气产能建设加速，深部煤层气有望成为重要增产新领域，煤炭原位气化开发等可形成商业规模产能，煤制气产能有望扩大，天然气水合物开发可能取得商业突破。

1.2　石油储存现状及发展趋势

1.2.1　国内外石油储存现状

石油战略储备是指为保障国家、社会与企业的石油供应安全而储存的石油，储备品种包括原油和成品油。石油战略储备制度起源于1973年。当时由于欧佩克石油生产国对西方发达国家发起石油禁运，发达国家联手成立了国际能源署（IEA），要求成员国至少要储备60天的石油。20世纪80年代第二次石油危机后，国际能源署又规定增加至90天。石油储存分为两种类型，一是由国家直接掌握的石油储备，统称为石油战略储备或政府石油储备；二是商业性石油储备，由经营石油的公司根据国家要求储备一定量的石油。

1. 石油储存方式

石油储存方式包括地上、海上和地下三种。油罐储油是目前应用最普遍的地上储油方式；海上储油伴随海上油田出现；地下储油分为地下水封油库和地下盐岩油库两种。

海上储油分为浮式储油设施、半潜式储油设施以及固定式储油装置三种。浮式储油设施浮在水面上，大多采用废旧的邮轮改装而成，主要适用于中深水地区，成本低，易于管理。半潜式储油设施稳定，不易受其他因素影响，一般是立式储罐，以固定的接头固定于海底。固定式储油装置固定于平缓的海底，大多在陆地上建造完成后拖于海底。

地下水封油库是将油品储存于未被覆盖的地下岩洞之中，利用地下水的压力防止油品渗漏的储油方式。地下盐岩油库是基于油品与盐岩不相溶，接触时不会发生化学反应而建立。

2. 国内外石油储存概况

1) 国外石油储存情况

基于20世纪70年代国际能源协议（IEP）要求，目前除澳大利亚和新西兰外，国际能源署成员国均保有90天以上的石油净进口量战略储备，部分国家如丹麦、荷兰、英国的实际库存量远高于规定标准。国际能源署其余国家，包括美国、加拿大、墨西哥、爱沙尼亚、挪威则为石油净出口国。

2) 国内石油储存情况

我国石油战略储备的建设相对较晚，1993年我国成为石油净进口国，由此开始酝酿建设我国的石油战略储备库。2006年中国首个国家石油储备基地——镇海基地建成使用。2009年，第一批国家石油战略储备基地（浙江镇海、浙江舟山、山东黄岛、辽宁大连）全部投产，共注入 1243×10^4 t 原油，库容 $1640\times10^4 m^3$，加上全国石油系统内部的商用石油储备，储备能力已达30天。目前我国已经基本建成国家石油储备基地12个，见表1.2.1，总库容超过 $6000\times10^4 m^3$（含部分在建库容），加上其他商业企业的储备能力，2020年底的储备能力超过 6000×10^4 t。然而，这与当前90天的进口消费量目标仍有很大差距。

表1.2.1 2020年我国石油储备基地统计

序号	基地所在地	库容（$10^4 m^3$）	储备能力（10^4 t）	备注
1	天津	1000	858	部分在建
2	鄯善	800	686	部分在建
3	舟山	750	644	
4	黄岛	620	532	
5	独山子	540	463	
6	镇海	520	446	
7	惠州	500	429	
8	湛江	500	429	
9	大连	300	257	
10	兰州	300	257	
11	锦州	300	257	
12	金坛	300	257	
合计		6430	5515	

1.2.2 石油储存发展趋势及方向

原油库和成品油库作为储存石油产品的主要场所，经过多年发展，相关储存技术成熟，但在石油储罐大型化、新型储存模式及基地布局等方面仍存在较大发展空间。未来石油储存的发展趋势及方向主要表现在如下几方面：

（1）储罐大型化：储罐是石油储备库的基础设施，大型储罐具有耗钢率少、工艺流程简单、相对占地面积小和建设投资成本低等优点，是石油储备库设计建设的发展趋势。因此，未来应开展大型储罐本质安全设计技术研究，建立储罐本质安全的设计方法体系。

（2）探索新型石油储存模式：一是资源地储备模式，国内一些已探明的、可开发利用的石油资源，可先不开采、仍保存在地下进行储备。二是第三方储备模式，鼓励本国企业在国内建设石油储备设施，并允许其租借给产油国的石油公司，作为产油国石油公司向本国及其他国家销售石油的中间储备地。三是海上储备模式，建设一批包括浮式生产储油船、无动力超级油轮等漂浮式或着底式的海上石油储备设施。

（3）完善石油储备基地布局：考虑布局盐穴储备库。盐穴储备是利用清水将盐穴中的盐溶解，卤水抽出后形成地下盐穴石油储备库，是成本最低、最为安全、存储油品质量较好的石油储备方式之一。

（4）创新石油储存技术与运行机制：加快石油储存技术创新，如对报废矿井进行技术改造用于储油，或建设海上简易石油储备设施用于储油，以节约建设资金和土地资源。

1.3 天然气储存现状及发展趋势

天然气是目前最清洁的化石能源。在天然气工业体系中，天然气储运设施是联系天然气生产与使用的纽带。天然气的储存方式有气态储存、液态储存和固态储存三种。气态储存方式又分为地下储气库储存、高压储气柜储存、高压管道储存、管束储存和吸附储存等。液态储存目前一般采用低温常压储存，即将天然气冷冻至其沸点温度（-162℃）以下，在其饱和蒸气压接近于常压下进行储存，其储存方式主要有冻土地穴储存、地上金属储罐储存、预应力钢筋混凝土储罐储存等。固态储存即水合物储存，是将天然气在一定压力（稍高于大气压）和温度（-40~45℃）下转变为固体结晶水合物，并储存于钢制储罐中。目前，全球应用最广泛的天然气储存方式为地下储气库和液化天然气（liquefied natural gas，LNG）储存。

1.3.1 地下储气库现状

地下储气库是将天然气压缩以后通过不同方式注入地下自然或人工构造空间而形成的储气场所。地下储气库容量大、储气压力高、储气成本低，是当今世界天然气的主要储存方式之一，也是季节安全调峰、应急安全供气、优化管道运行、提高经济效益及用于战略储备的重要工程。

1. 国外地下储气库

全球地下储气库主要分布在北美、欧洲和独联体国家（主要是俄罗斯和乌克兰），共拥有全球95%的在运地下储气库。截至2020年底，美国和加拿大共有在运地下储气库450座，储气库工作气量合计$1488×10^8 m^3$（占世界总量的37.8%）。欧洲有150座地下储气库，工作气量$1104×10^8 m^3$。独联体国家有50座，工作气量$1190×10^8 m^3$（表1.3.1）。

表1.3.1 2020年全球不同地区天然气储气库统计

地区	储气库数量（座）	工作气量（$10^8 m^3$）	占全球工作气量比例（%）
北美	450	1488	37.8
拉丁美洲	1	2	0.1
欧洲	150	1104	28.1
亚洲	21	48	1.2
独联体	50	1190	30.2
中东	2	60	1.5
亚太	12	43	1.1

2. 国内地下储气库

目前我国建成的地下储气库主要有衰竭气藏和盐穴两大类。截至 2020 年底，我国共建成地下储气库 27 座，其中中国石油 24 座（含 2020 年划归国家管网的部分储气库）、中国石化 2 座、江苏港华燃气 1 座（表 1.3.2）。

表 1.3.2　2020 年我国天然气地下储气库统计

序号	储气库	地理位置	储气调峰能力（$10^8 m^3$）	运营方
1	辽河双 6	辽宁盘锦	22.30	中国石油
2~7	大港库群（6 座）	天津大港	19.30	国家管网
8~10	华北库群（3 座）	河北永清	4.05	中国石油
11~15	华北苏桥库群（5 座）	河北永清	10.00	中国石油
16~18	大港板南库群（3 座）	天津滨海新区	3.70	中国石油
19	长庆陕 224	陕西靖边	3.30	中国石油
20	新疆呼图壁	新疆昌吉	32.00	中国石油
21	重庆相国寺	重庆渝北区	23.00	中国石油
22	江苏金坛	江苏金坛	7.00	国家管网
23	江苏刘庄	江苏金湖	1.30	国家管网
24	文 96	河南文留	2.00	中国石化
25	文 23	河南文留	16.40	国家管网
26	中石化金坛	江苏金坛	1.40	中国石化
27	港华金坛	江苏金坛	1.10	江苏港华燃气

1.3.2　LNG 储存现状

1. LNG 储罐

LNG 大规模储存的方式有地下 LNG 储气库和 LNG 储罐两种。但地下 LNG 储气库因易泄漏、运营成本高、储存回收率低等问题，目前主要以 LNG 储罐储存为主。

大型 LNG 储罐是 LNG 体系的关键核心设备，其造价高，工艺复杂，技术难度大。美国 CB & I、日本 IHI、韩国 KOGAS、西班牙 TR、德国 TGE 等公司的 LNG 储罐建造技术领先。日本是全球建造大型 LNG 储罐最多的国家，其拥有的储罐数量占全球 LNG 储罐的 62%。上海 LNG 和江苏如东 LNG 等均开展了 $20 \times 10^4 m^3$ 大型 LNG 储罐的自主建造，中海油在国内首次建立了超大容积（$20 \times 10^4 \sim 27 \times 10^4 m^3$）储罐技术的基础研究，并已成功掌握其核心技术。2024 年初中海油在盐城建成了全球单罐容量最大的 $27 \times 10^4 m^3$ LNG 储罐。随着 LNG 用量的不断增加，船舶大型化也决定了储罐大型化，具备大型储罐和超大型储罐的设计建造技术对 LNG 运输和贸易至关重要。

2. LNG 接收站

LNG 储罐区和 LNG 码头共同构成 LNG 接收站。LNG 接收站具有生产设施和储气调峰设施的双重属性，可作为气源点，接收 LNG 船货后气化或装车投放市场；也可以作为调峰设施，接收 LNG 船货后储存在配套储罐中，待用气高峰期再外输供应市场。

1）国外 LNG 接收站

截至 2019 年末，全球共有 129 座已投运的 LNG 接收站，主要分布在天然气对外依存度高、调峰需求大的东北亚和欧洲地区。其中，陆上 LNG 接收站共 104 座，浮式 LNG 接收站共 25 座。按区域分布来看，全球已投运 LNG 接收站主要分布在亚洲，共有 86 座，日本、韩国和中国的接收终端容量及 LNG 储存容量居前三位，见表 1.3.3。

表 1.3.3　2019 年全球主要国家 LNG 接收终端情况

国家	接收能力（10^4 t/a）	接收终端 LNG 储存容量（10^4 m^3）	LNG 储存容量所占份额（%）
日本	21050	1820	28
韩国	12580	1240	19
中国	7740	1017	16
美国	4540	202	3
西班牙	4380	317	5
英国	3810	206	3
印度	3330	271	4
法国	2500	137	2
土耳其	1810	97	1
墨西哥	1680	92	1
合计	63420	5399	82

资料来源：2020 World LNG Report。

2）国内 LNG 接收站

2006 年，深圳大鹏 LNG 接收站建成投产，标志着中国 LNG 产业进入快速发展期。截至 2022 年 10 月，我国已建成接收站 24 站，年设计接收能力达 1.0957×10^8 t，储罐容量达到 1398×10^4 m^3。其中，2022 年新投产两座 LNG 接收站，分别为 100×10^4 t/a 的杭嘉鑫 LNG 接收站和 300×10^4 t/a 的中海油盐城绿能港 LNG 接收站，见表 1.3.4。

表 1.3.4　2000—2022 年中国 LNG 接收项目概况

序号	LNG 项目名称	所属企业	设计接收能力（10^4 t/a）	储罐容量（10^4 m^3）	投产时间
1	天津 LNG 项目一二期	国家管网	600	36.5	2014 年
2	海南洋浦 LNG 项目	国家管网	300	32	2014 年
3	广西北海 LNG 项目	国家管网	600	64	2016 年
4	粤东惠来 LNG 项目	国家管网	200	48	2017 年
5	深圳迭福 LNG 项目	国家管网	400	64	2018 年
6	广西防城港 LNG 项目	国家管网	60	6	2019 年
7	辽宁大连 LNG 项目	国家管网	600	48	2009 年
8	江苏如东 LNG 项目一二期	中石油	1000	108	2011 年
9	河北曹妃甸 LNG 项目一二期	中石油	650	128	2013 年
10	中油深南 LNG 项目	中石油	27	4	2014 年
11	山东青岛 LNG 项目一二期	中石化	700	96	2014 年
12	天津 LNG 项目一二期	中石化	1080	64	2018 年
13	广东大鹏 LNG 项目	中海油	680	64	2006 年
14	福建莆田 LNG 项目	中海油	630	96	2008 年
15	浙江宁波 LNG 项目一期	中海油	700	96	2012 年
16	珠海金湾 LNG 项目一期	中海油	350	64	2013 年

续表

序号	LNG 项目名称	所属企业	设计接收能力（10^4t/a）	储罐容量（10^4m^3）	投产时间
17	盐城绿能港 LNG 项目	中海油	300	88	2022 年
18	新奥舟山 LNG 项目一二期	新奥	500	64	2018 年
19	深圳华安 LNG 项目	深圳燃气	80	8	2019 年
20	上海洋山 LNG 项目	申能/中海油	600	89.5	2009 年
21	上海五号沟 LNG 项目	申能	150	32	2000 年
22	九丰 LNG 项目	九丰	150	16	2012 年
23	广汇启动 LNG 项目	广汇	500	62	2018 年
24	杭嘉鑫 LNG 项目	嘉兴燃气/杭州燃气	100	20	2022 年
	合计		10957	1398	

1.3.3 天然气储存发展趋势

天然气储存是保障天然气管网高效安全运行的重要手段。天然气储存未来将向着高效、智能、科技、经济等方面发展，其发展趋势主要有以下几方面：

（1）储气库建设智能化转型：在现有工程建设及生产运行数字化成果的基础上，建立地质体—井筒—地面三维一体化平台，通过对气藏、注采井、管网、设备进行全方位管理、监测，对实时数据进行分析、故障预判、预测报警，实现储气库安全高效生产。

（2）储气库节能及空间利用多元化：利用储气库调峰采气降压产生的压差实现机械能与电能的转换，增加经济效益，实现节能降耗、绿色发展和提质增效。"盐链"延伸，带动转型。鉴于盐穴储气库具有高稳定性与封闭性，未来将不局限于天然气储存，地下空间将用于实现压缩空气储能、储油、储氢、储氦等，参与各能源系统的调峰，应用前景广阔。

（3）LNG 储罐超大型化：储罐越大，LNG 单位成本就会越低，越节省钢材，单位投资也会减小，同时布局紧凑，总体占地面积也会变小。对新型绝热结构与绝热材料的研究将进一步深化。

（4）LNG 船储罐用材方面：低温铝材相比镍合金而言更经济、更安全，具有优良的低温力学性能和抗腐蚀性，可以预见，铝材将成为镍钢的最具潜能的替代材料。

（5）浮式 LNG 存储再气化装置（LNG-FSRU）方面：LNG-FSRU 装置一般配备储存和再气化 LNG 的模块装置，既可作为 LNG 接收站具有气化 LNG 的功能，又有替代陆上 LNG 储罐储存 LNG 的功能。使用 LNG-FSRU 比常规的 LNG 接收终端可有效地节约技术投资，且可提高供气的灵活性。

1.4 课程性质和学习要求

本课程内容主要包括油气库的设计知识、油品的储存与装卸、地下储气库、液化天然气技术、液化石油气、油气库自动控制技术和油气装卸安全分析技术，内容广泛。读者要掌握好课程特点及学习方法。

1.4.1 课程性质

（1）本课程是油气储运工程专业的核心课，内容涉及石油库、地下储气库、液化石油气和液化天然气方面的储存与装卸和控制技术。

（2）为培养卓越工程师能力，课程采用理论与实践相结合，储存与装卸工艺基本来源于生产实践。

（3）课程案例分析采用富媒体方式，内容丰富。

（4）教材每章的思考题中有大量的设计和创新题目。

课程内容决定了课程的多学科性、实践性和综合性。

1.4.2 学习要求

（1）课程内容牵涉的相关规范较多，在学习过程中要注意收集并认真阅读理解。

（2）课程案例分析内容丰富，要仔细阅读理解并掌握。

（3）在课程学习中，一定要课前预习，课后独立完成相应的思考题。

（4）利用专业知识分析油气储存工程领域的设计环节构成、设计解决的关键问题、设计方法、设计流程等内容，理解并掌握教材中的工艺流程。

（5）能够应用专业基础知识和理论对储存与装卸的主要工艺设备进行计算和选型。

（6）能够设计满足实际需求的石油库、储气库地面工艺、液化石油气和液化天然气相应的工艺技术方案，并在设计过程中注意健康、安全、环保等因素。

通过本门课程的学习，要牢固树立政治观念、工程观念、系统观念和安全环保意识，成为当代合格的卓越工程师。

课程思政

新形势下中国油气能源安全的挑战和举措

当今世界正值百年未有之大变局，我国也正处在实现第二个百年奋斗目标和建设社会主义现代化强国的关键时期。世界油气供给格局正在从集中转向多极化，当前全球油气产区主要分布在北美、中东、俄罗斯及其周边地区，多极化的供给格局将重构国际油气市场贸易和运输格局，加剧大国之间的博弈。我国已开启全面建设社会主义现代化国家的新征程，经济社会发展和人民日益增长的美好生活需要，将推动我国能源消费量持续增长。这与国内能源特别是油气资源的不富足形成了极大的供需矛盾。

油气资源不足是影响我国能源安全的核心风险，主要表现为过大的能源消费总量和过高的油气对外依存度。我国国内能源产量增速特别是油气产量增速赶不上消费量增速，远远难以满足消费需求，面临严重的资源不足。2022年，我国国内原油和天然气对外依存度分别高达71.2%和40.2%。随着碳达峰碳中和的推进，未来我国一次能源消费量增速将逐步放缓，但仍然将保持增长态势。预计到2035年，我国一次能源消费总量将达56×10^8 t（油当量），未来相当长一段时期内，油气仍然是一次能源的主体。目前，我国石油对外依存度已经远超安全警戒线（国际惯例是50%），天然气对外依存度也即将触碰安全警戒线。

当前国际局势动荡，俄乌冲突愈演愈烈，国际能源市场大幅波动，贸易保护主义不断升温，国际关系更加错综复杂，个别霸权国家凭借其全球军事投射能力，在极端情况下有可能对我国进口能源通道实施封锁。

习近平总书记多次作出大力提升油气勘探开发力度、保障国家能源安全的重要指示批示。要坚定不移地立足国内，加大油气勘探开发力度，夯实国内油气产量基础，提升本土油气资源生产保障能力，努力降低油气对外依存度。要持续攻关大幅度提高采收率技术，支撑老油田持续挖潜；持续攻关大气田勘探与复杂气田提高采收率技术，推动天然气增储上产；持续攻关非常规油气勘探开发关键技术，推动非常规油气资源战略接替和规模有效开发；持续攻关海洋深水油气勘探开发技术与装备，推动深水油气取得重大发现和有效开发。要大力实施"稳油增气"战略，积极推进油气结构转型；努力实现石油稳产，石油功能定位逐渐从"燃料化"转入"材料化"，发挥保障国家能源安全的"压舱石"和民生原料用品"基石"作用。要大力发展天然气产业，推动天然气增储上产，发挥其清洁低碳、灵活高效化石能源的优势，在低碳转型过程中对高碳化石能源进行替代"补位"；加快发展天然气发电，为可再生能源发电提供调峰支持。要加快油气工业与新能源融合发展，为国家生产更多的能源。同时，油气行业自身也要加快推动节能降耗、减排减碳等工作，推进油气生产绿色革命，打造低碳甚至零碳油气产业链。

思考题

1. 我国能源资源的特点是什么？
2. 石油战略储备的目的是什么？
3. 天然气的储存方式有哪些？
4. 液化天然气的储存方式有哪些？
5. 石油储存的发展趋势是什么？
6. 天然气储存的发展趋势是什么？

第 2 章 石油库设计基本知识

2.1 石油库概述

石油库是指收发、储存原油、成品油及其他易燃和可燃液体化学品的独立设施。既储存原油，也储存非原油类易燃和可燃液体，且储罐计算总容量大于或等于 $120\times10^4\,\mathrm{m}^3$ 的石油库称为特级石油库。

2.1.1 石油库的类型

根据油品类型的不同，一般将油品大致分为原油和成品油。由于储存油品的类型不同，石油库可分为原油石油库和成品油石油库两大类。

1. 原油石油库

根据性质不同，原油石油库可分为石油储备库、中转石油库以及企业附属石油库。

1) 石油储备库

石油储备库是国家石油储备库和企业石油库的统称。国家投资建设的长期储存原油的大型油库称为国家石油储备库。

石油储备库有地上石油库、地下石油库（包括山洞石油库、水封石洞石油库）以及海洋水下石油库等几种形式。作为国家石油储备库的地上石油库可以以企业附属石油库的形式存在。国家石油储备库特点是储量大、储存时间长、周转系数小，以原油储备为主。

2) 中转石油库

中转石油库是在原油长输系统中用来储存石油并转运的石油库，此种石油库主要特点是储量小、周转系数大、储存时间不长、总库容量也不大。

3) 企业附属石油库

企业附属石油库是指设置在非石油化工企业界区内并为本企业生产或运行服务的石油库。企业内部为保证企业顺利生产而储存相应生产所需油料的地方，如矿场原油库、炼油厂原油库等，都是为了保证企业的正常生产。这种石油库的特点是储存油品单一、收发量大、周转频繁。

2. 成品油石油库

根据作用性质，成品油石油库可分为企业附属石油库和商业石油库两种。

1) 企业附属石油库

企业附属石油库主要是为企业储存所需要的油品以及石油化工企业生产出来的石油产品，如交通运输企业的附属石油库、炼油厂储存生产出来的石油化工产品的成品石油库等。这种石油库的特点是储存油品种类多、周转频繁、收发油量大。

2) 商业石油库

商业石油库是直接面向消费单位的流通部门。它的职责是保证城镇油料的供应，为城镇各加油站以及某些小型企业提供油品。成品油商业石油库的特点是油品种类多、收发频繁、周转量大。

成品油石油库按油品进库方式有管道、水路、铁路、公路四种型式。管道型成品油石油库的进库方式有管道型、管道铁路型、管道铁路水路型、管道铁路水路公路型；水路型成品油石油库的进库方式有水路型、水路铁路型、水路铁路公路型；铁路型成品油石油库的进库方式有铁路型、铁路公路型、铁路水路型、铁路管道型。

原油石油库和成品油石油库都有独立的石油库，成品油独立石油库可以分为商业石油库和军用石油库，见图2.1.1。

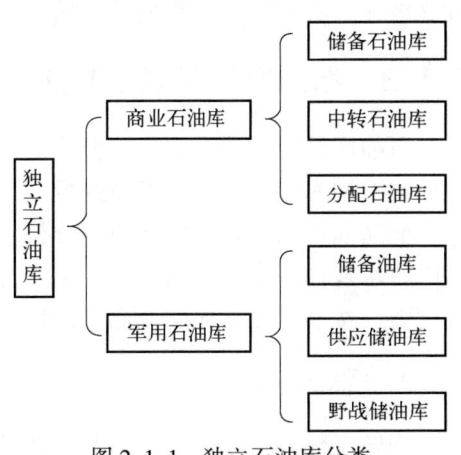

图 2.1.1 独立石油库分类

2.1.2 石油库等级划分

1. 石油库容量分类

石油库主要是储存易燃易爆的石油及石油产品。为防止石油库在生产运行中发生火灾事故，对不同容量的石油库提出不同的技术和安全要求，《石油库设计规范》（GB 50074）对石油库等级进行了规定。从防火安全出发，根据石油库总容量的大小，分为若干等级并制定相应的消防设施，以保障石油库的安全。

《石油库设计规范》（GB 50074）中规定石油库的等级划分见表2.1.1，相应的注释和说明详见规范。

表 2.1.1　石油库的等级划分

等级	石油库储罐计算总容量 TV（m³）
特级	1200000≤TV≤3600000
一级	100000≤TV<1200000
二级	30000≤TV<100000
三级	10000≤TV<30000
四级	1000≤TV<10000
五级	TV<1000

2. 石油库油品火灾危险性分类

石油库设计中除了考虑储存油品数量之外，还应考虑油品的性质，按照易燃易爆度来设置不同的安全距离，对石油库储存液化烃、易燃和可燃液体的火灾危险性进行了分类，以便采取不同的安全措施。《石油库设计规范》（GB 50074）对石油库储存液化烃、易燃和可燃液体的火灾危险性进行了分类，见表2.1.2。

表 2.1.2　石油库储存液化烃、易燃和可燃液体的火灾危险性分类

类别		特征或液体闪点 F_t（℃）
甲	A	15℃时的蒸气压力大于0.1MPa的烃类液体及其他类似的液体
	B	甲 A 类以外，$F_t<28$
乙	A	$28≤F_t<45$
	B	$45≤F_t<60$
丙	A	$60≤F_t≤120$
	B	$F_t>120$

在石油库中汽油的闪点为-50~-20℃，属于甲 A 类可燃液体；柴油的闪点在55℃以上，属于乙 B 类

可燃液体。石油库属于高危险区域,特别是成品油石油库,一定要按照相关规范进行设计。

2.1.3 石油库容量确定方法

石油库设计与建设中最首要的是确定石油库的容量,根据石油库的容量确定石油库的等级。科学合理地确定石油库库容不仅可以节约投资,还可以加快建设速度。

成品油石油库建设应在市场分析、资源论证和风险评估的基础上,根据成品油销售网络规划而实施。总库容量规模,应根据油品进、出库方式和销售网络区域环境等条件,结合成品油库的功能定位和市场发展潜力,按照成品油库的油品年周转量和年周转次数而确定。

1. 周转系数法

周转系数法主要适用于一些周转较为频繁的商业石油库或企业附属石油库,石油库容量由一年中的周转次数来决定。周转系数就是某种油品的储油设备在一年内可被周转使用的次数,即

$$周转系数 = \frac{某种油品的年输出量}{该油品储存设备的容量}$$

则设计容量:
$$V_s = \frac{G}{K\rho\eta} \tag{2.1.1}$$

式中 V_s——某种油品的设计容量,m^3;

G——某种油品的年周转量,t;

K——该种油品的周转系数;

ρ——该种油品的密度,t/m^3;

η——油罐利用系数,反映油罐的型式、安全余量和罐底存油量等对油罐有效容量的折减率,可取 0.9~0.95。

油品的周转系数越大,设备的利用率越高,储油成本也越低。

对于同时存在多种运输方式的成品油石油库,应根据油源供应和市场销售情况,综合分析油品的各种进、出库方式的特点,科学合理选择年周转次数。成品油石油库油品的年周转次数,按其类型和油品进、出库方式,可以参照表 2.1.3 建议的数值进行选取。

表 2.1.3 成品油库的年周转次数表

类型	进库方式	出库方式	年周转次数
管道型	管道	管道	20
	管道	水路	15
	管道	水路、铁路、公路	12
	管道、铁路	水路	15
	管道、铁路	水路、铁路、公路	12
	管道、水路、铁路	水路	15
	管道、公路、铁路、水路	水路、公路、铁路、管道	12
水路型	水路	水路、管道	15
	水路	铁路、公路	12
	水路、铁路	管道	20
	水路、铁路	水路	15
	水路、铁路、公路	铁路、公路、水路、管道	12
	水路、铁路、公路、管道	水路、铁路、公路、管道	12

续表

类型	进库方式	出库方式	年周转次数
铁路型	铁路	水路、铁路、公路、管道	12
	铁路、公路	铁路、水路、公路、管道	12
	铁路、水路	公路、管道	15
	铁路、公路	公路、管道	12
	铁路、管道	铁路、公路、管道	12
公路型	公路	公路、管道、水路、铁路	10

2. 统计预测法

在石油库实际收发油管理中，油品的发出及销售并不是均匀的，它受用油市场的直接影响。要合理确定储油容量，使容量既不过大又不会因为储量不足而脱销，可以采用统计预测法确定石油库容量。统计预测法主要用于对已建石油库的改建或者对市场调查较为准确的拟建商业石油库和企业附属石油库。

决定石油库容量时，可选择具有类似条件的石油库作为原型，统计它们逐年按月的销售量和进油量，然后预测出今后数年的销售量和进油量。

每月的月末剩余量：ΔV_i = 本月进油量 – 本月销售量

每月的累计剩余量：V_i = 本月月末剩余量 + 上月月末累计剩余量

石油库在储存最大销售量的同时，就能储存最大的进油量。

年周转量：G = 年进油量或年销量

则该石油库的设计库容：

$$V = \frac{(\Delta V_{max} - V_{min}) \times G}{100} \tag{2.1.2}$$

式中　ΔV_{max}——预测该种油品从年初开始进销到年底的最大每月月末剩余量；

　　　V_{min}——预测该种油品从年初开始进销到年底的最小月末累计剩余量，用负值表示。

3. 储存天数法

对来油一般比较稳定、外输则受交通运输影响较大的石油库，如矿场原油库和炼油厂的石油库，可以采用储存天数法进行库容确定。对这类石油库的容量，主要是考虑运输条件。对矿场原油库来说，石油库容量要保证在交通运输暂时中断的情况下，能有足够的容量来接收油品来油。这种为了保证运输中断时能储存矿场来油的天数称为储备天数，用 N 表示。其库容量可按下面方法计算：

$$V_s = \frac{G}{\tau \rho \eta} N \tag{2.1.3}$$

式中　V_s——原油油罐设计容量，m³；

　　　G——油田预计全年输往该石油库的原油量，t；

　　　τ——年操作天数（矿场原油库取 365 天；原油和全年连续生产的成品油，取 350 天；分批生产的成品石油库根据加工计划确定操作天数，如常减压、催化、重整及润滑油脱蜡取 334 天，延迟焦化取 300 天，加氢精制、制氢取 310 天）；

　　　ρ——原油密度，t/m³；

　　　η——油罐利用系数；

　　　N——储存天数，工厂自用燃油，取 N = 3 天。

原油和原料储存天数取决于进厂的运输方式，按《石油化工储运系统罐区设计规范》（SH/T 3007）中的规定选用，见表 2.1.4。

表 2.1.4 原油和原料储存天数

进厂方式	储存天数	适用情况
管道输送	5~7	适用于原油，指来自油田的管道
	7~10	适用于其他原料，指来自其生产厂的管道
铁路运输	10~20	
公路运输	7~10	
内河及近海运输	15~20	
远洋运输	≥30	

注：如果原料生产厂与原料使用装置属同开同停情况，可降低储存天数至 5~7 天。

成品储存天数取决于出厂的运输方式，按《石油化工储运系统罐区设计规范》(SH/T 3007) 中的规定选用，见表 2.1.5。

表 2.1.5 成品储存天数

成品名称	出厂方式	储存天数
汽油、灯用煤油、柴油、重油（燃料油）	管道输送	5~7
	铁路运输	10~20
	内河及近海运输	15~20
	公路运输	5~7
航空煤油、喷气燃料、芳香烃、军用柴油、液体石蜡、溶剂油	管道输送	5~7
	铁路运输	15~20
	内河及近海运输	20~25
	公路运输	5~7
润滑油类、电器用油类、液压油类	铁路运输	25~30
	内河及近海运输	25~35
	公路运输	15~20
液化烃	管道输送	5~7
	铁路运输	10~15
	内河及近海运输	10~15
	公路运输	5~7
石油化工原料	管道输送	5~10
	铁路运输	10~20
	内河及近海运输	10~20
	公路运输	7~15
醇类、醛类、酯类、蜡类等	铁路运输	15~20
	内河及近海运输	20~25
	公路运输	10~15

2.1.4 石油库储油罐

1. 油罐型式

石油库储油罐有内浮顶罐、外浮顶罐、拱顶罐和卧式储罐，储油罐应为地上式。地上储罐应采用钢制储罐。储油罐的规格、型式，应根据具体建设条件进行优化设计和选型，以提高油罐的利用率和土地使用率。

2. 油罐选择

《石油库设计规范》（GB 50074）中规定：

（1）储存沸点低于45℃或37.8℃的饱和蒸气压大于88kPa的甲B类液体，应采用压力储罐、低压储罐或低温常压储罐。

（2）储存沸点不低于45℃或在37.8℃时的饱和蒸气压不大于88kPa的甲B、乙A类液体化工品和轻石脑油，应采用外浮顶储罐或内浮顶储罐。有特殊储存需要时，可采用容量小于或等于10000m^3的固定顶储罐、低压储罐或容量不大于100m^3的卧式储罐。

（3）储存甲B、乙A类原油和成品油，应采用外浮顶储罐、内浮顶储罐和卧式储罐。3号喷气燃料的最高储存温度低于油品闪点5℃及以下时，可采用容量小于或等于10000m^3的固定顶储罐。当采用卧式储罐储存甲B、乙A类油品时，储存甲B类油品卧式储罐的单罐容量不应大于100m^3，储存乙A类油品卧式储罐的单罐容量不应大于200m^3。

（4）储存乙B和丙类液体，可采用固定顶储罐和卧式储罐。

外浮顶储罐应采用钢制单盘式或钢制双盘式浮顶。内浮顶储罐的内浮顶选用应符合下列规定：

（1）内浮顶应采用金属内浮顶，且不得采用浅盘式或敞口隔舱式内浮顶。

（2）Ⅰ、Ⅱ级毒性液体的内浮顶储罐和直径大于40m的甲B、乙A类液体内浮顶储罐，不得采用易熔材料制作的内浮顶。

（3）直径大于48m的内浮顶储罐，应选用钢制单盘式或双盘式内浮顶。

（4）新结构内浮顶的采用应通过安全性评估。

3. 油罐规格

油罐的规格尺寸，可根据工程地质条件、用地条件及消防系统配置情况选用合理的径高比，以减少工程建设投资和罐区占地面积。成品油石油库所选用的储油罐，宜选取标准的油罐规格。油罐标准系列规格详见表2.1.6。

表2.1.6 油罐标准系列规格表

序号	油罐容积（m^3）	罐直径（m）	罐壁高度（m）	油罐总质量（t）	材料		备注
					内浮顶	主体材料	
1	50000	60.0	19.8	1100	钢浮盘	Q345R	网壳顶
2	30000	46.0	19.8	610	钢浮盘	Q345R	网壳顶
3	20000	37.0	19.8	410	铝浮盘	Q345R	网壳顶
4	10000	28.0	17.82	220	铝浮盘	Q345R	
5	5000	21.0	15.84	122	铝浮盘	Q235B	
6	3000	17.0	15.84	78	铝浮盘	Q235B	
7	2000	14.5	13.86	52	铝浮盘	Q235B	
8	1000	11.5	11.88	31	铝浮盘	Q235B	
9	500	8.5	9.90	19	铝浮盘	Q235B	

油罐分配及单罐容积的确定应综合考虑油品种类、季节变化、输送方式以及不同工艺作业要求等因素而确定。一种油品的油罐数量不宜少于2座。成品油石油库最大单罐容积宜按下列原则确定：

(1) 当油库总容量 TV<15000m³ 时,单罐容积不宜大于 2000m³。
(2) 当 15000m³≤TV<25000m³ 时,单罐容积不宜大于 5000m³。
(3) 当 25000m³≤TV<50000m³ 时,单罐容积不宜大于 10000m³。
(4) 当 50000m³≤TV<100000m³ 时,单罐容积不宜大于 20000m³。
(5) 当 100000m³≤TV<300000m³ 时,单罐容积不宜大于 30000m³。
(6) 当 TV≥300000m³ 时,单罐容积不宜大于 50000m³。

储存Ⅰ、Ⅱ级毒性液体的甲 B、乙 A 类储罐的单罐容量不应大于 5000m³,且应设置氮封保护系统。原油储备库建议采用大型外浮顶罐。

2.1.5 石油库分区及平面布置

1. 石油库的分区

石油库中所储存的都是易燃易爆的油品。在石油库设计中,要考虑油品易燃、易爆、有毒等性质,并根据规范设置不同分区,以利于安全管理。

石油库内各设施因油气挥发及生产操作的不同,有着不同的火灾危险程度。按照生产操作、火灾危险程度及经营管理等特点,将各设施分类分区布置。从安全防火距离、人员编制、各种设施和技术要求考虑,将石油库分为储罐区、生产作业区、辅助生产、行政管理区和库外管道收发区等五个区域,各区的划分及设计应严格按照《石油库设计规范》(GB 50074)执行。对于有管道进油和出油的石油库,增加了库外管道收发区,此区可以放在库内,是石油库作业的一部分。石油库分区平面布置可参考图 2.1.2。

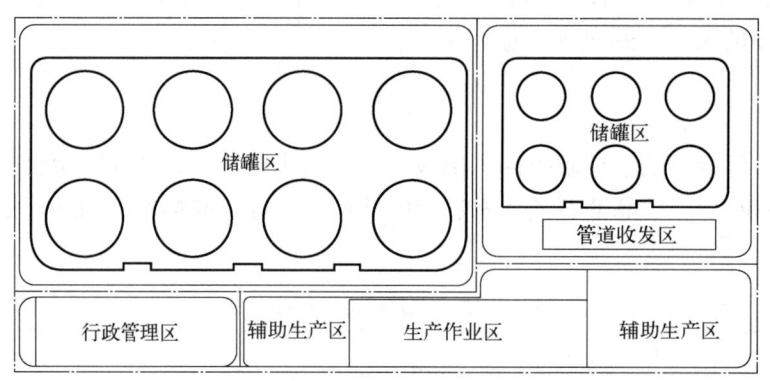

图 2.1.2 石油库分区示意图

石油库容量大小不一,经营性质也各有不同,石油库的分区应根据石油库的功能和地理环境进行确定和划分。企业石油库的分区可以结合企业的总体布置统一考虑。

石油库各区内主要设施及设备如表 2.1.7 所示。

表 2.1.7 石油库各区内主要设施及设备

分区		石油库区内主要建(构)筑物或设施及任务
储罐区		储罐组、易燃和可燃液体泵、变配电间、可燃气体监测仪等。储罐可选用浮顶罐或内浮顶罐。根据规范布置罐位,设置防火堤和消防栓以及消防系统,采取防雷、防静电、可燃气体检测仪等一系列安全措施,以保障油罐区的安全
生产作业区	铁路作业区	这一作业区的主要作用是向铁路罐车装卸油品,主要设施包括铁路罐车装卸栈桥、易燃和可燃液体泵房、扫舱罐、变配电间、油气回收处理装置等
	水运作业区	当石油库的位置靠近海岸或江河时,常常设置有水运装卸区,主要是利用油轮和油驳进行油品装卸。其主要设施有易燃和可燃液体装卸码头、易燃和可燃液体泵站、变配电间、油气回收处理装置等

续表

分区		石油库区内主要建（构）筑物或设施及任务
生产作业区	公路作业区	大多数石油库都是通过水路、铁路或管道接收来油，再通过公路、铁路或管道向外发油，这区的主要设施有易燃和可燃液体泵房、变配电间、汽车罐车装卸设施、控制装置、油气回收处理装置等
辅助生产区		石油库内一般还需要一些辅助设施，如消防泵房、消防水罐、变配电室、漏油及事故污水收集池、器材库、锅炉房、化验室、污水处理设施、计量室、柴油发电机间、罐车停车场等，这些设施是保证石油库正常运转不可缺少的，在操作上有独立的体系，因此把这些设施相对集中地安放到一个区域，有利于安全管理
行政管理区		行政管理区是生产管理的中心。主要设施有办公用房、控制室、传达室、汽车库、宿舍等。主要承担石油库的管理工作，保证油品正常地调入和销售以及石油库安全，与其他各区隔开并保持一定安全距离
库外管道收发区		库外管道收发区是接收管道来油和经管道发油的区域，其主要设备包括清管器收发装置、计量装置、收发油泵房、加热系统、阀组等

在总体布置时，应根据石油库地形、地理位置的实际情况和方便管理的原则，综合考虑分区，保持区域划分，实现分区管理。

《石油储备库设计规范》（GB 50737）要求石油储备库内的各类设施可以根据需要按表2.1.8的规定布置。

表2.1.8 石油储备库分区及设施布置

序号	分区	区内主要设施
1	生产作业区	油罐区、油泵站、罐组专用变配电所（间）、计量站、装卸码头、清管器收发设施等
2	辅助生产区	消防泵房、消防站、总变电所、配电间、维修间、器材库、锅炉房、化验室、污水处理设施等
3	库外管道收发区	原油进库及外输管道、阀室、清管器收发设施等
4	行政管理区	办公室、传达室、汽车库、宿舍、浴室、食堂、控制室等

2. 石油库的平面布置

1）平面布置原则

在满足生产、工艺流程要求的基础上，合理利用地形、地貌等自然条件，减少石油库用地，使库区土石方工程量最小，节省工程投资，便于生产操作和安全管理。具体布置原则为：

（1）符合当地城市规划、区域规划、土地管理等部门对库区平面布置的要求。

（2）根据生产特点、火灾危险性类别，合理划分功能区，满足石油库总工艺流程的要求，使工艺流程顺畅合理，按功能分区布置。

（3）利用地形地质条件和场地条件，因地制宜进行布置。

（4）公用设施及辅助生产设施尽量靠近负荷中心，以缩短管线、降低能耗。

（5）重视环境保护，充分考虑当地主导风向和朝向，切实做好污染治理，对库区进行充分绿化，减少环境污染。

（6）满足各建筑物的防火、防爆、防震、防噪声要求。

（7）尽量布置紧凑、合理，以缩短工艺流程、减少占地，适应内外运输，行车路线短捷顺直，有利于安全环保、方便管理。

（8）库内平面设计合理，满足生产要求和规范规定的同时，降低土石方工程量。

2）平面布置防火间距

（1）石油库与其他建筑物、构筑物之间的设置要求。

石油库与库外其他建筑物、构筑物之间的安全距离应符合《石油库设计规范》（GB 50074）中的规定，不得小于表2.1.9中的规定。

表 2.1.9 石油库与库外居住区、公共建筑物、工矿企业、交通线的安全距离　　　　　单位：m

序号	石油库设施名称	石油库等级	库外建筑物、构筑物和设施名称				
			居住区和公共建筑物	工矿企业	国家铁路线	工业企业铁路线	道路
1	甲B、乙类液体地上罐组；甲B、乙类覆土立式油罐；无油气回收设施的甲B、乙A类液体装卸码头	一	100（75）	60	60	35	25
		二	90（45）	50	55	30	20
		三	80（40）	40	50	25	15
		四	70（35）	35	50	25	15
		五	50（35）	30	50	25	15
2	丙类液体地上罐组；丙类覆土立式油罐；乙B、丙类和采用油气回收设施的甲B、乙A类液体装卸码头；无油气回收设施的甲B、乙A类液体铁路或公路罐车装车设施；其他甲B、乙类液体设施	一	75（50）	45	45	26	20
		二	68（45）	38	40	23	15
		三	60（40）	30	38	20	15
		四	53（35）	26	38	20	15
		五	38（35）	23	38	20	15
3	覆土卧式油罐；乙B、丙类和采用油气回收设施的甲B、乙A类液体铁路或公路罐车装车设施；仅有卸车作业的铁路或公路罐车卸车设施；其他丙类液体设施	一	50（50）	30	30	18	18
		二	45（45）	25	28	15	15
		三	40（40）	20	25	15	15
		四	35（35）	18	25	15	15
		五	25（25）	15	25	15	15

（2）石油库内建筑物、构筑物和设施之间的防火距离。

《石油库设计规范》（GB 50074）中规定了石油库内建筑物、构筑物和设施之间的防火距离，见表 2.1.10，相应的说明和注释详见规范。

（3）石油储备库内建筑物、构筑物之间的设置要求。

《石油储备库设计规范》（GB 50737）中要求石油储备库内建筑物、构筑物之间的防火距离不应小于表 2.1.11 的规定。

（4）储罐之间的防火距离。

同一储罐区内，火灾危险性类别相同或相近的储罐宜相对集中布置。储存Ⅰ、Ⅱ级毒性液体的储罐罐组宜远离人员集中的场所布置。《石油库设计规范》（GB 50074）规定相邻储罐区储罐之间的防火距离，应符合下列规定：

① 地上储罐区与覆土储罐相邻储罐之间的防火距离不应小于 60m；

② 储存Ⅰ、Ⅱ级毒性液体的储罐与其他储罐区相邻储罐之间的防火距离，不应小于相邻储罐中较大罐直径的 1.5 倍，且不应小于 50m；

③ 其他易燃、可燃液体储罐区相邻储罐之间的防火距离，不应小于相邻储罐中较大罐直径的 1.0 倍，且不应小于 30m。

同一个地上储罐区内，相邻罐组储罐之间的防火距离应符合下列规定：

① 储存甲B、乙类液体的固定顶储罐和浮顶采用易熔材料制作的内浮顶储罐与其他罐组相邻储罐之间的防火距离，不应小于相邻储罐中较大罐直径的 1.0 倍；

② 外浮顶储罐、采用钢制浮顶的内浮顶储罐、储存丙类液体的固定顶储罐与其他罐组储罐之间的防火距离，不应小于相邻储罐中较大罐直径的 0.8 倍。

表 2.1.10 石油库内部分建筑物、构筑物之间的安全防火距离

单位：m

序号	建筑物、构筑物和设施名称		易燃和可燃液体泵房		灌桶间		汽车罐车装卸设施		铁路罐车装卸设施		液体装卸码头		桶装液体库房		隔油池		消防车车库、消防泵房	露天变配电所变压器、柴油发电机间		独立变配电间	办公室、中心控制室、宿舍等人员集中场所	铁路机车走行线	有明火及散发火花的建筑物、构筑物及地点	油罐车库	库区围墙	其他建筑物、构筑物	河（海）岸边
			甲B、乙类液体	丙类液体	甲B、乙类液体	丙类液体	甲B、乙类液体	丙类液体	甲B、乙类液体	丙类液体	甲B、乙类液体	丙类液体	甲B、乙类液体	丙类液体	150m³及以下	150m³以上		10kV及以下	10kV以上								
			10	11	12	13	14	15	16	17	18	19	20	21	22	23	24	25	26	27	28	29	30	31	32	33	34
1	内外浮顶储罐、覆土立式储存丙类液体的固定顶储罐 (m³)	V≥50000	20	15	30	25	30/23	23	30/23	23	50	35	30	25	25	30	40	40	50	40	60	35	30	28	25	25	30
2		5000<V<50000	15	11	19	15	20/15	15	20/15	15	35	25	20	15	19	23	26	25	30	25	38	19	26	23	11	19	30
3		1000<V≤5000	11	9	15	11	15/11	11	15/11	11	30	23	15	11	15	19	23	19	23	19	30	19	26	19	7.5	15	30
4		V≤1000	9	7.5	11	9	11/9	9	11	11	26	23	11	9	11	15	19	15	23	11	23	19	26	15	6	11	20
5	储存甲B、乙类液体的立式固定顶储罐 (m³)	V>5000	20	15	25	20	25/20	20	25/20	20	50	35	25	20	25	30	35	32	39	32	50	25	35	30	15	25	30
6		1000<V≤5000	15	11	20	15	20/15	15	20/15	15	40	30	20	15	20	25	30	20	30	25	40	25	35	25	10	20	30
7		V≤1000	12	10	15	11	15/11	11	15/11	11	35	20	15	11	15	20	25	15	30	15	30	25	35	20	8	15	20
8	甲B、乙类液体地上卧式储罐		9	7.5	11	8	11/8	8	11/8	8	25	15	11	8	11	15	19	15	23	11	23	19	25	15	6	11	20
9	覆土油罐、丙类液体地上卧式储罐		7	6	8	6	8/6	6	8/8	6	20	15	8	6	8	11	15	11	15	8	18	15	20	11	4.5	8	20
10	易燃和可燃液体泵房	甲B、乙类液体	12	12	12	12	15/15	11	8/8	6	15	15	12	9	15/7.5	20/10	30	15	20	15	30	15	20	15	10	12	10
11		丙类液体	12	9	12	9	15/11	9	8/6	6	15	11	9	9	10/5	15/7.5	15	10	15	10	20	12	15	12	5	10	10

· 19 ·

续表

序号	建筑物、构筑物和设施名称		易燃和可燃液体泵房		灌桶间		汽车罐车装卸设施		铁路罐车装卸设施		液体装卸码头		桶装液体库房		隔油池		消防车库、消防泵房	露天变配电所变压器、柴油发电机间		独立变配电间	办公室、中心控制室、宿舍等人员集中场所	铁路机车走行线	有明火及散发火花的建筑物、构筑物及地点	油罐车库	库区围墙	其他建筑物、构筑物	河（海）岸边
			甲B、乙类液体	丙类液体	甲B、乙类液体	丙类液体	甲B、乙类液体	丙类液体	甲B、乙类液体	丙类液体	甲B、乙类液体	丙类液体	甲B、乙类液体	丙类液体	150m³及以下	150m³以上		10kV及以下	10kV以上							
			10	11	12	13	14	15	16	17	18	19	20	21	22	23	24	25	26	27	28	29	30	31	32	33	34
12	灌桶间	甲B、乙类液体	12	12	12	12	15/11	15/11	15/11	11	15	15	12	12	20/10	25/12.5	12	20	30	15	40	20	30	15	10	12	10
13		丙类液体	12	9	12	9	15/11	8	15/11	11	15	11	12	9	15/7.5	20/10	10	10	20	10	25	15	20	12	5	10	10
14	汽车罐车装卸设施	甲B、乙类液体	15/15	15/11	15/11	15/11	—	—	15/11	15/11	15	15	15/11	15/11	15/7.5	25/19	15/15	20/15	30/23	15/11	30/23	20/15	30/23	20	15/11	15/11	10
15		丙类液体	11	8	11	8	—	—	15/11	11	15	11	11	8	10/5	20/10	12	10	20	10	20	15	20	15	5	10	10
16	铁路罐车装卸设施	甲B、乙类液体	8/8	8/6	15/11	15/11	15/11	15/11	20/20	见GB 50074中第8.1节	见GB 50074中第8.3节		8/8	8/8	25/19	30/23	15/15	20/15	30/23	15/11	30/23	20/15	30/23	20	15/11	15/11	10
17		丙类液体	6	6	11	11	11	11	20				8	8	20/10	25/12.5	12	10	20	10	20	15	20	15	5	11	10
18	液体装卸码头	甲B、乙类液体	15	15	15	15	15	15					15	15	25/19	30/23	25	20	30	15	45	20	40	20	—	15	—
19		丙类液体	15	11	11	11	15	11					11	12	20/10	25/12.5	20	15	20	10	30	15	30	15	—	12	—
20	桶装液体库房	甲B、乙类液体	12	12	12	12	15/11	11	8/8	8	15	15	12	12	15/7.5	20/10	20	15	10	12	40	15	30	10	5	12	10
21		丙类液体	15/7.5	10/5	15/7.5	10/5	15/11	15/7.5	8/8	8	15	15	15/7.5	10/5	10/5	—	15	15/11	15/11	15/11	25	10	20	10/5	10/5	10
22	隔油池	150m³及以下	20/10	15/7.5	20/10	15/7.5	20/15	20/10	25/19	25/12.5	25/19	25/19	15/10	15/7.5	—	—	20/15	15/11	20/15	15/11	30/23	30/23	15/11	10/5	15/7.5	10
23		150m³以上	20/10	15/7.5	25/12.5	20/10	25/19	25/12.5	30/23	25/12.5	30/23	25/19	20/10	15/7.5	—	—	25/19	20/15	30/23	20/15	40/30	40/30	20/15	10/5	15/7.5	10

表 2.1.11 石油储备库内建筑物、构筑物之间的防火距离　　　　　　　　　　　　　　　　单位：m

序号	建筑物和构筑物名称	油罐	油泵站	油码头	隔油池
1	油罐	一个罐组油罐总容量不应大于 $60×10^4 m^3$	20	45	30
2	油泵站	20	12	15	20
3	油码头	45	15	0.25L且不小于55	30
4	隔油池	30	20	30	—
5	消防水池（罐）	35	15	35	25
6	消防泵房	40	30	40	30
7	办公室、控制室、专用消防站、宿舍、食堂等人员集中场所	60	30	60	50
8	变电所和独立变配电间	40	30	40	40
9	罐组专用变配电间	20	15	20	20
10	有明火及散发火花的建筑物	35	20	40	40
11	围墙	25	15	—	10
12	泡沫站	20	12	20	20
13	其他建筑物、构筑物	25	15	25	15

地上储罐组内相邻储罐之间的防火距离，《石油库设计规范》（GB 50074）中要求不应小于表 2.1.12 所示数据。

表 2.1.12 地上储罐组内相邻储罐之间的防火距离　　　　　　　　　　　　　　　　单位：m

储存液体类别	单罐容量不大于 $300m^3$，且总容量不大于 $1500m^3$ 的立式储罐组	固定顶储罐（单罐容量）			外浮顶、内浮顶储罐	卧式储罐
		≤$1000m^3$	>$1000m^3$	≥$5000m^3$		
甲B、乙类	2m	0.75D	0.6D	0.6D	0.4D	0.8m
丙A类	2m	0.4D	0.4D	0.4D	0.4D	0.8m
丙B类	2m	2m	5m	0.4D	0.4D与15m的较小值	0.8m

注：D—储罐直径。

3）库内道路设置要求

石油库储罐区应设环行消防车道。位于山区或丘陵地带设置环形消防车道有困难的覆土油罐区和储罐单排布置的且储罐单罐容量不大于 $5000m^3$ 的地上罐组以及四、五级石油库储罐区，可设尽头式消防车道。

《石油库设计规范》（GB 50074）中规定地上储罐组消防车道的设置应符合下列要求：

（1）储罐总容量大于或等于 $120000m^3$ 的单个罐组应设环行消防车道。

（2）多个罐组共用一个环行消防车道时，环行消防车道内的罐组储罐总容量不应大于 $120000m^3$。

（3）同一个环行消防车道内相邻罐组防火堤外堤脚线之间应留有宽度不小于7m的消防空地。

（4）总容量大于或等于 $120000m^3$ 的罐组，至少应有两个路口能使消防车辆进入环形消防车道，并宜在不同的方位上。

一级石油库的储罐区和装卸区消防车道的宽度不应小于9m，其中路面宽度不应小于7m；覆土立式油罐和其他级别石油库的储罐区、装卸区消防车道的宽度不应小于6m，其中路面宽度不应小于4m；单罐容积大于或等于 $100000m^3$ 的储罐区消防车道应按《石油储备库设计规范》（GB 50737）的有关规定执行。

石油库通向公路的库外道路和车辆出入口的设计应符合下列规定：

（1）石油库应设与公路连接的库外道路，其路面宽度不应小于相应级别石油库储罐区的消防车道。

（2）石油库通向库外道路的车辆出入口不应少于两处，且宜位于不同的方位。受地域、地形等条件限制时，覆土油罐区和四、五级石油库可只设一处车辆出入口。

（3）储罐区的车辆出入口不应少于两处，且应位于不同的方位。受地域、地形等条件限制时，覆土油罐区和四、五级石油库的储罐区可只设一处车辆出入口。储罐区的车辆出入口宜直接通向库外道路，也可通向行政管理区或公路装卸区。

（4）行政管理区、公路装卸区应设直接通往库外道路的车辆出入口。

3. 石油库的竖向布置

1）竖向布置原则

（1）竖向布置必须与总平面相适应，即在进行总平面设计的同时要结合地形考虑竖向布置的方式，以便及时调整总平面。

（2）竖向布置必须与工艺流程相适应，满足工艺流程、系统管线、库内外道路对坡向和坡度的要求，合理确定各地段高程。

（3）竖向布置与场区内道路、场地设计相结合，满足道路坡长、坡度等各项技术要求，合理设置排水系统，确保库区不受洪水及内涝的侵袭，雨水能迅速排除。

（4）竖向布置为库区内各种管线的敷设创造条件，方便主要管线的敷设。

（5）充分合理利用自然地形条件，力求尽量减少土石方工程量，避免深挖高填，使土方量最小、挖填平衡、土方调运运距短捷。

2）建筑物、构筑物布置

《石油库设计规范》（GB 50074）中规定石油库的竖向布置如下：

（1）石油库场地设计标高，应符合下列规定：

库区场地应避免洪水、潮水及内涝水的淹没；对于受洪水、潮水及内涝水威胁的场地，当靠近江河、湖泊等地段时，库区场地的最低设计标高，应比设计频率计算水位高 0.5m 及以上；当在海岛、沿海地段或潮汐作用明显的河口段时，库区场地的最低设计标高，应比设计频率计算水位高 1m 及以上。当有波浪侵袭或壅水现象时，尚应加上最大波浪或壅水高度；当有可靠的防洪排涝措施，且技术经济合理时，库区场地也可低于计算水位。

（2）行政管理区、消防泵房、专用消防站、总变电所宜位于地势相对较高的场地处，或有防止事故状况下流淌火流向该场地的措施。

（3）石油库的围墙设置应符合下列规定：

① 石油库四周应设高度不低于 2.5m 的实体围墙。企业附属石油库与本企业毗邻一侧的围墙高度可不低于 1.8m。

② 山区或丘陵地带的石油库，四周均设实体围墙有困难时，可只在漏油可能流经的低洼处设实体围墙，在地势较高处可设置镀锌铁丝网等非实体围墙。

③ 石油库临海、邻水侧的围墙，其 1m 高度以上可为铁栅栏围墙。

④ 行政管理区与储罐区、易燃和可燃液体装卸区之间应设围墙。当采用非实体围墙时，围墙下部 0.5m 高度以下范围内应为实体墙。

⑤ 围墙不得采用燃烧材料建造，围墙实体部分的下部不应留有孔洞，集中排水口除外。

3）排雨水方式

库区雨水全部采用混凝土矩形明沟有组织排放方式。罐区内设混凝土矩形明沟收集雨水，雨水出防火堤时在防火堤内设截油排水设施，在防火堤外设闸阀进行紧急切断。排水沟穿越道路处设置钢筋混凝土盖板明涵。雨水收集后汇入雨水监控池进行监控，雨水合格后用泵提升排出库外，不合格雨水切换到含油污水池提升到污水处理装置进行处理。

2.2 石油库设计阶段划分

2.2.1 工程前期

石油库设计工程前期工作包括方案设计、项目申请报告和可行性研究等内容。工程前期工作的要求应严格按照《成品油销售网络建设项目可行性研究报告编制规定》等规范和相关的石油地面工程设计文件要求进行编制，对工程设计要进行技术统一规定和说明书的编写。

1. 技术统一规定

在工程设计中，对文件报告等的编制，必须遵循统一的编制标准，有统一的项目名称、项目号等。对于设计时所采用的设计标准、规范、基础数据都需要进行统一的规定。书面文件的各章节内容、深度以及格式需要作统一的要求。

2. 说明书的编制

说明书的编制内容主要涉及可行性研究报告（预可行性研究、规划设计、方案设计、可行性研究）和工程项目申请报告。

1）可行性研究报告

可行性研究报告应对建设的必要性和可行性，建库设定方案的先进性、适用性、经济性、合理性、安全性、可靠性，以及建设项目的经济、社会效益进行研究和评估。编报可行性研究报告的主要内容如下。

（1）总论。

该部分的主要内容是对项目简介、项目背景及投资必要性、项目的编制依据及原则、研究结论、存在问题及建议等几个部分进行必要的阐述和说明。

① 项目简介：项目基本情况；项目单位情况；研究目的及范围；设计分工及界面划分。

② 项目背景及投资必要性：包括对项目名称、建设性质（新建或改建）、建设地点以及建设条件等的介绍；投资必要性需要根据实际的调研，充分说明项目建设的合理性及对社会经济发展的影响。

③ 编制依据：列出作为可行性报告编制依据的文件资料名称、审批部门信息和时间以及相关部门的批复文件，文件资料和批复文件作为附件在报告后面附上。

④ 编制原则：列出项目研究遵循的主要法律法规；遵循的主要标准规范，包括工艺、总图与道路、储罐、建筑与结构、给排水及消防、采暖通风、防腐、电气、通信、仪表、节能、环境保护、安全与职业病防护等方面的标准规范。

⑤ 研究结论：主要包括工程内容、总投资及经济效益、主要技术经济指标和研究结论等。主要工程量包括储罐、装卸泵等各设备设施的数量、建筑物面积等；主要的经济技术指标包括年周转量、总库容、共用工程消耗（水、电、气、燃料等）、总运输量、总人员、项目总投资、年均营业收入、成本等。

⑥ 存在问题及建议：提出项目在建设条件、技术和经济等方面存在的问题及具体的建议。

（2）市场分析及资源供应。

① 市场分析：主要阐明在该地区的市场现状、销售预测以及竞争环境等。例如根据市场调查，该地区目前年均消耗油品多少吨，均来自某石油库；根据某地区未来 10~20 年发展规划，年均油品消耗量还会持续增加到多少万吨等。

② 资源供应：简述项目建成后储存油品的种类、数量和来源，建成后 5~10 年的油品来源和供应能力。

（3）建设规模及库址选择。

① 建设规模：根据石油库的作用确定该石油库的性质、等级和功能定位。成品油石油库建设规模主

要内容包括油库库容计算、储罐匹配方案、火车卸车方案、汽车装车方案和油气回收装置，在同一库容的前提下，对油罐品种和数量的选择进行方案比较。

② 库址选择：库址选择必须严格按照相关规范的要求，遵循必要的选址原则；对选址地区的地形地貌、工程地质、水文地质、地震、气象、依托环境等都要做详细的调查，确定几种不同库址选择方案，考虑所在地区城市发展规划，并进行方案比较，说明库址选择理由。选择方案主要内容包括选址原则、选址依据、库址概况、库址比选和推荐库址自然条件。

（4）总图运输。

① 总平面布置：内容包括总平面布置原则、总平面布置方案及比较、总图运输主要技术指标、库区防护、道路、防火堤、地面防渗和库区绿化。

② 竖向布置：主要内容有竖向布置原则、竖向布置方式、防洪标准及措施、雨水排放方式。

③ 交通运输及出入口设置：内容包括外部交通、库区内道路布置及要求、出入口设置。

④ 防洪及防控设计：根据防洪评价，库区的排洪沟满足防洪需求。防控设计有三级预防与控制体系：一级防控罐组防火堤及配套设施组成，主要收集储罐漏油、事故污水以及被污染的雨水；二级防控由罐组周围路堤式消防道路、漏油和事故污水收集池，以及导流设施组成，主要收集罐组、装车区漏油并通过污油管道和雨排水系统将事故物料及雨水输送至漏油及事故污水收集池；三级防控是实体围墙，围墙下半部具有防漏油功能。

⑤ 总图主要工程量：内容有总图专业主要工程量和主要经济技术指标。

（5）工艺及设备。

① 主要工艺技术参数：包括石油库储存品种、性质及油品运输方式。

② 工艺流程：内容有工艺流程设计原则、工艺流程简述和工艺流程特点；成品油石油库具体包括收发油流程、扫舱流程、油品倒罐流程、防膨胀流程和工艺管线设置。

③ 储存及收发油能力分析：石油库储运能力和装卸能力计算分析。

④ 主要工艺设备材料选型：石油库内比较典型的工艺设备主要有储油罐、汽火车装卸油鹤管、机泵、油气回收装置、阀门、管道等。需要对这些主要的设备进行设计计算和选型，比如管线材质及壁厚的选择等。

⑤ 工艺设备布置与管道敷设：说明库区工艺设备布置满足工艺流程、安全生产、环境保护和经济合理等要求，地上及埋地管线的敷设方式。

⑥ 主要工程量：列出工艺工程主要工程量表。

（6）储罐设计。

说明储罐设计原则、各种类型储罐的材料选择、结构设计和制造、安装、检验要求以及储罐钢材主要工程量表。

（7）自动控制。

现代化油气库的自动控制技术越来越高。石油库中仪表自动化控制的重要性在于既能提高石油库运行的效率，又能一定程度上保障工作人员的操作安全。在石油库的可行性研究报告中，需要比较介绍覆盖油气库的所有区域自动化控制的方案和重要的系统及设备。

① 自控水平：根据石油库储存、管道输送的生产特点，为使罐区长期、平稳、安全运行，采用计算机监控系统完成对罐区生产过程的数据采集、监视、控制、安全保护、计量及运行管理等任务，使罐区达到集中监控的自动化水平；保证罐区安全，采用消防自动化系统，实现罐区消防联锁控制。提出自动控制方案进行分析比较。

② 自控系统配置和功能：主要内容有系统网络结构图、控制系统主要功能、消防自动化系统、可燃气体检测和报警系统、主要仪表选型和自控系统主要工程量。

成品油石油库自动化控制包括罐区的监控、输油泵的控制、汽车定量装车控制、火车自动定量装车控制、消防控制、污水处理控制、油气回收控制、添加剂自动加注系统控制、外输管道控制等。

（7）公用工程及辅助设施。

石油库内公用工程及辅助设施包括电气、通信、给排水、暖通与空调、防腐与保温、建筑与结构、消防、维修及分析化验等，由相应的专业人士编写，由项目技术负责人汇总、整编。

（8）节能节水。

① 综合能耗分析：包括综合能耗、主要能耗设施、能耗计算和节能分析对比；

② 节能节水措施：内容有工艺节能措施、电力节能措施、建筑节能措施、给排水节能措施等相关内容。

（9）环境保护。

环境保护主要内容包括环境保护设计原则、建设项目区域环境状况、主要污染源和污染物、污染控制措施、环境影响分析、碳排放和碳中和分析、绿建分析、环境保护投资概算等内容。

（10）劳动（职业）安全卫生。

劳动（职业）安全卫生主要内容有设计原则、编制依据、环境因素对项目职业安全卫生的影响、危及职业安全卫生的物质、物料危险、有害因素分析、设计中采取的主要安全对策与措施、职业安全卫生预期效果和职业安全卫生专用投资等。

（11）组织机构及定员。

组织机构及定员内容包括组织机构、定员编制依据、设计定员和人员培训。应详细列出石油库内所有的单位名称，并简要叙述各单位责任。

（12）项目进度计划。

根据基本建设程序的有关要求，充分考虑合理的设计、勘察及施工周期，做到各工序的合理交叉衔接，以求得最佳的投资效益，制定出建设周期和实施进度安排。

（13）投资估算及融资方案。

该部门由经济专业人士编写，项目技术负责人汇总、整编。包括总投资预算表、财务评价及依据、成本费用估算及依据、销售收入估算等。

（14）附录及附图。

列出可行性研究报告中不能直接在文中表示出的图表，工艺专业要附油气库工艺原理流程图。

2）工程项目申请报告

根据《国务院关于投资体制改革的决定》《企业投资项目核准暂行办法》等的相关要求，对符合国家制定和颁布的《政府核准的投资项目目录》（以下简称《核准目录》）的企业投资建设项目，应按国家有关要求编制项目申请报告。

项目申请报告是指对《核准目录》内企业投资的重大项目和限制类项目为获得政府投资主管部门行政许可而报送的项目论证报告，是在项目可行性研究的基础上，重点论述项目的外部性、公共性等事项。其主要内容包括以下方面：

（1）申请单位及项目概况。

（2）发展规划、产业政策及行业准入分析：①发展规划分析；②产业政策分析；③行业准入分析；④自主创新和采用先进技术分析。

（3）资源开发及综合利用分析：①资源开发方案；②资源利用方案；③资源节约措施。

（4）节能方案分析：①用能标准和节能规范；②能耗状况和能耗指标分析；③碳排放和碳中和分析、绿建分析；④节能措施和节能效果分析。

（5）建设用地、征地拆迁及移民安置分析：①项目选址及用地方案；②土地利用合理性分析；③征地拆迁和移民安置规划方案。

（6）环境和生态影响分析：①环境和生态现状；②生态环境影响分析；③生态环境保护措施；④地质灾害影响分析；⑤特殊环境影响。

（7）经济影响分析：①经济费用效益或费用效果分析；②行业影响分析；③区域经济影响分析；④宏观经济影响分析。

（8）社会影响分析：①社会影响效果分析；②环境适应性分析；③社会风险及对策分析。
（9）结论与建议。
（10）还应附送：①城市规划行政主管部门出具的城市规划意见；②国土资源行政主管部门出具的项目用地预审意见；③环境保护、水行政主管部门出具的环境影响、水土保持评价的审批意见；④根据有关法律、法规应提交的项目节能、矿产压覆、地震安全等其他审批文件。

2.2.2 初步设计

初步设计需要按图例分别绘制出原有或拟建的各区内各建筑物、构筑物的位置，并注明设计坐标和标高等，对罐区防火堤、库区道路、围墙等都需要标示注明，对石油库的建库方案进行具体的落实。初步设计主要包括说明书部分、图纸部分、概算以及材料表四部分。初步设计中各部分的主要设计内容见表2.2.1。

表2.2.1 初步设计阶段主要设计内容

初步设计		设计内容
说明书部分	总说明	（1）阐明本设计的任务和技术依据、主要涉及规范及规定、设计范围及分工、设计原则及特点、项目概况等； （2）阐明石油库的性质、油品种类、油品物性、供应范围、总容量和其他特点等； （3）阐明石油库建设区域的自然条件，包括地理地形、工程地质、水文气象、周围环境、交通、水电等； （4）对技术部分进行必要详细的说明，包括总图、工艺、安全防护等方面； （5）人员编制情况说明，包括行政人员、技术人员、工人和消防警卫及勤杂人员等，阐明本单位承担的设计项目和委托其他单位的设计项目； （6）阐明主要技术经济指标和总投资
	总图运输说明	（1）说明总图布置的指导思想，分析总图布置的优缺点； （2）库区竖向布置及道路、绿化、防护等； （3）库区的主要组成及占地情况
	工艺部分说明	（1）工艺流程说明，包括收发油方式、货位个数及专用线长度，包括对管道、铁路、水路和公路等的说明； （2）库内外管道的布置； （3）主要设备及材料的说明，包括储罐、装卸油泵机组数、型号、规格及辅助设备、石油库的卸油能力等
	自动控制部分	（1）说明设计的范围及原则； （2）仪表和控制系统的对比及选用； （3）营业控制室的说明
	热工部分说明	（1）制定蒸汽负荷表，说明用汽单位和用汽量以及用汽压力等特点； （2）选择的锅炉台数、型号、规格及其辅助设备； （3）蒸汽加热器的布置、管径冷凝水管的布置及管径
	给排水部分说明	（1）给排水系统的依托条件，包括水源、取水办法等； （2）石油库供水系统的设备及水管规格和布置； （3）石油库各部门的用水量及库区排水、污水处理流程及设备等
	电气通信部分说明	（1）石油库动力和照明用电负荷一览表，注明各设施的用电负荷； （2）石油库配电系统，高压或低压计量，变压器的台数、容量等； （3）动力配线，包括进线和架线方式及线路布置； （4）防雷、防静电的电气接地； （5）通信系统综合说明，包括选用的交换机台数和电话的设置台数
	通风部分说明	（1）设计范围，包括洞库、化验室、泵房的通风等； （2）系统设置，通风方式及设备，风扇、空调、暖气等
	土建部分说明	（1）石油库建筑物、构筑物一览表，注明各建筑物、构筑物的名称、结构形式、面积、层数等具体的设计方案，绿建分析； （2）道路的等级、宽度、路面结构及造价； （3）石油库挖填土方量及平衡状态、洞库或隐蔽库的结构型式、工程量及防渗漏措施等

续表

初步设计		设计内容
说明书部分	化验部分说明	(1) 化验方案，包括化验的任务、化验室的位置、设备设施的配备、占地面积； (2) 污染物质的预处理措施； (3) 人员编制
	消防部分说明	(1) 油罐及其他生产设施采用消防灭火系统方式； (2) 消防所需的灭火剂量和水量； (3) 消防泵的台数、型号、规格以及使用的动力； (4) 其他消防设备及灭火剂量、水量，包括消防车、泡沫液罐、消防水罐等； (5) 消防管道的布置和管径
	环保部分说明	(1) 库区建设地区环境质量现状、项目主要污染及治理措施等； (2) 库区及周围绿化； (3) 对事故的防范对策、应急预案等； (4) 对环境的影响分析、碳排放和碳中和分析、管理及环保投资估算等
	防腐部分说明	(1) 设备及管道防腐保护的原则、措施、材料选用等； (2) 储罐及相应设计的阴极保护，阴极保护的方法及设备说明
	节能部分说明	(1) 石油库的主要能耗，包括水、电、气等，能源供应状况及来源； (2) 节能措施的方案对比、专项投资估算及节能水平的分析
	安全设施部分说明	(1) 工程建设中的危险、有害因素特征分析； (2) 生产运行过程中的主要危险、有害因素特征分析； (3) 安全防护的措施、方案、结论和建议； (4) 安全设施设备专项投资的估算
	职业卫生部分说明	(1) 生产过程中的职业危害因素分析； (2) 职业卫生防护措施及辅助设施设备的设置
	技术经济指标部分说明	(1) 占地面积及利用率，总投资及单位容量造价； (2) 三材的总用量及单位储油容量的用量，石油库生产和非生产投资比例
图纸部分		(1) 总图专业：库区位置图、石油库总平面布置图、库区竖向道路及排雨水图、土方计算图、管线综合布置图等。 (2) 储运工艺部分：石油库总工艺流程图、油罐工艺管道及仪表流程图、泵棚工艺管道及仪表流程图、装卸油工艺管道及仪表流程图、罐组平面布置图、泵棚平面布置图、装卸设施平面布置图、防渗区域图、工艺计算书、设计规定、材料表、目录、说明书等。 (3) 电气部分：石油库低压配电系统图、电源进线电路图、低压电动机电路图、变电所平面布置图、爆炸危险区域的划分图、供热干线及照明平面图、接地干线平面图、计算书、设计规定、材料表、目录、说明书等。 (4) 电信部分：网络与电话系统图、火灾自动报警系统图、电视监视系统图、平面布置图、设计规定、材料表、目录、说明书等。 (5) 给排水部分：泡沫水加压泵站的工艺管道及仪表流程图、单元工艺管道平面布置图；给排水及消防管网的消防管道及仪表控制流程图、给排水及消防管道的平面布置图；污水预处理设计的工艺管道及仪表流程图、单元及灭火器平面布置图；罐组消防及给排水管线平面布置图；库区内各建筑物、构筑物的小型灭火器平面布置图、设计规定、材料表、目录、说明书等。 (6) 暖通：洞库通风系统图；化验室、泵房、灌桶间等通风系统平面布置图；设计规定、材料表、目录、说明书等。 (7) 热工部分：黏油加热蒸汽管道平面布置图、蒸汽加热系统热力计算书、设计规定、材料表、目录、说明书等。 (8) 建筑：石油库区内建筑物的平面、立面及剖面图，设计规定、材料表、目录、说明书等。 (9) 结构：油罐基础图、装车棚立面及网架平面图、泵棚平面和立面图、其他构筑物平面图、设计规定、材料表、目录、说明书等。 (10) 自控：罐区及装卸作业区自动控制系统原理图、控制室平面布置图、各设备设施的仪表索引表、仪表材料表、规格书、目录、说明书等。 (11) 化验：化验室的室内平面布置图、设备表、说明书等
概算		概算书是在初步设计阶段编制的，主要包括石油库建筑物、构筑物的建设，设备的购买和安装等费用。编制概算可以帮助设计工作者判断设计的经济合理性
材料表		设备材料表是对工程预算评估的一个重要部分，对工艺设计中的所有部分，都应列出较为详细的设备表，包括设备的名称、数量、型号、适用范围、特殊参数等。例如对泵棚内泵的设备表，需要列出泵的编号、名称、数量、操作介质、流量、温度、扬程、轴功率以及备注等

2.2.3 施工图设计

施工图设计是依据批准的初步设计或技术设计来完成的，它是指导施工的技术文件，其设计深度应满足施工的要求,对工程任何一个细节都必须用图纸或文字说明表达清楚。石油库施工图设计就是在初步设计的基础上进行细化,详细列出各设施设备、构筑物、建筑物的形状、大小、结构、平面及立面等的设计。

施工图设计结束时,应组织设计、施工、使用等有关单位进行图纸会审。

石油库施工完毕后,应绘制竣工图。竣工图反映了油库主要设备的竣工情况。在施工过程中对原设计的修改,均应反映在竣工图上。竣工图是油库设备管理和维修的重要资料。

石油库施工图工艺设计文件应包括石油库工艺设计总说明、总平面图、总工艺流程图、油罐施工图、工艺管线施工图、工艺设备布置图等。施工图设计的主要设计内容见表 2.2.2。

表 2.2.2 施工图设计阶段主要设计内容

施工图设计		设计内容
工艺设计说明书	工艺修改说明	说明对初步设计内容的修改和变动
	设备安装说明	说明油罐等大型设备的吊装情况,安装前及维修时设备可放位置,设备的建筑预留孔等情况
	施工技术说明	(1) 油罐、管道、设备安装所采用的统一标准规范; (2) 油罐、管道、设备的除锈、防腐、涂色及试压、清洗等方面的要求; (3) 油罐、管道、设备安装需要统一说明的问题
工艺主要技术图纸	建筑施工图部分	(1) 施工图纸需要包括库区内所有建筑物、构筑物的建设图纸等; (2) 对每一个建筑物、构建物,都需要展示平面图、立面图、局部剖面图、地基基础平面图、层结构布置图、纵横梁架桁架的布置详图、柱配筋图等; (3) 对建筑物、构筑物的附属装置,例如排水、排污、电缆、避雷等,需要展示其平面布置图、立面布置图等
	工艺施工图部分	(1) 各区内和各建筑物、构筑物中所有设备设施、工艺及辅助系统的安装图,例如汽车装车系统安装图、储罐静电接地系统安装图、油气回收系统安装图等; (2) 对每一个安装图,都需要展示其平面图、立面图、剖面图,并附上相应的尺寸、标高以及注意事项等
预算		各专业在施工图设计完成后提出设备材料清单,并进行汇总。由概算专业人员编制施工图预算书

2.3 石油库总图设计

2.3.1 石油库总图设计原则

石油库总图设计是石油库设计的一个重要组成部分,是一项仔细又复杂的工作,设计的合理性直接关系到能否最大限度地满足生产的需要,缩短工艺管线和运输线路,减少占地面积,节约建库投资,保证操作安全,节省管理费用,使利益最大化。结合石油库特点,在石油库总图设计时应遵从以下原则:

(1) 从自然条件考虑,尽量利用地形,根据当地地质、水文、气象等条件,合理安排罐区及各作业区位置,防止事故的发生和扩大;注意火灾发生时风向对事故的影响,山洪灾害时可能造成的泥石流对石油库的影响等。

(2) 从交通方面考虑,公路收发区应尽量靠近公路和石油库大门;铁路收发区铁路的方向和位置应尽量靠近已有铁路的方向和位置;管道收发区应尽量设置在石油库的边缘地区,且尽量避免长输管道从石油库下部穿越;水路收发区应尽量靠近海岸;办公区域应设置在石油库大门附近,方便工作和疏散的区域。

(3) 从工艺方面考虑,库内管道布置尽可能做到单向流动,避免在库内各区往返交叉;根据各工艺流程的位置确定出其他的区域分布,应将各区域严格区分开来,避免工作人员穿插往来于各区之间。

(4) 从安全角度考虑,库内各区各设施之间的安全距离必须符合国家、行业、企业等相关标准,确保石油库的安全;库内的道路应设置为环状道路,保证事故发生时消防救援车辆能顺利到达事故区域。

(5)从经济发展方面考虑，石油库各区应尽量布置紧凑、减少用地；各辅助设施，如锅炉房、配电站等，应尽量靠近主要用能单位，减少不必要的投资和经费开支；根据地区发展的需要，适当预留一定扩展余地。

2.3.2 石油库总图设计方法

石油库总图设计一般以储罐区为主，依次考虑生产作业区、管道收发区、辅助生产区和行政管理区的布置。总平面的布置应根据功能分区、工艺特点、火灾危险等级，结合地形、风向等条件确定。

石油库总图设计要仔细分析区域位置图和风向玫瑰图，进行总体布局构思；根据具体的项目情况确定总平面布置原则；在1：1000红线图上，确定进出库走向，按相应的设计规范和总平面布置原则进行分区布置；根据罐型配备的不同要求确定总平面布置风格、竖向布置方式等，采用多方案布置。

库区内部除满足《石油化工企业设计防火标准》（GB 50160），主要执行《石油库设计规范》（GB 50074）或《石油储备库设计规范》（GB 50737）。按总平面布置原则和平面布置防火间距要求进行以下区域布置和设计。

(1)储罐区。储罐区作为石油库中最重要的区域，其布局的合理性不仅关系到整个石油库的建设费用，更关系到其他各区乃至整个石油库及周边地区的安全，油罐区中油罐的数量及布置需要进行方案对比。储罐区应尽量设置在人员来往较少的区域，一般在石油库远离公路、行政管理区的地方，但必须保证库内交通的便利。

(2)生产作业区。装卸区作为石油库的第二核心区域，是石油库操作最多最频繁的区域。但这些区域又需要一定的其他条件作为基本保障，例如铁路装卸区应靠近进库专用铁道的区域，且作业铁轨方向也应该顺着专用铁道的方向；公路收发区应尽量设置在靠近大门的位置，减少库内各种车辆的往来。

(3)管道收发区。管道收发区应布置在长输管道来油方向，并靠近石油库边缘或石油库外。

(4)辅助生产区。辅助生产区应布置在接近生产作业区，有时可根据辅助设备的作用进行分开设置。例如变配电间可以分别设置在行政管理区、生产区和油罐区的周围。

(5)行政管理区。行政管理区一般设置在石油库大门口附近、相对比较明显的地带，防止过多的工作人员及外来人员对石油库安全造成影响。

2.3.3 石油库区设计方案对比

储罐区是石油库的核心要害部位，在设计中也是重点考虑的。对储罐区来说，罐区内油罐的数量及大小，是库区设计最重要的部分。下面以新建$100\times10^4m^3$原油石油库进行库区方案设计对比。拟选原油库库址区域位置图见图2.3.1。

根据《石油储备库设计规范》（GB 50737—2011）第5.1.4条"一个罐组油罐总容量不应大于$60\times10^4m^3$"的规定，原油库总容量为$100\times10^4m^3$，储油区按$60\times10^4m^3$油罐组和$40\times10^4m^3$油罐组分组。第5.1.5条规定"油罐组内油罐之间的防火距离不应小于$0.4D$。两个油罐组相邻油罐之间的防火距离不应小于$0.8D$"；第5.3.2条规定"防火堤内的有效容积，不应小于油罐组内一个最大罐的公称容积"；第9.4.1条"应在库区内设置漏油及事故污水收集池。收集池容积不应小于一次最大消防用水量，并应采取隔油措施"。方案设计油罐组防火堤内有效容量按不小于油罐组内一个油罐的容量计算确定，油罐罐间距确定为60m。

根据总平面布置原则，结合库区自然地形、外部环境条件和炼厂火炬的位置，炼油项目的火炬与乙烯项目的火炬已结合，均距已选库址东侧1km以上，综合考虑各种因素，提出以下3个方案进行比较。3个方案均在拟建炼油项目北侧围墙外，与炼油项目原油罐区和拟建的原油长输管道末站相邻。

1. 平面布置方案对比

1）方案一
原油石油库按功能分区主要包括储油区、辅助生产区和行政管理区。

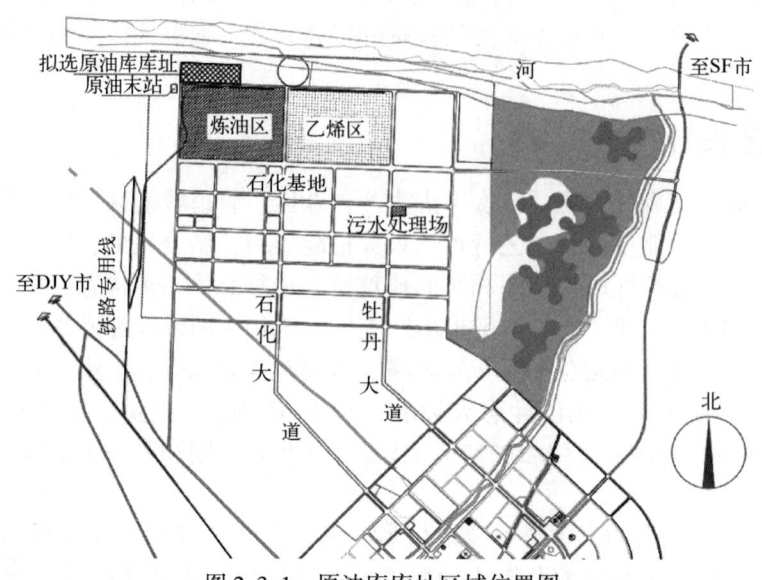

图 2.3.1 原油库库址区域位置图

储油区：主要包括 10 座 $10\times10^4\mathrm{m}^3$ 原油储罐、油泵棚、泡沫设备用房和防火堤等。储油区按 $6\times10\times10^4\mathrm{m}^3$ 储罐组和 $4\times10\times10^4\mathrm{m}^3$ 等 2 个储罐组并排布置，工艺流程短捷、合理。

辅助生产区：包括消防泵房、2 座 $4000\mathrm{m}^3$ 消防水罐、罐区雨水池、办公区雨水池、含油污水池、提升泵房及阴保间（含生活污水、罐区雨水、管理区雨水、含油污水等提升泵房）、变电所等。该区布置在储油区的东南侧、行政管理区的西侧，功能分区明确，管理方便。

行政管理区：包括综合楼、库房及维修间等。该区布置在储油区的南侧和辅助生产区的东侧，靠近基地北环路相对独立区域。

储油区西侧空地可作为储油区发展预留用地。原油石油库总平面布置方案一，见图 2.3.2。

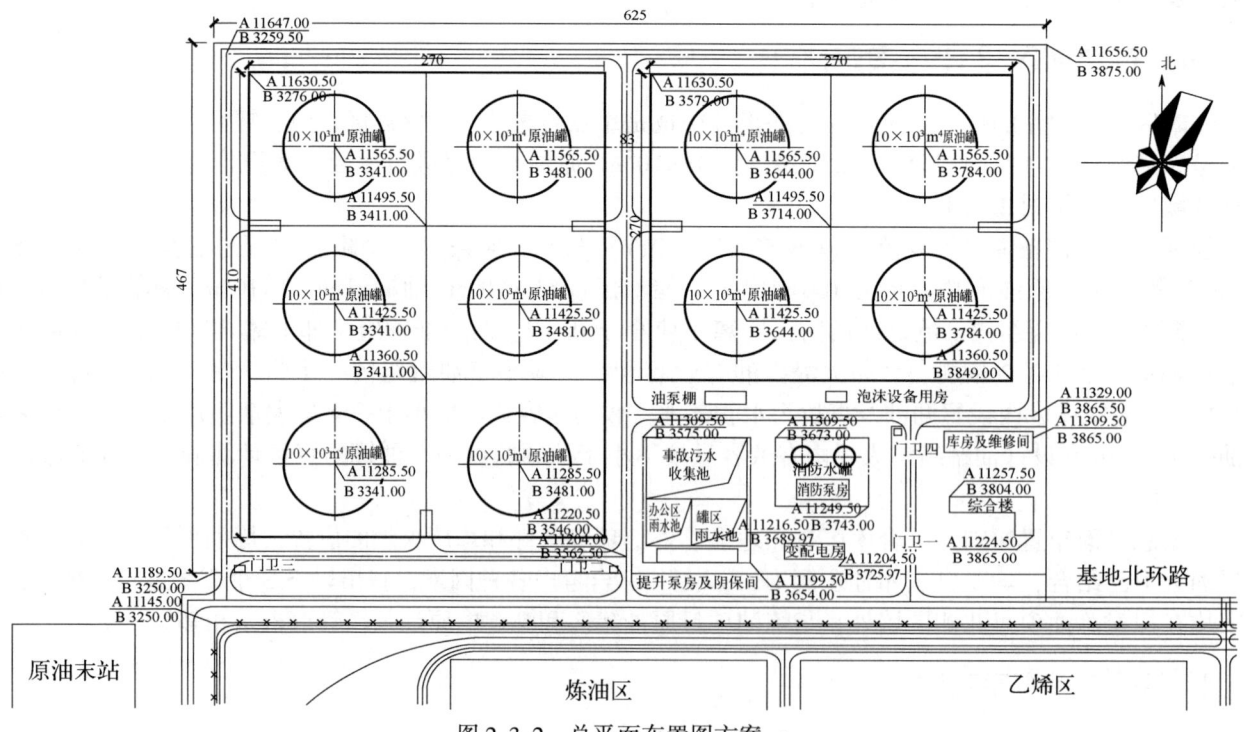

图 2.3.2 总平面布置图方案一

2) 方案二

在原油石油库总平面布置方案一的基础上对储油区布置进行调整。储油区按 $4\times10\times10^4\mathrm{m}^3$ 储罐组和 $6\times10\times10^4\mathrm{m}^3$ 等 2 个储罐组由东向西顺序布置。工艺流程顺畅。

行政管理区和辅助生产区布置于储油区西侧，管理区靠近基地北环路相对独立区域。

储油区北侧与小石河的空地可作为储油区发展预留用地。

原油石油库总平面布置方案二，见图 2.3.3。

3) 方案三

在石油库总平面布置方案一的基础上对辅助生产区和行政管理区布置进行调整。辅助生产区和行政管理区由位于库区东南侧调整到库区西南侧。

原油石油库总平面布置方案三，见图 2.3.4。

原油石油库三个总平面布置方案比较见表 2.3.1。

表 2.3.1 原油石油库总平面布置方案比较表

序号	比较项目	方案一	方案二	方案三
1	总体规划	符合总体规划要求	符合总体规划要求	符合总体规划要求
2	功能分区	功能分区明确，合理	功能分区明确	功能分区明确、合理
3	工艺流程	工艺流程短捷、合理	工艺流程顺畅	工艺流程短捷、合理
4	系统管线	短捷、顺畅、合理	部分管线稍长	短捷、顺畅、合理
5	风向及污染	储油区位于行政管理区和辅助生产区全年最小频率风向的上风侧，有利于安全及环保	储油区位于管理区和辅助生产区装置区的最大频率风向的下风侧，不存在油气污染，有利于安全及环保	储油区位于行政管理区和辅助生产区全年最大频率风向的上风侧。风向对行政管理区和辅助生产区有一定影响
6	总平面布置	库区总平面外形规整，有利场地平整、管网布置和雨水收集	库区总平面外形狭长，不利于场地平整、管网布置和雨水收集	库区总平面外形规整，有利场地平整、管网布置和雨水收集
7	占地面积	占地面积相当	占地面积相当	占地面积相当
8	预留	库区西侧有较大的发展空间	库区北侧受小石河限制，发展空间不大	库区西侧有较大的发展空间
9	投资	由于管线较短、投资较小，长期运行成本低	部分管线较长，投资稍大，长期运行成本稍高	由于管线较短、投资较小，长期运行成本低

通过以上分析比较，方案一、方案二和方案三各有优缺点，都具有可实施性。按照"布置合理、功能分区明确、库容美观、节约投资、降低能耗、有利环保、提高效益"的原则，经综合评价，原油石油库方案设计推荐方案一。

2. 平面布置设计

$100\times10^4\mathrm{m}^3$ 原油石油库采用方案一进行平面布置设计。

1) 竖向布置

原油石油库竖向布置原则：

(1) 与石化基地和炼油项目区竖向布置相协调，满足库内外衔接的要求。

(2) 充分合理利用自然地形条件，尽量避免深挖高填，土方量最小、挖填平衡、土方调运运距短捷。

(3) 满足工艺流程、系统管线、库内外道路对坡向、坡度的要求。

(4) 合理设置排水系统，确保库区不受洪水及内涝的侵袭，雨水能迅速排除。

根据库区地形条件，库区竖向采用连续平坡式。库区北高、南低，地面坡度为 5‰。

2) 库区防护

原油石油库周围设墙高不低于 2.5m 的非燃烧材料实体围墙，墙顶上设带刺铁丝网。为满足人流、车流及消防的要求，库区共设置 3 处出入口。行政管理区设 1.8m 高隔栏与其他各区隔开，并设单独对外出入口。

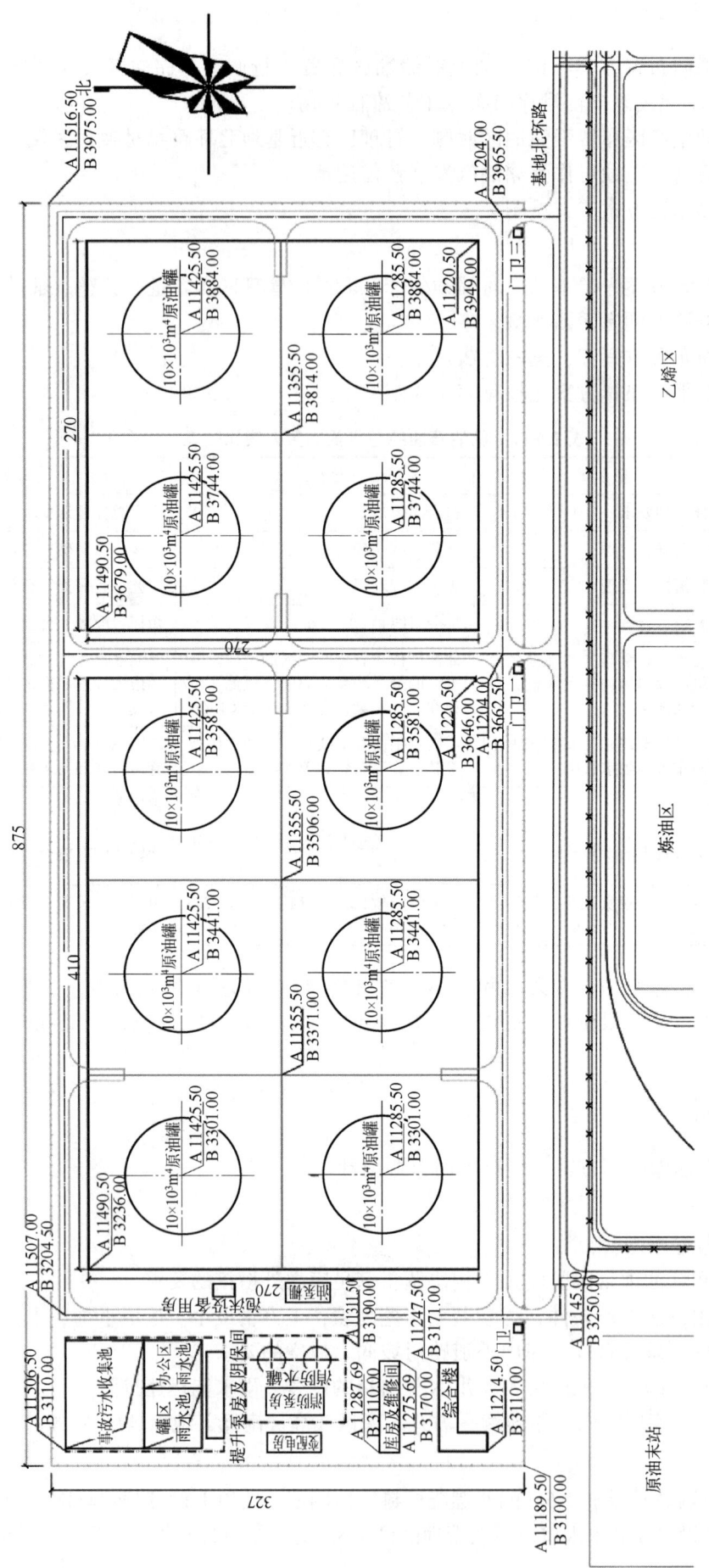

图 2.3.3 总平面布置图方案二

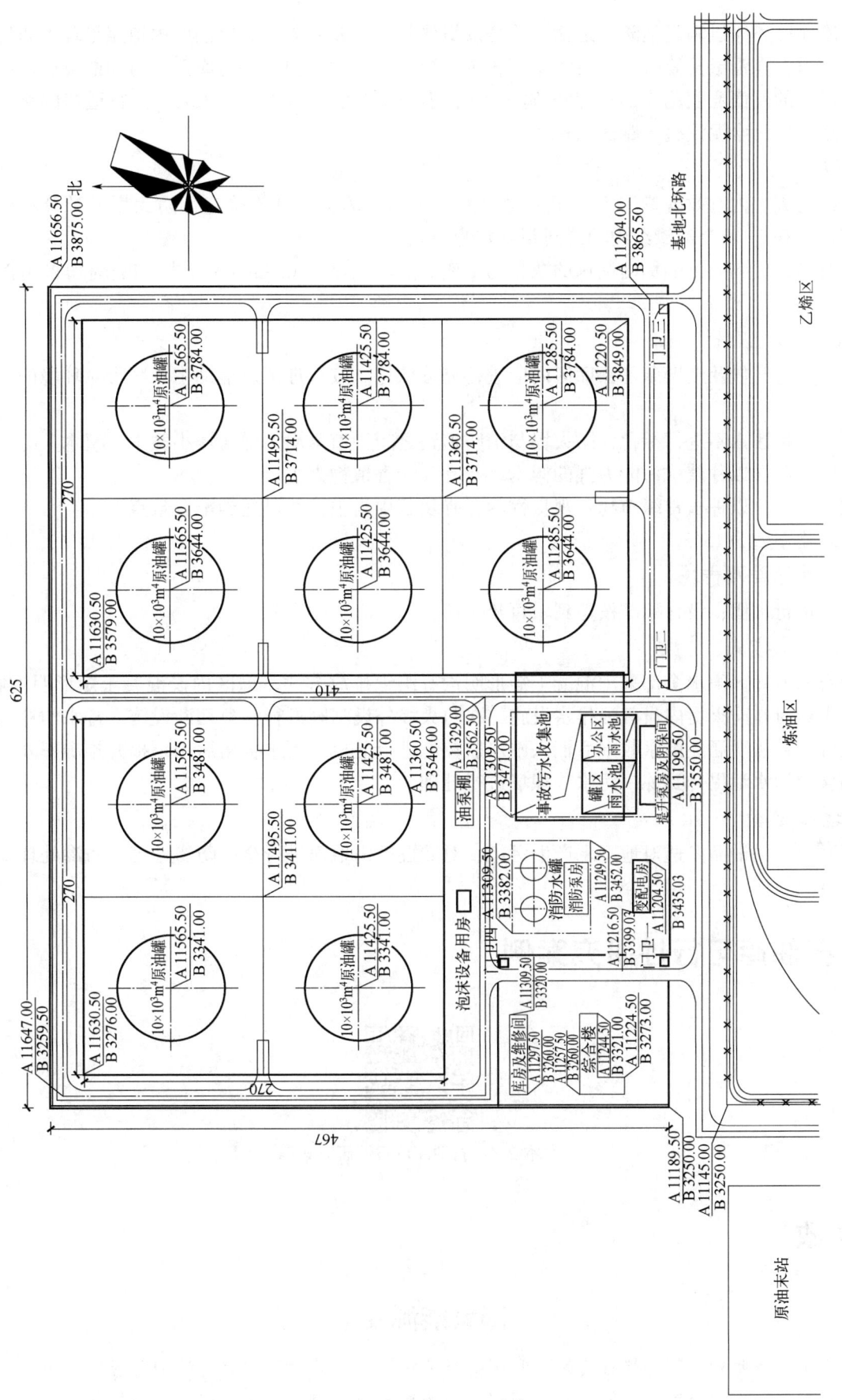

图 2.3.4 总平面布置图方案三

3) 道路

石油库库区道路以满足消防、运输、检修及操作管理的要求为主。储油区内道路呈环形布置，并设通向罐区的坡道，在油罐检修时，方便大型车辆进入罐区，同时利用道路对库区进行功能分区。路面型式为郊区型，道路的路面宽度均为 7m，路肩宽为 1m，消防道路的转弯半径为 15m；人行道路的路面宽为 2m。道路面层结构均为水泥混凝土路面结构。

4) 防火堤

油罐组防火堤内有效容量按不小于油罐组内一个油罐的容量计算确定，防火堤的计算高度按 1.8m，实际高度按 2.0m，两个油罐组内油罐间距确定为 60m。

油罐组内设置隔堤，隔堤内油罐的数量为 1 座。隔堤高度为 0.8m。防火堤和隔堤均采用钢筋混凝土结构。

5) 库区绿化

根据当地的气候及土壤条件，库区内应进行充分绿化。按管理区及辅助生产区等对环境的不同要求分别布置。

储罐区：罐区内不进行绿化，防火堤与消防道路之间种植草皮，稀植矮小乔木、灌木。

辅助生产区：以种植抗污能力强的树木、花卉及芳香植物为主。

管理区的绿化以种植常绿植物、观赏性的花卉及草皮为主，并可适当配置景点。

库区绿化系数为 15%。

6) 防洪标准及措施

对河道进行加固，设计标准按达到一百年一遇。

7) 排雨水方式

原油石油库库区雨水全部采用混凝土矩形明沟有组织排放方式。罐区内设混凝土矩形明沟收集雨水，雨水出防火堤时在防火堤内设截油排水设施，在防火堤外设闸阀进行紧急切断设施。排水沟穿越道路处设置钢筋混凝土盖板明涵。雨水收集后汇入雨水监控池进行监控，雨水合格后用泵提升排出库外，不合格雨水切换到含油污水池提升到炼厂污水处理场进行处理。

8) 地面防渗

为了避免泄漏油品渗透对地下水产生污染，对储罐区内地面进行全面防渗处理，防渗处理采用防渗膜或防渗混凝土。

2.4 石油库可行性研究案例

文本 2.4 石油库可行性研究案例

课程思政

国家能源安全

能源安全是保障对一国经济社会发展和国防至关重要的能源的可靠而合理的供应。它不仅是一个经济问题，同时也是一个政治和军事问题，是国家安全的重要组成部分。国家能源安全概念的明确提出源自西方发达国家的石油危机。20世纪70年代世界范围内的两次石油危机，使得发达国家的经济遭受重创。由于西方发达国家对石油的过度依赖，1973年秋季爆发的中东战争，对石油进行了短期禁运，使得依靠进口中东石油的国家经济受到不同程度的影响。为了防止和减轻可能再次发生的类似冲击，西方发达国家纷纷重新制定能源战略，积极开展维护能源安全的多边合作，同时采取节能、改善能源结构、实现供应多元化等一系列保障石油供应安全的战略措施；并于1974年成立了国际能源机构（IEA），正式提出了以稳定原油价格为中心的国家能源安全概念。

国家能源安全概念包括以下两方面的含义：一是经济安全性，是指通过维持能源的供给与需求之间彼此均衡的状态，在保障能源稳固供给的前提下满足国家生存与发展的正常需求；二是能源利用的安全性，即能源的消费及利用不该对人类自身的生存与发展环境组成产生任何要挟。其中，能源供给保障是国家能源安全的大体目标，是"量"的概念，是对于必然的时刻并受必然的技术经济水平限制的；而能源利用安全则是国家能源安全更高目标，是"质"的概念。

能源安全因素也是我国与周边一些国家领土、领海争端中的重要因素甚至是主导因素。我国被侵占的合法领土大多是能源资源丰富的地区。中日之间的钓鱼岛问题很大一部分原因就是钓鱼岛及其附近海域藏有丰富的海底石油资源及其他资源。另外我国和越南、菲律宾、马来西亚等国的南沙群岛争端也有很深的能源安全背景。保证能源安全已经成为关系到国家安全的一项重要工作，涉及民生、外交、军事、国家安全等多个层面。

新中国逐渐从发展中国家向发达国家发展，对于石油等能源的需求量的增加显而易见，近年来，中国已经超越美国成为世界上最大的能源需求国家。这一方面说明祖国的强大，另一方面也说明石油危机对世界各国的影响。必须树立新的能源安全观，建立完整的国家能源安全结构。

2014年6月，习近平总书记在中央财经领导小组第六次会议上发表重要讲话，提出了推动能源消费革命、能源供给革命、能源技术革命、能源体制革命和全方位加强国际合作的五点要求，为推动我国能源高质量发展、保障国家能源安全指明了前进方向。

思考题

1. 石油库有哪些类型？
2. 石油库为什么要进行等级划分？
3. 石油库是怎样分区的？
4. 如何确定石油库的库容量？
5. 储罐区的布置要求有哪些？
6. 铁路装卸区的布置要求有哪些？
7. 怎样进行石油库的总图设计？

第 3 章　油品储存与装卸

油品包括原油、成品油、稳定轻烃以及稳定凝析油等。

原油是一种黑褐色并带有绿色荧光、具有特殊气味的黏稠性油状液体，是烷烃、环烷烃、芳香烃和烯烃等多种液态烃的混合物。其相对密度一般在 0.75～0.95 之间，少数大于 0.95 或小于 0.75，相对密度在 0.9～1.0 的称为重质原油，小于 0.9 的称为轻质原油。原油的凝点大约在 -50～35℃ 之间，凝点的高低与石油中的组分含量有关，轻质组分含量高，凝点低，重质组分含量高，尤其是石蜡含量高，凝点就高。

成品油是指汽油、煤油、柴油及其他符合国家产品质量标准、具有相同用途的乙醇汽油和生物柴油等替代燃料。成品油是经过原油的生产加工而成的，可分为石油燃料、石油溶剂与化工原料、润滑剂、石蜡、石油沥青、石油焦 6 类。其中汽油是消耗量最大的品种。汽油的沸点范围为 30～205℃，密度为 0.70～0.78g/cm^3。商品汽油按该油在气缸中燃烧时抗爆震燃烧性能的优劣区分，研究法辛烷值 89、92、95 或更高。

石油库油品装卸是指油品经过管道、铁路、公路和水路进出石油库的方式和方法。油品储存与装卸工艺设备取决于石油库所处地理位置、规模、功能和油库性质等因素。

3.1　油品装卸工艺

3.1.1　石油库管道进油工艺

1. 石油库管道进油典型工艺流程

石油库管道进油典型工艺流程示意图如图 3.1.1 所示。流程接收管道来油进入油罐，出油方式有铁路、水路、公路发油，具有倒罐和装船计量功能。

2. 原油石油库管道进油工艺

原油石油库管道进油接收长输管道分输站或阀室来油，其主要装置包括计量阀组、过滤装置、计量装置、清管器接收装置、原油缓冲罐等。

我国原油基本属于高黏易凝原油，若是进油管道的油温不能满足油品在库内的流动时，为防止凝管事故的发生，在石油库进口处需要增设加热设备。

原油管道进油工艺采用密闭进油方式，原油中含有杂质，会对库内管道及设备设施造成一定的损伤，因此原油经过滤器过滤后，再计量输往油罐区。原油石油库管道进油工艺流程如图 3.1.2 所示。

1）收油流程

上站来油经过绝缘接头 IS1101 进入三通 PTE1101，通过电液联动球阀 ESDV-1101，经超声波流量计 FT1101 后进入三通阀 PTE1102，经电动球阀 KSV-1103、KSV-1121 流入过滤器 SR1102 后经电动球阀 KSV-1122、KSV-1123，背压调节阀 PV-1124 和电动球阀 KSV-1125，经手动球阀 1140、1142，电动球阀 1012-27 和 J-27，手动球阀 1012-27-1、1012-27-2，最后流入原油储罐。

需要检修过滤装置时，则关闭电动阀 KSV-1121，经电动球阀 KSV-1131、过滤器 SR1103 和电动球阀 KSV-1132，经电动球阀 KSV-1123、背压调节阀 PV-1124 和电动球阀 KSV-1125。

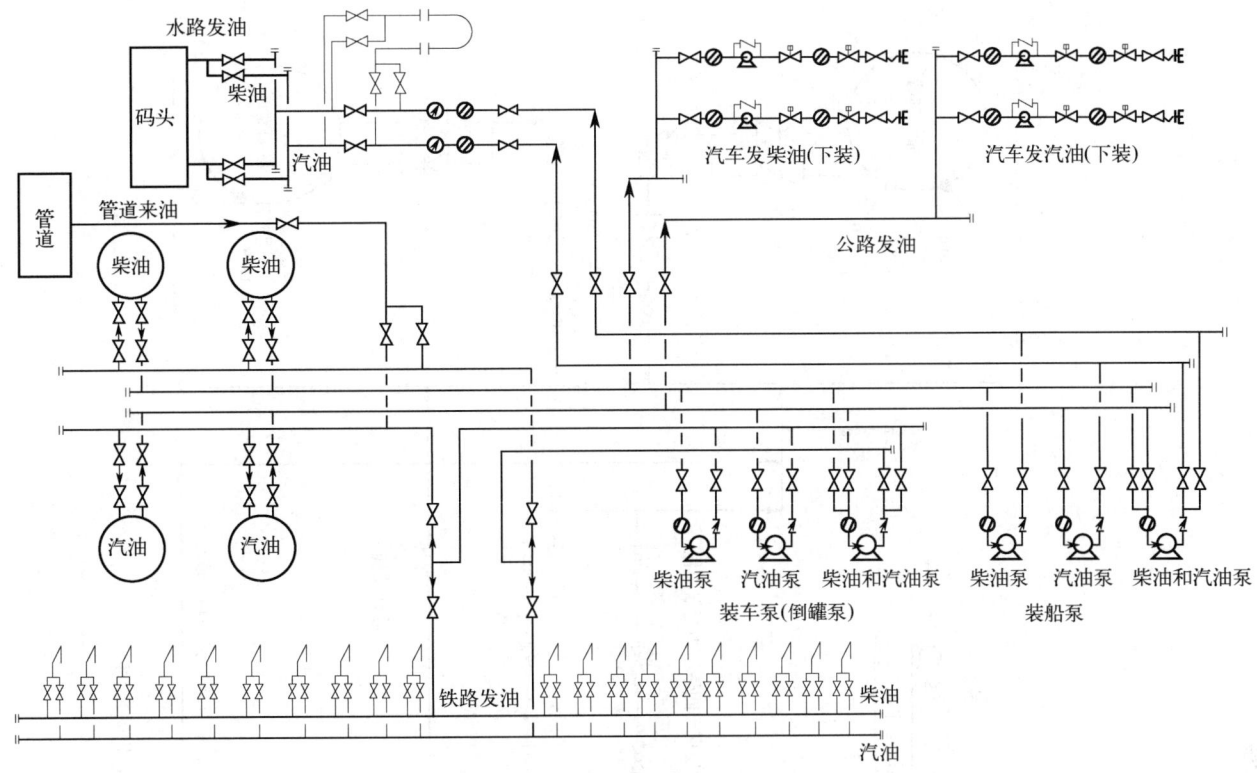

图 3.1.1 管道进油典型工艺流程图

需要对过滤后的装置检修时,则经电动球阀 KSV-1121 流入过滤器 SR1102 后经电动球阀 KSV-1122,关闭电动球阀 KSV-1123,经电动球阀 KSV-1133。

2) 清管器接收流程

上站来油经过绝缘接头 IS1101 进入三通 PTE1101,通过电液联动球阀 ESDV-1101,经超声波流量计 FT1101 后进入三通阀 PTE1102,又经电动球阀 KSV-1102 进入清管接收装置 PR1105 后,通过输油管经过滤器 SR1101,又经电动球阀 KSV-1104 进入收油流程后,最后进入原油储罐。

3) 进站泄压流程

上站来油经过绝缘接头 IS1101 进入三通 PTE1101,压力超限通过手动球阀 1108、氮气式水击泄压阀 1109 和手动球阀 1110 后,经手动球阀 1141、电动球阀 1011-26 和绝缘接头 J-26、手动球阀 1011-26-1 和 1011-26-2 进入原油储罐。

4) 低压泄压流程

上站来油经过收油流程经背压调节阀 PN20 后压力超限,分别进入手动球阀 1126、氮气式水击泄压阀 1127、手动球阀 1128 和 1136、氮气式水击泄压阀 1137、手动球阀 1138 后,汇合经手动球阀 1141、电动球阀 1011-26 和绝缘接头 J-26、手动球阀 1011-26-1 和 1011-26-2 进入原油储罐。

3. 成品油石油库管道进油工艺

成品油石油库管道进油接收长输管道分输站或阀室来油,其主要装置包括计量阀组、过滤装置、计量装置、清管器接收装置、混油缓冲罐等。

由于成品油顺序输送过程中,油流经设备设施时,会增大混油量,所以要求库外管道收发区在工艺设计时做到尽量精简。长输管道进油以及清管器接收装置阀门均采用电动球阀,由中控系统远程自动控制操作(视频 3.1.1)。成品油石油库管道进油工艺流程如图 3.1.3 所示。

视频 3.1.1 管输作业操作流程

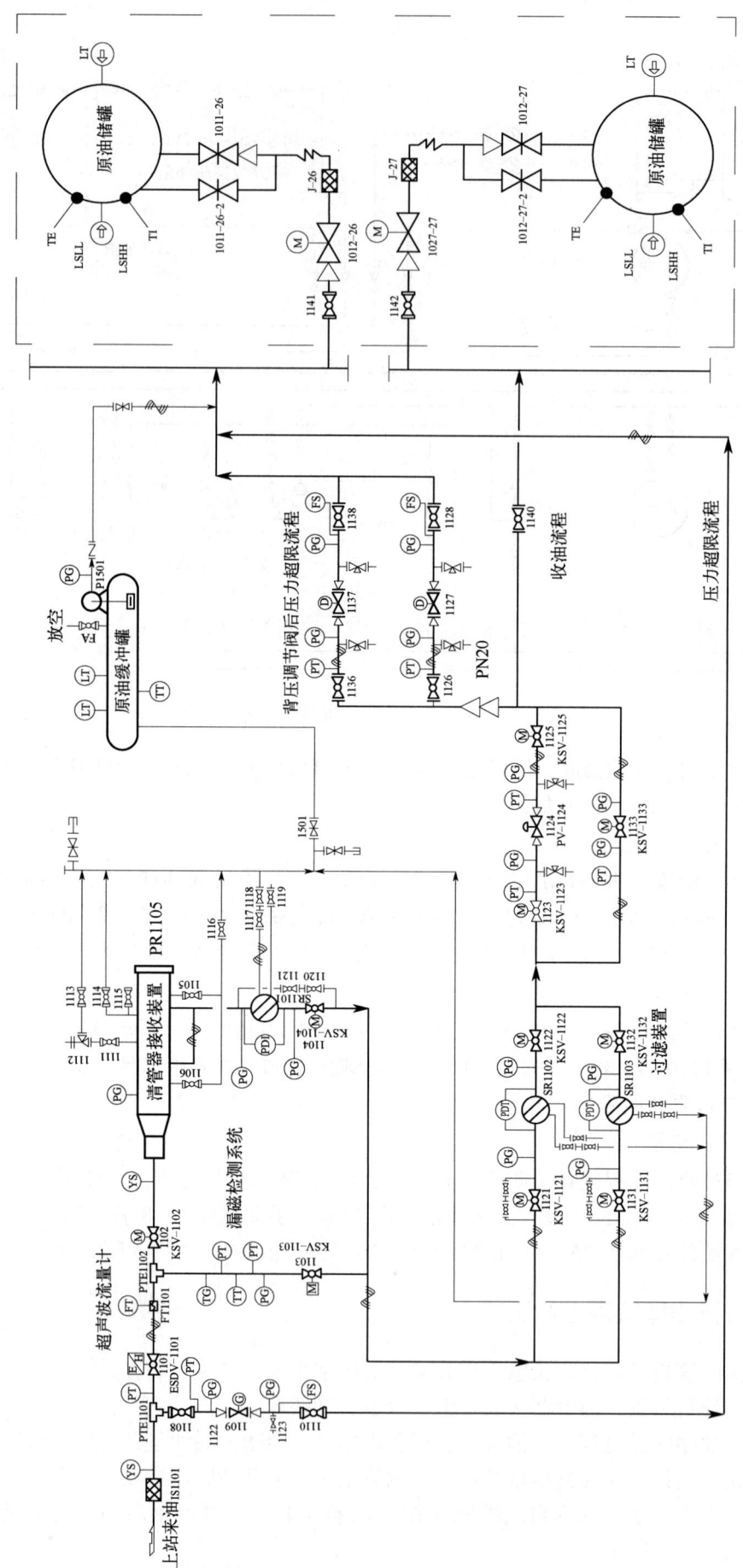

图 3.1.2 原油石油库管道进油工艺流程图

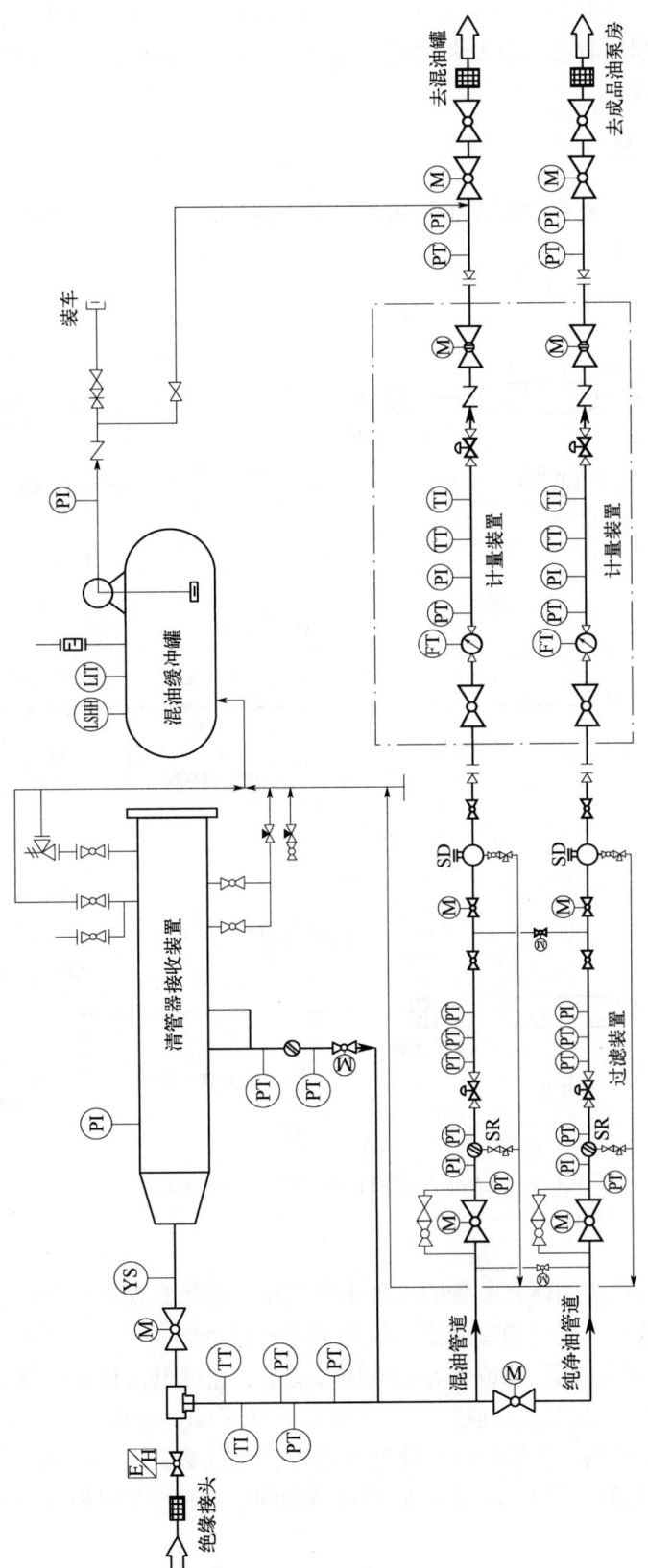

图 3.1.3 成品油石油油库管道进油工艺流程图

管道来油中的纯净油段经过滤器装置过滤和计量后输往成品油泵房进入油罐区；清管时清管器进入清管器接收装置。在顺序输送中，一种油品全部进入石油库后，将纯油流程切换至混油流程，混油段的油品经混油管道输往混油缓冲罐，当混油段全部进入混油缓冲罐后，再切换至纯油流程，继续接收下一种油品。为有效处理混油，清管器接收装置以及各管道、阀门内的剩余油品都统一送至混油缓冲罐，并输往混油罐或装车拉至炼油厂进行处理。

4. 石油库管道进油设备

成品油与原油管道进油工艺流程中的设备包括过滤器、消气器、流量计、阀门等。成品油与原油管道进油工艺设备流程如图3.1.4所示。

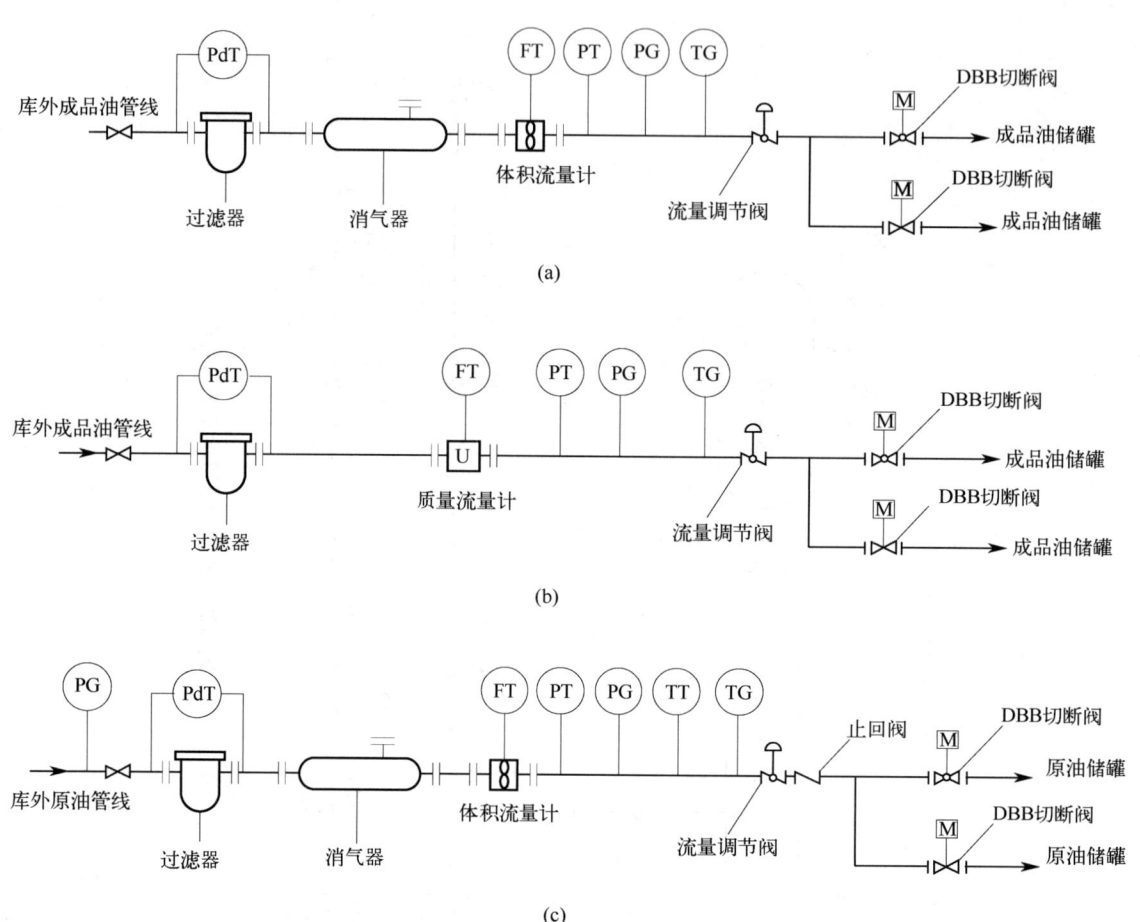

图3.1.4 成品油与原油管道进油工艺设备流程图

1) 过滤器

过滤器是能够除去少量的较小固体颗粒物的一种小型设备，作用是保护流量计、泵、仪表和其他较为精密设备的正常运行。管道进油工艺中的过滤器一般采用篮式过滤器。

篮式过滤器又称筒式过滤器，用于油或者其他液体管道上，过滤管道内的杂物，过滤孔面积比通径管面积大约2~3倍，主要由接管、主管、滤篮、法兰、法兰盖及紧固件等组成。当液体通过主管进入滤篮后，固体杂质颗粒被阻挡在滤篮内，而洁净的流体通过滤篮、由过滤器出口排出。当需要清洗时，旋开主管底部螺塞，排净流体，拆卸法兰盖，清洗后重新装入即可，使用维护极为方便。其结构示意图如图3.1.5所示。

原则上过滤器的进出口通径不应小于相配套的泵的进口通径，与进口管路口径一致，适用范围为DN50~DN300。其压力适用范围在1.6~5.0MPa之间，按照过滤管路可能出现的最高压力来确定过滤器的压力等级。

2) 消气器

消气器的作用是把流体中的气体消除掉。一般通过液流对挡板的撞击实现气体和液体的分离，液流中的气体和液体一起向消气器的上部流动，到达消气器顶部之后再突然转向向下流动，并从消气器出口流出，而此时液流中的气体因重量轻、惯性大、流速低、转弯慢而继续上升，在消气器的顶部形成了一个气体空间，当气体空间足够大，致使浮球下沉而拉动拉杆打开排气阀，气体从消气器的顶部排除，实现了液流中气体的消除。消气器主要分为立式和卧式两种，其结构示意图如图 3.1.6 和图 3.1.7 所示。

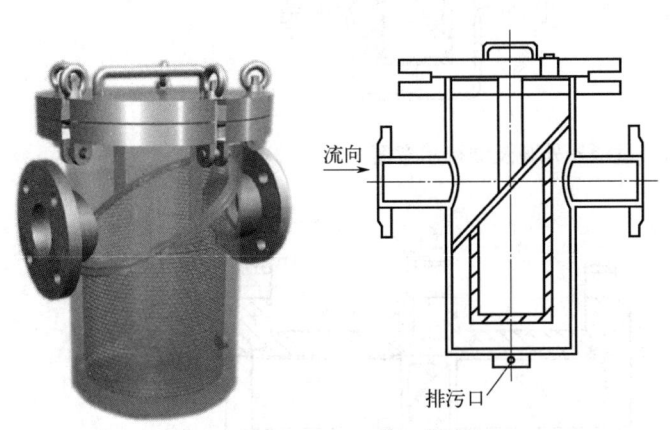

图 3.1.5 篮式过滤器结构示意图

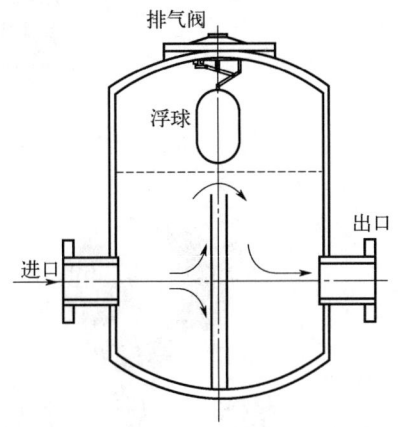

图 3.1.6 立式消气器结构示意图

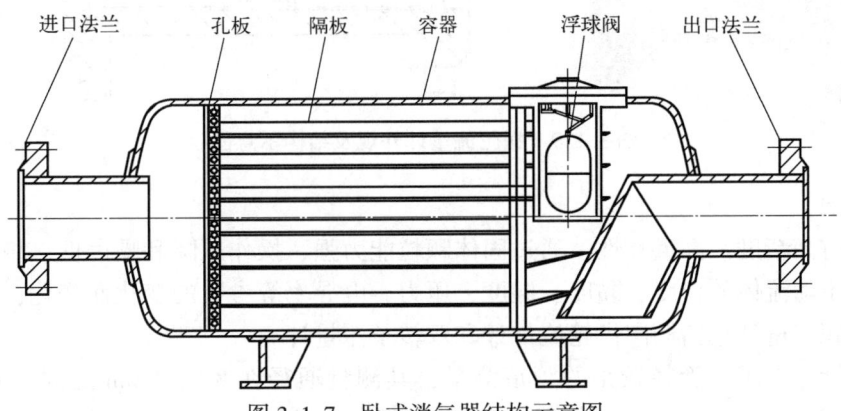

图 3.1.7 卧式消气器结构示意图

为了有效节约设备空间，常采用消气器与过滤器相结合的工艺设备，即消气过滤器。其结构示意图如图 3.1.8 所示。其工作原理是：当介质流入进口，通过安装在筒里的过滤网，将固体杂质去除，液体通过过滤网组件时，改变液体流动方向，使液体中的自由气体和部分溶解气充分分离出来，气体上升至分离器顶部，形成气体空间，出现油气界面。随气体的增加，压力增大，体积加大，油气界面下降，当下降到一定程度时，浮球装置自然启动打开气阀使气体排出。通过这一过程，实现了液体的消气和过滤。

3) 流量计

石油库内使用的流量计常用的有五大类：速度流量计、体积流量计、质量流量计、超声波流量计、电磁流量计。

(1) 速度流量计。

速度流量计主要采用涡轮流量计。涡轮流量计压力损失小，具有抗电磁干扰、抗震动能力，其叶轮还具有抗腐蚀能力。使用环境温度在 $-20 \sim 50℃$ 之间，介质温度 $-20 \sim 120℃$，公称通径 $4 \sim 200mm$，流量范围 $0.04 \sim 800 m^3/h$，工作压力 $1.6 \sim 25MPa$。涡轮流量计大多适用于黏度、密度都较小的油品计量。其外观和结构示意图如图 3.1.9 所示。

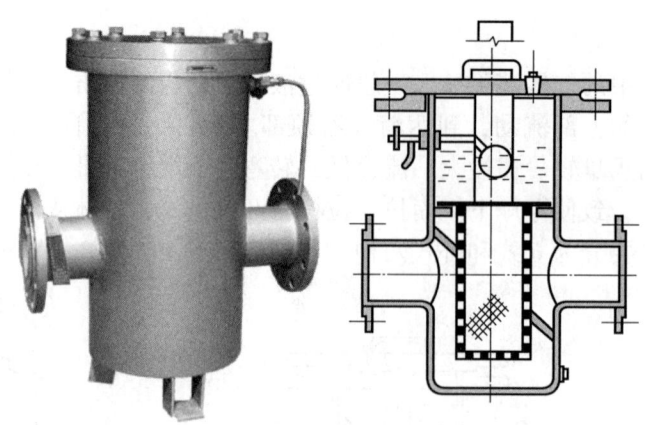

图 3.1.8 消气过滤器外观及结构示意图

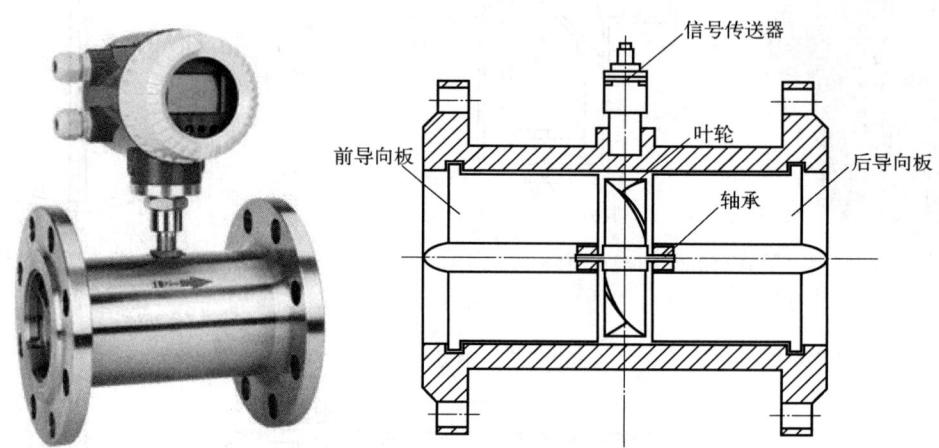

图 3.1.9 涡轮流量计外观及结构示意图

(2) 体积流量计。

体积流量计具有高精度、高重复性、通过固体颗粒能力强、操作压降和噪声低、稳定性好等特点，且体积流量计测量时不随流体的密度、黏度、温度、压力、电导率等参数的变化而变化，主要用于高黏油品的计量。常用的体积流量计包括椭圆齿轮流量计和双转子流量计。

椭圆齿轮流量计，常用于管径较小的管道测量，其测量通径在 8~250mm 之间，介质最高黏度可达 1000Pa·s，操作压力 1.6~6.3MPa，操作温度在 -20~400℃ 之间，流量计量范围在 0.05~530m³/h 之间。该流量计安装时，需要在其前面加装过滤器，且压力损失较大。其外观和结构示意图如图 3.1.10 所示。

双转子流量计，是使用较为广泛的流量计，其噪声低、磨损小、精度高、黏度适应性强，可用于含有细微颗粒的油品，不易卡表。其最大的特点就是通过的液体流量大，是同样通径下普通体积流量计的 2 倍，且压力损失极小。公称通径在 8~300mm 之间，流量范围达到 0.04~980m³/h，操作压力在 1.6~16MPa 之间。其外观和转子结构示意图如图 3.1.11 所示。

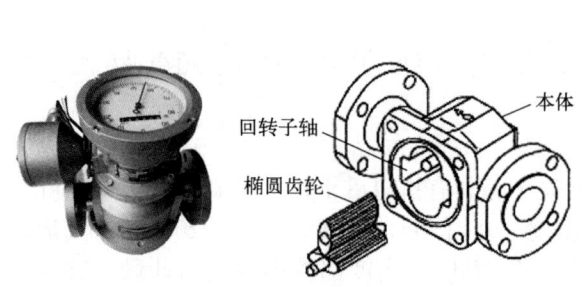

图 3.1.10 椭圆齿轮流量计外观及结构示意图

图 3.1.11 双转子流量计外观及其转子结构示意图

(3) 质量流量计。

质量流量计与一般的体积流量计相比，全量程范围内的精度均优于±0.2%，包括检测管和转换器的精度及零点稳定性，压力损失小于允许压力降，可在常温和高温下使用。质量流量计密度测量范围 0.2~3.5kg/m³，操作环境温度 0~40℃ 之间，其公称通径较小，在 1~150mm 之间，测量流量范围 0.004~550t/h，工作压力 2.5~30MPa。质量流量计在测量时，其精度基本不受油流的温度、压力、密度等的影响。其外观和结构示意图如图 3.1.12 所示。

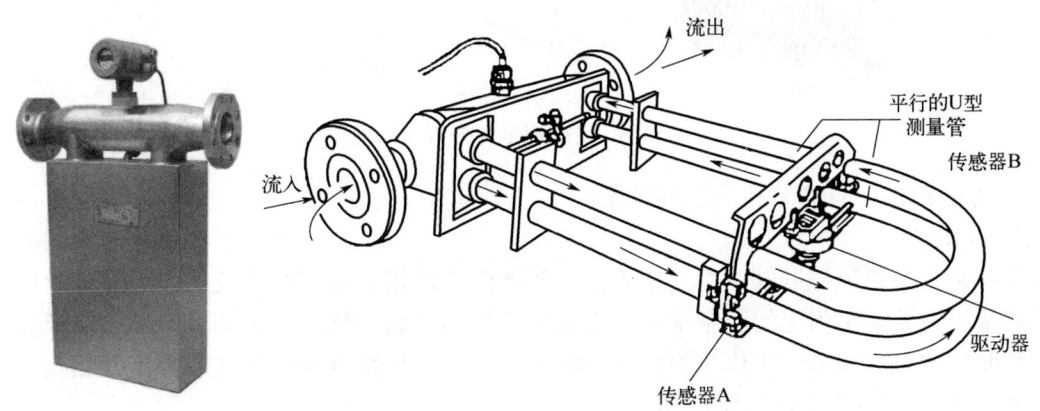

图 3.1.12　质量流量计外观及结构示意图

(4) 超声波流量计。

超声波流量计，主要利用超声波在流体中顺流和逆流传播时的流速不同而检测出流体流速，从而得到流量。根据基本原理的不同，又分为直接时差法、时差法、频差法和相位差法，比较常用的是频差法和时差法，它们都克服了声速随温度变化的误差，精度较好。

超声波流量计测量的最大流速可达到 64m/s，公称通径 15~1000mm，可以用于大型管道的计量。操作压力在 1.6~2.5MPa 之间。由于管道内没有其他的构件，因此没有压力损失。安装也较为简单，只需要在其两端留有适当的安全距离，其上游应大于 10 倍管径，下游大于 5 倍管径。其外观和原理图如图 3.1.13 所示。

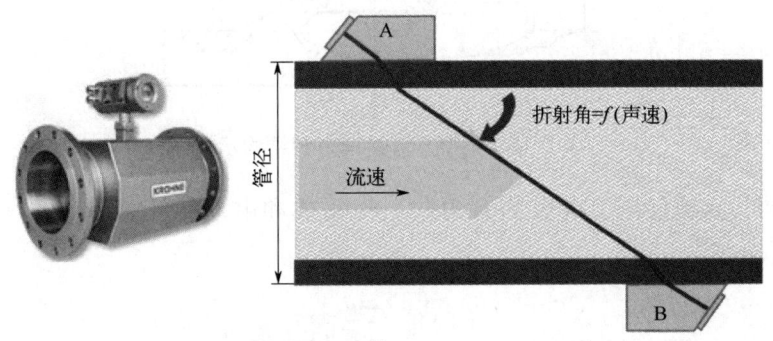

图 3.1.13　超声波流量计外观及原理图

(5) 电磁流量计。

电磁流量计是根据法拉第电磁感应定律实现流体计量的。流体不断切割磁力线，产生电流，使转换器产生信号。电磁流量计压力损失极小，测量流量范围大，达到了接近 200000m³/h，公称通径 10~2600mm，操作压力 0.25~16MPa，介质流速 0.2~12m/s，操作环境温度 -40~50℃，操作介质温度不高于 180℃。其外观和原理图如图 3.1.14 所示。

4) 阀门

通常在流量计之后安装有流量调节阀，一般为蝶阀，在正常流道控制流量，平衡计量支路流量；在标定流量计时，用来控制流量点。在流量调节阀后，对于体积流量计应该安装止回阀；在分支管路上安装切

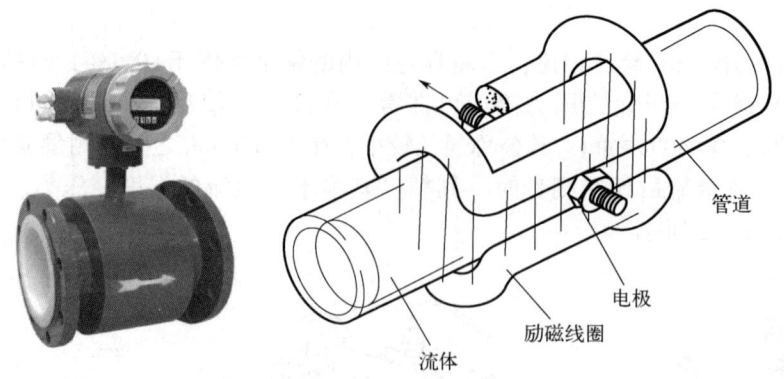

图 3.1.14 电磁流量计外观及原理图

断阀,一般为 DBB 阀门,具有截止和检漏功能。

(1) 流量调节阀。

流量调节阀又称为流量控制阀,主要用来保持管道内的流量。阀门在油流的作用下,能自动消除管线的剩余压头以及压力波动所引起的流量偏差,无论系统压力怎么变化,流量调节阀都能使管道内的流量不变。其工作温度可达 0~150℃,工作压力为 1.6MPa,工作压差达到 20~600kPa,流量精度误差在 5% 左右。流量调节阀结构示意图如图 3.1.15 所示。

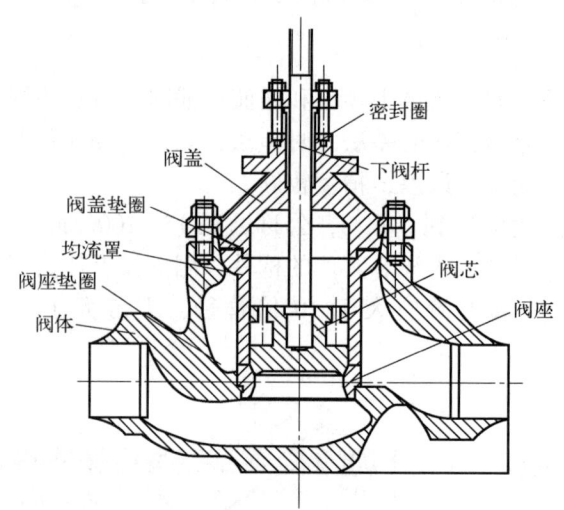

图 3.1.15 某型号流量调节阀结构示意图

根据执行器的不同,将流量调节阀分为自力式、气动式和电动式流量调节阀,其外观如图 3.1.16、图 3.1.17、图 3.1.18 所示。

图 3.1.16 自力式流量调节阀　　图 3.1.17 气动式流量调节阀　　图 3.1.18 电动式流量调节阀

(2) 止回阀。

止回阀又称单向阀或逆止阀,其作用是防止管路中的介质倒流。按其结构分为升降式止回阀、旋启式止回阀和蝶式止回阀。操作压力 1.0~16.0MPa，操作温度范围较大，在-196~540℃之间，其公称通径在 15~900mm 之间。升降式、旋启式止回阀外观及结构图如图 3.1.19、图 3.1.20 所示。蝶式止回阀外观图如图 3.1.21 所示。

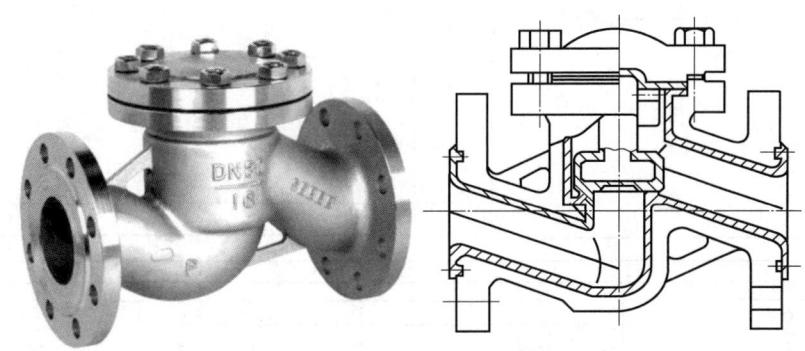

图 3.1.19 升降式止回阀外观及结构示意图

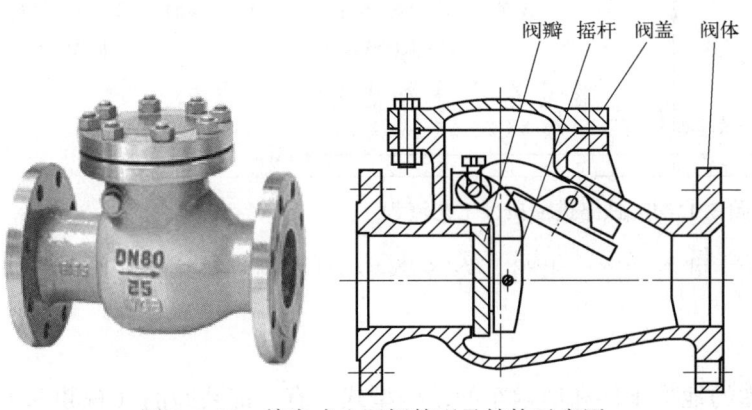

图 3.1.20 旋启式止回阀外观及结构示意图

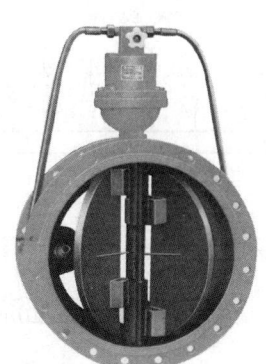

图 3.1.21 蝶式止回阀

(3) DBB 阀门。

DBB 阀门全称双隔断泄放阀，自带泄放功能。其根部两端为截止阀，中间为泄放阀，在自身泄放时需要两头完全截断。其公称通径 25~300mm，操作压力 1.6~6.4MPa，操作温度-29~230℃。根据传动方式的不同，将其分为手动式、电动式和气动式三种。小型 DBB 截断阀如图 3.1.22 所示。其结构示意图如图 3.1.23 所示。

图 3.1.22 小型 DBB 截断阀

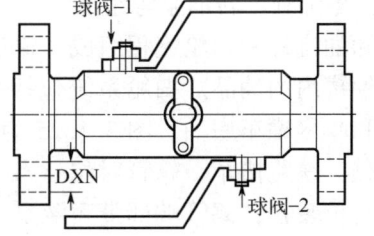

图 3.1.23 DBB 截断阀结构示意图

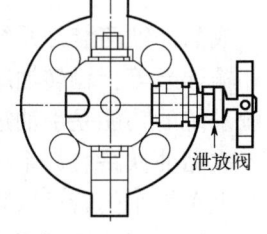

3.1.2 铁路装卸油工艺

1. 石油库铁路进油典型工艺流程

石油库铁路进油典型工艺流程示意图如图 3.1.24 所示。

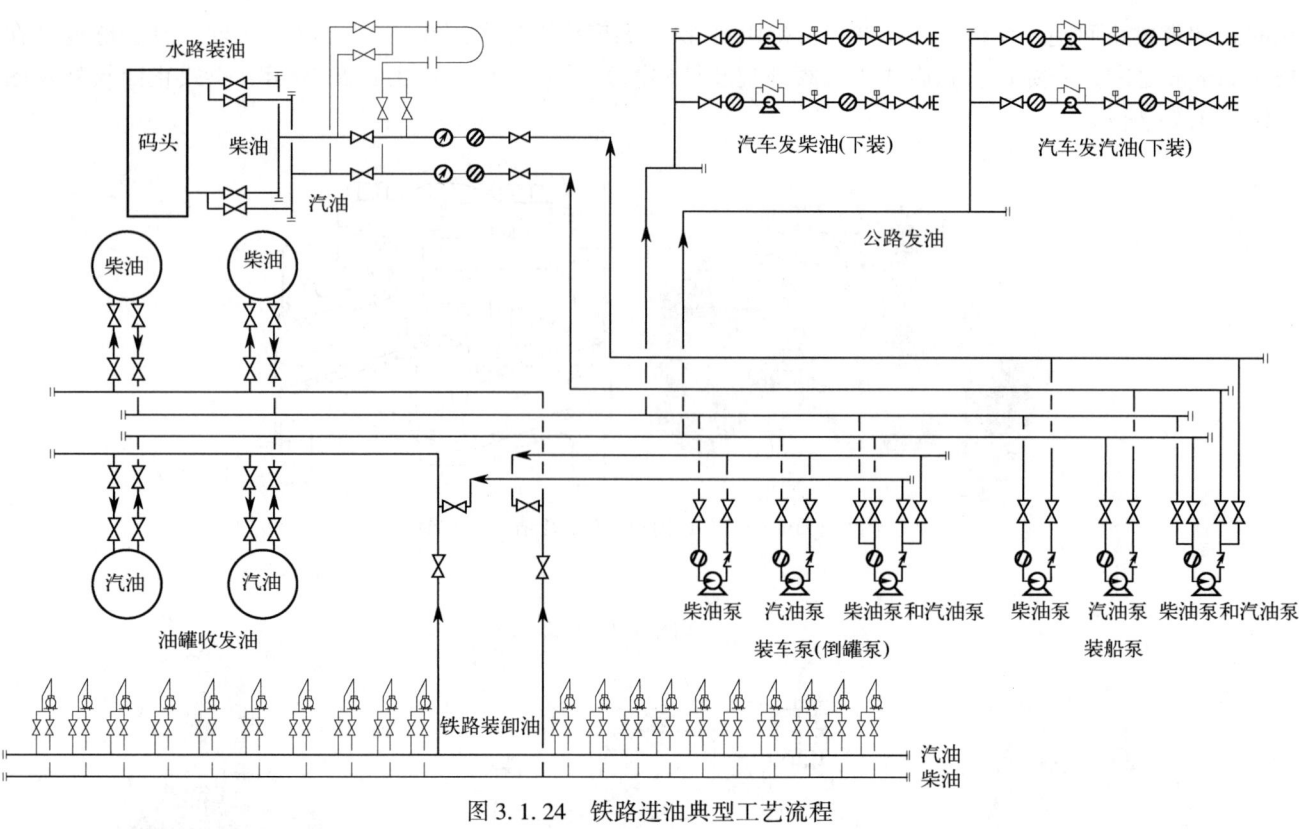

图 3.1.24 铁路进油典型工艺流程

流程接收铁路来油进入油罐，出油方式有铁路、水路、公路发油；具有倒罐和装船计量功能。

2. 铁路装卸油工艺流程

铁路油罐车装卸方法取决于石油库的地形条件和油罐车的结构型式，有上部装卸油（视频 3.1.2）和下部装卸油两种，装卸方式主要包括泵输装卸油、自流装卸油。泵输装卸油工艺是利用泵给管道中的油品提供压力能，使油品从罐车出来有足够的能量沿管道流动进入油罐区或装油外输。自流装卸油工艺则是利用石油库罐区和铁路装卸区之间的高差，利用虹吸现象使油品在无外加供能的情况下，自然地流入油罐区或实现装油外输。铁路装卸油系统有原油铁路装卸系统和成品油铁路装卸系统两种。

视频 3.1.2 铁路装卸操作流程

原油普遍采用管道输送进库和出库。原油铁路装车系统一般采用小鹤管上装，由装车泵、装车鹤管、管路系统等组成。原油铁路卸车方式一般采用下卸，由卸车鹤管、集油管、零位罐、转油泵等组成。

成品油铁路装卸系统由火车卸油流程和扫舱流程组成。输油设备包括了卸油鹤管、集油管线、输油管线和输油泵等，输转油罐车与储油罐内的油品。扫舱系统包括扫舱短管、集油管线、扫舱泵和扫舱罐等。扫舱系统的功能是引油进管入泵和收尽罐车底油。图 3.1.25 为轻质油品装卸系统工艺流程。

成品油铁路装卸系统卸车流程：铁路槽车→鹤管对位→人工确认卸油→卸油泵→卸油管线→储油罐。

火车卸车鹤管可以采用自动对位装置，鹤管端部带潜液泵。槽车中的油品通过潜液泵升压，经过管线至火车卸车泵再次升压，经卸油管道输送至储罐存储。

扫舱流程：铁路槽车残油→扫舱软管→集油管线→扫舱泵→扫舱罐→扫舱泵或火车卸车泵→卸油进罐管线→储油罐。

1）铁路卸油工艺流程

成品油具有易挥发的特点，为了尽可能减少油品的蒸发损耗，对于成品油的卸油，一般采用上部卸油，包括泵送卸油、潜液泵卸油和自流卸油工艺流程。目前铁路成品油卸油工艺基本上都采用潜液泵卸油工艺。原油的黏度较高，采用下部卸油。

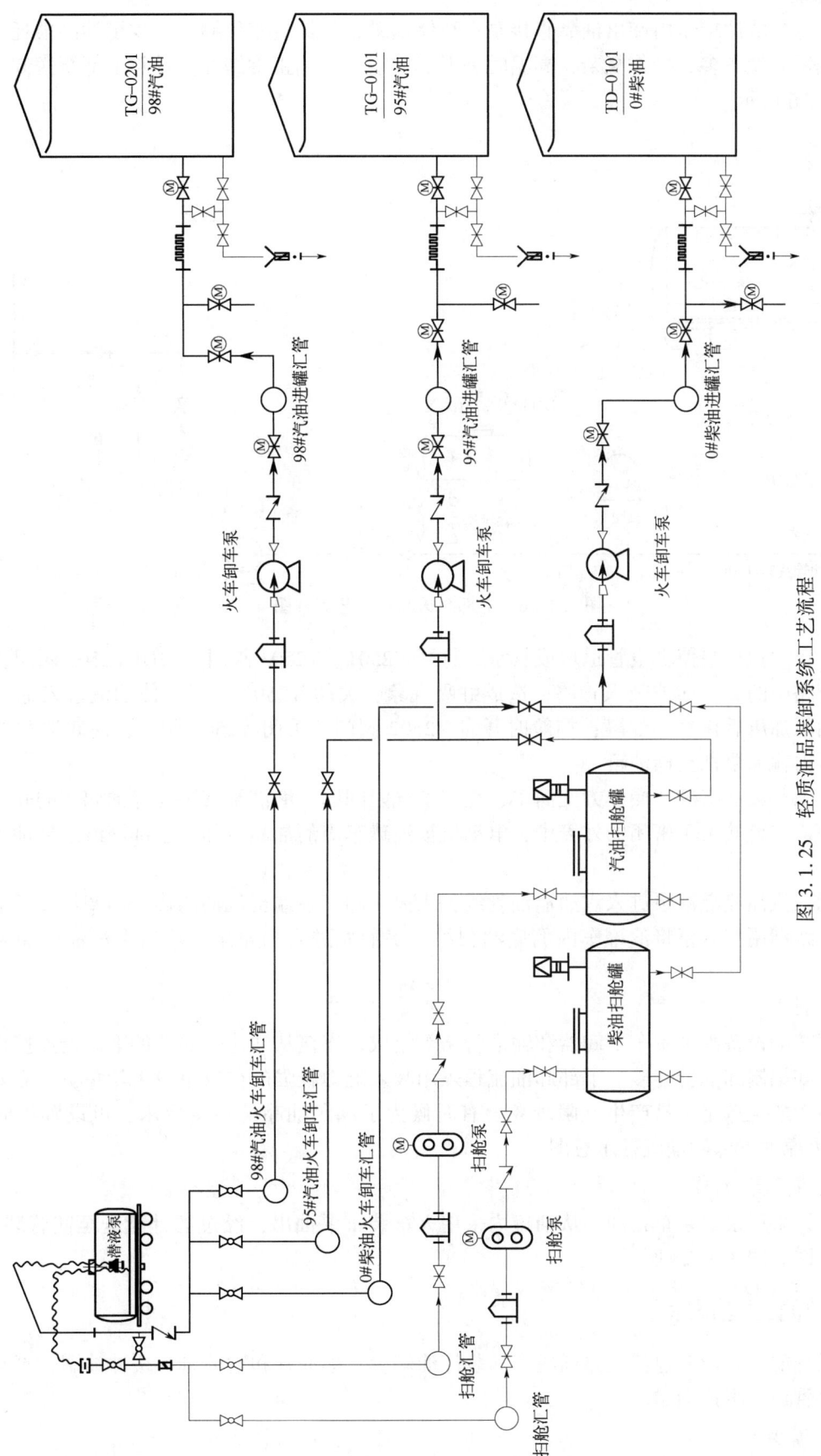

图 3.1.25 轻质油品装卸系统工艺流程

（1）上部卸油。

泵送卸油工艺是从油罐车内卸出油品直接泵送至储油罐，不经过零位罐，减少了油品损耗，但必须设置高的鹤管和栈桥，设备多，操作复杂，高温时易形成气阻，影响正常卸油。铁路上部泵送卸油工艺流程示意图如图 3.1.26 所示。

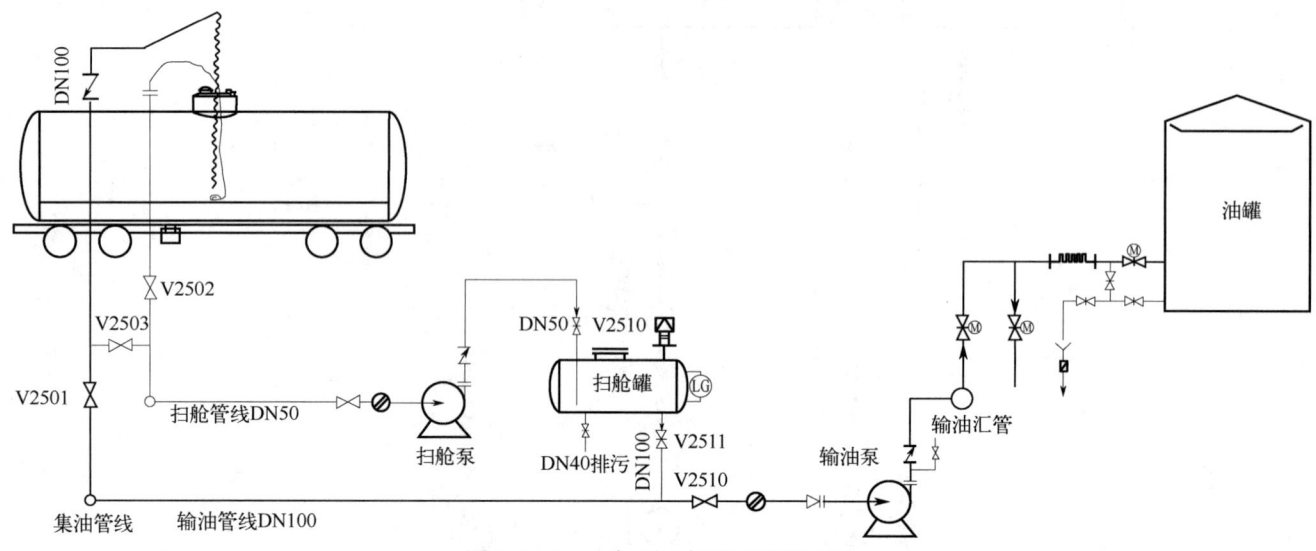

图 3.1.26 上部泵送卸油工艺流程图

在卸油时，启动扫舱泵使真空管道形成真空，打开 V2501、V2503 阀门，关闭 V2502 阀门，使油罐车内的油品由于管路中的真空而被吸入管路，造成虹吸现象；关闭 V2503 阀门，使油流进入输油泵进行灌泵，油流经输油泵加压后输至储油罐；扫舱时开启 V2502 阀门，关闭 V2503 阀门，使底油和放空的油品流入扫舱罐，再由输油泵抽至储油罐。

潜液泵卸油工艺灵活有效，操作方便简单，克服了气阻问题。潜液泵安装在卸油鹤管的软管末端，泵利用电动机传动，二者共装于密闭的外壳中，电动机被油罐车内的油品冷却。上部潜液泵卸油工艺流程见图 3.1.25。

以汽油为例，汽油经潜液泵进入汽油输油管线，用火车卸车泵输至汽油储罐，当卸油接近油罐车底部时，采用扫舱管线利用扫舱泵将油罐车内的底油扫尽，底油先进入扫舱罐，然后由汽油输油泵输至汽油储罐。

（2）下部卸油。

下部卸油工艺的设备由油罐车下卸器和输油管路等组成，直接从油罐车底部的下卸器连接输油管装卸油品，用橡胶管和铝制卸油臂连接。下部卸油流程采用吸入能力较强的往复泵或齿轮泵，不需要进行灌泵和扫舱操作，最大的优点是不易产生气阻现象。有时候为了满足油品的温度要求，可设置相应的加热设备。图 3.1.27 为原油下部卸油流程示意图。

2）铁路装油工艺流程

铁路装油工艺采用泵送装车，油品从油罐内采用火车装车泵抽出，经过滤计量送至鹤管装入油罐车。其工艺流程示意图如图 3.1.28 所示。

3. 铁路装卸油工艺设备

铁路装卸系统的主要设备包括铁路油罐车、装卸油鹤管、集油管和输油管、缓冲油罐、真空管道和抽底油管道、蒸汽管道、零位油罐。

1）铁路油罐车

铁路油罐车是散装油品铁路运输专用车辆，按其性质可分为轻油、黏油罐车两类，常用有 G60、G70、GQ70 三种类型。一般的油罐车由罐体、油罐附件和底架三部分组成。对于轻油罐车来说，罐体一

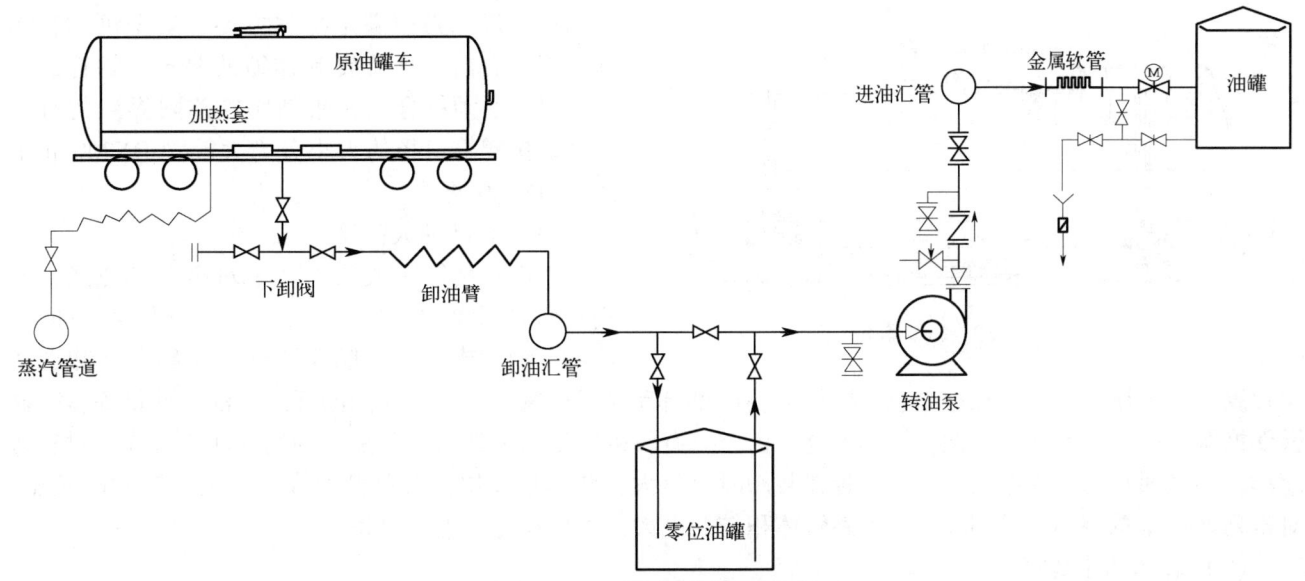

图 3.1.27 原油下部卸油流程

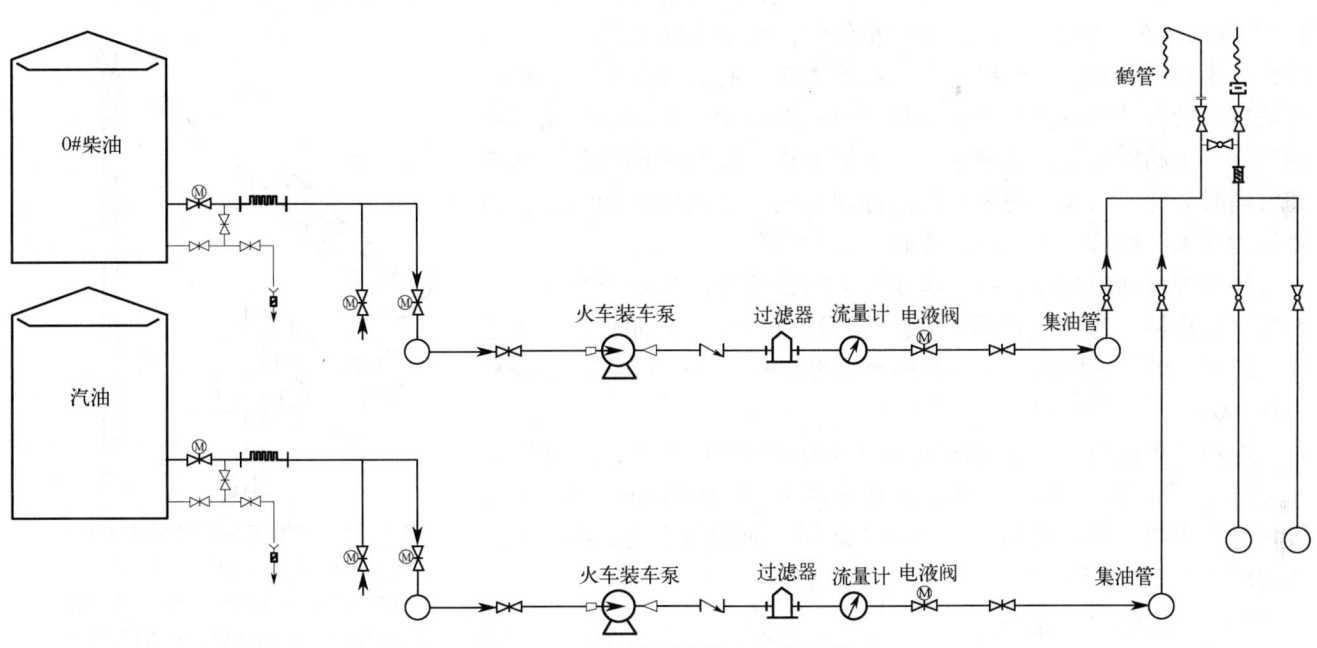

图 3.1.28 铁路泵送装车工艺流程

般涂成银白色,进出油开口在罐体顶部,采用上部装卸油工艺,有效罐容为 50m³。油罐附件包括呼吸阀,调节罐内压力保持在 -0.02~0.15MPa;油罐车设有扶梯,方便工作人员登车或进入罐内检查和检修。罐车底架有一定坡度,以便抽净罐内底油。如图 3.1.29 所示为轻油罐车示意图。

对于黏油罐车来说,罐体一般涂成黑色,有效容积一般也是 50m³。黏油罐车大都设置有加热装置和排油装置。加热装置为夹层式加热套,成半圆筒形,焊接在罐体的下部。排油装置是一种球阀,在油罐车底部,该装置具有零件少、重量轻、通道大、卸油快、操作方便等特点。如图 3.1.30 所示为黏油罐车示意图。

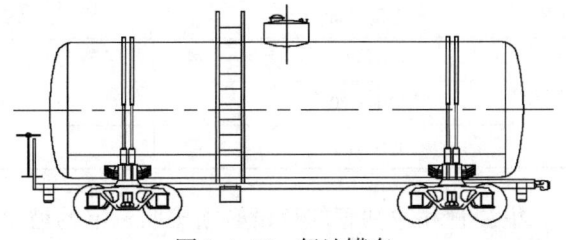

图 3.1.29 轻油罐车

2)装卸油鹤管

鹤管主要是用在上部装卸油品工艺中。一般将鹤管伸入油罐车的底部进行收发油,按驱动方式不同分为手动、气动、马达驱动和气缸活塞杆驱动等几种。鹤

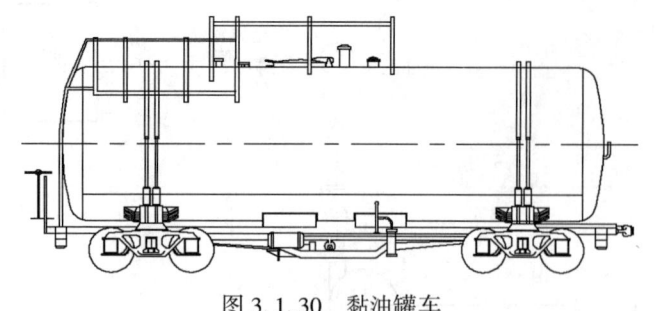

图 3.1.30 黏油罐车

管的结构形式必须满足操作方便、安全可靠、能够上下左右前后地旋转和伸缩的要求。鹤管的安装和尺寸必须符合《标准轨距铁路限界》的有关规定。按鹤管口径的大小分为大鹤管 DN200 和小鹤管 DN100 两种。

（1）装卸油大鹤管。

大鹤管装卸一般采用"一对多"的方式，即栈桥每侧设置 1 到 2 台大鹤管，分别对一批次 12~14 辆油罐车进行顺序装卸。大鹤管装卸自动化程度高，工作人员可以在控制室内操作电脑即可自动完成鹤管的对位、阀门的开启、油品计量等，需要操作槽车人孔盖，劳动强度低，操作安全。由于只有较少数量的大鹤管，其配备的油气回收管线相对较为简单，油气回收的规模也较小。大鹤管在装卸时流量大，装卸速度快，对单辆油罐车的装卸车时间较短，对整列油罐车总装卸车时间较长。大鹤管体积较为庞大，需要相应的辅助设备。

（2）装卸油小鹤管。

小鹤管装卸一般采用"一对一"的方式，即栈桥每侧设置多个鹤管分别与每一节油罐车对应，例如有 12 列油罐车，则需要设置 12 台小鹤管。每个小鹤管都需要人员操作。小鹤管装卸时需要操作人员在油罐车人孔处操作鹤管，也可以采用鹤管自动对位装置。在小鹤管装卸系统中，采用带密闭系统的鹤管。小鹤管单管流量较小，对单辆油罐车装卸时间较长，所有鹤管同时装卸，大大节约了总的装卸油时间。小鹤管装卸油工艺需要较为庞大的栈桥作为支撑，增加了建设费用。

鹤管带潜油泵卸油系统，是在每个鹤管的吸入口处安装一台潜油泵，直接伸入油槽车底部吸油，然后经鹤管输至输油管，解决了夏季卸轻油的气蚀问题。国内此种产品的流量为 50~200 m³/h，扬程为 6~60 m。

通用式小鹤管液相公称口径在 DN80~DN100 之间，公称压力 1.6 MPa，介质温度 -60~180 ℃，工作半径 3000~5000 mm，其水平旋转角可达 300°，垂直转角在 -15°~60° 之间。通用的小鹤管结构示意图如图 3.1.31 所示。

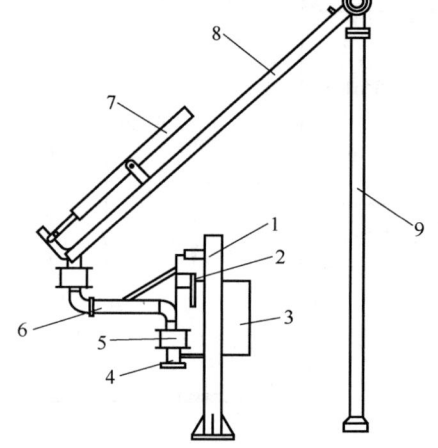

图 3.1.31 通用式小鹤管结构示意图
1—立柱；2—内壁锁紧机构；3—操作箱；
4—接口法兰；5—回转器；6—水平短管；
7—平衡器；8—升降臂；9—插入铝管

3）集油管和输油管

集油管是一条平行于铁路作业线汇总管路。集油管和输油管的管径要根据装卸油品的数量、卸油时间、油品品质、泵的吸入能力以及泵房地坪与铁轨高差等工艺参数计算确定。按以往石油库设计经验数据，集油管和输油管的管径可以参考表 3.1.1 进行选取计算。

表 3.1.1 集油管和输油管管径取值表

卸车流量（m³/h）	输油管直径（mm）	集油管直径（mm）
220~400	250	300~400
120~220	200	250~300
80~120	150	200~250

集油管和输油管的敷设必须按照一定的坡度，以保证装卸作业完成后，管线中的油品能够自流放空。放空最小坡度：轻油 0.002；黏油 0.003。

4）真空管道和抽底油管道

真空管道用于抽吸铁路油罐车或油船底油。通常真空管道由泵房埋地敷设至栈桥下的真空管道汇管，再由汇管沿鹤管通至栈桥面。真空管道通常采用无缝钢管。抽底油管道常采用真空胶管，并可在栈桥上与真空管道临时连接，一般要求在 5~10min 内抽吸 1m³ 左右的底油。

5）蒸汽管道

在黏油装卸作业时，常常需要给油品加热一定温度。蒸汽管道一般直径为 80~100mm。在每个黏油鹤管预留出蒸汽加热管道，通常为胶管，一般直径为 50~80mm。蒸汽进入罐车后，冷凝水自行排走，不需要设置回水管。

6）零位油罐

零位油罐是为了满足快装快卸等工艺要求而设置的，不担任长期储存的任务。零位油罐用于自流卸车系统中，它的最高液面低于附近地面高度。容量可以按油罐列车一次到库最大油量计算，并考虑一定的安全余量。当油罐车容积为 50m³ 时，可按下式计算：

$$V = 1.25 \times 50n \tag{3.1.1}$$

式中　1.25——油罐安全系数；

50——一辆油罐车的计算容量，m³；

n——该种油品一次到库的最大油罐车数。

4. 铁路专用线

1）铁路作业线

（1）作业线布置的原则。

铁路专用线是指从铁路车站至石油库的支线的总称，分为库内线和库外线两部分。库内线中实施收发油作业的铁路支线称为作业线或作业道。

库外线为工业企业与全国铁路网、其他企业及原料基地衔接的铁路，应按照所服务的工业企业的生产性质及发展前景来进行设计。库外线的长度取决于接轨点与库区的距离和地形条件，一般不超过 3~5km。考虑到铁路等级、机车牵引以及地形条件，在装卸油时能使整辆列车都能直接到库。库外线的坡度限制如表 3.1.2 所示。在一般地段，库外线的曲率半径不应超过 300m；在困难地段，库外线的曲率半径不应超过 200m。

表 3.1.2　库外线最大坡度限制

铁路等级	限制坡度（‰）		加力牵引坡度（‰）	
	蒸汽机车	内燃电力机车	蒸汽机车	内燃电力机车
Ⅰ级	15	20	20	30
Ⅱ级	20	25	25	30
Ⅲ级及限期使用的铁路	25	30	25	30

作业线应尽量保持平坡直线段，并采用尽头式布置方式，以利于油品的计量、防止油罐车滑车事故以及扫净油罐车的底油。作业线的末端应留有不小于 20m 的安全铁轨，防止在某一辆油罐车发生事故时，可以将其相邻的油罐车牵引隔开，以及防止在调车时油罐车冲出车挡，造成事故。

（2）作业线布置形式。

作业线是铁路油罐车停放进行装卸油作业的铁路支线，一般有三种布置形式，即单股敷设［图 3.1.32(a)］、双股敷设［图 3.1.32(b)］以及三股敷设［图 3.1.32(c)］。

对于大型石油库，一般都设置三股作业线。其中两股为轻油作业线，另一股为黏油作业线，并分设两个站台。两股轻油作业线之间的距离不应大于 6m；黏油作业线和轻油作业线之间的距离不应小于 10m，一般为 15m。这种布置的优点在于轻油和黏油的装卸互不干扰，操作方便，有利于安全防火，但占地面积较大。

对于中小型石油库，一般都设置双股或者单股作业线。对于黏油的装卸，每次装卸量少，作业时间长，应设置在作业线的尾部；对于轻油的装卸，装卸作业量大，易挥发，火灾危险性大，为了方便牵引进出，应设置在作业线的前端。轻油与黏油的鹤管间距不应小于24m。这种作业线布置方式存在一些缺点，即轻油、黏油的装卸会相互干扰，调车不方便；单股作业线必须要有较长的集油管，这增加了泵的吸入阻力。

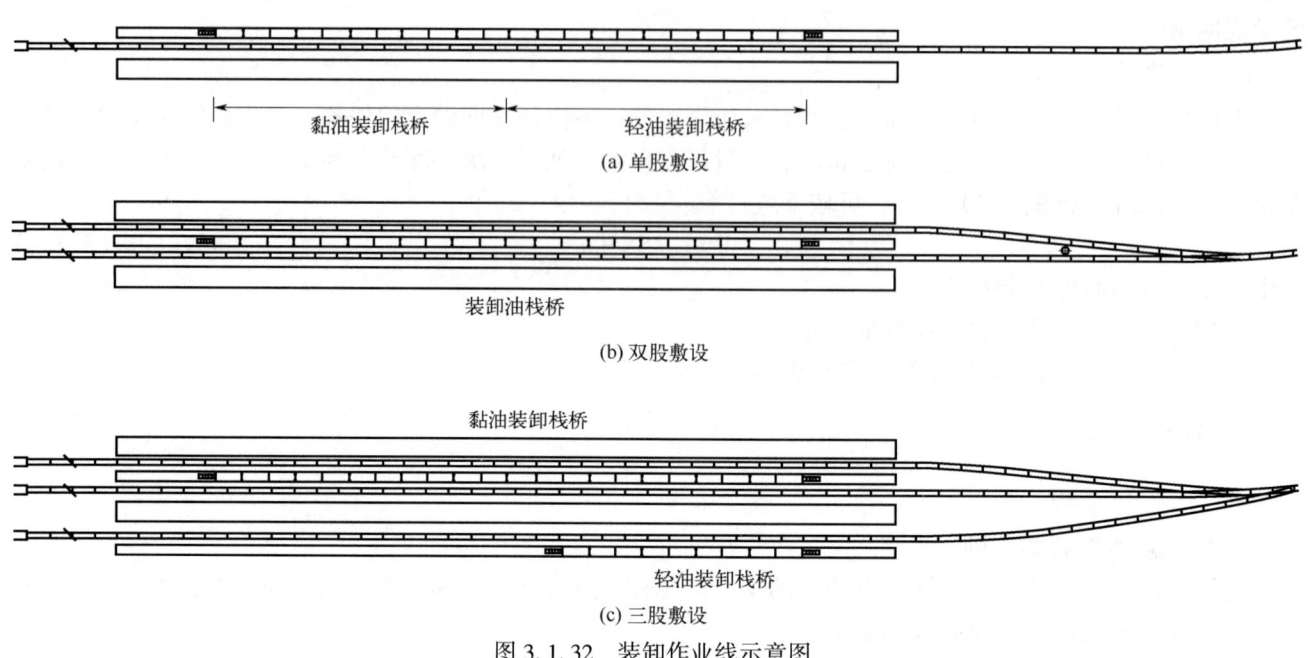

图 3.1.32 装卸作业线示意图

（3）作业线的长度。

铁路作业线的长度是指警冲标以后至作业线终点的长度，如图 3.1.33 所示。其长度计算如下：

$$L = L_1 + L_2 + nl \tag{3.1.2}$$

式中 L_1——作业线警冲标至第一辆油罐车始端的距离，一般不小于31m；

L_2——作业线终端车位的末端至作业线终点的距离，一般取20m；

n——一次到库的最大油罐车总数，若采用两股作业线，取最大总数的一半；

l——油罐车两端车钩内侧距离，一般为 12~12.5m。

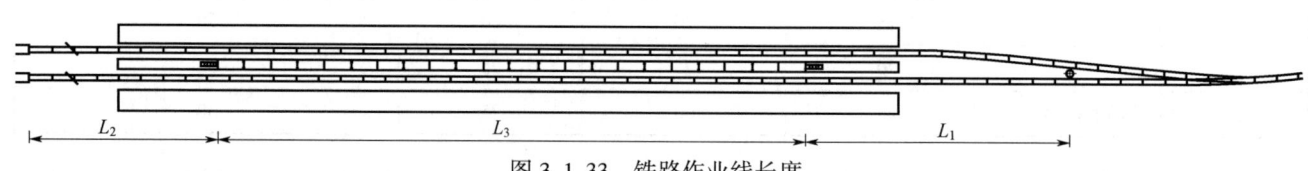

图 3.1.33 铁路作业线长度

2）铁路装卸油栈桥

栈桥是为装卸油品所设的装卸台，高于地面一定高度，将鹤管安装在栈桥上。在设计和修建栈桥时，必须注意栈桥上的任何部分都不能伸到规定的铁路接近限界中去。一般情况下，将铁路中心线与栈桥边缘的距离设计为2m，栈桥宽度为2.5m，铁轨内侧宽度为1.335m。其立面、平面布置图分别如图 3.1.34、图 3.1.35 所示。

栈桥分为单侧操作和双侧操作两种。在一次卸车量相同时，单侧卸油栈桥较双侧卸油栈桥长，占地多，但可以使铁路减少一个岔路口，机车调车次数减少。一般大型石油库都采用双侧栈桥，而一次来油量很小的石油库则采用单侧栈桥。双侧装卸油栈桥的结构如图 3.1.36 所示。

单侧栈桥的长度可按式(3.1.3) 计算：

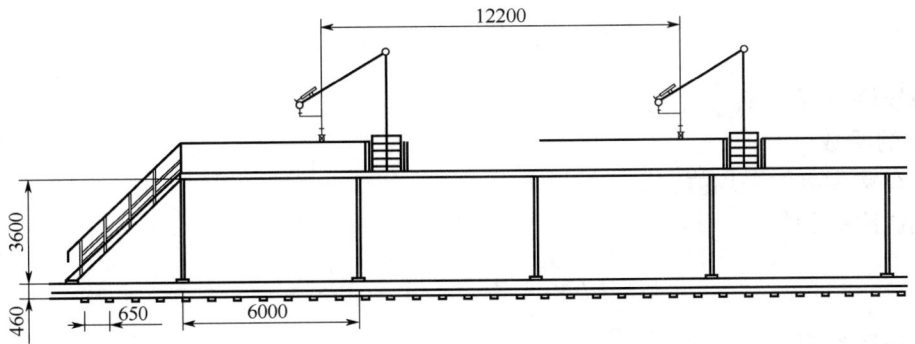

图 3.1.34 铁路装卸油栈桥立面布置图

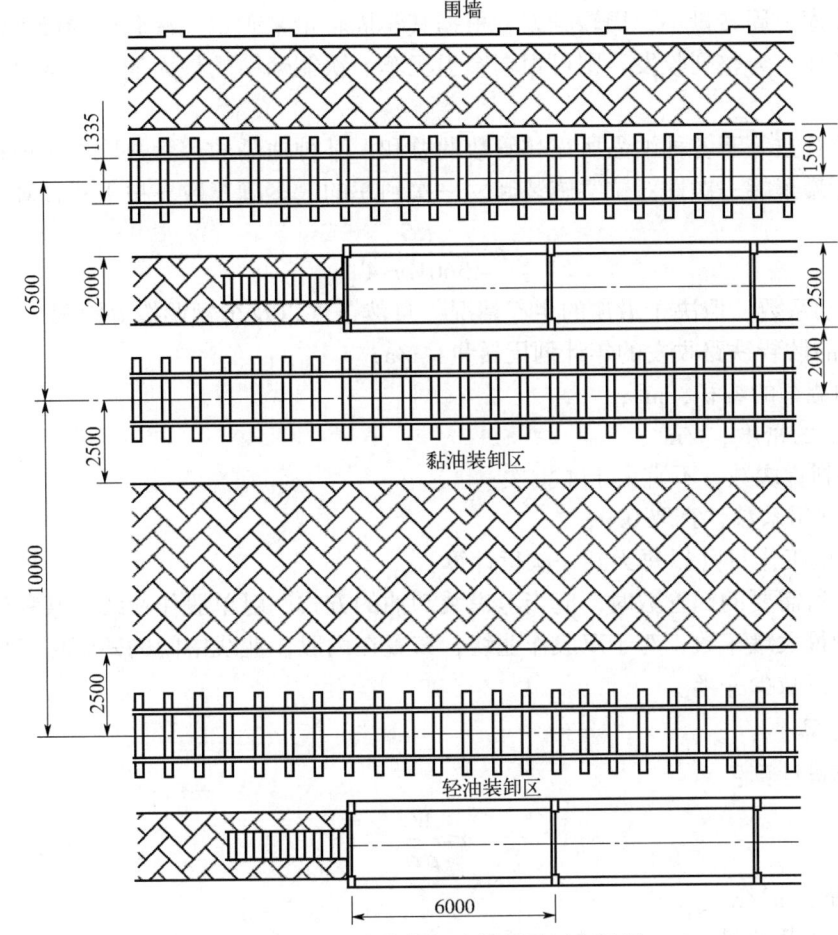

图 3.1.35 铁路装卸油栈桥平面布置图

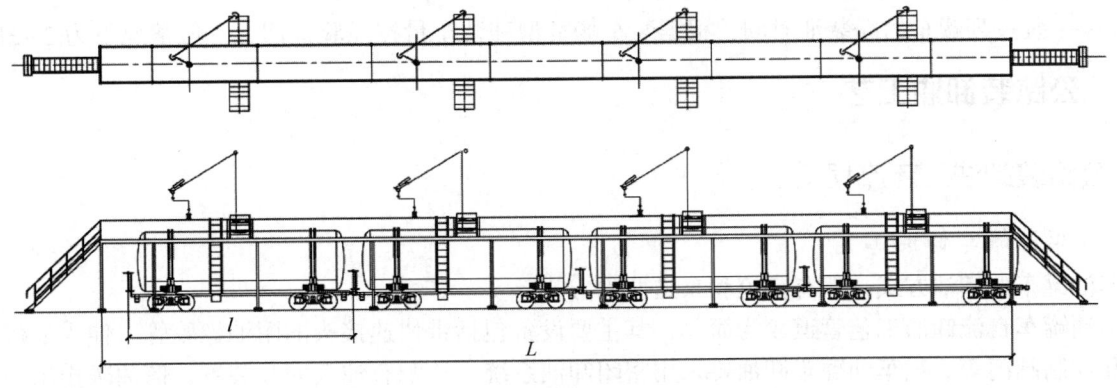

图 3.1.36 双侧装卸油栈桥结构图

$$L_{单} = nl - \frac{l}{2} \tag{3.1.3}$$

式中 $L_{单}$——单侧卸油栈桥长度，m；

n——每列油罐车的辆数；

l——每辆油罐车车钩距离的平均值，m。

双侧栈桥的长度可按下式计算：

$$L_{双} = \frac{n-1}{2}l \tag{3.1.4}$$

式中 $L_{双}$——双侧卸油栈桥长度，m。

3) 铁路装卸油鹤管数的确定

对于中小型石油库，周转量小，周转频繁，根据其年周转量来确定一次到库的最多油罐车数量；对于大型石油库或者储备库，为整列收发，则可根据牵引机车一次能牵引的最大油罐车数目来确定一次到库最多油罐车数量。

石油库中全部鹤管数等于各种油品所需鹤管数的总和，某种油品的鹤管数取决于该种油品一次到库的最大罐车数，使到库罐车能一次性对位实施装卸。一次到库的最多罐车数 n 按下式计算：

$$n = \frac{KG}{360V\rho mA} \tag{3.1.5}$$

式中 K——收发波动系数，取决于沿途的生产情况、自然条件以及车辆调拨等因素，一般取 2~3；

G——该种油品散装铁路收发的年计划周转量，t/a；

V——一辆油罐车的容积，m^3；

ρ——该种油品的密度，t/m^3；

m——每天的到货次数，不宜大于 4 批次；

A——油罐车利用系数，宜取 0.9；

360——一年的工作日（以每天到一次货计算）。

在确定每种油品所需要的鹤管数时，应当考虑装卸油的方式。对单股作业线，某种油品的鹤管数等于该种油品一次到库的最大罐车数；对于双股作业线，布置在两股作业线中间的鹤管可以供两股作业线共同使用，因此鹤管数可以减少一半。

4) 装车流量计算

按所要求的装车量计算：

$$q = \frac{W}{\rho \tau} \tag{3.1.6}$$

式中 q——装车流量，m^3/h；

W——一列罐车载油量，t；

ρ——油品密度，t/m^3；

τ——装一列罐车的净装油时间，根据装车场类型和装车量按经验选用，一般情况下为 2~3h。

3.1.3 公路装卸油工艺

1. 公路装卸油工艺流程

1) 汽车油罐车卸油工艺

汽车油罐车的卸油方式一般有自流和泵送两种方式。

汽车油罐车自流卸油工艺管道较为简单，其主要设备包括带快速接头的耐油橡胶管、伸入油罐下部的卸油管和控制阀门等。汽车油罐车卸油要采用密闭卸油系统，并配有油气回收装置，储油罐排出的油气返回油罐汽车，以满足安全和环保要求。自流卸油流程示意图如图 3.1.37 所示。

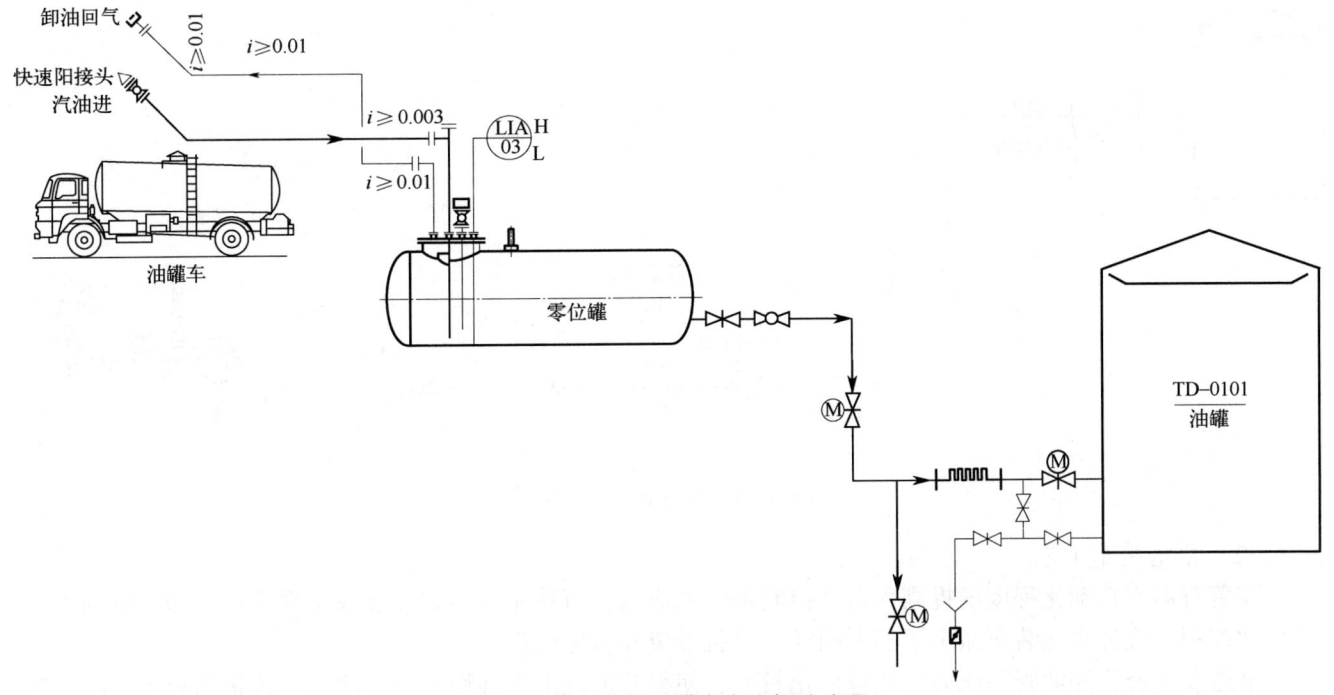

图 3.1.37 公路油罐车自流卸油流程

汽车油罐车泵送卸车一般适用在油品用量不大，且采用地上油罐储存油品的企业石油库。其流程示意图如图 3.1.38 所示。

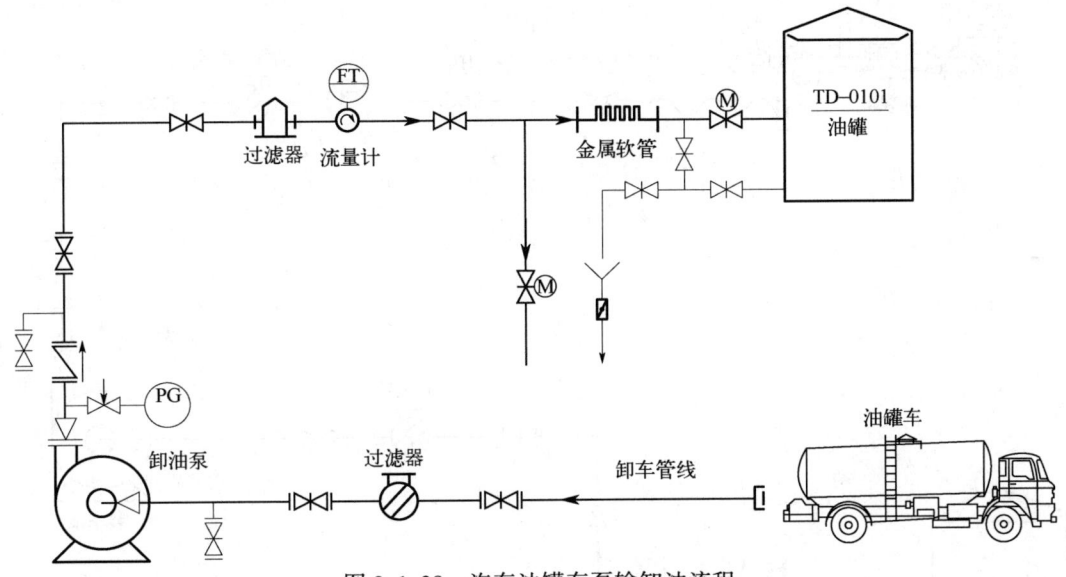

图 3.1.38 汽车油罐车泵输卸油流程

2）汽车油罐车装车工艺

油罐车装油有自流装车和泵送装车两种。在山区地带，经常利用地理高差进行自流装车作业；在地形较为平坦的城市周边，大多数都采用泵送装车工艺。

（1）自流装车工艺。

油品自流装车是利用油罐与装车装置或罐车位置高差，使油品自流完成装油过程。油罐的高度不能过高，会导致油流速度过快而产生静电和过高的水击压力，引起安全事故，常在计量装置前装设恒流阀。自流装车工艺一般适用于轻油，即汽油、煤油和柴油的发油作业。为了防止油流在流量表中产生气蚀，保证流量表的精度，一般要求流量表的背压或出口压力在 0.02MPa 以上。自流装车流程示意图如图 3.1.39 所示。

· 55 ·

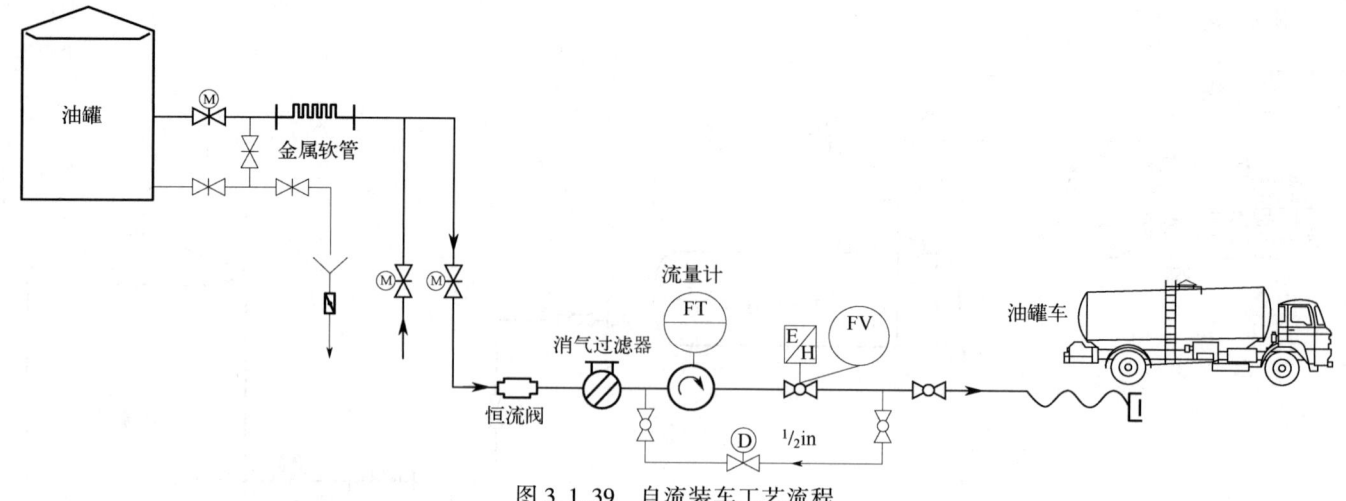

图 3.1.39 自流装车工艺流程

（2）泵送装车工艺。

随着石油库自动化程度的提高和自动控制系统的应用，石油库油品装卸都采用泵进行输转，有利于实现自动控制。轻油泵送装车减少了蒸发损耗、设备投资和占地面积。

泵送装车流程输油管系压力、流量变化较大，使得管道流态不够稳定。要注意校核泵的吸入工况，防止泵的气蚀和吸入管系的气阻。在油品发油工艺管道中，流量计前一般要安装消气过滤器。泵送装车工艺流程图如图 3.1.40 所示。

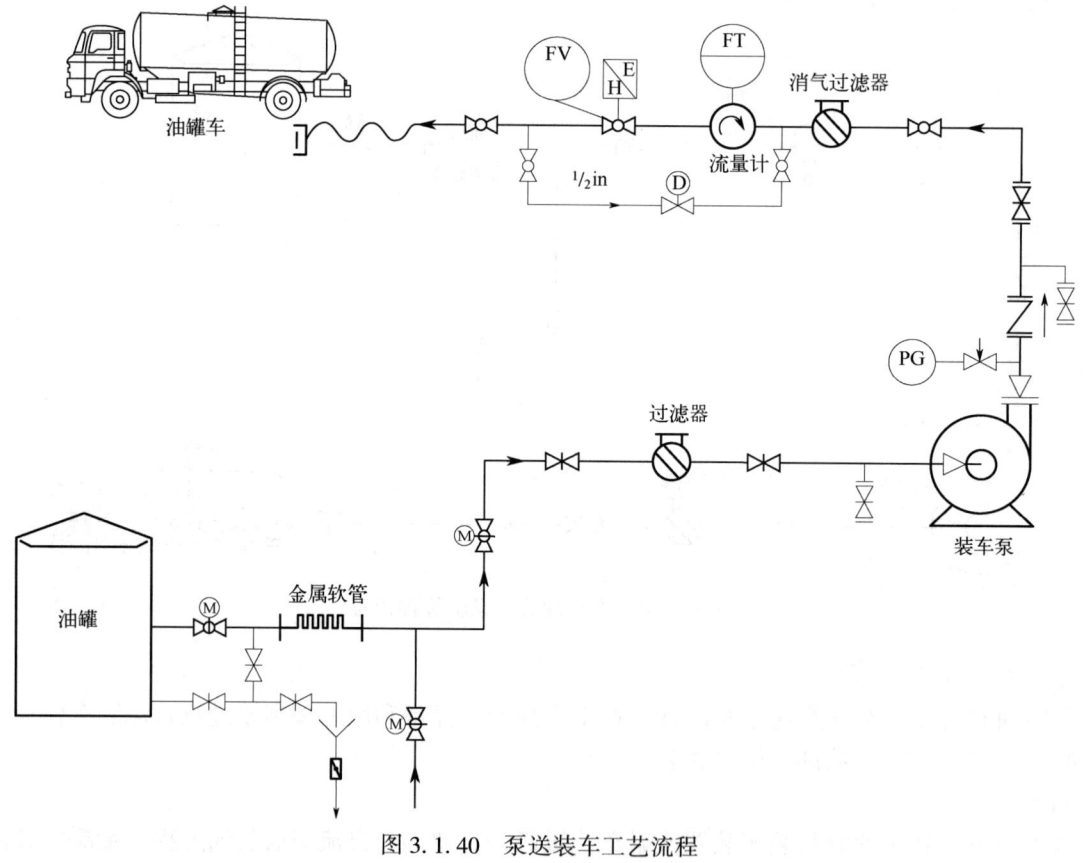

图 3.1.40 泵送装车工艺流程

根据装油设备的不同，泵送装车又分为上部装车和下部装车。

传统的上部灌装工艺是将灌油鹤管插入油罐车进行油品的上部灌装。上部灌装避免"水击"现象的发生，存在蒸发损耗大、产生静电不安全、易发生冒油事故、对操作人员危害大等的缺点。上部装车立面布置示意图如图 3.1.41 所示。

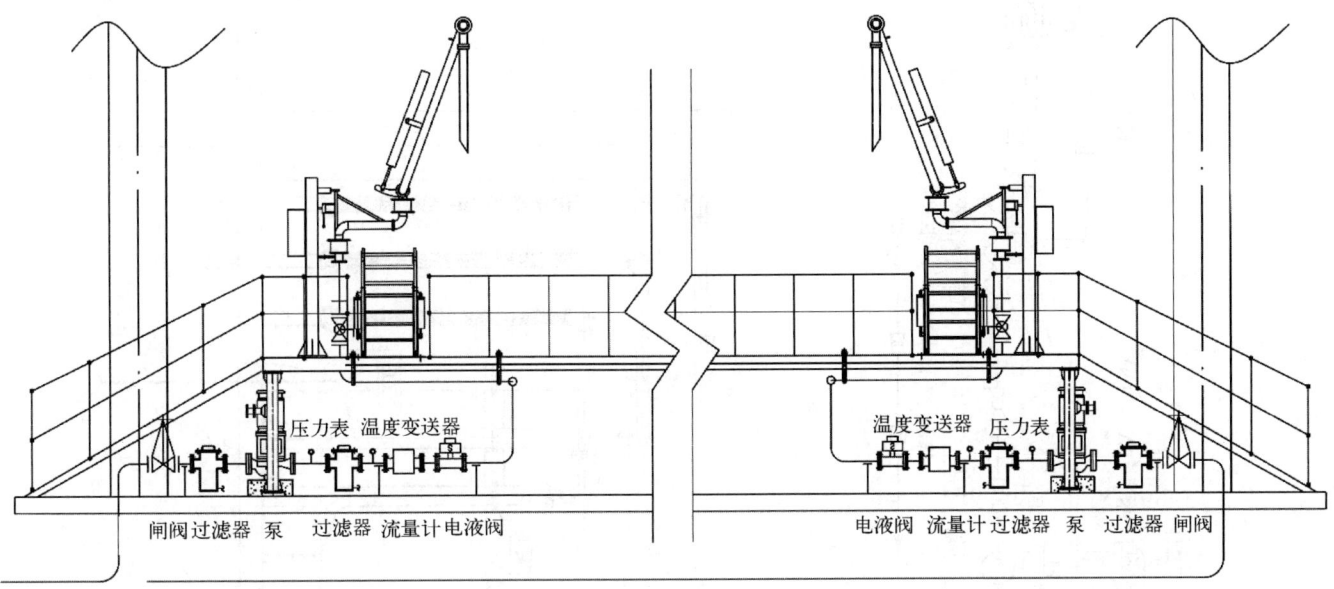

图 3.1.41 上部装车立面布置

下部装油又称底部灌装,是通过下装输油臂连接油罐车进行装油的工艺。国内成品石油库普遍采用下装发油方式。下部装油工艺具有方便作业、减少投资、安全等特点。与上部灌装装车台相比,底部灌装装车台比较简单,安装费用也较低。底部灌装工艺流程图如图 3.1.42 所示。

油品经输油管道到达地面装置,经闸阀、过滤器、发油泵、消气过滤器、流量计、电液阀后,通过下装输油臂对油罐车进行灌装。地面装置设备立面布置图如图 3.1.43 所示。

与上部装车工艺相比,下部装车工艺的发油流量为 120~140m³/h,接近上部装车发油量的两倍;下部装车工艺是一个全密闭系统,发油装置方便快捷地与石油库内的油气回收系统相连接,降低油品损耗,提高发油作业的安全性和油气回收效益;发油时,操作人员不需要上油罐车操作,几乎没有挥发出的油气,改善了作业环境,保证了操作人员的安全;底部灌装设备连接速度快,发油流量大,当排队的油罐车数量较多时,还可以同时将多个发油鹤管设在同一车位,适应多舱位、多油品车辆的装油,缩短等候时间,提高发油速度和装车效率。

3)公路装油鹤管数的确定

为减少摩阻损失提高作业安全,公路装卸采用下装作业。每个下装车位上按品种设置下装臂,要求每一个岛可以做到双臂和多品种同时装卸,岛间车位具有灵活性。对于周转量大、所需鹤管数量多的品种如汽油、柴油,以双舱同时装卸的原则设置车位。

公路装油鹤管数的确定采用式(3.1.7)计算:

$$N=\frac{KBG}{TQ\rho} \tag{3.1.7}$$

式中 N——每种油品的鹤位个数,个;

K——装车不均衡系数,取 3~5;

B——季节不均衡系数,取 1.2;

G——每种油品的年装车量,t/a;

T——每年净装车作业时间,按业主要求为年操作时长 8000h;

Q——各臂的额定装车流量,应严格控制在《石油库设计规范》规定的经济流速 4.5m/s 内,且装车流量不得小于 30m³/h,取额定流量 50m³/h;

ρ——油品密度,t/m³。

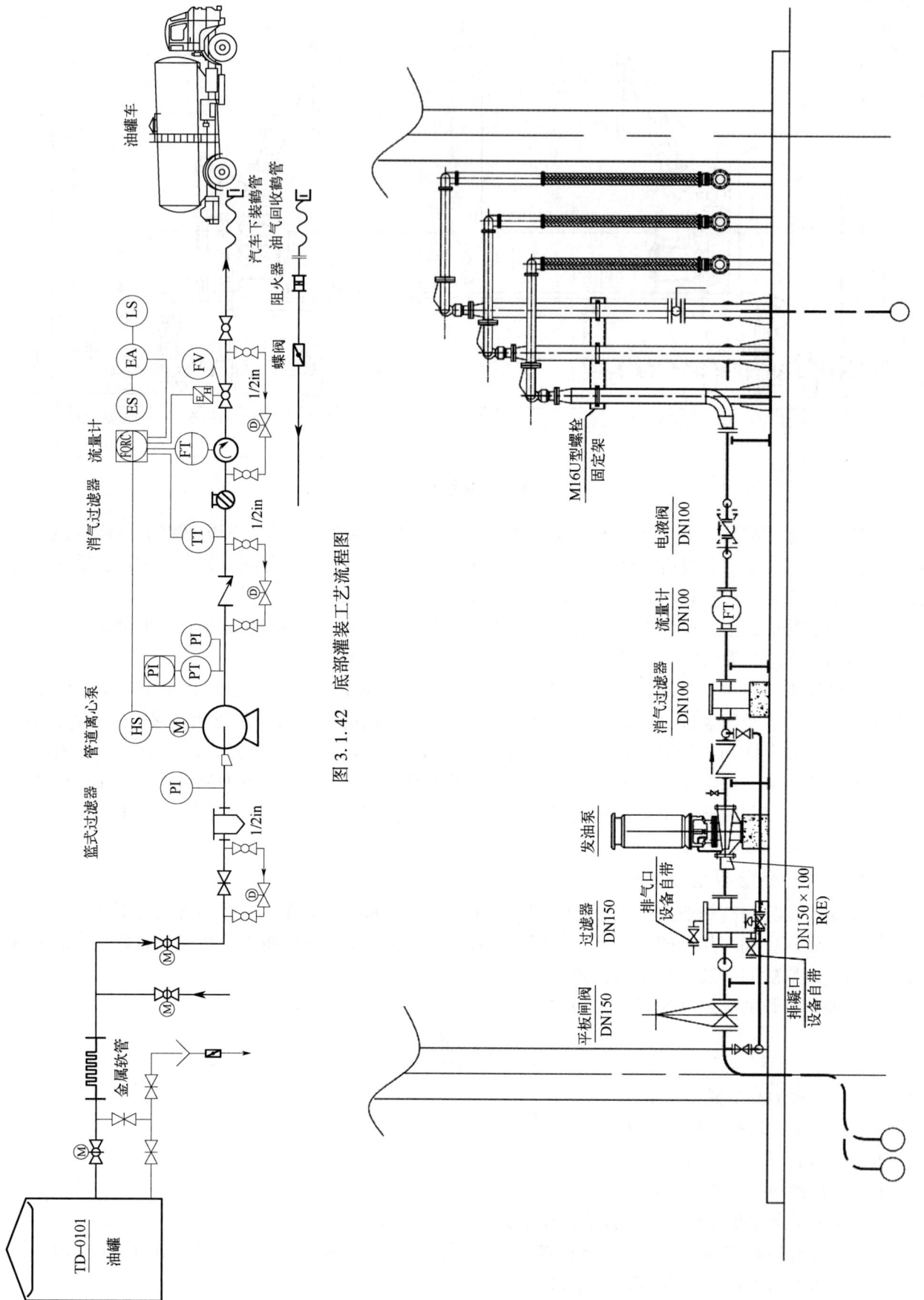

图 3.1.42 底部灌装工艺流程图

图 3.1.43 汽车油罐车底部灌装立面布置

2. 公路装卸油设备

公路装卸油设备主要包括了汽车油罐车、装卸油鹤管、下装输油臂、恒流阀、过滤器、流量计、消气器、管道泵、止回阀。下面重点介绍前四种。

1) 汽车油罐车

汽车油罐车是散装油品公路运输的重要工具，对油量少、交通不发达以及没有船运航道的地区，都可以使用油罐车运输。其特点是对道路、设备要求都不高，机动灵活，主要用于短途的油品运输。

下部装卸油罐车全密闭装车、全密闭运输、全密闭卸油，具有油气回收功能。拥有特殊设计的人孔盖、翻车不泄漏、着火不爆炸，在作业时简单快捷，提高了运输的安全性和可靠性。下部装卸油罐车一次性装载量较大，间接地降低了运输成本。其结构示意图如图 3.1.44 所示。

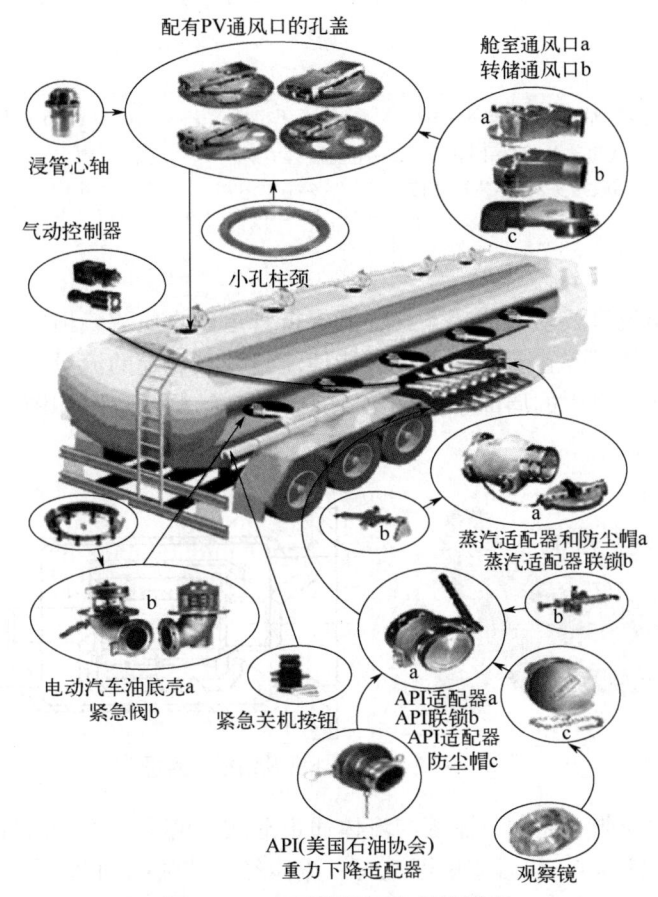

图 3.1.44 下部装卸汽车油罐车

下部装卸油罐车由以下设备组成：

油罐车的安全环保设备：包括人孔盖、紧急切断底阀、油气回收阀、防溢流液位探头、主动式静电接地探头、铅封系统。

油车操作设备：气源稳压过滤系统、气动操作系统、卸油监视系统、紧急停止装置等。

油车连接设备：装卸油接头（adaptor）、油气回收接头、电气联锁专用插座、卸油专用转换接头等。

2) 装卸油鹤管

下部装卸油鹤管由两个较小的通用小鹤管组成，其结构示意图如图 3.1.45 所示。

3) 下装输油臂

在下部灌装中主要设备是下装输油臂。下装输油臂旋转灵活、操作流畅方便、安全调试方便、平衡力矩恒定、可靠性高、能够直接在地面进行操作；全输油臂采用导电设计，有效防止了静电的危害，其最大工作压力 1.0MPa，工作温度在 -45~75℃；连接简易快捷，装载过程中产生的油气全部回收。图 3.1.46 为石油库下装输油臂结构示意图。

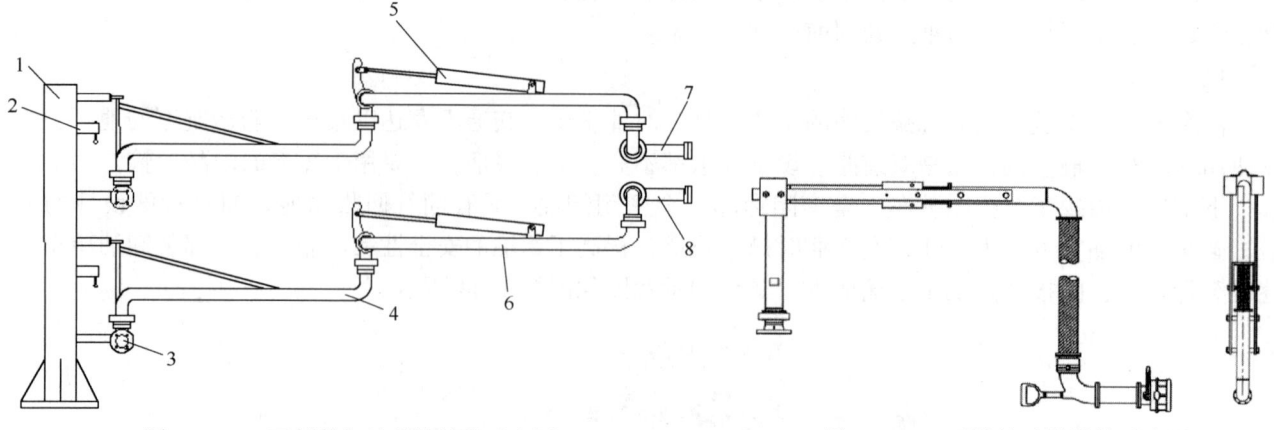

图 3.1.45　下部装卸油鹤管结构示意图
1—立柱；2—内壁锁紧机构；3—接口法兰；4—回转器；5—平衡器；
6—水平短管；7—油气回收接头；8—装卸油接头

图 3.1.46　下装输油臂结构示意图

4）恒流阀

恒流阀是在管道内介质流量波动的情况下，也能保持管道内介质流量恒定的一种自动调节装置，主要使用在自流装车工艺中。在计量装置前安装恒流阀能使流量计在稳定的流量下工作，提高了油品计量的精度，防止管道内流量的变化而产生的局部水击现象。其外观和结构示意图如图 3.1.47 所示。

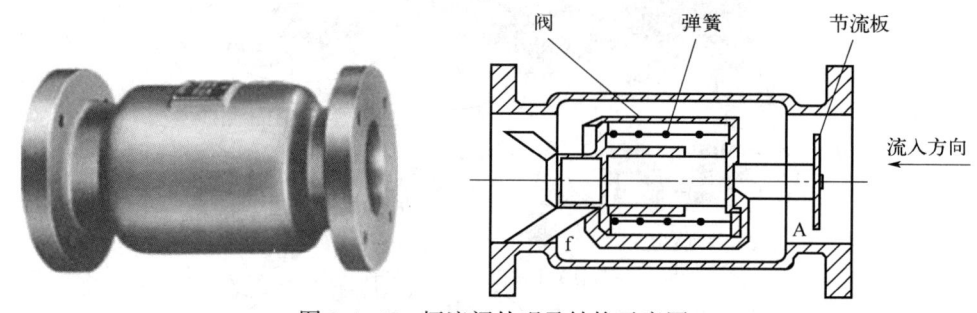

图 3.1.47　恒流阀外观及结构示意图

工作原理：流体进入恒流阀，通过节流板与流体通道形成的流量节流断面 A，再流经阀与出口通道形成的节流断面 f，然后流出恒流阀。流体经过节流断面 A 时，节流板正面所受压力与反向弹簧的弹力平衡形成恒流功能。流量增大时节流板受压增加并压缩弹簧使阀向左移动，这时候入口断面 A 保持不变，而出口断面 f 减小，使节流板反向压力上升，节流板两端的压差下降，使节流板在新的位置上保持平衡，流量就可以保持不变了，达到了恒流作用。

视频 3.1.3　公路发油操作流程

公路发油操作流程见视频 3.1.3。

3.1.4　水路装卸油工艺

1. 水路装卸油工艺流程

1）石油库水路进油典型工艺

石油库水路进油典型工艺流程示意图如图 3.1.48 所示。流程接收油船来油进入油罐，出油方式有铁路、水路、公路发油；具有倒罐和装船计量功能。

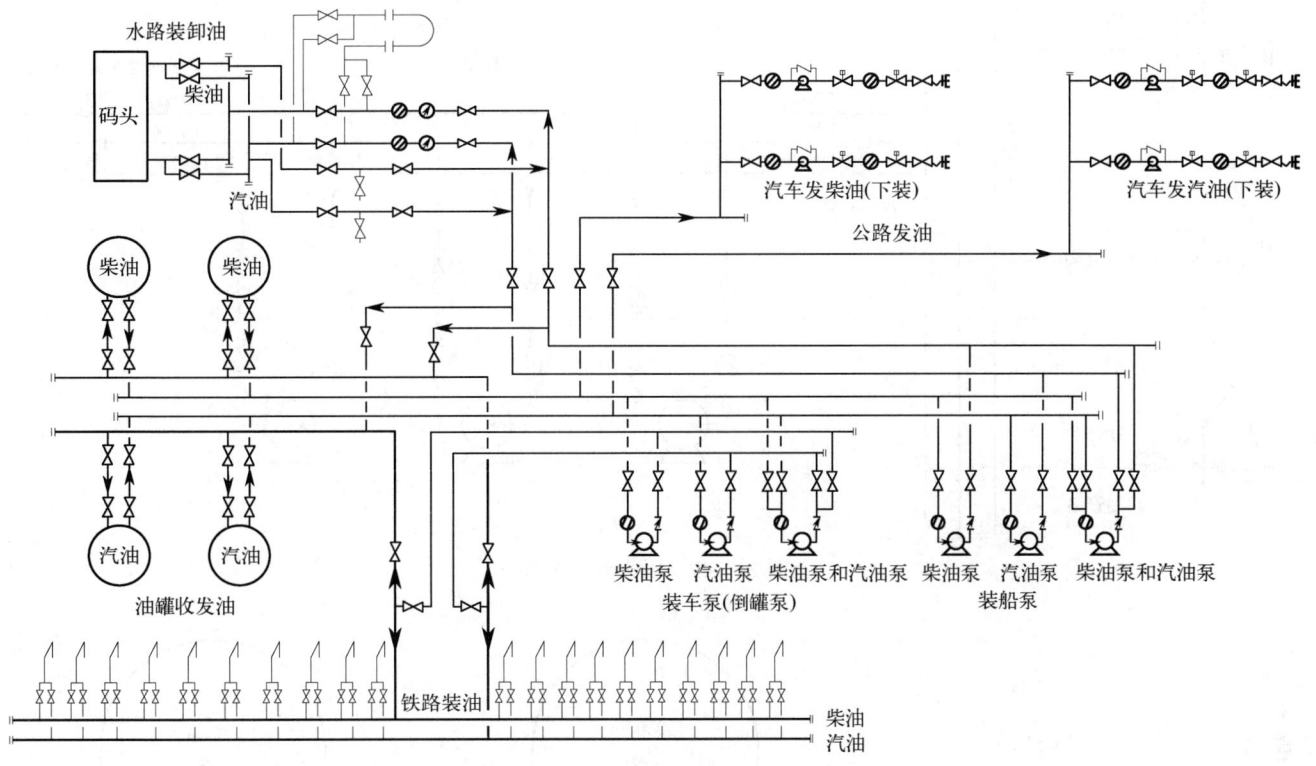

图 3.1.48　水路进油典型工艺流程

当石油库的储油区与码头距离不长、高差不大的情况下，可以直接利用油船上的油泵将油品输送至储油区。若储油区与码头距离较远，一般可以在岸边设置缓冲油罐，利用油船上的油泵将油品输送至缓冲油罐中，再用油泵将油品输送到石油库的油罐区。

油船装卸工艺流程应该满足以下基本要求：

（1）应该满足油品装卸码头装卸作业和适应多种作业要求。
（2）同时装卸几种油品不互相干扰。
（3）管线互为备用，能把油品调度到任一条管路中去，不致因某一条管路发生事故而影响全部操作。
（4）油泵能互为备用，当某台油泵出现故障时能照常工作，必要时数台泵可同时工作。
（5）发生事故时能迅速切断油路，并设置有效的放空措施。

2）油船装卸油工艺流程

油船装卸油工艺流程有装船流程和卸船流程。装船流程为：储罐→装船泵→计量装置→输油臂→油轮（或油驳）；卸船流程为：油轮（或油驳）→油船输油泵→输油臂→计量装置→储罐（或经缓冲罐和转油泵到储罐）。

油船装卸必须在码头上设置相应的装卸油管路，码头卸油流程示意图如图 3.1.49 所示。每一组油品单独设置装卸油管，在集油管线上设置若干分支管路，支管间距一般为 10m 左右，分支管路的数量和直径，集油管、泵吸入管的直径等，都要根据油轮容量、装卸油速度等具体条件来确定。在具体配置上，一般需要将不同油品的几个分支管路设置在一个阀室操作间内。

3）码头原油石油库卸船流程

码头原油石油库除有装船和卸船流程外还有正输（冷热）流程、倒罐流程、搅拌流程、高压泄放流程、发球流程等。码头石油库卸油工艺流程如图 3.1.50 所示。

油船里的油通过码头输油臂抽出经过阀 FA01~FA08 到集油管后再通过输油管进入油罐，输油臂和集油管里的剩余通过泵 P-01 或 P-02 抽入输油管进入油罐。

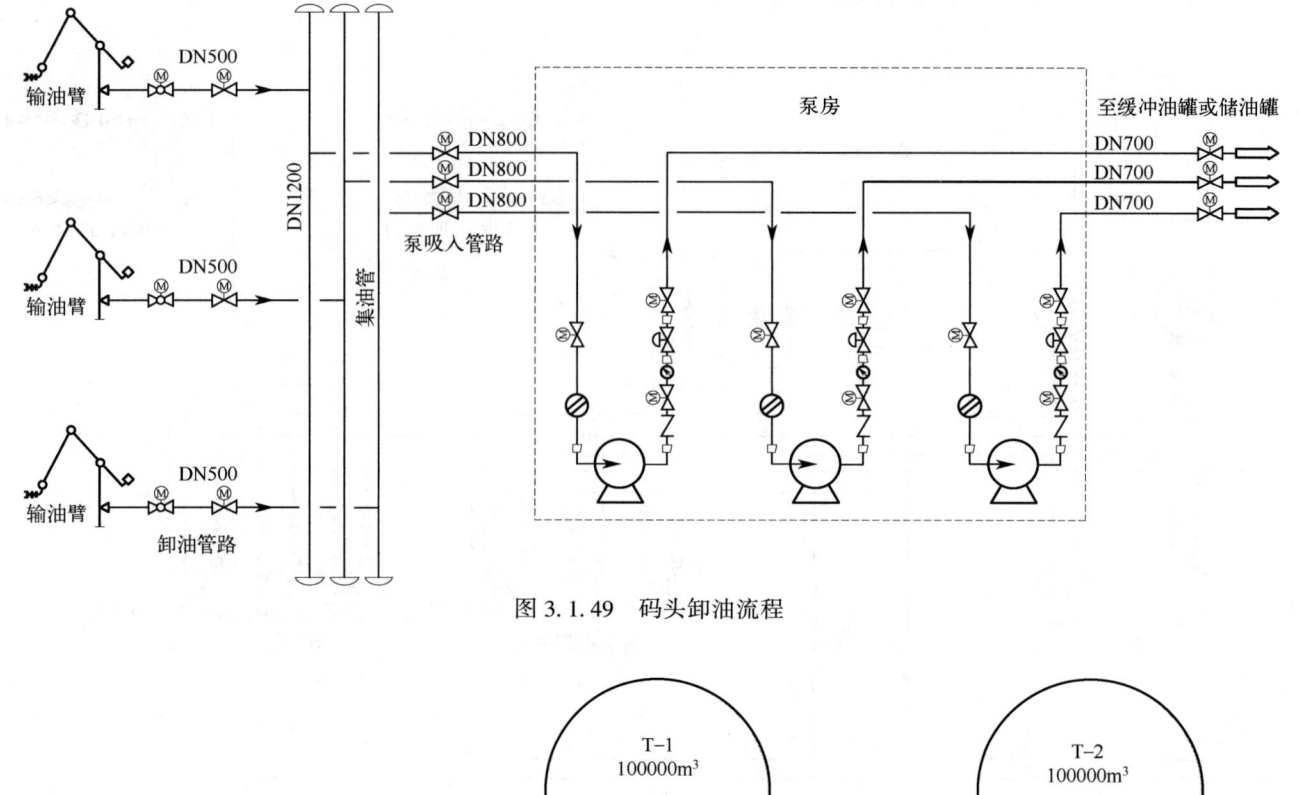

图 3.1.49 码头卸油流程

图 3.1.50 码头原油石油库卸油工艺流程

4) 码头成品油石油库卸船流程

油驳用于运输成品油,而油驳无自卸能力,只能依靠趸船上油泵进行卸油。趸船上设有卸油泵、输油导管、电源线路,以及为了灌泵和清舱所设的真空设备。成品油通过卸油泵输送至罐区进行储存。

图 3.1.51 所示码头成品油石油库卸油工艺流程图（见章末插页和彩图 3.1.51），其中 95#汽油与 98#汽油卸船共用一根管道，0#柴油单独使用一根管道。

汽柴油卸船流程：驳船→卸油臂→油趸船→卸油泵→流量计→管线至油品储罐。

汽柴油卸船后扫舱流程：扫舱管道放入驳船舱内→扫舱泵→扫舱罐→卸油泵→流量计→管线至油品储罐。

彩图 3.1.51 码头成品油石油库卸油工艺流程

2. 装卸油码头

1) 装卸油码头的类型

装卸油码头主要分为顺岸式固定码头、近岸式固定码头和外海油轮系泊码头三种类型。

(1) 顺岸式固定码头。

顺岸式固定码头较多用于内陆中小型河流及湖泊中，利用自然的地形，沿河岸用水泥浇注一段防护堤，作为卸油码头。码头的优点是整体性好，结构坚固耐久，施工作业简单。缺点是当港区风浪较大时，不利于油船的停靠作业。对于水位较深的码头，也可以直接采用顺岸式固定码头，天津港就采用了顺岸式固定码头设计。顺岸式固定码头示意图如图 3.1.52 所示。

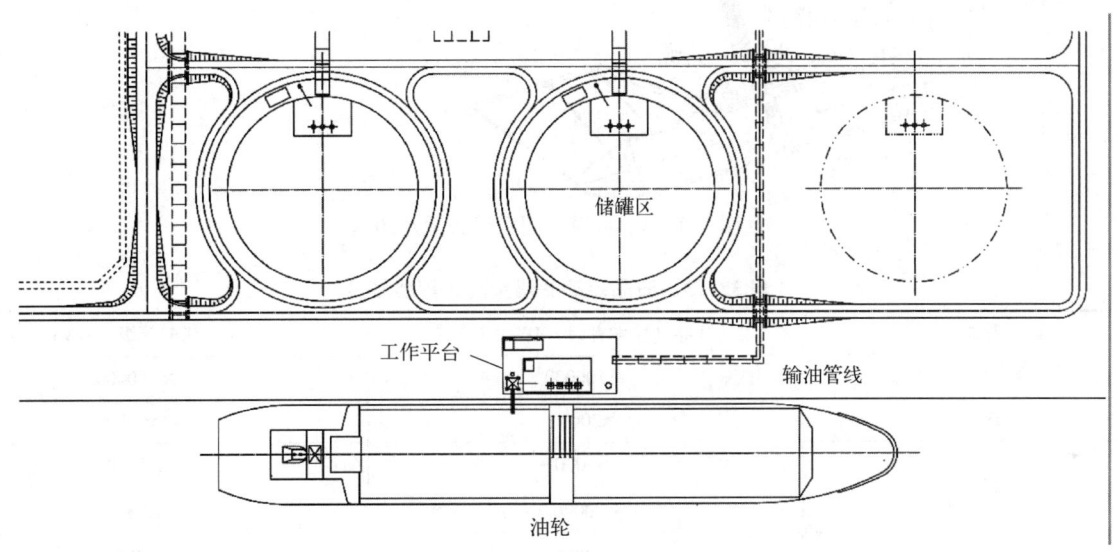

图 3.1.52 顺岸式固定码头示意图

(2) 近岸式固定码头。

近岸式固定码头多适用于万吨以上油轮的沿海装卸油作业，是应用较为广泛的原油码头。近岸式固定码头能够允许停靠作业的船只多，但修建困难，投资大，破坏后不易修复。它是由一段引桥、工作平台、靠船墩和系船墩等部分组成。系船墩上有固定缆绳，用于对靠岸油轮船身的固定。大连港鲇鱼湾1号原油码头、福建泉州青兰山30万吨级码头、宁波大榭中燃料油30万吨级码头、青岛港30万吨原油码头等都采用近岸式固定码头。近岸式固定码头如图 3.1.53 所示。

(3) 外海油轮系泊码头。

外海油轮系泊码头是一种离岸码头，它最大的特点就是不占用岸线资源，以柔性方式对油船进行系泊定位，通过软管和海底管道对油品进行装卸。离岸系泊码头有点式系泊设施和岛式系泊设施两种，其中点式系泊设施又分为单点式和多点式。

2) 装卸油码头设计基本规定

石油库装卸油码头设计应符合《油气化工码头设计防火规范》（JTS 158）、《海港总体设计规范》（JTS 165）等相关规范的规定。

(1) 装卸油码头的防火等级划分应符合表 3.1.3 的规定。

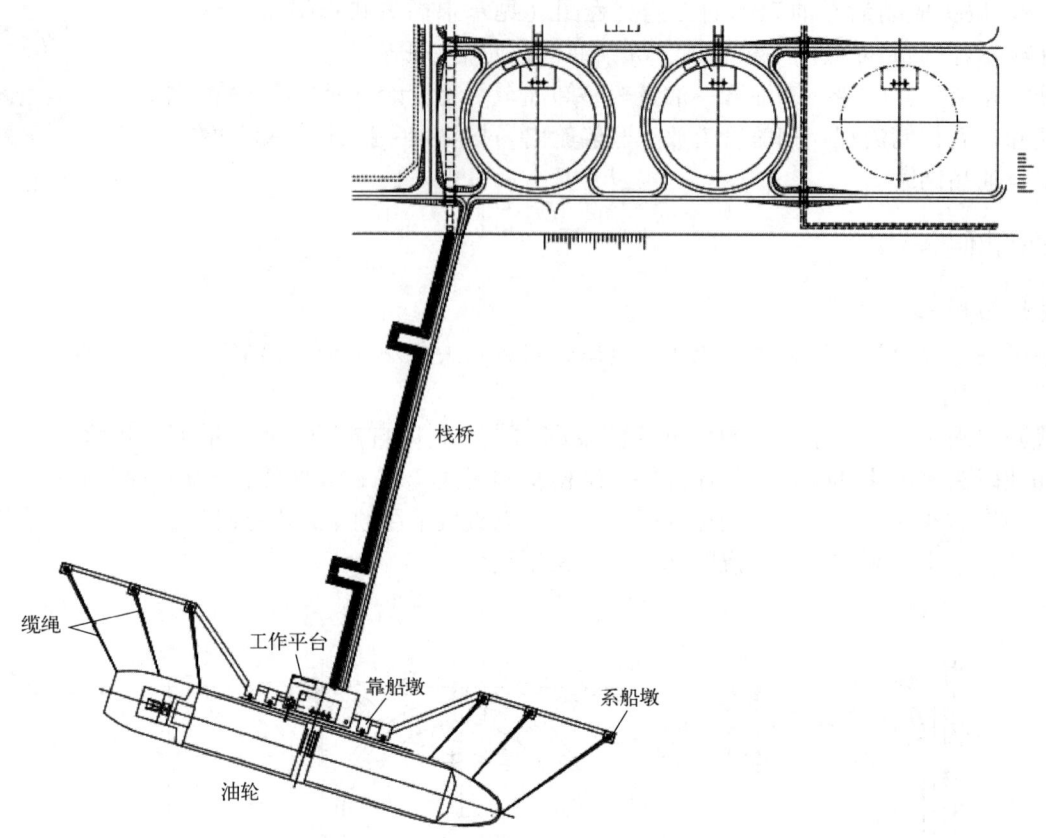

图 3.1.53 近岸式固定码头示意图

表 3.1.3 油品装卸油码头防火等级划分

防火等级	海港（船舶等级）DWT（t）	河港（船舶等级）DWT（t）
特级	≥100000	≥100000
一级	≥20000	≥5000
二级	≥5000 <20000	≥1000 <5000
三级	<5000	<1000

（2）装卸油码头应该布置在港口的边缘地区和其下游地区。

（3）装卸油码头和作业区应独立设置。

（4）装卸油码头的设施设备都应采用密闭接头形式。

（5）装卸油码头应该设置压舱水罐和洗舱水罐。

（6）装卸油码头的管道应设置紧急切断阀，并用专门的引桥单独敷设。

3）装卸油码头工艺设计

（1）石油化工码头装卸工艺系统应具有装船、卸船和扫线等功能。

（2）卸船作业应采用船泵输送工艺。对无卸船泵的船舶应在码头上设置卸船泵。

（3）原油或成品油在正常作业状态时，管道安全流速不应大于 4.5m/s；液化石油气液态管道安全流速不应大于 3.0m/s。

（4）输送容易堵塞介质的管道公称直径不宜小于 25mm。

（5）石油化工码头宜采用清管器扫线方式。

（6）港口储油罐区的设计应符合现行国家标准《石油库设计规范》（GB 50074）的有关规定。装卸油码头油罐应按照《油气回收处理设施技术标准》（GB/T 50759）的规定来设置油气回收设施。

4）装卸设备

（1）装载臂应设置移动超限报警装置。

（2）装载臂与油船连接口处，宜配置快速联接器。

（3）码头装卸管道与船舶接管口的连接可采用装卸臂或软管。1000吨级及以上的油船和化工品船宜采用装卸臂，无自卸能力船舶卸船应采用软管。

（4）对运输多种石油化工品的大型船舶可按每种化工品的舱容量分别确定装卸臂口径。

（5）同类石油化工品可共用装卸臂，共用一台装卸臂的石油化工品不宜超过5种。

（6）装卸臂内流速不宜超过10m/s。

（7）装卸甲A类和极度危害物料装卸臂前应设置紧急脱离装置。

3. 水路装卸油设备

1）输油臂

水路装卸油工艺设备中，重要的是输油臂，主要在顺岸式固定码头和近岸式固定码头上使用。《港口输油臂》（JT/T 398）中相关规定，按驱动方式分为手动型和液压驱动型。现有的装卸油码头基本都采用的液压驱动型，其示意图如图3.1.54所示，它由立柱、内臂、外臂、回转接头以及与油船接油口连接的接管器组成。输油臂可达14m高，通常一个码头设置2~6台输油臂。为满足检修需要，输油臂之间以及与其他建、构筑物之间应有足够的安全距离。

输油臂的基本通径有100mm、150mm、200mm、250mm、300mm、350mm、400mm、500mm和600mm。其工作风速不大于20m/s，非工作风速不大于55m/s；工作环境温度在-20~45℃；输油臂内油品的流速不宜超过11m/s。设计压力0.6~5.0MPa，设计温度-196~300℃。

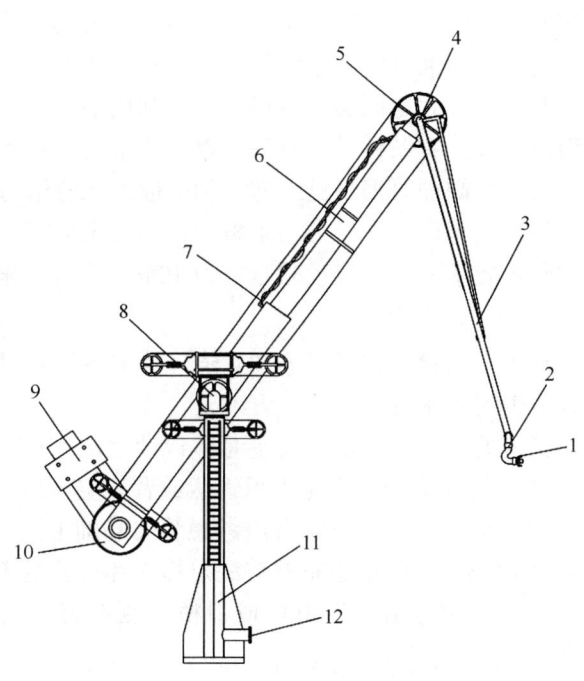

图3.1.54 输油臂结构图

1—快速接管器；2—三向回转接头；3—外臂；4—头部回转接头；5—上绳轮；6—内臂；7—液压驱动机构；8—中间回转接头；9—平衡重；10—下绳轮；11—立柱；12—输油管接头

输油臂的布置按照《海港总体设计规范》（JTS 165）中的相关规定，见表3.1.4。

表3.1.4 输油臂布置参数

油船泊位吨级 DWT（t）	输油臂口径（mm）	输油臂台数（台）	输油臂中心与操作平台边缘距离（m）	输油臂间距（m）	输油臂驱动方式
1000~3000	DN100~150	1	2.0~3.0		手动
5000	DN150~200	1	2.0~3.0		手动或液动
10000	DN200~250	1~2	3.0~4.0	2.0~3.5	液压驱动
20000	DN200~250	1~2	3.0~4.0	3.0~3.5	液压驱动
30000	DN250	1~2	3.0~4.0	3.0~3.5	液压驱动
50000	DN300	2~3	4.0~5.5	3.5~4.0	液压驱动
80000	DN300~400	2~3	4.0~5.5	3.5~4.0	液压驱动
100000	DN400	3~4	5.0~6.5	3.5~4.0	液压驱动
120000	DN400~500	3~4	5.0~6.5	3.5~4.0	液压驱动
150000	DN500	3~4	6.0~7.0	3.5~4.0	液压驱动

续表

油船泊位吨级 DWT（t）	输油臂口径（mm）	输油臂台数（台）	输油臂中心与操作平台边缘距离（m）	输油臂间距（m）	输油臂驱动方式
250000	DN500	4	6.0~7.0	3.5~4.0	液压驱动
300000	DN500~600	4	6.0~7.0	3.5~4.0	液压驱动

2）装卸油泵房

对于装卸油工作平台离储罐区较远的近岸式固定码头或者储罐区离工作平台较远的顺岸式固定码头，都需要设置转输油泵房。对于外海油轮系泊码头，由于系泊点距离岸边较远，且敷设有海底管道，一般利用油轮上的输油泵将油品输往岸边，在岸边上设置转油泵房对油流进行增压；对于工作平台距离油罐区比较近的顺岸式固定码头，也可以直接利用油轮上的输油泵将油品输往油罐区，可不单独设置泵房。泵房宜采用地上式，有条件时，可采用露天或半露天布置方式。

码头装卸油泵房泵机组选型和一般的泵机组选型采用同样的方法。泵房的位置要根据实际的码头与油罐区位置关系以及油船类型来确定，卸船泵应满足吸入真空高度的要求，泵的额定流量与扬程应与工艺流程和作业要求一致，流量裕量宜为10%，扬程裕量宜为5%~10%。

3）码头管道

码头上的管道包括了输油管道、连接各设施设备的耐油橡胶软管、船用燃油管道、压舱水管、消防管道以及生活用水管道等。

管道的布置应满足《海港总体设计规范》（JTS 165）中的相关规定。

（1）码头上的管道应采用管墩或者架空敷设、局部受限制时可采用管沟敷设。

（2）码头上的管道布置应考虑管架基础平面位移和不均匀沉降的影响。

（3）码头上的管道布置应满足操作和检修的要求。

（4）工艺管道宜沿引堤或引桥一侧布置，当管道较多时，可分层布置，主通道上方不应布置工艺管道。

（5）码头上的管廊宜预留发展空间。

（6）管道布置应减少气袋、液袋和盲肠，管道的高位和低位应根据操作要求分别设置排气和排液阀门。

（7）多层管架层间距应满足管道安装要求，并应根据管径大小和管架结构确定，且不宜小于1.0m。下层管与地面的净距不宜小于0.4m；管架底部考虑人通行时，净空不宜小于2.2m。

（8）当码头上的管道采用管墩敷设时，管底距地面不宜小于0.4m。

（9）在管墩、管架上敷设的管道水平间距不宜小于100mm，法兰外缘与相邻管道的净距不宜小于25mm。

（10）码头管道宜采用自然补偿，当利用自然补偿不能满足要求时，应设置补偿器。

（11）海港码头上的管道外表面都要选用防盐雾的防腐材料，不保温管道在支墩处最好加垫板，延缓该处管壁腐蚀。

（12）码头上的管道要做防静电接地，接地电阻不大于10Ω，输油臂要单独接地。管道衔接处都要采用绝缘法兰。

（13）码头上的工艺管道应设置总阀，应距离装卸区30m以外，总阀采用电动阀或气动阀，但都必须设置手动开关。

4）码头附属油罐

码头附属油罐包括放空罐、缓冲罐和沉淀罐。放空罐是为了放空码头管道内的存油，防止下次装卸油品时产生混油。缓冲罐通常设置在储油区和码头装卸区高差较大的时候，防止管道内的压力过高以及减少管道内水击现象的发生。沉淀罐的作用是用来沉淀油轮扫舱油，通过沉淀的方式初步实现油水的分离。

码头附属油罐的容量要根据具体的码头装卸油量来确定。

3.2 油品储存工艺

3.2.1 石油库泵房工艺

1. 石油库泵房工艺流程

石油库泵房工艺流程是指被输转的油品按特定的工艺要求从吸入管进入泵房和从排出管排出泵房流经泵房内管道和设备的全过程。石油库泵房流程是石油库工艺流程的重要组成部分，石油库中油品的收发和输转，是依靠泵房内的泵机组和管路配合工作完成的。泵房流程设计是否合理，将会影响到石油库作业能否顺利完成。

泵房工艺流程应根据石油库业务要求，分别满足收油、发油、输转、倒罐、扫舱以及船舱和扫舱罐的底油清扫等要求。

泵房工艺流程的设计应遵循以下原则：

(1) 满足石油库油品装卸和储存要求，能保质保量地完成收油、发油任务。
(2) 利用成熟的技术，在安全运行的基础上，采用先进技术及新设备、新材料，提高经济效益。
(3) 操作方便、调度灵活，能同时装卸几种油品，管线互为备用，泵互为备用，故障时能迅速切断油路。
(4) 注意环境保护、安全卫生和节能，减少油气排放，避免有害气体直接排放大气。
(5) 经济节约，能以少量设备去完成多种任务，并能适应多种作业要求。
(6) 严格执行防火、防爆的各种现行设计规范和标准。

泵房输油系统是油品按规定的工艺要求，确定泵房管组中的流向。泵房输油系统也称为泵房工艺流程。

1) 原油石油库泵房工艺流程

由于原油黏度大，性质比较稳定，闪点高、挥发性小，采用管道输送利用管输压力从阀室或输油站进入油库。

图 3.2.1 所示的是原油石油库泵房工艺流程，泵房工艺流程具有以下功能特点：

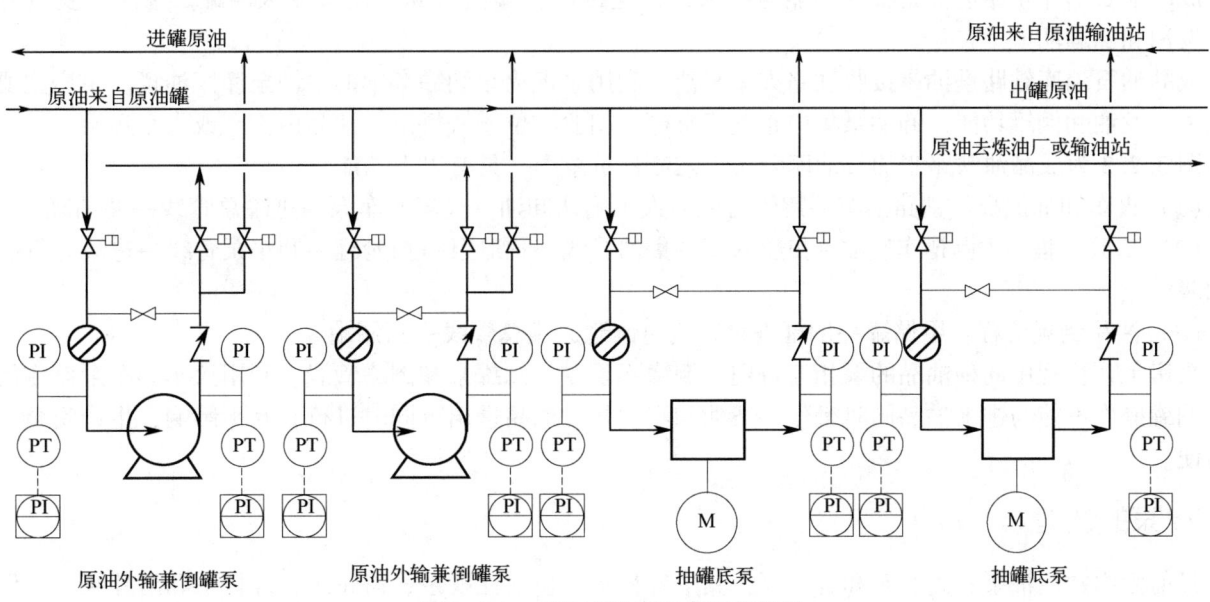

图 3.2.1 原油石油库泵房工艺流程

（1）通过输油泵把原油从库区油罐输送至炼油厂或输油站。

（2）泵房具有倒罐功能，输油泵兼倒罐泵可以对库区油罐进行倒罐。

（3）泵并联使用，互为备用。

（4）专门设置有抽罐底原油的泵。

工艺流程简洁清晰，是目前使用较为普遍的原油及黏油石油库泵房工艺流程。

我国进口原油一部分是通过中缅原油管道和中俄原油管道输送，另外是海上运输，经码头接受进入中转石油库或储备库，如在沿海地区建的天津石油储备库、大连石油储备库、黄岛石油储备库、镇海石油储备库和舟山石油库等基地。码头石油库原油经码头输油臂卸至罐内，泵房主要功能是输转和倒罐。

图 3.2.2 所示的是码头原油石油库泵房工艺流程，泵房工艺流程具有以下功能：

（1）正输流程：油罐→泵 B1~B3→流量计 LL-1~LL-3→阀 FV5101/FV5102/FV5103→流量计 CLL1→加热炉 L1/L2→泵 P1→泵 P2→泵 P3→阀组→外输管道。正输流程不经加热炉具有冷输功能：油罐→泵 B1~B3→流量计 LL-1~LL-3→阀 FV5101/FV5102/FV5103→流量计 CLL2→泵 P1→泵 P2→泵 P3→阀组→外输管道。

（2）倒罐流程：油罐 T1→阀 5125/5126→泵 B4→流量计 LL-4→阀 5123/5124→油罐 T2。

（3）高压泄放流程：外输泵 P1→泵 P2→泵 P3→阀 115→阀 116→阀 117 或旁通阀 114→阀 121→阀 122→阀 123→高压泄放罐。

（4）搅拌流程：油罐→阀 5132→泵 B5→阀 5129→油罐。

（5）反输流程：外输管道下站来油→阀 118→流量计 CLL-3→油罐。

泵房工艺流程除以上主要功能外还应具有通过外输泵发球功能，下站可以反输进入罐区以及储备库输送原油进入罐区。外输泵 P1、P2 和 P3 串联使用，管道进油中转油库也可以采用这样的泵房工艺流程。

2）成品油石油库泵房工艺流程

成品油石油库管道进油是接收长输管道分输站或阀室来油，利用压差进入库区油罐。泵房主要功能是输转，油品从库区油罐用泵通过铁路、水路或管道进行输转送至其他油库或进入长输管道输送到下一泵站；其次是发油，泵把库区油罐的油品送至铁路装车或公路装车进行发油；一般泵房工艺具有倒罐功能。

成品油石油库水路进油是接收油船海运来油，通过码头输油臂卸至码头库区油罐。泵房主要具有输转、发油和倒罐功能。

成品油石油库铁路进油是接收铁路火车来油，利用泵把火车油罐车中的油卸至库区油罐。泵房主要具有收油、发油和倒罐功能。卸油泵集中布置于泵棚，扫舱泵位于栈桥下。油品由汽车或火车运出。

图 3.2.3 为成品油铁路来油石油库泵房工艺流程示意图，具有以下功能：

（1）火车卸油流程：铁路槽车→鹤管对位→人工确认卸油→火车卸车泵→进罐总管线→储油罐。

（2）扫舱流程：铁路槽车底油→扫舱软管→集油管线→扫舱泵→扫舱罐→卸车泵管线→进罐总管线→储油罐。

（3）油品倒罐流程：甲储罐→倒罐进泵管线→倒罐进罐总管线→乙储罐。

泵房工艺流程中同种油品的泵相互备用，倒罐不设专门倒罐泵和倒罐管线，利用火车卸车泵兼作倒罐泵；倒罐操作不能与进出油品同时操作，柴油和汽油几种油品进出可同时进行，互不影响，生产安全、操作简便。

2. 泵的选型

目前国内常用油泵有离心泵和容积泵，其中容积泵又包括往复泵、齿轮泵、螺杆泵和滑片泵。它们的主要工作性能如表 3.2.1 所示。

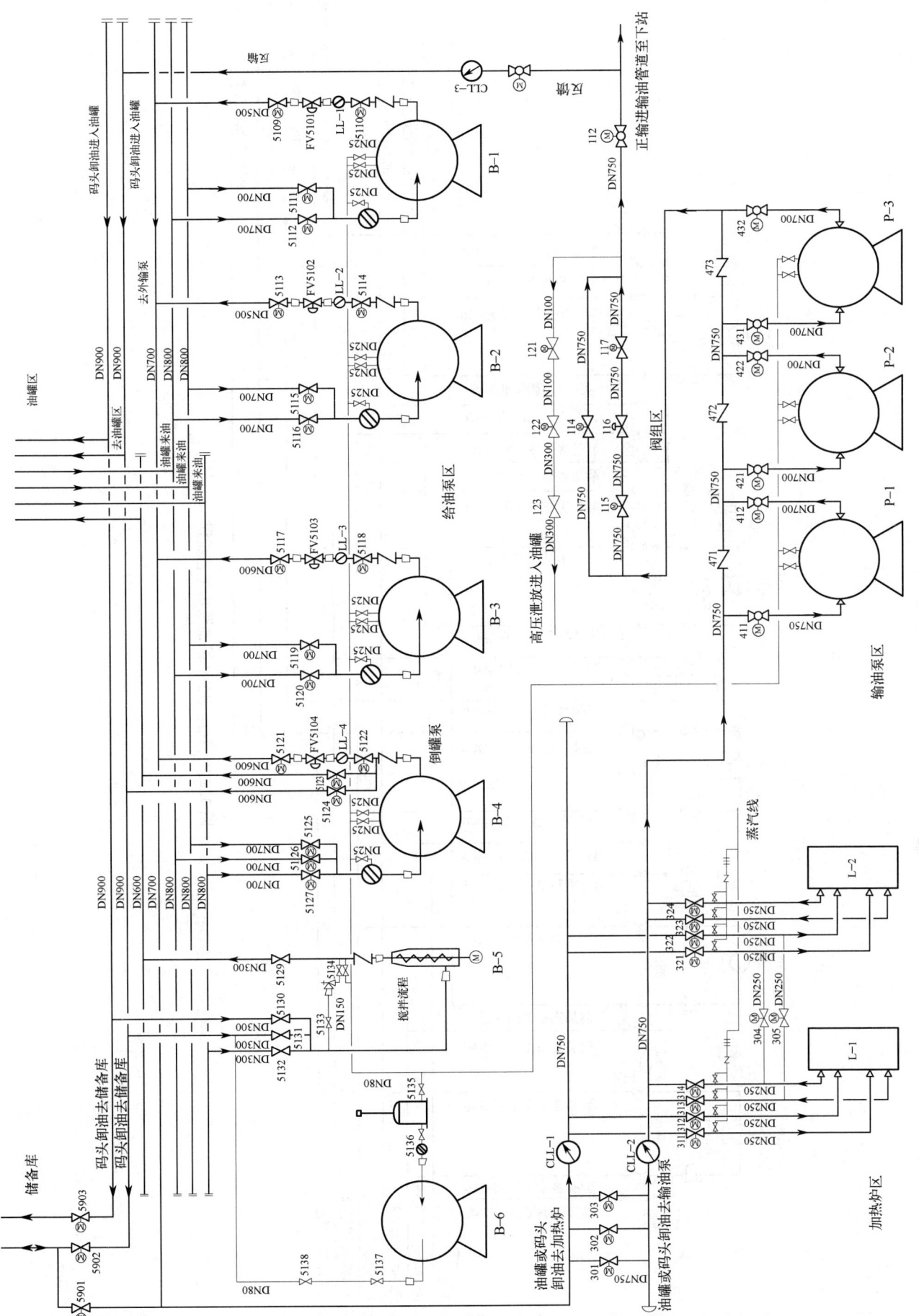

图 3.2.2 码头原油石油库泵房工艺流程

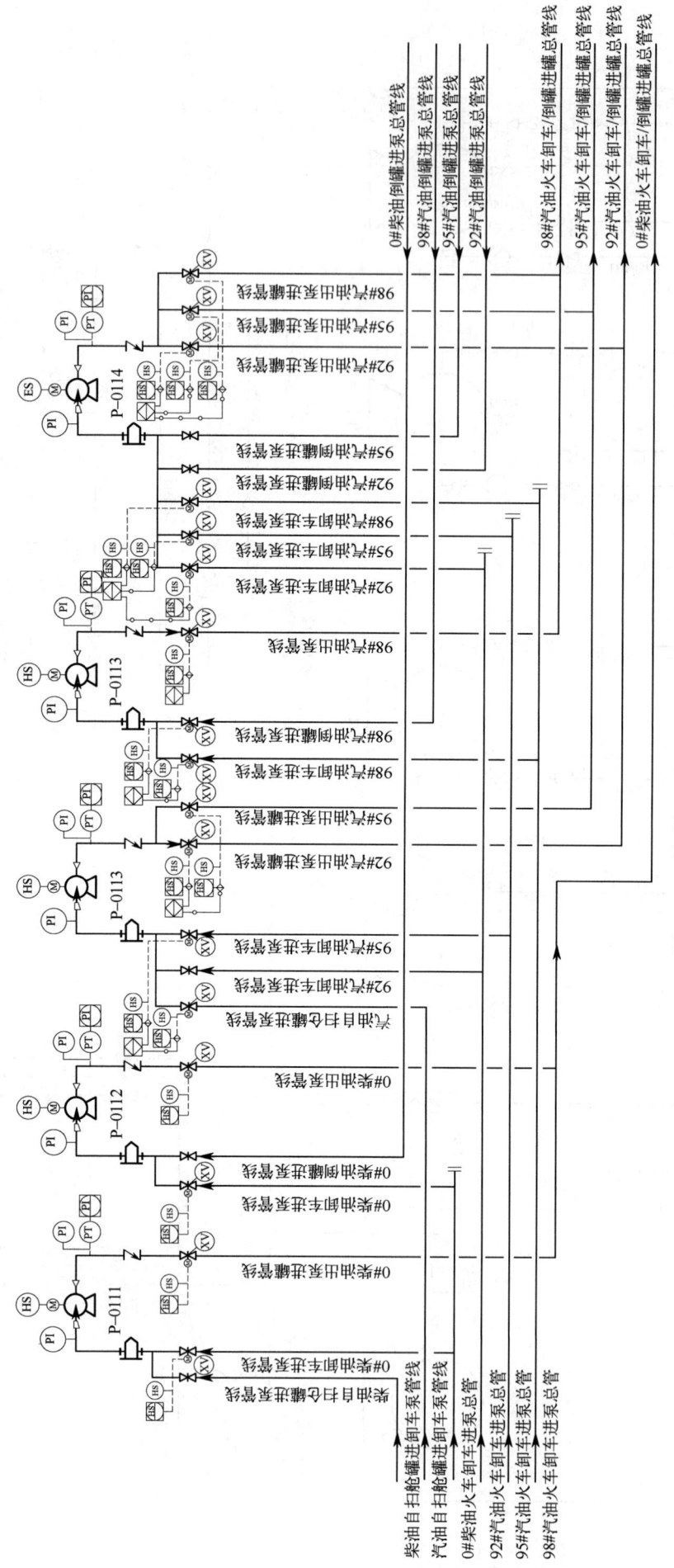

图 3.2.3 铁路卸油成品油泵房工艺流程

表 3.2.1 石油库常用泵主要性能比较

油泵类型	离心泵	往复泵	齿轮泵	螺杆泵	滑片泵
转速	转速高，通常为 1500～3000r/min 或更高	往复次数低，在 140r/min 以下	一般在 1500～2000r/min	一般 1500r/min 以下，某些较小的泵可达 3000r/min	一般 1500～2000r/min
流量	流量均匀	流量不均匀	流量均匀，但较离心泵差些	流量均匀	流量均匀
流量	流量随扬程而变化	流量只与往复次数有关，与工作压力无关	流量只与转速有关，与工作压力无关		
流量	流量范围大，通常在 10～350m^3/h，最大可达 10000m^3/h	流量范围较小，通常为 10～50m^3/h	流量小，通常在 10～50m^3/h	流量范围大，为 0.52～300m^3/h，最大 2000m^3/h	流量范围大，3～200m^3/h
扬程	扬程与流量有关，在一定流量下只能供给一定的扬程	扬程由输送高度和管路阻力决定	扬程由输送高度和管路阻力决定，与流量无关		
扬程	单级泵扬程一般在 10～80m，多级泵扬程可达 300m 以上	当泵和管路有足够的强度、原动机有足够功率时，扬程可无限增高	工作压力一般为（2～8）×10^5Pa	当泵和管路有足够强度、原动机有足够功率时，扬程可无限增高	
扬程	工作压力一般为10^6Pa	使用工作压力一般小于10^6Pa		工作压力较低，一般在 4×10^5Pa 以下	一般工作压力在（4～40）×10^5Pa，最大工作压力可达 40×10^6Pa
功率	功率范围大，500kW 以上，最大可达 1000kW 以上	功率小，一般在 20kW 以内	功率小，一般在 10kW 以内	功率范围很大，500kW 以内，最大 2000kW 以上	2.2～55kW
效率	效率较高，一般为 0.50～0.90	0.72～0.93	0.60～0.90	效率高，一般为 0.80～0.90	0.45～0.85
效率	在额定流量下效率最高，随着流量变化，效率也降低	在不同压力下，效率仍保持较大值	工作压力很高时，效率会降低		
允许吸入真空高度	为 5～7m，最大可达 8m 以上	一般可达 8m	一般可达 5～9m	在 6.5m 以上	4.5～6m

常用泵的主要优缺点及适用范围见表 3.2.2。

表 3.2.2 石油库常用泵主要优缺点及适用范围

油泵类型	离心泵	往复泵	齿轮泵	螺杆泵	滑片泵
优点	结构简单，体积小，价格便宜；故障少，使用维修方便；能与原动机直接连接；流量均匀，工作可靠；流量和扬程范围很大	能自吸；允许吸入真空高度大；效率高；能够输送黏油，效率变化不大	能自吸；结构简单，体积小；故障少，使用方便；能与原动机直接连接	能自吸；结构简单，故障少，使用方便；能与原动机直接连接；工作平稳，流量均匀；流量扬程范围很大，效率高	能自吸且自吸能力强；效率高；故障少，维修简单方便；流量均匀，工作可靠
缺点	不能自吸；不能输送黏油；小型泵效率较低	结构复杂，体积大，价格贵；工作时振动大，流量不均匀；往复次数低；不能与原动机直接连接；零件多，故障多，检修困难；不宜输送汽油和煤油	零件加工要求高，价格贵；流量和扬程范围较小；不宜输送汽油和煤油	零件加工要求高，价高；对输送介质要求严，不能含有固体颗粒；不宜输送汽油和煤油	无压差；工作压力达不到；有一定震动和噪声
适用范围	输送汽油、煤油、柴油和清水；流量和扬程范围很大	输送润滑油、燃料油和柴油；抽吸油罐车底油（小型泵）；适合高压下输送少量液体	输送润滑油和燃料油；适合流量和扬程较小的场合	输送润滑油、燃料油和柴油；流量扬程范围很大，在高扬程大流量下工作时效率高	输送润滑油、燃料油和柴油；可用于气液二相混输，适合于铁路油槽车卸油

油泵类型的选择原则：
（1）石油库中输送轻油和黏度在 $(4\sim5)\times10^{-4}\,\text{m}^2/\text{s}$ 以下的油品，广泛采用离心泵。
（2）输送燃料油和润滑油一般采用往复泵、齿轮泵、螺杆泵和其他形式的容积泵。
（3）离心泵在石油库中应用最为广泛，除必须选用容积泵的情况外，大都采用离心泵。

1）离心泵的选型

（1）根据收发油任务，确定所需泵的流量。
（2）计算泵所需的总扬程 H，H 的计算方法如下：

$$H=(h_{损}+\Delta H_{位差})\times[1+(5\%\sim15\%)] \tag{3.2.1}$$

式中 $h_{损}$——吸入管和排出管的沿程阻力和局部阻力之和，m；
$\Delta H_{位差}$——吸入油罐最低液位到排出油罐最高液位之间及几何高度差，m；
$5\%\sim15\%$——选泵是对总扬程所选取的安全系数。

（3）根据流量 Q 和扬程 H 在泵样本上初选泵。
（4）校核泵的工作点。将石油库管路的特性曲线与泵的特性曲线绘在同一坐标上，两种特性曲线相交得到工作点，并且要使工作点落在高效区，否则需重新选泵。
（5）确定泵的安装高度。需要先计算或换算出泵的允许吸入真空高度 $H_{s允}$，计算方法见式(3.2.2)；然后再由式(3.2.5)计算出泵的安装高度。

选用油泵时，按下式计算：

$$H_{s允}=\frac{p_{大气}}{\rho g}-\frac{p_{蒸}}{\rho g}+\frac{v_{吸}^2}{2g}-\Delta h_{允} \tag{3.2.2}$$

式中 $p_{大气}$——石油库所在地区的大气压，Pa；
$p_{蒸}$——所输送油料的饱和蒸气压，Pa；
$v_{吸}$——泵吸入口处液体流速，m/s；
ρ——所输送油品的密度，kg/m³；
g——重力加速度，m/s²；
$\Delta h_{允}$——允许气蚀余量，m，可由泵样本查到。

选用水泵时，在样本上有该泵在大气压为 $9.8\times10^4\,\text{Pa}$、输送 20℃ 清水时的允许吸入真空高度 $H_{s允}$，应按下式换算为泵工作条件下的允许吸入真空高度 $H'_{s允}$。

$$H'_{s允}=\frac{p_{大气}}{\rho g}-\frac{p_{蒸}}{\rho g}+H_{s允}-10 \tag{3.2.3}$$

$$H_{\delta}(\text{m 液柱})=\frac{H_{\delta}(\text{m 水柱})}{\rho g}\times 1000 \tag{3.2.4}$$

式中 $\dfrac{p_{大气}}{\rho g}$——石油库所在地区的大气压力（m 液柱），由所在地的海拔高度，查得相应的大气压（mH₂O）；

$\dfrac{p_{蒸}}{\rho g}$——泵送液体的饱和蒸气压（m 液柱），由所在地区的最高气温（可为卸油最高油温），查得相应饱和蒸气压（mH₂O），再用式(3.2.4)进行换算。

泵的安装高度 $h_{安}$：

$$h_{安}=H'_{s允}-\frac{v_{吸}^2}{2g}-h_{吸损} \tag{3.2.5}$$

式中 $H'_{s允}$——对于油泵按式(3.2.2)计算得到，水泵是按式(3.2.3)得到，m；
$v_{吸}$——泵吸入口出液体流速，m/s；
$h_{吸损}$——泵吸入管的阻力损失，当鹤管从铁路油罐车收油时，$h_{吸损}$ 是吸入管、集油管和鹤管阻力损失之和，m。

另外，为判断鹤管从油罐车上部卸油时，鹤管最高点处油料是否发生气蚀，需要对鹤管最高点至油罐液面的垂直高度 h_x 进行校核，具体判断如下：

$$[h_x] \leq \frac{p_{大气}}{\rho g} - \frac{p_{蒸}}{\rho g} - \frac{v_{鹤}^2}{2g} - h_{损} \tag{3.2.6}$$

式中　$v_{鹤}$——鹤管中液体流速，m/s；

　　　$h_{损}$——从鹤管下部进油口至最高点处管段的阻力损失，m。

当满足式(3.2.6)时，不会发生气蚀。

2）容积泵的选型

容积泵是依靠包容液体密封工作空间容积的周期性变化，把能量周期性地传递给液体，使液体的压力增加，直至将液体强行排除。石油库中输送黏度较高的油品，如润滑油、燃料油主要采用容积泵。常用的容积泵有齿轮泵、螺杆泵、滑片泵和转子泵。容积泵的共同特点是能自吸，不需灌泵，有较强的干吸能力；当转速一定时，压力不随流量变化。

选泵时应尽量使泵的压力接近于泵的强度所允许的最大压头，而所需要的流量应接近于泵所能给出的最大流量。需要注意的是容积泵能够自吸，因此不需要灌泵操作。

3.2.2　储罐区工艺

1. 储罐区工艺流程

储罐区是石油库的核心区域，工艺流程是否科学合理直接关系到油库的安全生产运行。储罐区的主要工艺包括管罐的连接方式和倒罐流程。

1）管罐的连接方式

管罐的连接方式分为单管连接方式、双管连接方式和独立管道连接方式。

单管连接方式是将油罐按储油品种不同分若干罐组，每组各设一条输油管与油罐相连，如图 3.2.4(a) 所示。单管连接特征是同一品种油品的两个或两个以上油罐共用一根管道，所需管道和建设费用少。但不能同时收发油，罐组内同种油品罐之间不能倒罐。

双管连接方式是每一品种油品的罐组设两条输油管，如图 3.2.4(b) 所示。特点是对大宗油品的每个油品都设两根主干管道，分别用来收油和发油，可实现同品种罐组倒罐流程。

独立管道连接方式是罐区内的每一个油罐单独设置一根管道进入泵房，如图 3.2.4(c) 所示。特点是布置清晰，专管专用，管道使用后不需要放空，检修时不影响其他油罐的作业。

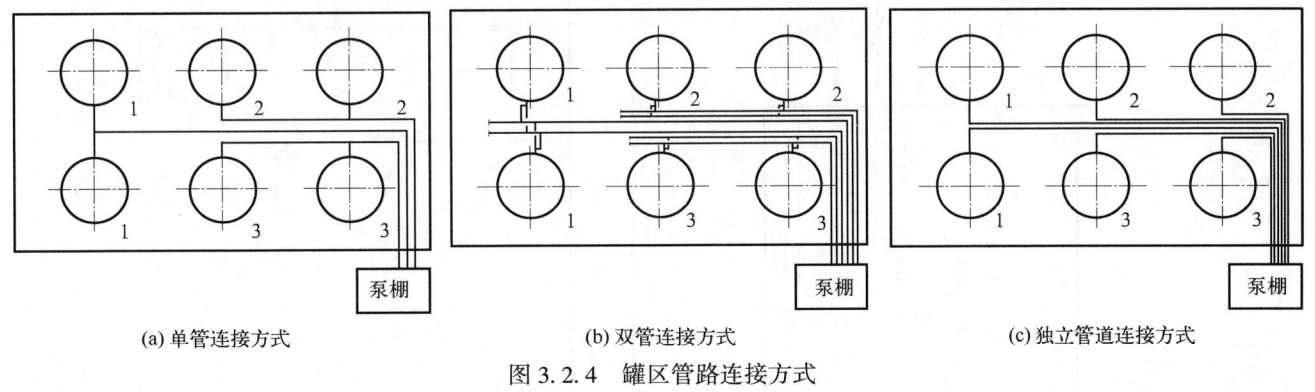

(a) 单管连接方式　　　　(b) 双管连接方式　　　　(c) 独立管道连接方式

图 3.2.4　罐区管路连接方式

2）倒罐流程

倒罐流程一般是工艺发生变化或者发生意外情况时，需要临时操作的非标准流程，指将油品从某个储罐中导出到其他储罐的流程，如图 3.2.5 所示油罐 T-01 和 T-02 可以通过泵相互倒灌。对油品倒罐操作的实施必须遵守"安全、高效、灵活、果断"的原则。

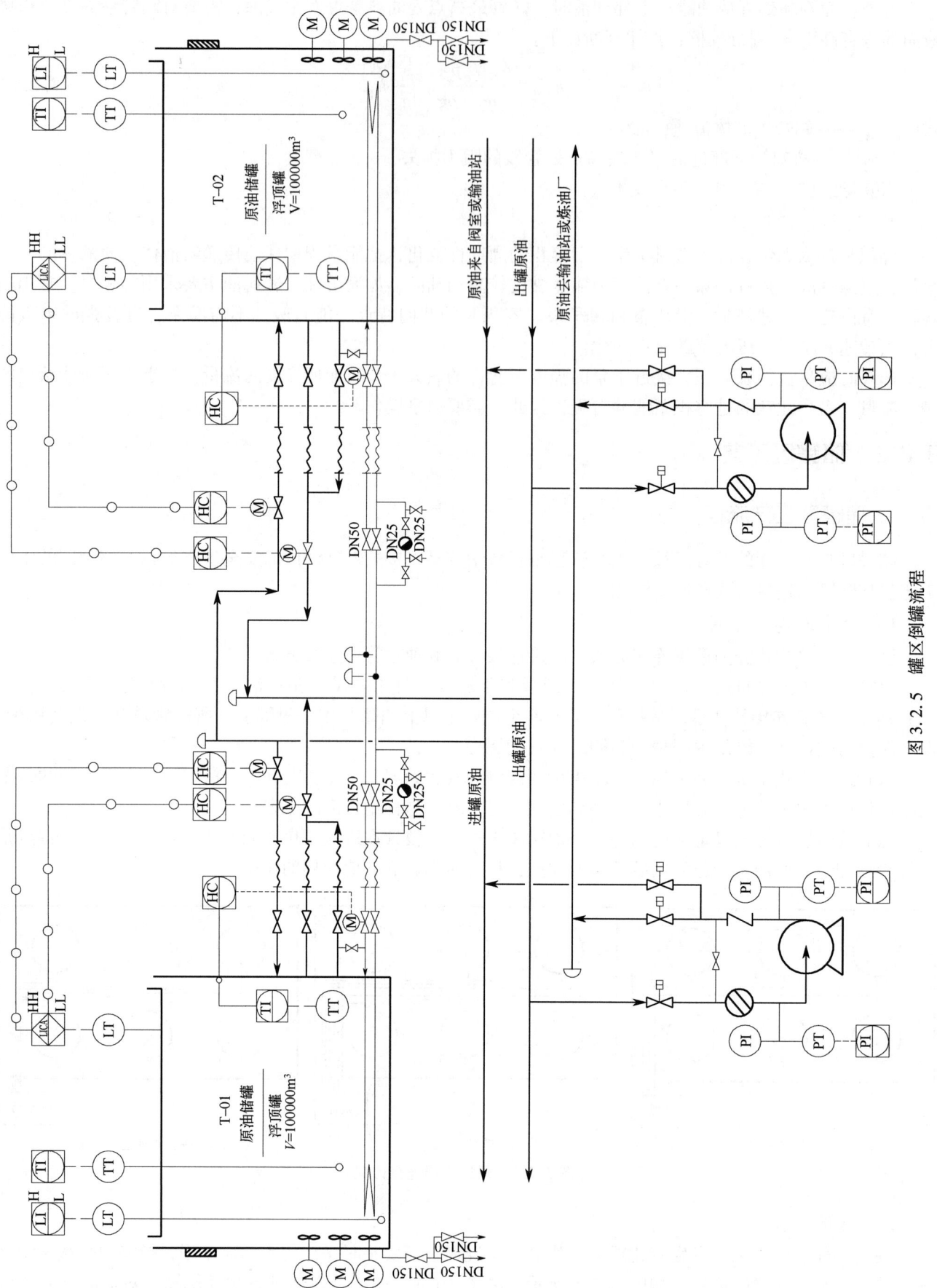

图 3.2.5 罐区倒罐流程

(1) 原油石油库罐区工艺流程。

原油石油库原油通过管道输送或码头接收进入中转石油库或储备库，储备库主要以长期储存为主，要求确保不凝罐，能实现快速发油功能及倒罐操作。原油石油库罐区工艺流程一般有外输、反输、搅拌、加热和倒罐功能，如图3.2.6所示。

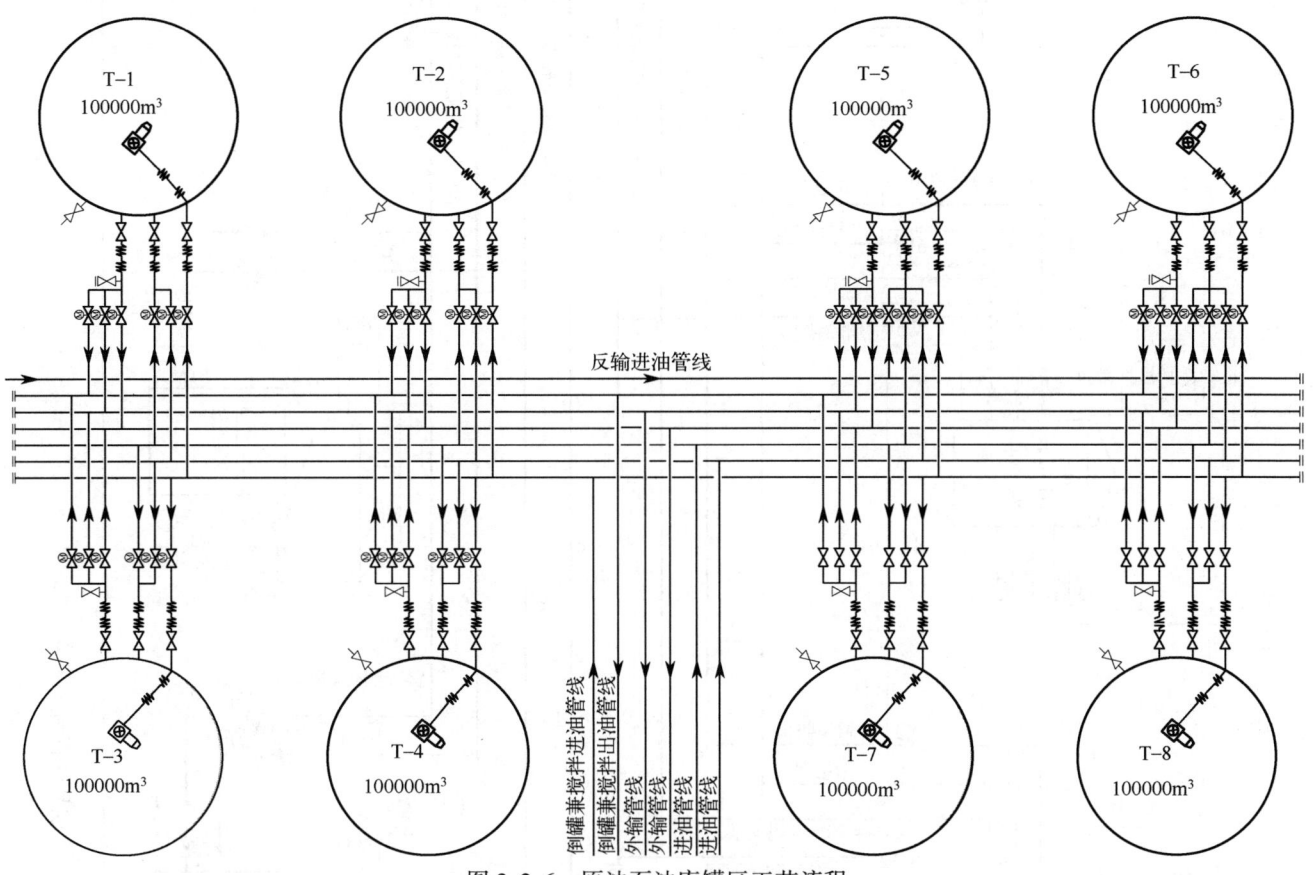

图3.2.6 原油石油库罐区工艺流程

(2) 成品油石油库罐区工艺流程。

成品油石油库油品通过管道、水路、铁路输送进入罐区。成品油石油库罐区工艺流程有外输工艺流程、倒罐工艺流程和油气回收流程，如图3.2.7所示。

2. 油气回收技术

油气回收即通过吸附、吸收、冷凝、膜分离等工艺或者组合工艺，将在油品的储存、运输和装卸环节中蒸发产生的高浓度油气变成液态并重新加以利用的过程（视频3.2.1）。如果烃密度在1%~7%之间则处于爆炸范围，按《储油库大气污染物排放标准》（GB 20950），储油库应采用底部装油方式，装油时产生的油气应进行密闭收集和回收处理，从节能和安全环保上考虑在储油库应设置油气回收装置，油气回收装置处理效率应大于95%，非甲烷总烃（NMHC）排放浓度小于等于$25g/m^3$。油气回收装置如图3.2.8所示。

视频3.2.1 油气回收工艺流程

目前常见的油气回收技术有冷凝法、吸收法、吸附法和膜分离法。

1) 冷凝法油气回收技术

冷凝法回收油气是利用冷凝剂通过热交换器冷凝油气，该方法优点是可直接回收到油品，原理较简单。冷凝法工艺流程见图3.2.9。

该工艺采用多级连续冷却方法，降低油气温度并使之液化以达到油气回收的目的。油气经过预冷器，温度降到4℃左右，使油气中的大部分水汽凝结为水而除去（使进入低温冷却器的气体状态稳定，减少装

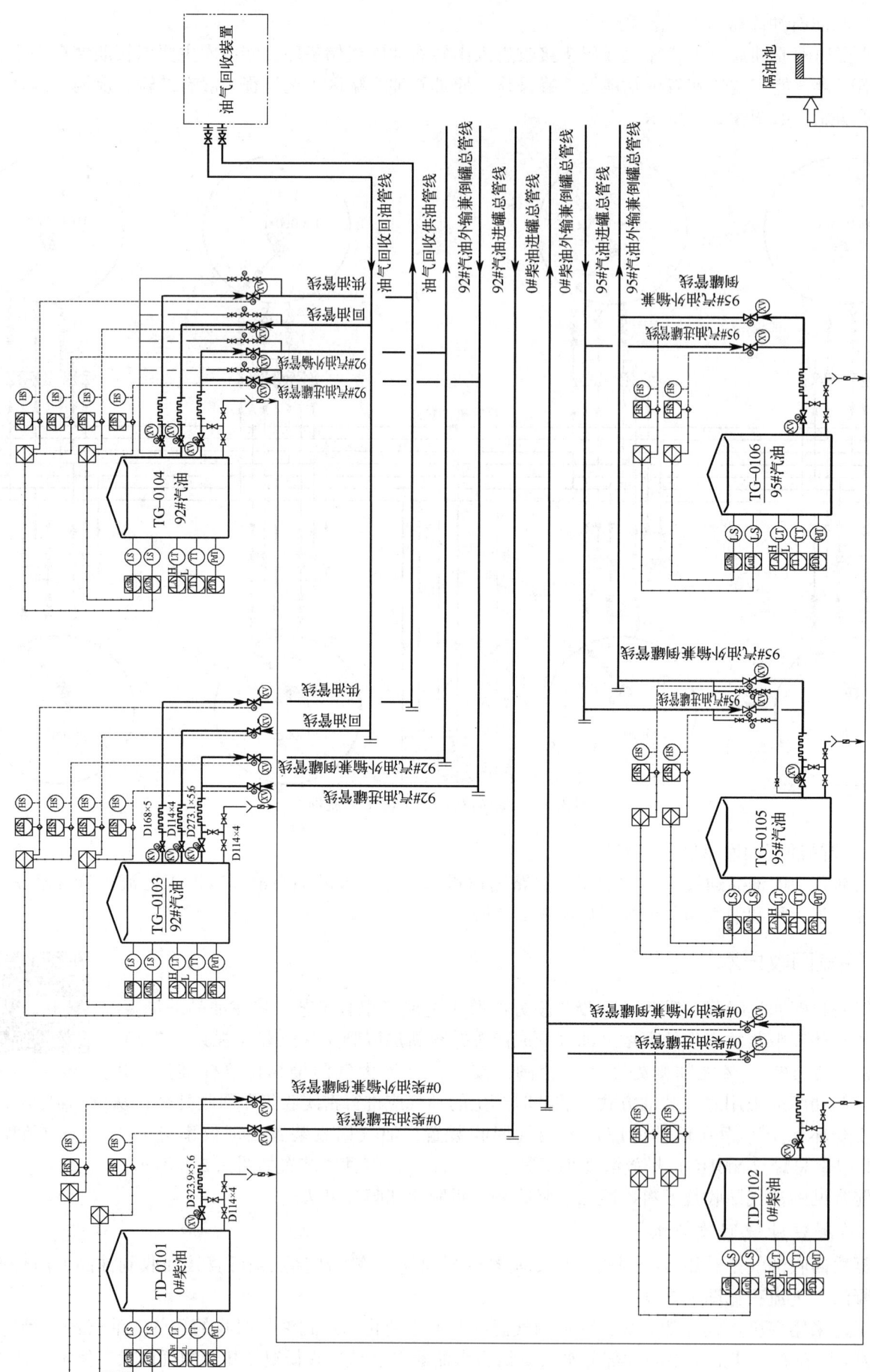

图 3.2.7 成品油石油库罐区工艺流程

图 3.2.8 油气回收装置

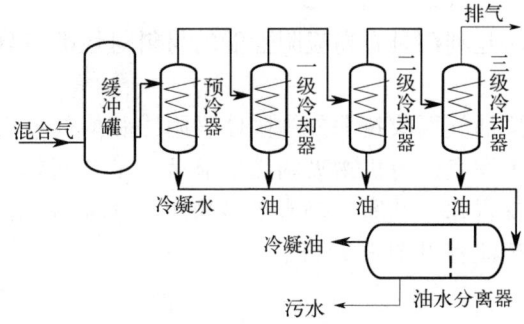

图 3.2.9 冷凝法油气处理回收工艺流程图

置的运行能耗），然后油气进入一级冷却器冷却到约-40℃，再进入二级冷却器冷却到约-73℃，经过一、二级冷却可以使大部分挥发性有机化合物冷凝成液体回收，排放的贫油空气中的油气浓度能够达到35mg/L的标准。如果要求排放的贫油空气中的油气浓度更低，如20mg/L或10mg/L，则需要对油气进行三级冷却即冷却采用液氮制冷，使油气温度降到-184℃，在此温度下99%的挥发性有机化合物可以得到回收。冷凝下来的油水混合物经过分离罐分离，油品通过泵送回储罐，污水排入污水处理系统。

2）吸收法油气回收技术

吸收法油气回收技术的原理是利用油气中的空气和纯油气在常温常压下在专用吸收剂中的溶解度的不同，专用吸收剂吸收纯油气，实现油气中纯油气与空气的分离；然后将吸收纯油气的专用吸收剂输送至真空环境下，此时纯油气将从吸收剂中解吸析出来，实现轻烃与吸收剂的分离、吸收剂的再生；通过贫油将解吸的纯油气吸收，达到油气转化为液态的目的。溶剂吸收法的工艺流程见图3.2.10。

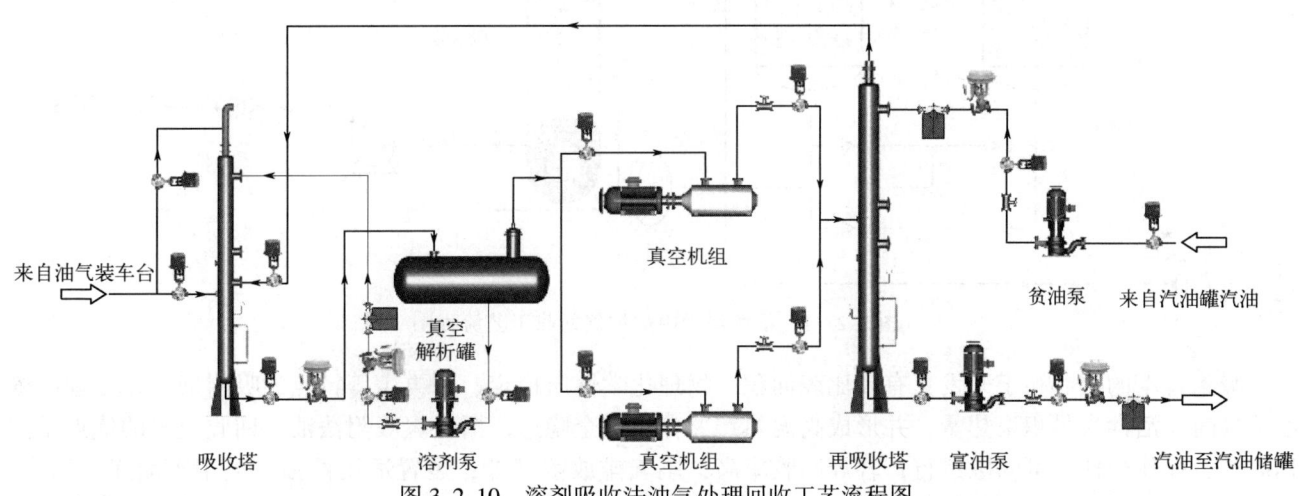

图 3.2.10 溶剂吸收法油气处理回收工艺流程图

吸收法油气回收技术又分为常压常温吸收法和常压冷却吸收法。常压常温吸收法是指在常压常温下，利用馏出轻组分的汽油（或废油）、煤油系溶剂、轻柴油、特制有机溶剂等易吸收油气的吸收液，在吸收塔内与混合气喷淋接触以溶解吸收其中的油气；常压低温吸收法是使用冷冻机将吸收液冷却到低温，然后送到吸收塔对混合气进行喷淋吸收。但是与常压常温吸收法相比，常压冷却吸收法油气回收技术设备成本和操作费用都较高。

吸收液一般用产品汽油来直接回收油气。吸收液（汽油）的冷却温度要控制在约-30℃以下，并应注意防止结冰和静电的产生；防冻液一般用甲醇、乙二醇等。要注意装置的防腐、维修和保养。

吸收法油气回收技术的优点在于：安全可靠、系统配套、配件服务有保证、投资少、技术成熟、适应范围宽。

3) 吸附法油气回收技术

吸附法是利用具有高吸附性能的材料对烃类组分和空气组分的吸附能力不同,实现汽油蒸汽与空气分离的技术。

吸附法油气回收技术分为固体吸附法和溶剂吸附法,常用的固体吸附剂是活性炭。活性炭因成本相对低、对苯等挥发性有机物吸附效果显著、工艺简单、常温常压吸附等优点,在挥发性有机物(VOCs)处理领域备受青睐。油库、码头等多采用活性炭罐+解析罐的组合工艺,实现油气的回收。活性炭吸附法油气回收工艺流程见图3.2.11。

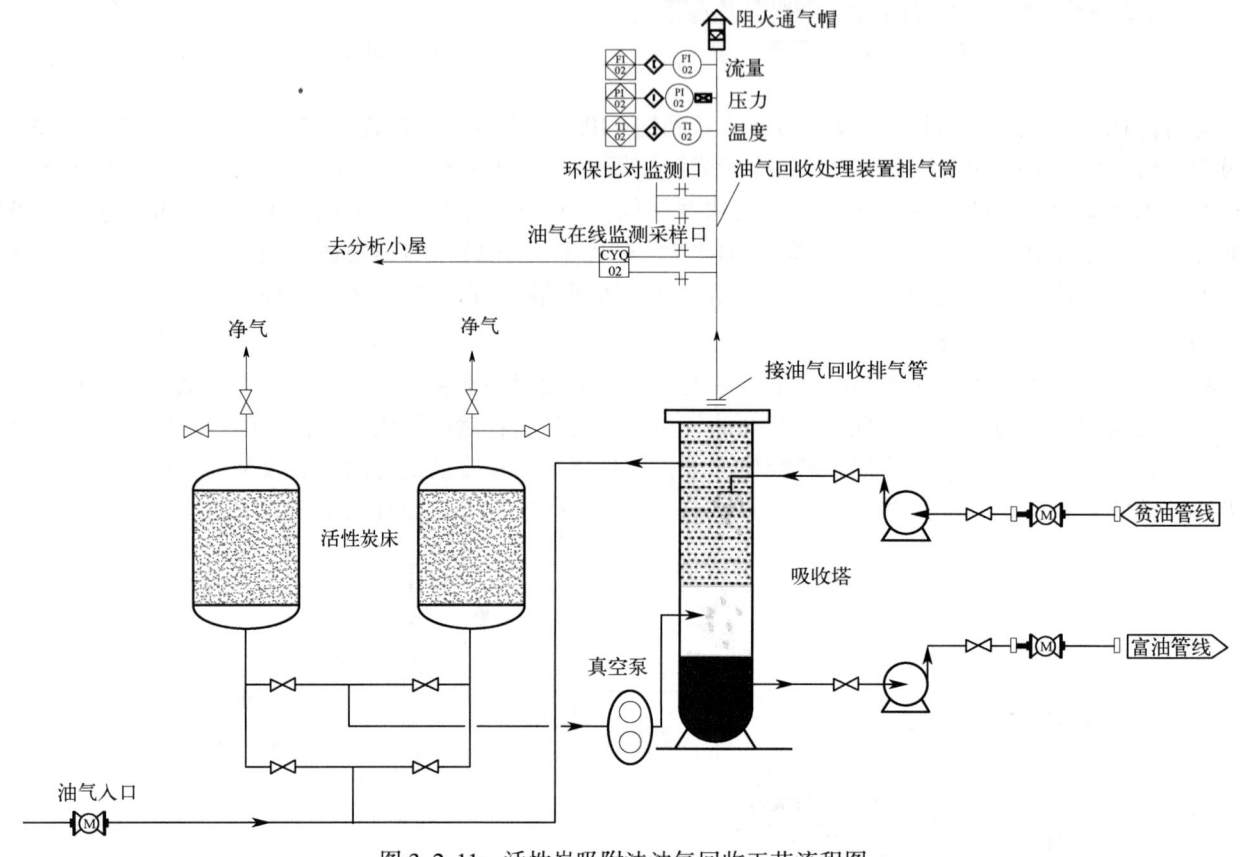

图3.2.11 活性炭吸附法油气回收工艺流程图

吸附技术的核心在于开发具有高比表面积、物理化学性质稳定、可再生等特点的吸附剂。在处理高浓度油气时,活性炭易积聚热量,并形成高温热点,存在安全隐患。活性炭吸附法油气回收技术的优点是流程简单,操作简便,可间歇运行;轻烃回收率高,尾气排放浓度低;装置适用性强,可用于油库、码头、炼油厂等处的油气回收。缺点是活性炭吸附的能力效力将逐渐递减,寿命较短;运行成本较高,存在二次污染;进料中不能含有杂质;装置操作频繁,规模受吸附、解吸容量限制。需要的设备包括吸附床层、分离器、吸收塔和换热器等。

目前工业上比较常用的吸附剂主要有活性炭、沸石分子筛、硅胶、有机金属框架等。研究表明,常温下活性炭只能部分解吸苯,残留苯对再生后的活性炭吸附活性存在一定的影响,且水蒸气对活性炭的影响也不容忽略。通过改性改良活性炭的比表面积、表面极性,可优化其VOCs吸附能力,成功降低了水蒸气对活性炭吸附性能的影响。金属有机框架由金属簇合物和有机物组成,高比表面积和孔容在VOCs处理领域是一种很好的候选材料。沸石分子筛主要包括硅、铝、氧和金属阳离子等,具有良好的吸附、催化、筛分性能。

4) 膜分离油气回收技术

膜分离油气回收的原理是利用高分子膜对油气的优先透过性的特点,让油气与空气的混合气在一定的压差推动下经膜的"过滤作用"使混合气体中的油气优先透过膜得以"脱除"回收，而空气则选择性地截留。膜分离技术是一种基于溶解扩散机理的新型气体分离技术，分离的推动力是气体各组分在膜两侧的分压差，利用气体各组分通过膜时渗透速率的不同来进行气体分离。

分离膜的分离机理在于气体通过致密膜的溶解—扩散的分离机理和气体通过多孔膜的微孔扩散机理。气体膜分离材料需要有较高的渗透性、良好的透气选择性、高的机械强度、优良的热化学稳定性以及良好的成膜加工性能，可分为有机材料、无机材料和有机—无机杂化材料等3大类。目前常见的烃类VOCs分离用复合膜由3层结构组成：无纺布材料（底层）、多孔膜（中间）、橡胶高分子无孔材料（表层）。

膜分离法的工艺流程见图3.2.12。油气经压缩机增压到0.4~0.7MPa后，进入吸收塔和塔顶喷淋下来的成品汽油进行逆流传质，油气中的大部分被吸收，一部分不凝气经塔顶排入分离膜，通过控制分离膜两侧的压差，使空气透过分离膜分离出去。没有透过分离膜的部分油气返回压缩机入口循环吸收。

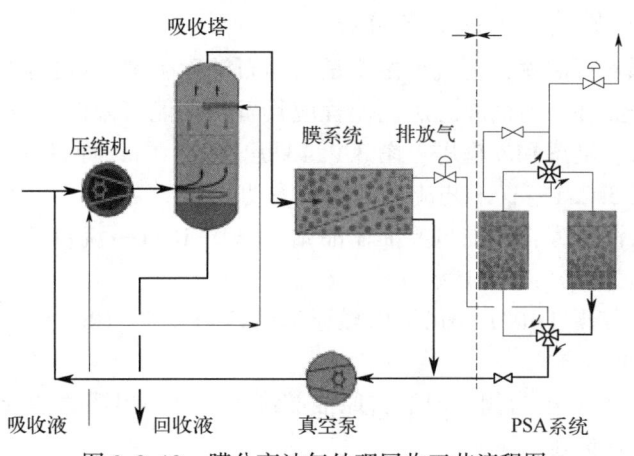

图3.2.12　膜分离油气处理回收工艺流程图

膜分离法与其他油气回收方法相比，具有分离效率高、能耗低、设备简单、工艺适应性强的优点。其缺点在于膜组件条件苛刻、造价高昂、投资大。

3.2.3　石油库总工艺流程

在进行石油库总工艺流程设计时要合理布置工艺设备，考虑装卸作业油品的流向和石油库要完成的作业，包括油品的装卸、输转和倒罐，做到满足生产、调节灵活、节约投资。

石油库总工艺流程指的是石油库内油品沿管道的流向，它反映了石油库主要生产过程及各工艺设备、工艺系统间的相互联系，主要有装卸油工艺流程、储油区工艺流程以及泵房工艺流程，各流程通过库内管道连接起来。石油库总工艺流程涵盖了油品通过铁路、水路或管道进入石油库开始到油品从油罐经输油泵房外输的整个流程。

（1）总工艺流程制定原则：
① 须满足石油库主要作业的工艺要求。
② 尽量采用新技术、新工艺、新设备，合理利用各种能量，确保工艺流程的先进性，减少能量损耗，降低操作费用。
③ 根据油品性质和质量要求，考虑管线、油泵共用或分组共用。
④ 在满足工艺要求的前提下尽量精简管路，做到美观、简化和节约投资，使得操作调度灵活、检修方便。
⑤ 在安全可靠运行的前提下须充分满足紧急情况下的需求。

（2）石油库流程设计要求：
① 严格执行国家及行业的有关法规、政策及标准、规范，确保安全生产。
② 根据建设内容，制定科学合理的工艺流程，节能减排。
③ 采用先进、成熟的生产工艺流程。

④ 结合国情及行业情况采用成熟的技术，选用可靠的设备及材料。

⑤ 在符合防火规范要求前提下，工艺设备布置尽量紧凑，方便操作和保障安全目的。

⑥ 工程设计充分考虑环保、安全卫生和消防的要求，确保生产过程中的安全、健康、环境保护要求得到实施，重视油库建设地区的生态环境保护。

⑦ 力求合理用能和节约能源，降低能耗。

1. 原油石油库总工艺流程

原油石油库总工艺流程主要包括接收管道、水运和铁路来油流程，罐区倒罐流程，以及管道、水运和铁路的外输流程等。在功能上相对独立，主要以长期储存为主，保证满罐储存，确保不凝罐，为保证油品品质，要定期更新油品。

彩图 3.2.13 原油储备库工艺流程

1）原油石油库工艺流程

原油石油库工艺流程主要是根据石油库生产和维护的需要进行确定，除基本的收发油作业外，石油库总工艺流程应具备的功能有来油计量、原油储存、原油外输、外输计量、倒罐和反输等。图 3.2.13 是 $100\times10^4 m^3$ 原油储备库工艺流程（见章末插页和彩图 3.2.13），工艺流程具有以下功能：

收油流程：原油自原油输油站→阀门 1011→流量计 FT1001→进罐原油管线→原油储罐 T-001~T-010。

发油流程：原油自原油储罐 T-001~010→出罐原油管线→泵 P-101/A、P-101/B→阀门 1021→流量计 FT1003→去输油站或炼油厂。

倒罐流程：以原油储罐 T-001 为例，原油自原油储罐 T-001→出罐原油管线→泵 P-101/B 或 P-101/A→进罐原油管线→其他原油储罐。

抽罐底油倒罐流程：以原油储罐 T-002 为例，原油自原油储罐 T-002→出罐原油管线→泵 P-102→进罐原油管线→其他原油储罐。

蒸汽流程：锅炉房过热蒸汽（1.0MPa，250℃）→蒸汽管线→各原油储罐加热器。

凝结水流程：各原油储罐加热器出来的凝结水→凝结水管线汇集→凝结水罐 D-101→凝结水泵 P-103/A、P-103/B→凝结水管线去锅炉房。

流程具有以下工艺特点：

（1）储罐根部设置齿轮传动轻板闸阀，一般情况下为常开，在事故、维修情况下关闭。

（2）罐根阀后设波纹补偿器或抗震金属软管，以防地震或储罐基础下沉对管线、油罐产生破坏。

（3）油罐工艺操作阀门采用电动平板闸阀，设进、出罐阀，实现每座油罐均具有收发倒罐功能。

（4）来油和发油时，分别利用油罐高液位及低液位报警与阀组电动阀联锁，实现油罐间相互切换。

（5）储罐内设侧入式储罐壁挂搅拌器，定期对罐内原油进行搅拌，防止罐内沉积物的堆积，使储罐内油品加热温度均匀，以达到加热器维温效果。

（6）油罐设置温度测量控制进入罐内加热器的蒸汽量，以恒定油品维持温度。

（7）设置凝结水收集系统。

（8）罐区设置自动化控制，油罐的液位、温度、流量、密度以及油水界面等工艺参数通过高精度仪表采集数据后，传至综合控制室，给操作和管理人员提供实时的动态管理数据。

2）原油石油库工艺流程实例分析

彩图 3.2.14 码头原油石油库工艺流程

图 3.2.14 是某码头原油石油库工艺流程图（见章末插页和彩图 3.2.14），由海上油船来油，在码头装卸进行储存和输转。码头共设 4 个卸油臂，罐区有 8 座 100000m³ 存放原油的双盘式浮顶罐，总容量为 800000m³，系一级石油库。

（1）收油流程：库区收油时，依靠油船上卸油泵来进行卸油，原油通过输油臂经过阀门 EV01 和 EV02 至进罐输油管线送入储油罐 T-1~T-8。油罐高液位与罐前电动阀联锁以实现油罐间相互切换，当原油进罐达到高液位时发出报警信号，液位开关与进油电动阀联锁，电动阀自动切断，并由控制室开启其他储罐进油电动阀。码头卸油可以直接送至另外的储备库。

（2）正输流程：外输发油以管道输送，罐区原油通过给油泵区 B-01~B-06 的 6 台输油泵将原油经过流量计 CLL-2 计量后进入 L-1~L-3 加热器进行加热降黏，在经过输油泵区 P-01~P-06 输油泵至阀组区，经流量计 CLL-1 计量后去下一站。罐区原油通过给油泵区 B-01~B-06 输油泵不经过流量计 CLL-2 和 L-1~L-3 加热器直接到输油泵区，经流量计 CLL-1 计量后去下一站，即冷输流程。

（3）反输流程：下一站来油通过阀 110 经计量后至阀 118 进入油罐。

（4）倒罐流程：以油罐 T-1 为例，油罐 T-1 中原油经过阀 5012 或 5013 进入输油管线至阀 5125 或 5126 通过泵 B-06 经阀 5123 或 5124 送至其他油罐。

（5）高压泄放流程：外输泵 P-01~P-06 经过阀 115~117 或旁通阀 114 至阀 121~123 进入高压泄放罐 T-5~T-6。

（6）搅拌流程：油罐原油经阀 5132 通过泵 B-07 经阀 5129 送至油罐。

（7）扫线流程：输油管线中原油经阀 5130 或 5131 通过泵 B-07 经阀 5129 进入油罐。

（8）发球流程：外输泵经阀 113 到发球装置 F-1 至阀 111 和 110 去下一输油站。

2. 成品油石油库总工艺流程

成品油石油库主要接受管道、铁路和水路来油，计量后经各自的管道输入不同的油罐，通过管道、公路或铁路将油品送至各地方石油库或各企业附属石油库，包括汽油、柴油及航空煤油等油品。一般成品油石油库内各种油品的发油和收油可同时作业。

1）成品油石油库工艺流程

成品油石油库主要工艺流程有收油工艺和发油工艺。

接受铁路、管道或水路来油：铁路来油利用卸油鹤管经库内管道输至储油罐；管道来油利用管道分输站或者阀室的压力通过管线进库区油罐；水路来油通过码头卸油臂输至储油罐。

公路发油：采用管道泵把油罐的油品输至公路发油台给汽车装车，汽车装车一般采用下装方式，装车系统均设置自动定量装车设施。

铁路发油：通过泵房火车装车泵把储罐油品输送至铁路装车管道，利用鹤管对火车槽车进行装油。

管道发油：汽油、柴油在经过流量计计量后，通过管道外输泵加压输入干线。

其他辅助流程有倒罐、标定用油返罐、油品计量、油气回收等工艺流程。

图 3.2.15 是一个 300000m³ 成品油石油库工艺管道及仪表流程（见章末插页和彩图 3.2.15），流程可实现管输进油、公路装车、倒罐、油气回收、油品泄压等功能。公路发油采用自动定量控制；罐区储罐液位设有液位计，具有自动监测计量、数据管理信息化功能。储罐安装高、低液位报警设施，罐进出口阀门为电动阀门，利用 PLC 控制系统，实现高、低液位自动报警联锁控制。

彩图 3.2.15 成品油石油库工艺管道及仪表流程

（1）管输进油：管输来油利用管道压力进入相应储油罐。

（2）公路装车：汽油、柴油自储罐经柴油公路装车泵、下装鹤管自动计量装车外运。

（3）倒罐：储罐需要维修或清罐时可通过倒罐泵来完成，通过流程切换完成倒罐作业。例如柴油储罐 T-01→柴油公路出油管线 303→柴油倒罐泵→柴油管输兼倒罐进油管线 103→柴油储罐 T-02 或 T-03。

（4）油气回收：油气密闭收集→活性炭吸附→真空解吸→吸收液化回收；汽油油气回收臂→汽油油气回收管线 401→气液分离罐→油气回收装置；92#汽油储罐 T-05→贫油管线 304→油气回收装置→富油管线 501→92#汽油储罐 T-04 或 T-05。

（5）油品泄压：在进出罐汇管上设有梭式泄压阀，下装发油岛设有止回阀、梭式泄压阀，避免管道内油品的热胀冷缩造成管线的破坏。

工艺流程设计具有以下特点：

（1）储罐进出油管道均安装金属软管，以消除储罐不均匀沉降、地震等因素对储罐及其进出口接合管产生的影响，有利于储罐的安全运行。

（2）设置油库计算机管理系统，立式储罐设温度、压力监测、低液位、高液位及高高液位报警监控系统。

（3）汽油、柴油公路发油泵和倒罐泵选用立式管道离心泵，成品移动扫线装置选用容积泵，汽油、柴油公路卸油泵选用卧式自吸式离心泵，均配防爆电机。

（4）为了实现高、低液位自动联锁关闭储罐进油、出油阀门的功能，储罐进口、出口管道第二道操作阀选用电动闸阀，其他部位选用手动闸阀。

（5）温升超压泄压选用梭式泄压阀或止回阀。

（6）泵用过滤器选用立式网状过滤器，顶部设排气口，底部设侧出排污口，仪表用过滤器选用消气过滤器，安装前需核对订货尺寸，保证安装高度。

（7）选用高效低耗能设备，设置装车油气回收系统，油气回收装置为成撬供货，充分考虑节能、环保及安全防范要求。

（8）公路装车采用下装鹤管，设有符合 API 标准的干式密封阀。汽车装车采用自动定量发油系统等，实现了过程控制自动化、数据管理信息化，使油库工作效率和管理达到先进水平。

2）成品油石油库工艺流程实例分析

图 3.2.16 是某成品油石油库工艺自控流程图（见章末插页和彩图 3.2.16）。工艺流程满足油品储存、油品收发和油品倒罐等生产运行功能及油气回收、管道泄压等安全功能。油品通过铁路运进，卸油泵集中布置于卸油泵棚，扫舱泵位于栈桥下。油品由汽车运出，汽车装车采用单泵对单鹤管，避免油品相互污染，保证产品质量。考虑油库运行特点，除倒罐操作不能与进出油品同时进行外，几种油品进出方式可同时进行，互不影响，适于生产人员安全、简便操作。

彩图 3.2.16
某成品油石油库
工艺自控流程

（1）收油流程。

火车卸车采用自动对位鹤管，鹤管端部带液动潜油泵。自动对位鹤管采用就地控制方式，使用红外探头扫描槽车罐口位置，识别槽车罐口位置后，由人工按钮确认，鹤管自动插入槽车内进行卸油作业，待卸油完毕后，鹤管自动归位。槽车中油品通过潜液泵升压，经过火车卸车泵再次升压后，经卸油管道输送至各品类储罐存储。

火车卸油流程：铁路槽车→鹤管自动对位→人工确认自动卸油→卸油泵→卸油管线→储油罐。

（2）扫舱流程。

在栈桥下设 2 台扫舱泵，汽柴油各 1 台，用于清理罐车内残油。

扫舱流程：铁路槽车残油→扫舱软管→集油管线→扫舱泵→扫舱罐→火车卸车泵→卸油进罐管线→储油罐铁路槽车底油→扫舱软管→集油管线→扫舱泵→扫舱罐→卸油进罐管线→储油罐。

（3）汽车发油流程。

汽车发油采用一泵对一鹤管方式，油罐组中油品通过发油管线送至装车泵升压并通过汽车定量装车系统装车外运，汽车装车系统采用自动定量装车控制、容积式流量计计量。

汽车发油流程：储油区储罐→发油管线→过滤器→装车泵→消气过滤器→流量计量→电液阀→装车鹤管→汽车外运。

（4）油气回收流程。

汽车发油设置油气回收装置，在装车过程中回收的汽油油气，经油气回收装置处理，返回 92#汽油储罐；装车过程中产生的柴油油气，通过放散管集中排放。

油气回收装置采用"吸附+吸收"工艺。汽油装车过程中产生的油气混合气体经过油气回收鹤管和专用的油气回收管道送入油气回收装置。混合气首先进入吸附塔进行吸附，剩余气体（空气）达到排放标准后排放。吸附的有机物，采用 92#汽油吸收，92#汽油（贫油）来自罐区 92#汽油储罐，吸收后 92#汽油

（富油）回到汽油储罐。

油气回收流程见图 3.2.17。

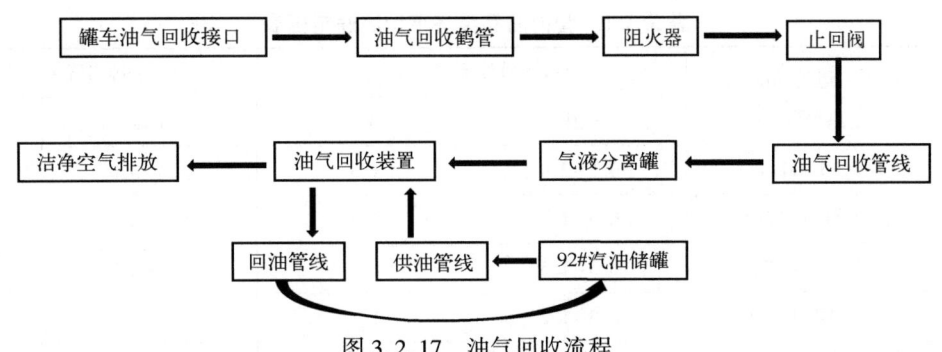

图 3.2.17　油气回收流程

柴油油气回收是将油气依次通过油气回收鹤管、进入柴油油气放散汇管，经阻火透气帽直接放空。

柴油油气回收流程：柴油油气→回收鹤管→阻火器→微压止回阀→柴油放散汇管→阻火透气帽→放空。

（5）倒罐流程。

利用火车卸车泵兼作倒罐泵。在收发油作业之余进行倒罐作业，可实现意外事故或油罐检修、清洗时同种油品储罐之间的倒罐作业。

倒罐流程：储油罐甲→发油管线（兼倒罐管线）→火车卸车泵（兼倒罐泵）→火车卸油进罐管线（兼倒罐管线）→储油罐乙。

（6）防膨胀流程。

储油区每个油品管线及泵区每台泵进出口管线上均设置梭式泄压阀和防膨胀管线，该管线根据不同品种进入各自储罐；装车岛上设置温度泄放阀组，避免管线内油品的热胀冷缩及事故状态管线超压造成的破坏。

3.3　石油库工艺设计计算

石油库内设有管网，以完成油品的收发作业和倒罐等任务。为经济合理地选择管径和输油泵机组，需要进行管路系统的水力计算。石油库管路的水力计算需要输油量、油品密度、油品黏度、输油温度、工作压力等基础参数资料以及管路摩阻损失计算方法。

3.3.1　管路水力计算

管路水力计算包括管径估算、输油管路水力计算、装卸系统管路摩阻计算、铁路装车系统的工艺计算等。

1. 管径估算

在相同流量下，管径随流速的增加而减小，投资减少；管内摩阻随流速的增加而增大，能耗增大，所以管道内存在一个流速使得投资利益最大化，这个流速称作经济流速。

油库设计中，管径的估算都是靠管道的经济流速来确定的。此处管径指的是用泵输送的管路管径。首先根据油品的性质选择出相应的经济平均流速见表 3.3.1，然后按照业务要求的输送量 Q，求得管径，计算公式为

$$d = \sqrt{\frac{4Q}{\pi u}} \tag{3.3.1}$$

式中　d——计算管径，m；

Q——业务流量，m^3/s；

u——经济平均流速，m/s，不同黏度的流体经济平均流速如表 3.3.1 所示。

表 3.3.1 管内油品经济平均流速范围表

恩氏黏度（°E）	运动黏度（mm^2/s）	泵吸入管线流速（m/s）		泵排出管线流速（m/s）	
		范围	常取值	范围	常取值
1~2	1~11.4	0.5~2.0	1.5	1.0~3.0	2.5
2~4	11.4~28.4	0.5~1.8	1.3	0.8~2.5	2.0
4~10	28.4~74	0.3~1.5	1.2	0.5~2.0	1.5
10~20	74~148.2	0.3~1.2	1.1	0.5~1.5	1.2
20~60	148.2~444.6	0.3~1.0	1.0	0.5~1.2	1.1
60~120	444.6~889.2	0.3~0.8	0.8	0.5~1.0	1.0

2. 输油管路水力计算

管路的摩阻损失包括两部分，一是油流通过直管段所产生的摩阻损失 h_f，简称沿程摩阻；二是油流通过各种阀件、管件所产生的摩阻损失 h_j，简称局部摩阻。一般管路的水力计算包括库内管道的沿程摩阻计算和局部摩阻计算。

1）沿程摩阻计算

管路的沿程摩阻 h_f 可以按达西公式和列宾宗公式计算。

达西公式：

$$h_f = \lambda \frac{L}{d} \frac{u^2}{2g} \tag{3.3.2}$$

式中 L——管路长度，m；

d——管内径，m；

u——平均流速，m/s；

g——重力加速度，m/s^2；

λ——水力摩阻系数。

要获得沿程摩阻较为精确的结果，关键在于正确地选择水力摩阻系数 λ 的计算公式，水力摩阻系数随流体的流态而不同。各种流态的水力摩阻系数值见表 3.3.2。

表 3.3.2 雷诺数 Re 的划分及各种流态下的摩阻系数 λ

流态		划分范围	常用经验公式
层流		$Re \leq 2000$	$\lambda = \dfrac{64}{Re}$
紊流	水力光滑区	$3000 < Re \leq Re_1 = \dfrac{59.7}{\varepsilon^{\frac{8}{7}}}$	$\lambda = \dfrac{0.3164}{\sqrt[4]{Re}}$
	混合摩擦区	$\dfrac{59.7}{\varepsilon^{\frac{8}{7}}} < Re \leq \dfrac{665 - 765\lg\varepsilon}{\varepsilon}$	$\dfrac{1}{\sqrt{\lambda}} = -1.8\lg\left[\dfrac{6.8}{Re} + \left(\dfrac{\Delta}{3.7d}\right)^{1.11}\right]$
	粗糙区	$Re > \dfrac{665 - 765\lg\varepsilon}{\varepsilon}$	$\lambda = \dfrac{1}{\left(2\lg\dfrac{3.7d}{\Delta}\right)^2}$

注：d 为管道内径；Δ 为粗糙度；Δ/d 为相对粗糙度；ε 为参数，$\varepsilon = \dfrac{2\Delta}{d}$。

列宾宗公式：

$$h_f = \beta \frac{Q^{2-m} \nu^m}{d^{5-m}} L \tag{3.3.3}$$

其中

$$\beta = \frac{8A}{4^m \cdot \pi^{2-m} \cdot g} \tag{3.3.4}$$

式中 β——综合摩阻系数，s^2/m；
Q——管内流量，m^3/s；
ν——黏度，m^2/s；
L——管路长度，m；
d——管内径，m。

各流态区的 A、m、β 值及沿程摩阻计算式见表3.3.3。

表3.3.3 不同流态时的 A、m、β 值

流态		A	m	β (s^2/m)	h_f（m 液柱）
层流		64	1	4.15	$h_f = 4.15 \dfrac{Q\nu}{D^4} L$
紊流	水力光滑区	0.3164	0.25	0.0246	$h_f = 0.0246 \dfrac{Q^{1.75} \nu^{0.25}}{D^{4.75}} L$
	混合摩擦区	$10^{0.127 \lg \frac{e}{D} - 0.627}$	0.123	$0.0802A$	$h_f = 0.0802 A \dfrac{Q^{1.877} \nu^{0.123}}{D^{4.877}} L$ 其中 $A = 10^{0.127 \lg \frac{e}{D} - 0.627}$
	粗糙区	λ	0	0.0826λ	$h_f = 0.08262 \dfrac{Q^2}{D^5} L$ $\lambda = 0.11 \left(\dfrac{e}{D}\right)^{0.25}$

2）局部摩阻计算

油库内管道的特点是线路较短、管件阀件等较多，流体通过油库系统中的管件、阀件或某些设备时所产生的摩阻损失即局部摩阻不能忽略，局部摩阻可用下式计算：

$$h_j = \xi \frac{u^2}{2g} \tag{3.3.5}$$

式中 ξ——管件或阀件的局部阻力系数；
u——流速，一般取阀件下游管内平均流速，m/s。

或

$$h_j = \lambda \frac{L_d}{d} \frac{u^2}{2g} \tag{3.3.6}$$

即

$$\xi = \lambda \frac{L_d}{d} \text{或} L_d = \xi \frac{d}{\lambda} \tag{3.3.7}$$

L_d 称为局部阻力的当量长度，即油流通过管阀件的阻力损失，相当于油流通过同样直径管路 L_d 这么长的沿程损失。

油流为紊流时：

$$\xi = \xi_0 \frac{\lambda}{0.022} \tag{3.3.8}$$

油流为层流时：

$$\xi = \varphi \xi_0 \tag{3.3.9}$$

式中 φ——与雷诺数有关的修正系数，由表3.3.4查得。

表 3.3.4　修正系数 φ

Re	2800	2600	2400	2200	2000	1800	1600	1400	1200	1000	800	600	400	200
φ	1.98	2.12	2.26	2.48	2.90	2.95	3.04	3.12	3.22	3.31	3.37	3.53	3.81	4.20

管路附件的当量长度 L_d 及局部阻力系数可从表 3.3.5、表 3.3.6、表 3.3.7 中查得。

表 3.3.5　管路配件的当量长度 L_d 及局部阻力系数表

管件名称		图式	管路配件的当量长度 L_d（m）						ξ
			DN50	DN65	DN80	DN100	DN150	DN200	
无保险阀的油罐进出口	进油管		1.15	1.44	1.73	2.30	3.45	4.60	0.50
	出油管		2.30	2.88	3.46	4.60	6.90	9.20	1.00
有保险阀的油罐进出口	进油管		2.00	2.50	3.00	4.00	6.00	8.00	0.90
	出油管		3.15	3.94	4.73	6.30	9.45	12.60	1.30
有升降管的油罐进出口	进油管		5.00	6.25	7.50	10.00	15.00	20.00	2.20
	出油管		6.15	7.69	9.23	12.30	18.45	24.60	2.70
圆弯头	$R=3d$		1.15	1.44	1.73	2.30	3.45	4.60	0.50
	$R=4d$		0.80	1.00	1.20	1.60	2.40	3.20	0.35
90°焊接弯头	单焊缝		3.00	3.75	4.50	6.00	9.00	12.00	1.30
	双焊缝		1.50	1.88	2.25	3.00	4.50	6.00	0.65
45°焊接弯头			0.70	0.88	1.05	1.40	2.10	2.80	0.30
通过三通	Ⅰ		0.10	0.13	0.15	0.20	0.30	0.40	0.04
	Ⅱ		0.23	0.28	0.34	0.45	0.68	0.90	0.10
	Ⅲ		0.90	1.15	1.35	1.80	2.70	3.60	0.40
闸阀			0.50	1.13	1.35	1.80	2.70	3.60	0.40
截止阀			16.00	20.00	24.00	32.00	48.00	64.00	7.00
转心阀			1.15	1.44	1.73	2.30	3.45	4.60	0.50
带滤网底阀			8.00	10.00	12.00	16.00	24.00	32.00	3.50
单向阀	升降式		18.00	22.50	27.00	36.00	54.00	72.00	8.00
	旋启式		4.10	5.12	6.15	8.20	12.30	16.40	1.80
过滤器	轻油		3.84	4.82	5.77	7.70	11.55	15.40	1.70
	黏油		5.00	6.25	7.50	10.00	15.00	20.00	2.20
流量表	活塞或齿轮式		23.00	28.80	34.50	46.00	69.00	92.00	10.00
	盘式		34.50	43.20	51.70	69.00	103.5	138.0	15.00
转弯三通	Ⅰ		3.00	3.75	4.50	6.00	9.00	12.00	1.30
	Ⅱ		2.00	2.50	3.00	4.00	6.00	8.00	0.90
	Ⅲ		2.25	2.82	3.38	4.50	6.76	9.00	1.00
	Ⅳ		1.15	1.44	1.73	2.30	3.45	4.60	0.50
	Ⅴ		6.80	8.50	10.20	13.60	20.40	27.20	3.00
伸缩器	填料筒式		0.70	0.88	1.05	1.40	2.16	2.80	0.30
	波纹式		0.70	0.88	1.05	1.40	2.16	2.80	0.30
	曲管式		4.50	5.62	6.75	9.00	13.05	18.00	2.00

表 3.3.6　突然扩大（缩小）式大小头的当量长度　　　　　　　　　　单位：m

扩大或缩小前的管径	扩大或缩小后的管径					
	DN50	DN65	DN80	DN100	DN150	DN200
DN50		0.38	1.05	2.55	5.37	7.85
DN65	0.52		0.32	1.68	4.63	7.40
DN80	0.73	0.58		0.88	3.83	6.68
DN100	0.94	0.98	0.91		2.11	5.10
DN150	1.06	1.29	1.41	1.46		1.76
DN200	1.09	1.33	1.57	1.88	1.83	

表 3.3.7　变径管式大小头的 ξ 及当量长度 L_d

扩大或缩小前的管径		扩大或缩小后的管径					
		DN50	DN65	DN80	DN100	DN150	DN200
DN50	ξ		0.14	0.23	0.31	0.37	0.39
	L_d (m)		0.41	0.78	1.41	2.52	3.55
DN65	ξ	0.995		0.13	0.25	0.34	0.35
	L_d (m)	0.022		0.44	1.14	2.32	3.18
DN80	ξ	0.0128	0.0083		0.17	0.31	0.35
	L_d (m)	0.029	0.024		0.77	2.11	3.15
DN100	ξ	0.0149	0.0133	0.011		0.23	0.39
	L_d (m)	0.034	0.039	0.038		1.57	3.55
DN150	ξ	0.0157	0.0155	0.0149	0.0128		0.17
	L_d (m)	0.036	0.046	0.051	0.058		1.55
DN200	ξ	0.0160	0.0159	0.0157	0.0149	0.0109	
	L_d (m)	0.037	0.047	0.054	0.068	0.075	

3. 装卸系统管路摩阻计算

石油库铁路装卸系统由输油管、集油管和装卸鹤管三部分组成，其摩阻计算与单一管路不同。鹤管和集油管的流量在不同的管段中是不同的。越靠近输油管的段落，流量越大。图 3.3.1 所示为铁路装卸系统管路示意图。

卸油时，潜油泵将火车油罐车中的油品经鹤管、集油管、进罐管线 oGA 输送到储油罐中，储油库有零位油罐，卸油时先虹吸自流到零位油罐，然后用泵抽送到储油罐中。装油时则方向相反，油品可自流也可用泵经输油管 Amo、集油管及几个鹤管同时向油罐车内装油。为便于计算，当几个鹤管同时收发油时，计算时假定每根鹤管的流量都相等，鹤管出口或入口液面均位于同一水平线上。假定与实际情况有所出入，但基本上能满足工程计算的精度要求。

计算整个管路系统摩阻损失时，只计算输油管 Amo、集油管 oe 及一根鹤管 5 的摩阻损失，即以最远距离计算。可按下式计算：

$$h_{损} = h_{损Amo} + h_{损oe} + h_{损5} \tag{3.3.10}$$

式中　$h_{损}$——计算管道的摩阻损失，m；

　　　$h_{损Amo}$——Amo 段的摩阻损失，m；

　　　$h_{损oe}$——集油管 oe 段的摩阻损失，m；

　　　$h_{损5}$——第 5 根鹤管的摩阻损失，m。

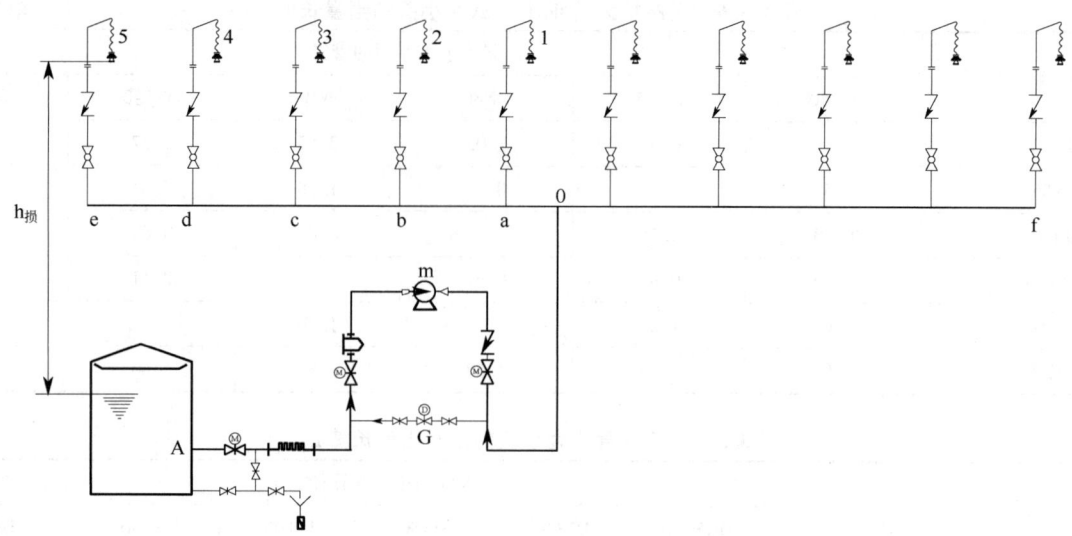

图 3.3.1 铁路装卸系统输油管路示意图

图 3.3.2 所示为一集油管。设每根鹤管的流量为 q，鹤管的间距为 L，总流量为 Q，同时使用 n 个鹤管，则集油管 ae 段的摩阻损失计算方法如下。

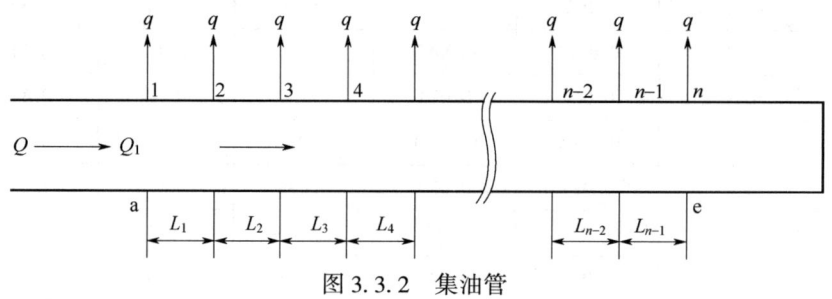

图 3.3.2 集油管

从图 3.3.2 中看出：

1—2 段中的流量 $Q_1=Q-q$，其水力坡降为 i_1；

2—3 段中的流量 $Q_2=Q-2q$，其水力坡降为 i_2；

3—4 段中的流量 $Q_3=Q-3q$，其水力坡降为 i_3；

……

$(n-1)$—n 段的流量 $Q_{n-1}=Q-(n-1)q$，其水力坡降为 i_{n-1}。

集油管 ae 段的摩阻损失应等于各段摩阻损失的代数和：

$$h_{集损}=i_1L_1+i_2L_2+i_3L_3+\cdots+i_{n-1}L_{n-1} \tag{3.3.11}$$

因为 $L_1=L_2=L_3=\cdots=L_{n-1}=L$，则上式可写成：

$$h_{集损}=(i_1+i_2+i_3+\cdots+i_{n-1})L \tag{3.3.12}$$

式中　$h_{集损}$——集油管的摩阻损失，m；

　　　n——同时使用的鹤管数；

　　　L——两鹤管间的计算长度，m。

式（3.3.12）适用于计算鹤管间集油管段的摩阻损失。对于未使用的鹤管间的集油管段摩阻损失，应按照实际通过流量计算。例如在图 3.3.1 中，当同时只使用第 3、第 4、第 5 根鹤管时，上述公式是指 oe 段而言，而 oe 段应按总流量 $Q=Q_1+Q_2+Q_3$ 计算摩阻损失。此时，oe 段摩阻损失应为

$$h_{集损oe}=h_{损oc}+h_{损ce} \tag{3.3.13}$$

式中　$h_{集损oe}$——oe 段的摩阻损失，m；

　　　$h_{损oc}$——oc 段按总流量计算的摩阻损失，m；

$h_{损ce}$——按式（3.3.12）计算方法计算的所使用鹤管间集油管 ce 段的摩阻损失，m。

例如，在图 3.3.1 中设 Am 管段 $d=150mm$，$L_{Am}=1800m$，$i_{Am}=0.045$；mo 管段 $d=200mm$，$L_{mo}=200m$，$i_{mo}=0.01$；集油管段 oe 段 $d=200mm$，$L_{oe}=80m$，$i_{oc}=0.01$，$i_{cd}=0.0043$，$i_{de}=0.001$，鹤管间距计算长度 $L=14m$，oa 管段长度为 0.5L；鹤管 $d=100mm$，$L_{鹤}=25m$，$i_{鹤}=0.042$。同时用第 3、第 4、第 5 三个鹤管装油，要求每小时装 160m³ 的航空煤油，油温 10℃，试确定管路系统的摩阻损失 $h_{损}$。

根据计算式（3.3.10）的原理得出：

$$h_{损} = h_{损Am} + h_{损mo} + h_{损oe} + h_{损5} \tag{3.3.14}$$

其中

$$h_{损Am} = i_{Am}L_{Am} = 81(m)$$
$$h_{损mo} = i_{mo}L_{mo} = 2(m)$$
$$h_{损oe} = h_{损oc} + h_{损cd} + h_{损de} = i_{oc}L_{oc} + i_{cd}L_{cd} + i_{de}L_{de} \approx 0.6(m)$$
$$h_{损5} = h_{鹤损} = i_{鹤}L_{鹤} = 1.05(m)$$

于是

$$h_{损} = 81 + 2 + 0.6 + 1.05 = 84.65(m)$$

码头装卸油摩阻损失计算方法与铁路装卸油摩阻损失计算方法的原理相同。

3.3.2 管路的强度计算

管路的强度计算主要包括管道壁厚设计、管道伸缩补偿设计和管道支座设计。其中管道伸缩补偿设计主要包括管道热应力计算、管道热补偿设计计算。

1. 管道壁厚设计

管壁的厚度与管路输送的压力、温度以及管材和管径都有关。管道的壁厚由环向应力公式并遵循有关规范或标准确定，按照我国《输油管道工程设计规范》（GB 50253）中规定输油管道直管段设计公式如下：

$$\delta = \frac{pD}{2[\sigma]} \tag{3.3.15}$$

式中　δ——壁厚，m；
　　　p——设计内压力，MPa；
　　　D——外径，m；
　　　$[\sigma]$——钢管的许用应力，MPa。

管道壁厚的选择也可以根据《工业金属管道设计规范》（GB 50316）规定，选择下式计算：

$$t_s = \frac{p \cdot D_0}{2([\sigma]_t \cdot E_j + p \cdot Y)} \tag{3.3.16}$$

式中　t_s——直管计算壁厚，mm；
　　　p——设计内压力，MPa；
　　　D_0——钢管外直径，mm；
　　　E_j——焊接接头系数；
　　　Y——系数；
　　　$[\sigma]_t$——在设计温度下管材的许用应力，MPa；

2. 管道伸缩补偿设计

1）管道热应力计算

物体一般具有热胀冷缩的性质，管道也不例外。当温度升高时管道会伸长，在温度下降时管道会缩短。显然，如果温度变化时管道能够自然伸缩，管道将不受力。而当管道受到这种约束时，它不能自由伸缩或伸缩受到一定限制,管道就要受力。在管道中由于温度变化产生的应力,称为管道热应力。热应力的存在会影响管道正常的使用。

如果管道能自由伸缩,则伸长量为(设 $\Delta t > 0$)

$$\Delta L = \alpha L \Delta t \tag{3.3.17}$$

其中

$$\Delta t = t_1 - t_0$$

式中　Δt——管道工作温度(t_1)与安装温度(t_0)之差;
　　　α——管材的线膨胀系数(见表3.3.8),1/℃;
　　　L——管道的原长,m。

表 3.3.8　各种管材的膨胀系数 α 值表

管道材料	α 值 (1/℃)	管道材料	α 值 (1/℃)
不锈钢	1.03×10⁻⁵	铁	1.1×10⁻⁵
碳素钢	1.17×10⁻⁵	聚氯乙烯	7.0×10⁻⁵
铜	1.596×10⁻⁵	聚乙烯	10.0×10⁻⁵
青铜	1.8×10⁻⁵	玻璃	0.5×10⁻⁵

直管段两端固定,管段不能有任何伸缩,这时可理解为管道先自由伸长,然后在其一端施加上作用力 p,在 p 作用管段仍压缩到原来的位置。相当于一端施加的作用力 p 为

$$p = \frac{\Delta L}{L} E = \alpha E \Delta t \tag{3.3.18}$$

于是管道横截面(A)上的热应力为

$$\sigma_t = \frac{p}{A} = \alpha E \Delta t \tag{3.3.19}$$

式中　E——管材的弹性模数,MPa;
　　　A——管道横截面面积,m²。

2) 管道热补偿设计计算

管道的热补偿主要分为弯管的补偿和补偿器的补偿。油库管路一般多用自然补偿即弯管,在较长的直管段要增设补偿弯管来减少热应力所产生的热膨胀以免影响管道的正常作业。弯管补偿器分为 Γ 型和 Π 型。

(1) Γ 型自体补偿管段短臂长度的计算。

当管路弯管的转角小于 150°时,可以选用 Γ 型自体补偿,一般 Γ 型自体补偿的管段臂长不应超过 20~25m,弯曲应力不应超过 80MPa。

Γ 型自体补偿管段如图 3.3.3 所示,短臂长 l 按式(3.3.20)计算:

$$l = 1.1 \times \sqrt{\frac{\Delta L D}{300}} \tag{3.3.20}$$

式中　ΔL——长臂 L 的伸(缩)量,mm;
　　　D——管路外径,mm。

(2) Π 型补偿器计算。

Π 型补偿器是动力管道设计中最常用的一种补偿器,它由 4 个 90°弯头组成,常用的如图 3.3.4 所示。通常有 4 种类型:$b=2a$、$b=a$、$b=0.5a$ 和 $b=0$。

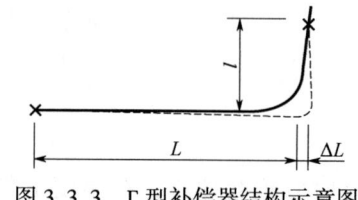

图 3.3.3　Γ 型补偿器结构示意图
L—长臂长度;l—短臂长度

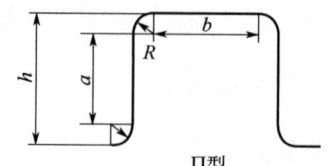

图 3.3.4　Π 型补偿器结构示意图

Π型补偿器的自由臂（导向支架至补偿器外伸臂的距离），通常为40倍公称直径的长度。

Π型补偿器在安装时要预拉伸。其预拉伸量为：当介质温度为250℃以下时为计算热伸长量的50%；当介质温度为250~400℃时，为计算热伸长量的70%。

另有一种补偿器的简化设计计算方法，当不要求对热应力的大小做详细计算，而只要求判断管道有无足够的补偿能力时，即管道是否因热应力而造成破坏，这时可采用 ASME B31.3 的判别式：

$$\frac{D_g \Delta}{(L-u)^2} \leq 208.3 \quad (3.3.21)$$

式中　　D_g——管子的公称直径，m；

　　　　Δ——管道在温度变化时的自由位移，等于两个固定支座间的直线热伸长量，mm；

　　　　L——两个固定支座间管道的实际总长度，m；

　　　　u——两个固定支座间的直线长度，m。

当判别式得到满足时，热应力在许可范围内可不进行详细计算。

3.4　成品油库工艺设计计算案例

文本 3.4　成品油库工艺设计计算案例

课程思政

工艺设计创新

创新是一个民族进步的灵魂，是一个国家兴旺发达的不竭动力，是一个现代人应具备的素质。技术创新是指一项新工艺、新产品从研究开发到投入市场并进入应用的一系列活动的总和，它具有开拓性、综合性和高风险性等特点。技术创新按应用的对象不同，可分成产品创新、工艺创新和管理创新。工艺创新是采用现代科学知识，创造新的工艺原理、方法、手段和生产模式，提高制造能力和效益的创造性实践活动。

产权经济学家斯韦托扎尔·平乔维奇认为，创新往往是由个人发动的。这个人在经济社会发展的环境中能够感受到创新的机会，触发创新的灵感，并愿意承担将创新引入经济社会体系所带来的风险，以及具有将创新变成现实生产力的能力。在学习过程中，对工艺流程的分析要具有创新意识，采用新技术、新产品设计出新的工艺。

美国是技术创新最成功的国家，依靠其高等院校、研究机构和企业的结合，在政府的策略和资金引导下，通过持续的技术创新，保持经济增长。日本由战败国而成为经济强国的发展得益于二次创新。第二次世界大战耗尽了日本的财富，但没有从根本上损耗技术创新的能力。在战后30年里，把25%的技术投资用于技术引进，并以此为基础建立起完整的工业技术体系。每引进一项技术，依靠其优秀敬业的科技人员进行消化吸收，实现再创新。

党的二十大报告提出，要加快实施创新驱动发展战略，其中特别提到要加强基础研究，突出原创，鼓励自由探索。实施创新驱动发展战略，对降低资源能源消耗、改善生态环境、建设美丽中国具有长远意义。实施创新驱动发展战略，加快产业技术创新，用高新技术和先进适用技术改造提升传统产业，既可以降低消耗、减少污染，改变过度消耗资源、污染环境的发展模式，又可以提升产业竞争力。

一个民族乃至一个国家，只有坚定地确立起全民族的创新意识，冲破一切阻碍创新的障碍，营造良好的创新氛围，全力提高全民族的创新能力，健全国家创新体系，全面地加快创新步伐，才能富强发达、不断增强国际竞争力。

思考题

1. 石油库进油有哪些方式？
2. 设计画出石油库管道和铁路来油，铁路、水路、公路发油的工艺流程图。
3. 设计画出石油库管道和水路来油，铁路、水路、公路发油的工艺流程图。
4. 设计画出石油库铁路和水路来油，铁路、水路、公路发油的工艺流程图。
5. 原油石油库包括哪些工艺流程？
6. 成品油石油库由哪些工艺流程组成？
7. 石油库管道进油工艺主要有哪些设备？
8. 成品油铁路卸油工艺有几种？目前常采用什么工艺，为什么？
9. 铁路作业线有哪些布置形式？
10. 汽车油罐车装车工艺有哪几种方式？哪种方式较好，为什么？
11. 请描述水路油船装卸油工艺流程。
12. 原油石油库泵房工艺流程具有哪些功能？
13. 原油石油库泵房工艺有哪些流程？
14. 成品油铁路来油石油库泵房工艺应具有哪些功能？
15. 罐区管路连接方式有哪几种？
16. 石油库罐区工艺一般有哪些流程？
17. 油气处理回收技术有哪些方式？各有什么优缺点？
18. 原油储备库工艺有哪些流程？

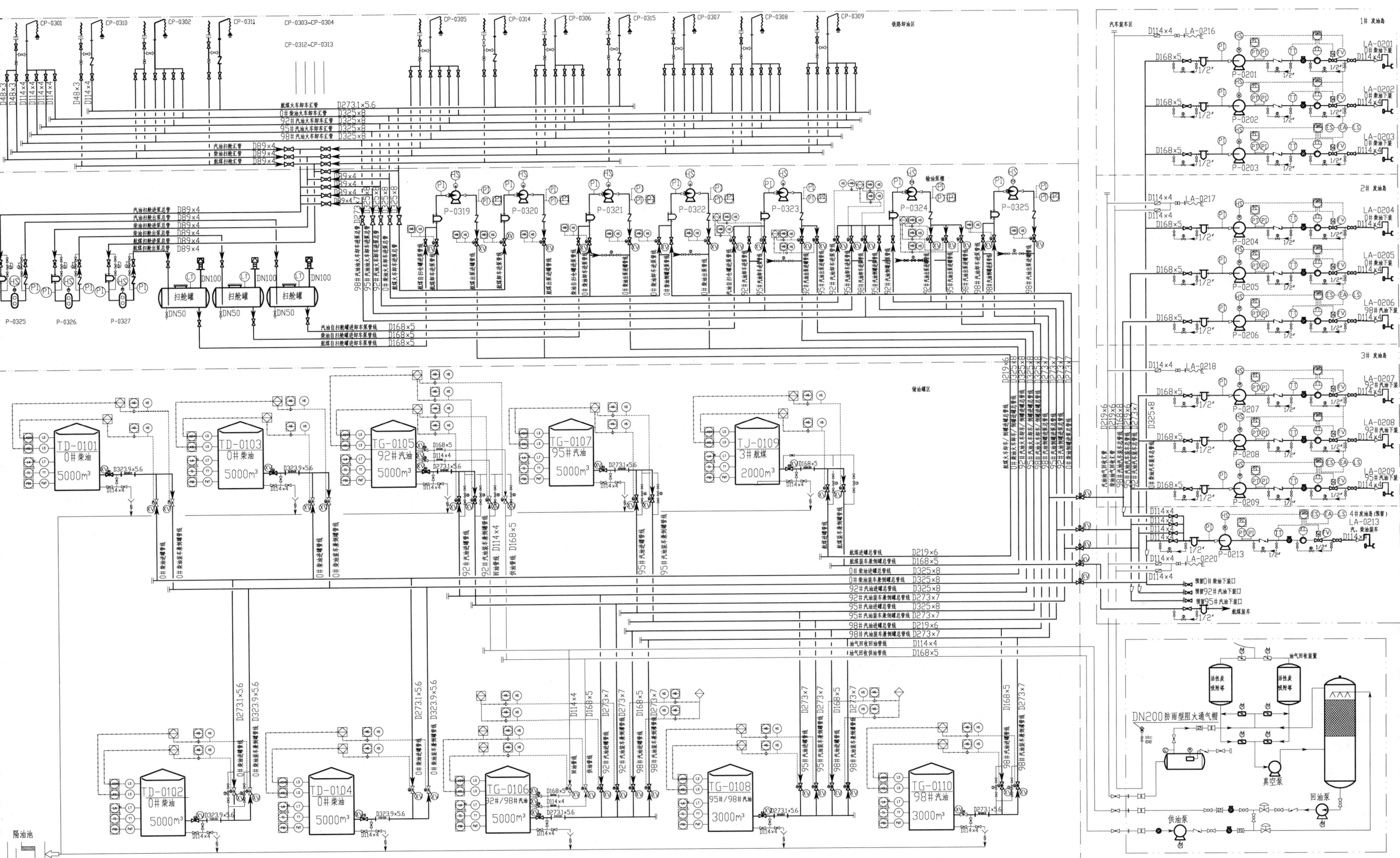

图 3.2.16 某成品油石油库工艺自控流程图

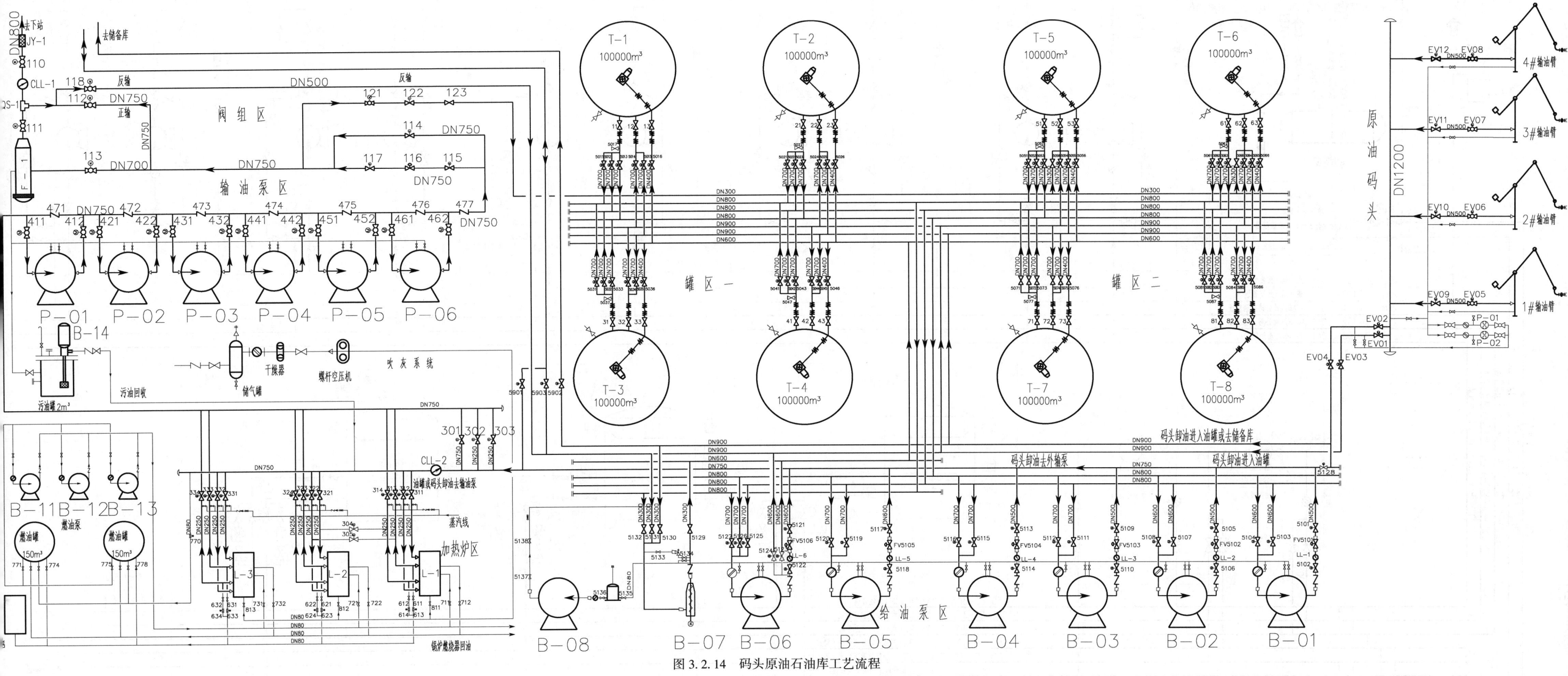

图 3.2.14 码头原油石油库工艺流程

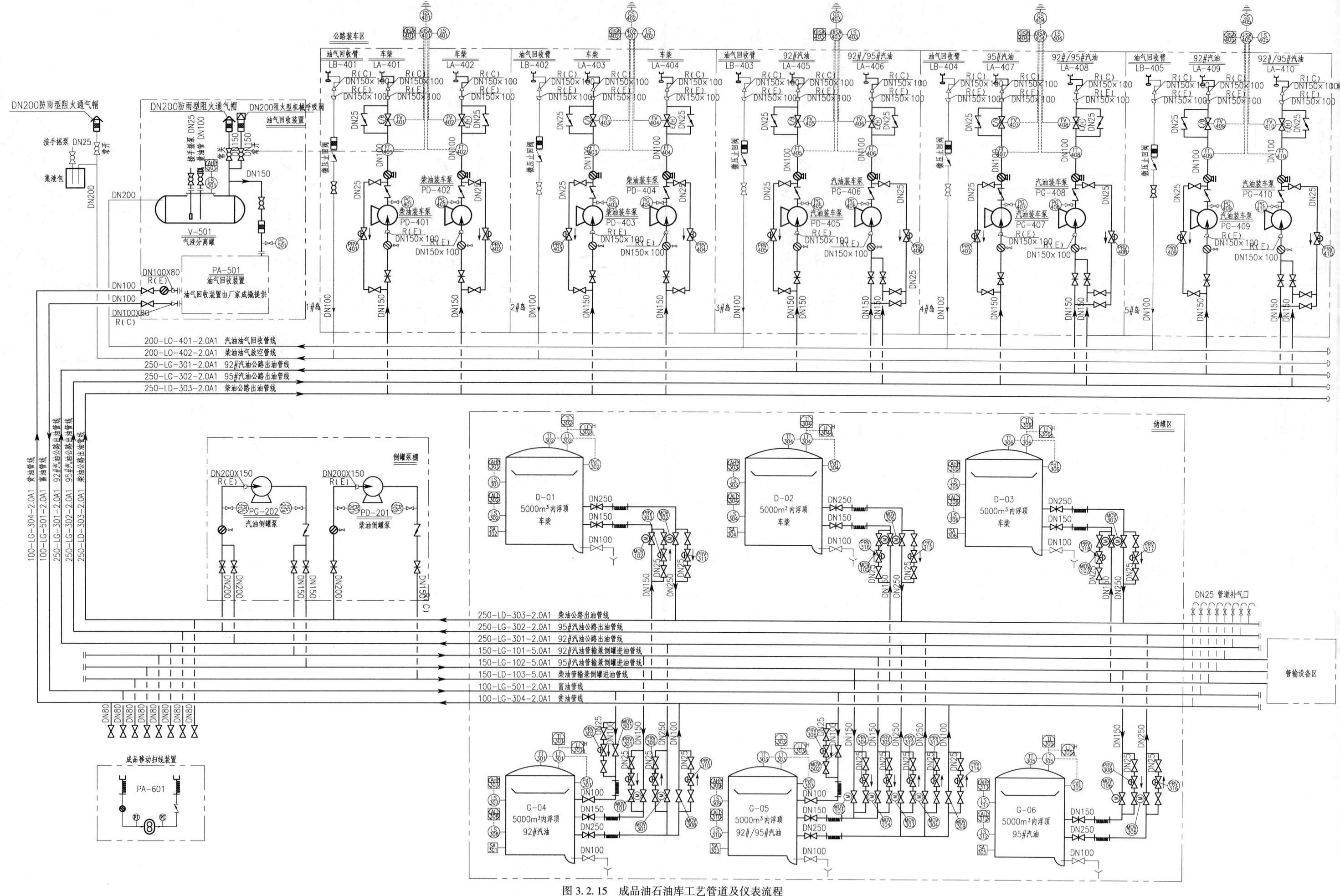

图 3.2.15 成品油石油库工艺管道及仪表流程

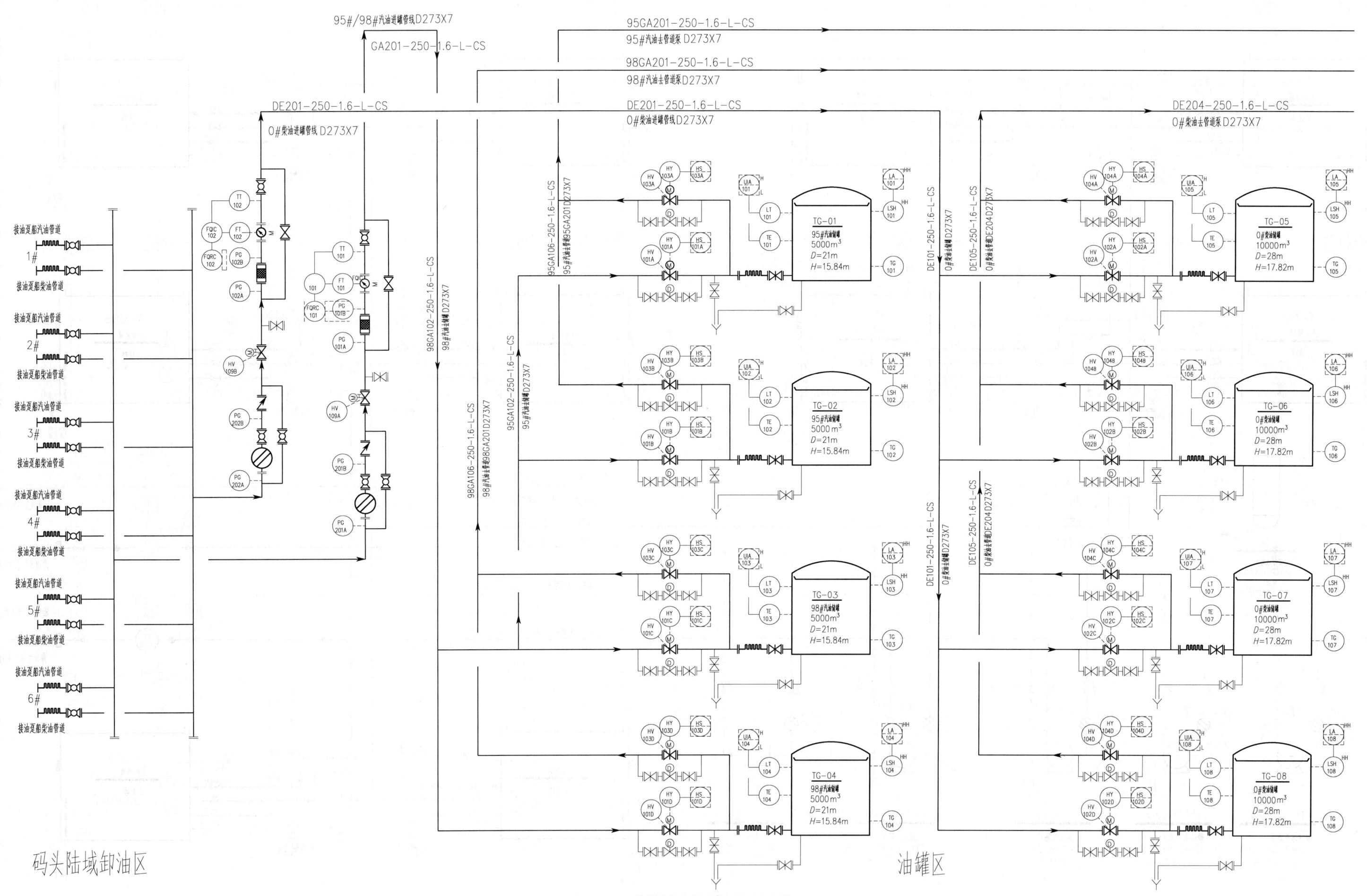

图 3.1.51 码头成品油石油库卸油工艺流程

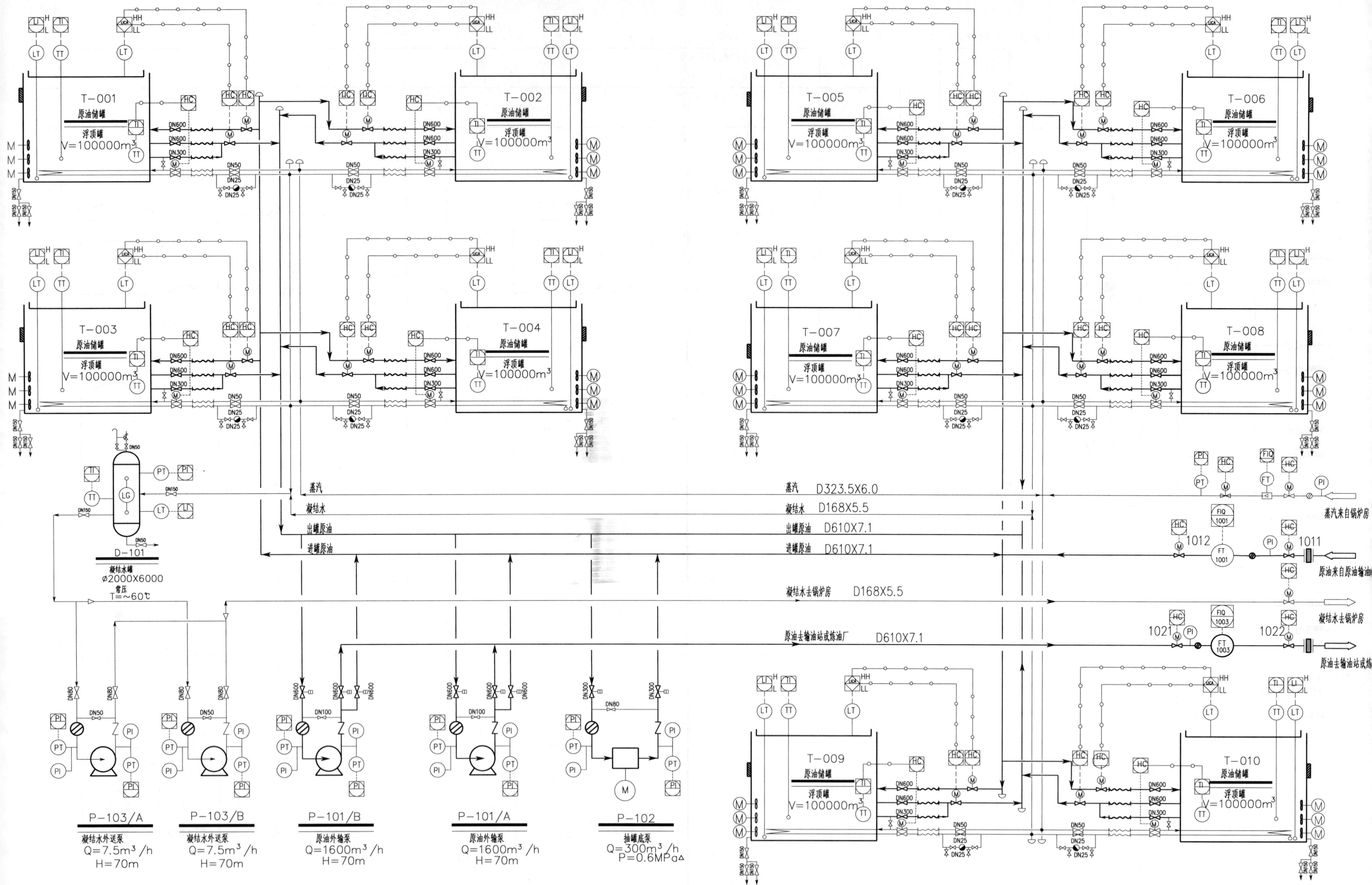

图 3.2.13 原油储备库工艺流程

第4章 地下储气库

天然气（natural gas，简称 NG）是指天然蕴藏于地层中的烃类和少量非烃类气体的混合物，在石油地质学中，通常指油田气和气田气，主要存在于油田和天然气田。天然气主要用途是作燃料，可制造炭黑、化学药品和液化石油气，由天然气生产的丙烷、丁烷是现代工业的重要原料。其主要成分是甲烷，还含有少量乙烷、丁烷、戊烷、二氧化碳、一氧化碳、硫化氢等。无硫化氢时为无色无臭、易燃易爆气体，密度多在 $0.6 \sim 0.8 \text{g/cm}^3$，爆炸极限 $5\% \sim 15\%$，比空气轻。

视频 4.0.1 中国储气库

地下储气库是将从天然气田采出的天然气重新注入地下可保存气体的空间而形成的一种人工气田或气藏。地下储气库主要建设在靠近天然气用户城市的附近（视频 4.0.1）。

4.1 地下储气库的类型和组成

4.1.1 地下储气库类型

（1）按地质条件分类：世界上天然气地下储气库类型主要有枯竭油气藏型储气库、含水层型储气库、盐穴型储气库和废弃矿穴型储气库四种（视频 4.1.1）。枯竭油气藏型储气库投资和运行费用低，建库周期短，是应用最广的储气库；含水层型储气库需要解决地质流体力学方面的问题，需经过多年研究后才能建成；盐穴型储气库具有构造完整、夹层少、厚度大、物性好、结构坚实、非渗透性好、对液态和气态的碳氢物质都可以完好储存等优点。

视频 4.1.1 地下储气库的类型

（2）按用途分类：地下储气库按用途可以分为基地型储气库、调峰型储气库和储气型储气库。基地型储气库主要用来调节和缓解大型消费中心天然气需求量的季节不均衡性，也称为季节性储气库。储气库的容量比较大，按日最大抽气量计，其有效气量可供抽气 50~100 天。调峰型储气库主要用作昼夜、小时等高峰耗气调峰和输气。

1. 枯竭油气藏型储气库

枯竭油气藏型储气库利用已开采枯竭废弃的油气藏或开采到一定程度的退役油气藏，停止采气采油转为夏注冬采的地下储气库，如图 4.1.1 所示。

根据国外的实践，当枯竭气藏采出程度在 50%~70% 时，较适合进行地下储气库改建，在注采气的过程中可减少井底附近渗流阻力。如俄罗斯米哈依洛夫地下储气库在第一个注气周期后，渗流阻力明显减小，气井绝对无阻流量增加 1~2 倍，在第一个采气周期中，气井的采气量比开发气藏时的产量增加 50%。而枯竭油藏要想改建成地下储气库，一般其含水率应达到 90%，这时地下储气库附加值高，如美国得克萨斯的纽约城油田和恩巴特油田，高压注入天然气，部分气体溶入残余油中，在采气的同时，增产原油 $7.3 \times 10^4 \text{t}$，使地下储气库的建设与二次采油同时进行，这说明油气同层也可建造储气库且附加值很高。

2. 含水层型储气库

含水层型储气库一般建在背斜构造的含水砂岩储层中，满足三个基本条件：具有良好的多孔高渗透性的储气层；有可靠的盖层，保证气体不会垂向渗漏；储层周围密封性好，保证气体不侧漏，如图 4.1.2 所示。俄罗斯圣彼得堡附近的盖钦纳储气库，储层厚度约 10m，渗透率 1~5D，闭合高度 2m，在不同的部位注气排水，自 1963 年运营以来，冬季最大采出量为 $1.84×10^8 m^3$，占其库容量的 31%。

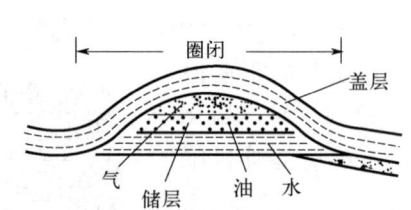

图 4.1.1 油气藏型储气库剖面示意图

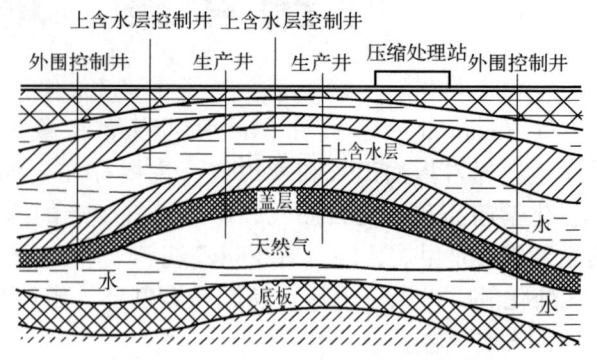

图 4.1.2 含水层型储气库剖面示意图

含水层型储气库是通过高压将气体注入含水层的孔隙中，将地下水层岩层孔隙中的水排走，用气体将水驱到边缘形成一个人工气田并在非渗透性的含水盖层下储气。用于建造含水层型储气库的储层必须由不透气的背斜层覆盖，储层为多孔隙渗透性良好的岩层，一般建在背斜构造的含水砂岩储层中，孔隙度和渗透率要达到相应的标准。

含水层型储气库需要一定的垫层气，一般是气库储气量的 30%~70%；储气量和调峰能力比枯竭油气藏型储气库小。

3. 盐穴型储气库

盐穴型储气库是利用地下较厚的盐层或盐丘，采用人工方式在盐层或盐丘中制造洞穴形成储存空间来存储天然气，一个盐穴型地下气库一般由一个或多个容积不等的盐穴组成。洞穴之间的最小间距不应小于 100m，盐穴型储气库的特点是，单个岩盐空间容积大，最大达 $500×10^4 m^3$，储气量可达 $10×10^4 m^3$。

在天然盐层中，以常规钻井方法钻穿盐层，注入淡水进行冲蚀使之形成一定体积和形状的溶腔，然后泵出盐水注入天然气。从地质构造角度来看，盐穴型天然气储气库的建造首先必须有较厚的盐层，盐层的不溶解物质必须低于 25%，还要有充足的淡水资源，因为溶解 $1m^3$ 的盐水需要 $10m^3$ 的淡水，见图 4.1.3、视频 4.1.2。

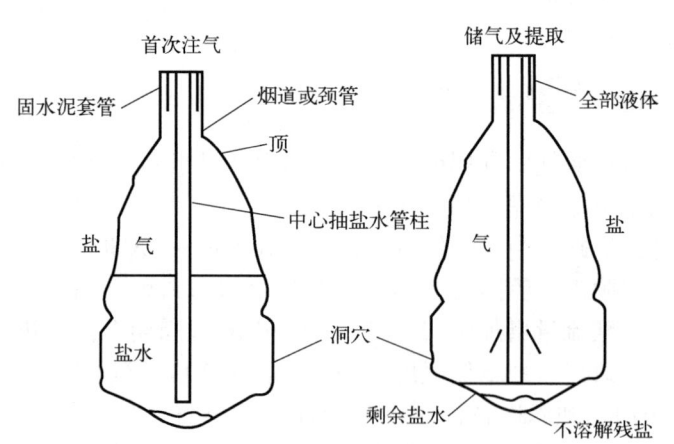

视频 4.1.2 盐穴型储气库　　图 4.1.3 盐穴型储气库示意图

与其他地下储气库储存方式相比，盐穴型储气库建库的单位成本和操作费用高，天然气有效容积相对较小，钻完井难度较大，溶蚀冲蚀较难控制；但产气能力相对较高，注气时间短，垫层气用量少，储气无泄漏，调速快，调峰能力强，能快速完成抽气注气循环，最适合日调峰。

4. 废弃矿穴型储气库

废弃矿穴型储气库是利用废弃煤矿等遗留的洞穴来储存天然气。此种储气库存在严重缺陷，原有井筒难以密封，存在气体向地面泄漏的危险；抽出储存气体的质量会发生变化，热值有所降低。

主要类型储气库的优缺点对比见表4.1.1。

表4.1.1 不同类型储气库特征

类型	储存介质	储存方法	工作原理	优越性	缺点	用途
枯竭油气藏型储气库	原始饱和油气水的孔隙性渗透底层	由注入气体把原始液体加压并驱动	气体压缩膨胀及液体的可压缩性结合流动特点注入采出	储气量大，可利用油气田原有设施	地面处理要求高，垫层气量大，部分垫气无法回收	季节调峰与战略储备
含水层型储气库	原始饱和水的孔隙性渗透地层	由注入气体把原始液体加压并驱动	气体压缩膨胀及液体的可压缩性结合流动特点注入采出	储气量大	勘探风险大、垫层气不能完全回收	季节调峰与战略储备
盐穴型储气库	利用水溶形成的洞穴	气体压缩挤出卤水	气体压缩与膨胀	工作气量比例高，可完全回收垫层气	卤水排放处理困难，有可能出现漏气	日、周、季节调峰
废弃矿穴型储气库	采矿后形成的洞穴	充水后用气体压缩挤出水	气体压缩与膨胀	工作气量比例高，可完全回收垫层气	易发生漏气现象，容量小	日、周、季节调峰

4.1.2 储气库作用

储气库作用有以下几点：

（1）协调供求关系与调峰。缓解因各类用户对天然气需求量的不同和负荷变化而带来的供气不均衡性。

（2）实施战略储备，保证供气的可靠性和连续性。当供气中断时地下储气库可作为补充气源，抽取天然气，保证供气的连续性和提高供气的可靠性。

（3）提高输气效率，降低输气成本。地下储气库可使天然气生产系统的操作和输气管网的运行不受天然气消费不均衡性的影响，有助于实现均衡性生产和作业；可以充分利用输气设施能力，提高管网的利用系数和输气效率，降低输气成本。

（4）影响气价，实现价格套利。供气与用气双方都可从天然气季节性或月差价中实现价格套利，从价格波动中获取可观的利润。供气方在天然气低价时储气不售或增加储气量，待用气高峰、价格上涨时售出；用气方在天然气低价购进储存，待冬季或用气高峰、气价上涨时抽出使用或出租储气库。

（5）提供应急服务。可对临时用户或长期用户临时增加的需气量提供应急供气服务。

利用地下储气库进行调峰比建设地面球罐等方式进行调峰具有储存量大、机动性强、调峰范围广；经济合理，虽然一次性投资大，但经久耐用，使用年限长；安全系数大，其安全性要远远高于地面设施等优势。

4.1.3 储气库组成

1. 地下气藏

地下气藏的地质构造，是具有一定渗透能力的多孔介质，多孔介质的孔隙为天然气的储存提供空间，而渗透率使气体能在其中流动；储层上面有非渗透性盖层，盖层通常是弯曲或是拱形的，能够阻止气体向上溢出，同时也起到侧面遮挡作用，有时断层产生的垂直断面在储层的一侧或多侧起到封闭作用；非渗透层或底水在储层底部起封隔作用。

地下气藏分为两大类：定容气藏和水驱气藏。定容气藏的四周均被非渗透层封隔，气藏的容积和形状均保持不变。水驱气藏的顶部和四周是非渗透层，而在底部被水体所封闭，在水驱气藏采气时，随气藏压力降低，底水就会逐渐侵入气藏，到衰竭时，气藏除了一个很小的气顶外，其余部分均充满水。

根据地下储气库中气体的作用，储气库中包含有两种气体：垫层气和工作气。垫层气可能是气藏中没有被采出的原生气，也可能是从其他气藏中采出又注入储气库中的。垫层气又进一步分为可采的和不可采的，这主要取决于采这部分气是否具有经济效益。工作气是后来注入用作储气库的气藏中去的。

2. 注气井、采气井和观察井

井是用来向储气库中注气的，最常用也最经济的井就是注采合一、既能注气又能采气的井。由于气藏本身的特征，有时不需要或不能在某一部位注气或采气，比如需要控制水侵或控制气泡形状等原因，在这种情况下，有一两口井只用于注气或只用于采气。储气库的注采井通常都是大井眼，井筒直径比一般的生产井大许多，大井径增加了注采井的注入和采出能力。

观察井用于检测储气库中水的活动规律。在构造中有时存在鞍部也就是最低点，当天然气到达该处时就会泄露出去。在靠近气泡一端的构造低点设一口观察井，来监测该点的气水活动情况。干井或是报废的注气井可以用作观察井，有时需要钻 1 口或多口观察井，这取决于地下储气库的构造形状。观察井的井眼比较小，主要是用于检测气水界面的高度，这些井应该布署在关键位置，以便监测天然气从储气库逸出。

3. 集输系统

集输系统是连接井和中心站的中间环节，集输系统与一般气田的集输系统相同，只是管径要和储气库的井眼相匹配。

集输系统最常用的布置方式是树形结构，井连接到管线，管线又接到更大的管线上，井口配有计量仪。

4. 压缩机

压缩机通常设在离井近的中心站，用于注气或采气，有时注气和采气时都用。压缩机一般用于注气，因为地下储气库的压力比管网系统的压力高。在有压缩机的情况下，为了提高采出能力，采气时也用压缩机。

注气时用的压缩机大多都是往复式的，在注气季节的开始阶段，压缩机的出口压力相对较低，到了注气季节快要结束的时候，出口压力就比较高了。离心式压缩机一般不能满足对不同压力范围的要求，可以用来采气，因为气藏压力低、底水活跃，入口压力变化不大。

5. 计量系统

由于注入的天然气和采出的天然气在性质上存在很大差别，如果用一套计量仪计量注入和采出气流是不切实际的，需要将注入气和采出气的计量仪器分开。在设计注气计量仪时应考虑到有时注气速度会很高，设计的计量仪只以平均的速度注气，那么高速注气将会出现问题。往复式压缩机的波动是计量中存在误差的主要原因之一。需要配备设计合理的波动控制装置以得到准确的计量结果。

6. 分离系统

在注气和采气的时候，对注入的天然气进行分离，能够阻止管线中的灰尘和颗粒进入井筒，污染和堵塞储层。采出的天然气经过分离器后，可以避免气藏中的沙子进入管线。这两种分离器都起到保护压缩机的作用。

7. 露点控制装置

地下储气库总是含有一定的水，当管线中的干气注入地下以后，储层中的水就会蒸发到天然气中。天然气中含水太高就不符合管输要求，因此天然气采出后必须控制水露点。若储气库由枯竭油藏改建，在注采开始的几个周期内可能会采出较多重组分,因此天然气采出后必须进行烃露点控制。

8. 外输管线

外输管线连接储气库中心站和输气管线,输气管线把气输送给用户。

4.1.4 储气库运行模式特点

(1) 安全可靠性要求高、使用寿命长。储气库本身为一种供气的安全保障措施,对其安全可靠性要求更高;另一方面,储气库使用寿命长,对储气库的设计及设备选型提出了更高的要求。

(2) 注气、采气周期性循环,注采气装置间歇运行。

(3) 一个注采周期内,工艺参数不断变化:注采气初期,压差大,注采气量也大;注采气后期,压差小,注采气量随之减少。

(4) 储气库库容形成需要一定的周期,随注采周期的延续,库容也会随之增大。

(5) 单井产气量较小,随着气库运行,井流物组分随周期延续而变贫,趋向于注入气组分;正常运行期,油、水产量随周期递减。

4.2 地下储气库选址和平面布置

4.2.1 地下储气库选址布局

地下储气库工程的厂、站一般包括井场、集气站、注气站、分输站等,各厂、站站址选择基本要求如下:

(1) 地下储气库站址尽量靠近输气干线,并尽可能靠近油气田已建地面处理设施。

(2) 厂、站用地要有适宜建站的地形和所需场地面积。在符合国家建设有关规定的前提下,应充分合理地利用地形条件,尽量减少场地平整所需的土(石)方工程量。

(3) 厂地竖向坡度应考虑建站场地雨水的排放、工艺流程合理性、建(构)筑物基础埋设深度等因素,主要装置区竖向坡度一般不宜大于2%。

(4) 站址不应选在大型水库、桥梁、重要的铁路枢纽、飞机场、电台等重要建设项目的防护区域。

(5) 站址的位置应考虑当地风频、风向、日照等自然条件,以满足主要建筑物的通风、采光以及各功能区块的安全生产、防火、防爆和环保要求。

1. 地下储气库库址筛选原则

地下储气库库址的筛选要考虑以下因素:

(1) 地理位置。尽量选在大用户、大供配气枢纽及输气干线附近,一般距主要用户或长输管线200km以内。

(2) 选择类型。优先选择气藏、油气藏或油藏构造改建地下储气库,其次为含水层或盐穴建设地下储气库。

(3) 地质条件。构造落实且简单、埋藏适中、密封条件好;盖层封闭性好;储层物性好、厚度大、连通性好、分布稳定,具有一定的储气规模;构造上已钻的井较少,井况较简单。

(4) 地面条件。交通便利,地面条件简单,易于建库。

(5) 其他要求:

① 厂、站址不应选在下列特殊地区:国家规定保护的文物古迹、名胜游览地区;有严重放射性物质影响区、水土保持禁垦区、生活饮用水水源第一卫生防护区;有传染病、地方病发生等地区;地震烈度大于九度的地震区。

② 厂、站一般不应布置在油气田采注井网管线走向密集的地区。

③ 注意废气、废水、废渣的排放方式，妥善处理"三废"问题。

④ 站址选择尽量不占用现有建（构）筑物、铁路、道路等工程设施的位置，以减少迁建费用。

⑤ 厂、站不应布置在生活饮用水源、卫生防护地带，有大量有害气体或物质散发源的影响范围，以及飞机场净空高度要求范围内等有特殊要求的地区。

2. 地下储气库布局要求

1) 满足用户需求

部署地下储气库应在满足用户需求的前提下，考虑安全、合理、经济。一般要求储气库与用户的距离在 50~150km 的范围内，最远距离不超过 200km。为确保安全运行，地下储气库宜建在用户区主流向的下游，并尽可能接近输气主干线。

2) 与管网配置合理

储气库布局应在满足用户需求的同时，尽量与管网合理配置。特别是在多条输气管道联网的情况下，必须按管道走向和输气量规划部署储气库。

3) 符合地区天然气供配及管网建设规划

储气库的建设是长期的，投资巨大，建设储气库必须慎重考量，权衡利弊，必须是在该地区天然气供配及管网建设规划的基础上进行，使建库规划具备前瞻性，进而保证储气库布局合理、经济、可行。

4.2.2 地下储气库的库址、站址选择

1. 地下储气库库址的选择

1) 枯竭油气藏型储气库选址

当枯竭气藏采出程度在 50%~70% 时，较适合进行地下储气库改建，在注采气的过程中可减少井底附近渗流阻力。

20 世纪 90 年代初，随着陕京天然气输气管道的建设，为确保北京、天津的安全供气，国家开始加大力度研究建设地下储气库技术。2000 年 11 月，首次在大港油田利用枯竭凝析气藏建成了大张坨地下储气库。

2) 含水层型储气库选址

(1) 储气库应尽量靠近天然气用户和输气干线。

(2) 含水岩层圈闭良好，完整封闭、无断层，适于天然气聚集。

(3) 含水岩层的构造单一，连续长度大，均质性好，有一定孔隙度、渗透率。

(4) 含水岩层上下有良好的盖层、底层，盖层、底层要有一定厚度，密封性好，注气后不会发生漏失、散溢。

(5) 储气层分布范围广、稳定，可作为储气的容积空间越大越好。

(6) 含水岩层应有一定的深度，能承受规定的注气压力。

(7) 与城市生活用水、工业用水等水源不相互连通，以免污染水源。

(8) 要有广为分布的储存或排放置换水的场所。

3) 盐穴型储气库选址

建设盐穴型储气库需要具备比较好的地理和地质条件。储气库的地理位置应处在安全可靠程度高、储存和分配资源运输条件便利的地区。地质方面应满足构造圈闭好、密封可靠、埋深适中和储备费用低等条件，需要详细考虑以下几个方面：

(1) 地理位置以调峰半径 100km 左右为宜，盐穴型储气库一般应距用户集中地 100km 左右，因为储气库与用户的距离除了考虑经济因素外，还要考虑安全因素。

(2) 盐穴应建在盐层厚、圈闭整装、无断层、闭合幅度大的沉积构造带。

(3) 建设盐穴型储气库还必须具备盐矿含盐品位高、水不溶性物质含量低，易于水溶造腔。

(4) 盐层内部夹层少、厚度小，有利造腔。

(5) 埋藏深度适中。储气库埋藏过深会引起钻井费用和建库投资的增加，埋藏过浅又限制了注入压力，势必影响储气量。一般说来为了保证盐穴型储气库的储层能量同时又兼顾经济因素，盐穴型储气库的埋深最好在500~1200m以内，最深不超过2000m。

(6) 有充足的水源。通常用地下水、湖水、河水、渠水等水源中的新鲜水或微咸水来沥洗盐穴，所需要的水量一般为盐穴体积的7~10倍。

(7) 有处理盐卤的方法和途径。一般情况下，处理区必须与新鲜水区隔绝。对盐层构造来讲，处理水区可在沉积层之上，也可以在沉积层之下。对盐丘构造来讲，处理水区一般在盐丘的侧面。

(8) 储气库库址与天然气管线的距离合适。

4) 废弃矿穴型储气库选址

目前这类储气库数量较少，主要原因在于大量废弃的矿坑技术经济条件难以符合建库要求。

2. 井场站址的选择

受地质构造、地层结构、注采井井型、井眼轨道等的影响，地下储气库的地面井位复杂多变，井场、集气站、注气站、分输站的站址选择应遵循就近原则，以注采井地面井位为中心进行布置，并尽可能靠近油气田已建地面设施。

井场的站址取决于注采井地面井位，注采井地面井位取决于目标地层的地下方位、井型。

1) 凝析油气藏型地下储气库井场站址

凝析油气藏型地下储气库主要利用枯竭或半枯竭的凝析油气藏建库，是目前应用最广泛的一种储气方式。从地质构造上讲，一座油气藏储层可包含多个小层，每个小层又具有不同油气水性质，油气藏受岩性和构造控制，各小层流体性质差异较大。为提高注气及采气效率，优选注采井的地下射孔靶位尽量射在最佳层位上，同时采用最优井型。该类型储气库，注采井的地面井位可能因地下目标靶点及井型的不同，导致地面井位相距较远，给井场的选择带来较大难度。为减少占地面积，方便管理，注采井应尽可能集中布置，优先采用丛式井。注采井地面井位的布置需结合地面现状及地质情况进行优化选择，做到地面适应地下。

2) 含水层型地下储气库井场站址

含水层型地下储气库是利用含水地层建库。首先要把储层内的水排出，然后利用排水后留出的空间储气。含水地层一般为一个整体层系，注采井地下射孔靶位较为集中，均位于同一地层上，该类型储气库注采井易采用定向井，地面井位可集中布置，尽量使注采井位于一座井场内，便于管理。在井场选择时应综合考虑所有注采井的井型、位移、井眼轨迹等参数，将地下施工风险降低到最小。

3) 盐穴型地下储气库井场站址

盐穴型地下储气库的建库储气机理不同于其他类型的地下储气库。盐穴型储气库需要人为地在地下创造储气空间。根据目前国内外技术发展，盐穴型储气库注采井以直井为主，这决定了盐穴型储气库注采井井口位置较为分散。因此，在井场选择时应本着地面适应地下、地面与地下协调统一的原则，根据目标地层的位置，选择合适的地面井场，必要时可考虑适当调整地下目标。

虽然各种类型地下储气库的地质构造、井型各不相同，但井场选择应本着集中、便于管理、减少占地、方便施工、降低风险的原则，尽量将一座储气库的注采井布置于一座井场内，但需针对具体情况进行优化选择。

3. 集气站、注气站站址的选择

集气站主要布置地下储气库采气设施。采气设施因地下储气库的类型不同而不同，含水层型及盐穴型储气库，主要采出气处理设施为水露点控制装置及配套的供配电、仪表自控、通信、消防等装置；凝析油气藏型储气库采出气处理设施包括烃露点、水露点控制的低温处理装置、辅助制冷装置、冷剂再生装置及配套的供配电、仪表自控、通信、消防等。

注气站主要布置地下储气库注气设施，对各种类型储气库而言，注气站主要设施是注气压缩机及配套的过滤分离、供配电、仪表自控、通信、消防等装置。

集气站及注气站的站址选择在满足区域布置、地质条件、供水、供电、通信等需求的前提下，可以联合建设，也可独立建设。对于联合建站方式，供配电、仪表自控、消防、通信等公用设施可共用一套，而独立建站方案各项配套设施均需独立配置。两种布站方式各有优缺点，联合建站方式，注、采设施集中布置，便于统一运行管理，配套设施共用一套，设备购置费用低、施工工程量小，操作运行方便，但站场占地面积大、对站址的选择难度较大；独立建站方式，集气站、注气站均占地面积小，站址选择灵活度高，但各站场需独立建设配套系统、独立配备运行管理人员，工程投资、运行管理费用较高。在地形、地貌条件允许的情况下，地下储气库集气站与注气站应优先选择联合建设，集气站与注气站合称集注站。

除集气站与注气站的选址遵循集中布站原则外，集注站与井场选址也应遵循集中布置原则。地下储气库集注站与井场之间需建设集输管线，集输管线的设计压力较高，最高可达到 50MPa 以上，为缩短高压管线的长度、提高操作运行的安全性，集注站的选址应尽量靠近井场，在区域条件及地质条件允许的情况下优先考虑集注站与井场毗邻建设。

集注站与井场的站址选择还应根据地下储气库的总体发展规划，考虑"集群建设"。集群建库方式，在地面条件允许的情况下多座储气库可"合一建设"。对于合一建库方案，一座集注站可配套多座井场，集注站的位置可靠近其中一座井场，也可位于在多座井场中心，具体布站方案需根据工程所在地的地面设施现状，对各布站方式的站场建设投资、集输管线投资、施工作业难度等进行综合比较，确定最优方案。

4. 分输站站址的选择

分输站主要与地下储气库群配套建设，单座储气库不需设置分输站。

分输站与地下储气库群及配套输气管网的关系框图如图 4.2.1 所示。由图可以看出，分输站是连接配套输气管网与地下储气库群之间的纽带，输气管网来气及地下储气库群采出气均经分输站调配后外输。分输站的站址选择应位于地下储气库群的中心地带，选址时应根据工程所在地的地理条件，兼顾厂、站间联络线的施工作业难度，尽可能缩短大口径联络线的长度。

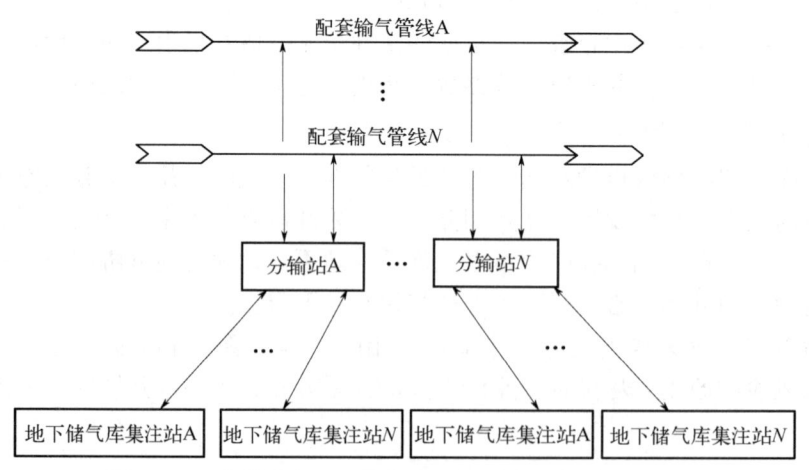

图 4.2.1 分输站与地下储气库群及配套输气管网的关系

4.2.3 地下储气库总平面布置

1. 平面布置原则

平面设计除应认真贯彻国家有关法律、法规和方针、政策外，还应满足生产、工艺流程的要求，合理利用地形、地物等自然条件，因地制宜，使土石方工程量最小，节省工程投资。

1）安全合规，以人为本

（1）符合当地城市规划、土地管理等部门对站场平面布置的要求。

（2）满足区域总体规划要求，平面布置与其相适应。

（3）充分考虑当地主导风向和朝向，减少环境污染。

（4）满足生产要求，使工艺流程合理顺畅，功能分区明确。

（5）满足各建构筑物的防火、防爆、防震、防噪等要求。

2）适应内外运输，线路短捷顺直

根据供水、供电、通信、消防、排水、道路等外部依托条件合理布置平面，使线路短捷顺直，节省投资。

3）布置紧凑、节约用地

平面布置以流程为核心，以路网为分界，分区明确，流程顺畅。平面严格执行《石油天然气工程设计防火规范》（GB 50183）和《建筑设计防火规范》（GB 50016），紧凑布置，节约用地。

4）统一协调、大气美观

场区内进行绿化美化，绿色元素渗透整个站场，与周边环境相融，协调统一，打造一座绿色储气库。

2. 平面布置

地下储气库工程平面布置要满足生产工艺流程及使用功能要求，保证生产流程的合理性和连续性，还应适应生产发展的要求，为站场采用新工艺、新技术、新设备创造必要的条件，同时满足通风、朝向、日照、采光等卫生等要求。

1）井场

地下储气库井场平面布置包括注采井井间距的确定、井场面积的确定，以及井场设施的布局等部分。注采井的井间距由钻采设计部门根据气库的特点、工期要求、安全施工规定等限制进行设计，在满足工期要求、保证安全施工、降低施工风险的前提下，尽量减小井间距。确定井场面积时，既要满足建库施工作业时的需要，还要考虑后期修井施工时对井场的要求。一般按临时性征地和永久性征地进行井场面积的确定，以节省投资，减少对土地的占用。

地下储气库井场设施包括采气树、井口阀组、配套辅助生产设施及辅助厂房等，其布局应按照安全、紧凑、便于操作原则进行。

2）集注站

集注站是地下储气库工程的核心站场，站内设施主要包括注气调峰装置、采气调峰装置、辅助生产设施、必要的建（构）筑物等。

集注站平面布置在考虑安全生产，方便操作、检修和施工前提下，做到同类设备集中布置，力求做到流程短、顺，布局合理紧凑，美观大方，符合防火、防爆及安全卫生要求。针对地下储气库注、采气的特殊运行工况，集注站平面布置除遵循相关标准规范外，还应考虑以下原则。

（1）分区布置。

根据调峰需求，地下储气库工程注气工况与采气工况存在不同时出现的特点，注气装置与采气装置应独立建设，做到互不影响。

根据不同系统功能，集注站平面布置一般分为综合办公区、辅助生产厂房区、主体工艺装置区，主体工艺装置区又分为注气装置区、采气装置区、辅助生产装置区。

为减小场区占地面积，综合办公用区应布置站场的边缘地带，并位于工程所在地最小频率风向的下风侧；空气压缩机震动及噪声较大，空压机房的布置宜远离有人员操作的房间，布置在厂房的边缘或独立设置；综合办公用房及辅助生产厂房的布置不宜正对工艺装置区。

注气装置的重要设备是注气压缩机组，地下储气库工程注气压缩机一般选用大排量燃气驱动往复式机组，机组噪声较大。为隔音降噪，地下储气库注气压缩机宜采用厂房方式布置，厂房内壁设吸音板。注气装置可考虑布置在场区的边缘，位于工程所在地的下风向，远离综合办公区与辅助生产厂房区。若厂界噪声不能达标，则需采取降噪措施。

(2) 橇装化布置。

工艺设备橇装化具有设备布置紧凑、占地面积小、施工作业工程量小的优点，地下储气库辅助生产设施，如注抑制剂装置、抑制剂再生装置、井口加热设施等，宜采用橇装化布置。

工艺设备橇装化可为地下储气库工程建设的集约化打下基础，有利于缩短建设周期、降低建库投资。

(3) 场区预留。

地下储气库集注站的平面布置应考虑预留，主要考虑以下两个因素：

① 储气库功能发生变化，需进行厂区扩建。

地下储气库功能一般随配套输气管网的运行工况及燃气用户的用气需求不同而不同，主要包括两种：满足小气量调配的需求，调峰气量稳定、波动范围小；满足长输管道事故状态下的紧急安全供气需求，气量波动范围大。当长输管道发生事故时，燃气供应完全依赖地下储气库，此时需最大限度地发挥地下储气库的采气能力。地下储气库运行工况复杂多变，既要满足正常生产时的季节性调峰，又要保证事故状态下转变为紧急、安全供气。

地下储气库的平面布置应考虑预留，当储气库所承担的任务由平稳调峰供气转变为应急、安全调峰供气时，需增建采气调峰装置，增建装置应在最短时间内建成并顺利投产。

② 库容增加，需进行厂区扩建。

地下储气库厂区预留的另一个因素是有效库容的增加。当地质部门不能准确评估地层的有效储气库能力时，为适应储层连通性好、储气能力增加的要求，地面装置的设计一般要求留有余地，此时需考虑注采装置的预留。

储气库的预留除场区进行预留外，注采装置应设预留头。

3. 竖向布置

1) 竖向布置内容

(1) 选择竖向布置的形式和土方平整方式。

(2) 确定场地平土标高，计算土石方工程量；力求场站库土石方工程量最小，尽量就地平衡。

(3) 确定建构筑物、管线、地沟等场地的整平标高。

(4) 合理布置竖向设计必要的构筑物，如挡土墙、护坡和排水构筑物等。

(5) 合理衔接场站库内部与外部的道路。

2) 竖向布置原则

(1) 竖向设计与站场生产工艺流程相结合，建（构）筑物及其地面标高应符合安全生产、运输、管理、场容的要求，并为施工创造良好的条件。

(2) 竖向设计与平面设计统一考虑，做到因地制宜，合理利用地形，力求减少站场内外土石方工程量。

(3) 竖向设计与道路设计相结合，在方便生产、运输、装卸、存储的同时，处理好站场地面的雨水排出问题。

(4) 竖向设计应为站场内各种管道创造有利的通行条件，方便主要管道的敷设、穿（跨）越及交叉等,为自流管道提供自流条件。

(5)依据当地的防洪要求考虑场地的设计标高,确保生产的正常运行。

3)竖向设计形式及其选择

竖向设计的布置形式是指站内各主要设计整平场地之间的连接方式,通常分为平坡式、阶梯式和混合式三种。竖向布置形式选择主要取决于场地的自然地形坡度大小、建(构)筑物集中和松散程度、管道的技术条件、建(构)筑物基础埋设的深度及施工条件等,具体应结合建站区域的自然地形、地貌,因地制宜,合理选用。

4.3 地下储气库地面工艺

4.3.1 地下储气库工艺参数确定

1. 储气库库容计算

1)容积法计算气库容量

(1)已开采凝析气藏改建的气库。

对于干气藏和凝析气藏改建的气库,由于气藏原有的气体和改成气库后将要储存的气体完全混相,则气库的储气容积等同于原气藏的气体容积,但原始库容量不等于原气藏(干气藏或凝析气藏)的地质储量。气库的原始库容量(混合气体量)=原气藏的剩余气体量(原气)+气库新储存的气体数量(新气)。由于原气和新气的组分、气体性质不同,其混合气体的流体性质和表征参数均与原气发生改变,体积系数 B_{kgi} 和偏差系数 Z 值对库容量计算结果影响较大。

计算公式为

$$G_{kys} = 0.01 A_g h \phi S_{gi} / B_{kgi} \tag{4.3.1}$$

$$B_{kgi} = Z_{ki} T p_{sc} / (p_i T_{sc}) \tag{4.3.2}$$

式中 G_{kys}——气库原始库容量,$10^8 \mathrm{m}^3$;

A_g——气库含气面积,km^2;

h——平均有效厚度,m;

ϕ——平均孔隙度;

S_{gi}——平均原始含气饱和度;

B_{kgi}——气体原始体积系数;

Z_{ki}——气体原始偏差系数;

T——平均地层温度,K;

p_i——原始地层压力,MPa;

p_{sc}——标准压力,0.101MPa;

T_{sc}——标准温度,293.15K。

(2)油藏改建的气库。

油藏改建的地下储气库,其原始库容量等于油气可采储量的储集空间所能储存的气量,油藏内无法采出的剩余油也无法储存气体。计算公式为

$$G_{kys} = 10^{-4} N E_R B_{oi} / B_{kgi} \tag{4.3.3}$$

$$N = 100 A_o h \phi S_{oi} / B_{oi} \tag{4.3.4}$$

或

$$G_{kys} = 0.01 A_o h \phi S_{oi} E_R / B_{kgi} \tag{4.3.5}$$

式中 N——原油储量,$10^4 \mathrm{m}^3$;

E_R——原油采收率,%;

B_{oi}——原油原始体积系数；

A_o——含油面积，km²；

S_{oi}——平均原始含油饱和度。

（3）未开采的纯水层改建的气库。

对未开采的纯水地质构造其原始库容量等于地层水可采储量的储集空间所能储存的气量。

计算公式为

$$G_{kys} = 0.01 A_w h \phi S_{wi} E_{wR} / B_{kgi} \tag{4.3.6}$$

式中 A_w——含水面积，km²；

S_{wi}——平均原始含水饱和度；

E_{wR}——地层水采收率，%。

（4）盐穴、废矿井改建的气库。

对盐穴、废矿井改建的气库，其原始库容量等于已采掘的空间所能储存的气量。

计算公式为

$$G_{kys} = 10^{-8} V_{空} / B_{kgi} \tag{4.3.7}$$

其中 圆球型 $V_{空} = 0.75 \pi r^3$；圆柱型 $V_{空} = \pi r^2 l$；长方体型 $V_{空} = abl$

式中 $V_{空}$——采掘空间（根据其空间立体形状计算容积），m³。

r——圆半径，m；

a——长方体底边长度，m；

b——长方体底边宽度，m；

l——圆柱体或长方体的高度，m。

2）物质平衡法计算库容量（动态法计算原始库容量）

对于具有气顶、油环、边水的气库，随着气库压力的变化（下降），气顶、油环、边水的体积都会发生改变，折算到地层条件下地下体积的物质平衡关系具体可描述为

累积产油量+累积产气量+累积产水量=气顶区累积体积膨胀量+原油区累积体积膨胀量+地层水累积侵入体积量+地层束缚水和岩石累积体积膨胀量+累积注气量+累积注水量

油气藏通用的物质平衡方程式：

$$G = \frac{(W_p - W_i) B_w - W_e - G_i B_{ig} + N_p [B_o + (R_p - R_s) B_g]}{(B_g - B_{gi}) + \frac{B_{gi}}{m B_{oi}} [B_o + (R_{si} - R_s) B_g - B_{oi}] + B_{gi} \left(1 + \frac{1}{m}\right) \frac{C_w S_{wi} + C_f}{1 - S_{wi}} (p_i - p)} \tag{4.3.8}$$

或

$$G = \frac{(W_p - W_i) B_w - W_e - G_i B_{ig} + N_p (B_o - R_s B_g) + G_p B_g}{(B_g - B_{gi}) + \frac{B_{gi}}{m B_{oi}} [B_o + (R_{si} - R_s) B_g - B_{oi}] + B_{gi} \left(1 + \frac{1}{m}\right) \frac{C_w S_{wi} + C_f}{1 - S_{wi}} (p_i - p)} \tag{4.3.9}$$

式中 G——自由气的原始地质体积（地质储量），10⁸m³；

G_p——累积产气量，10⁸m³；

N_p——原油累积采出量，10⁴m³；

B_{oi}——原油原始体积系数；

B_o——原油体积系数；

R_{si}——原油原始溶解气油比；

R_s——原油溶解气油比；

B_{gi}——自由气原始体积系数；

B_g——自由气体积系数；

S_{wi}——地层束缚水饱和度；

C_w——地层水压缩系数，1/MPa；

C_f——地层岩石有效压缩系数，1/MPa；

G_i——累积注气量，$10^8 m^3$；

B_{ig}——注入气体积系数；

W_i——累积注水量，$10^8 m^3$；

B_w——注入水或产出水体积系数。

3）气库压力对库容的影响

根据气藏的含气面积、气藏的构造和压力就能估算出储气库的储量，降低储气库的最小设计压力和提高最大允许压力可提高储气库的储量，但是最小设计压力的降低是有限度的，最多能降低到储气库的基础压力，这是维持储气库容积所必须的压力，最大允许压力的提高也是有限度的，一般在不破坏地层的前提下，可以适当提高储气库的压力。

目前有些国家为加大气库的有效储气量，减少注气井的数量，降低压气站功率，改善整个供气系统的技术经济指标，将压力梯度改变为 0.0154MPa/m，即超过标准静水压力 1.5 倍。但无论压力提高多少，都是以不破坏盖层和储层结构为前提。研究表明，使储气库的最大允许压力等于地层埋深处岩层侧向压力值的 0.5~0.7；或当盖层的厚度大于 5m 的黏土盖层时，最大允许压力可超过储层深度处静水压的 1.3~1.5 倍。过分的提高储层压力，可能造成地层结构和储气库严密性的破坏，从而使气体泄漏到地面上。此外，随着天然气压力的升高，气体的压缩费用也会随之增加。

2. 注气系统压力

注气系统压力的决定因素是输气管网的输气压力与地下储气库的地层压力。

当输气管网输气压力较高而地下储气库地层压力较低，利用两者间压力差即可将天然气注入地下时，可利用管压注气。这种注气方式，输气管网与地下储气库间联络线、地下储气库注气装置、单井注气管线均为高压，操作难度大、安全性要求高。

对于大多数地下储气库而言，特别是凝析油气藏型地下储气库，输气管网的运行压力一般较低而地层储气压力较高，输气管网运行压力不能满足注气要求，因此需设置压缩机，天然气增压后才能注入地下储存。

利用注气压缩机增压注气的地下储气库，注气系统压力可分为不同级别，注气压缩机前的系统压力一般与输气管网的运行压力一致，注气压缩机后的系统压力与注气条件下所需的井口压力一致。当注气压缩机为多级压缩时，压缩机还存在级间压力系统，注气压缩机最末一级出口压力的计算可由以下公式得出：

$$p_d = p_{地层} + \Delta p_1 - H + f_1 + f_2 + \Delta p_2 \tag{4.3.10}$$

注气压缩机出口压力：

$$p_{wk} = p_{地层} + \Delta p_1 - H + f_1 \tag{4.3.11}$$

式中 p_d——注气压缩机出口压力，MPa；

p_{wk}——井口压力，MPa；

$p_{地层}$——地下储气库地层压力，MPa；

Δp_1——地层与管柱之间为保证一定单井生产能力需要的流动压差，MPa；

H——由于井口与地层位差产生的静液柱压差，MPa；

f_1——注气时在管柱上产生的流动摩阻，MPa；

f_2——注气管线产生的摩阻，MPa；

Δp_2——注气压缩机后冷器、注气压缩机出口过滤器（如果有）产生的压差。

一般情况下，地层压力及井底流压由地质设计部门确定，管柱压差由钻采设计部门确定。

1）枯竭油气藏型储气库最大允许压力

在向地下储气库注入天然气时，储气库注气压力取决于盖层和储气层岩层的强度、固井质量、输气管网的压力等。注气压力的选择应大于储气层压力,根据储气库每个周期情况,注气压力随构造高度也有变化。

随着天然气的注入,储气库压力不断提高,达到储气库所能允许的值,称天然气地下储气库的最大允许压力 p_{AMP},国外一般控制为气田未开采时的静态压力,即原始地层压力,储气库超过此压力,会造成天然气地下损失或泄漏,甚至引起爆炸和火灾,同时会在气井中形成结晶水合物,加大气体的压缩消耗。俄罗斯许多气库的最大压力比原始压力高 40%~50%,美国的实际储气压力高 10%~60%。

储气库最大允许压力的确定取决于许多地质技术因素,特别与储层深度、圈闭面积、储层盖层的密度、强度和可塑性、含水层上部岩石的体积重量、建库方法和注气速度、注气和抽气用压缩机的极限压力等有关,储气地层、顶层、底层的结构与构造特性,甚至储气地层上面的岩石断面,对最大允许压力都有很大影响。目前国外较常用的确定地下储气库最大允许压力的经验公式有:

(1) 威廉斯法。

$$p_{AMP} = 0.023H_z\alpha + (0.047C - \alpha)p_R \tag{4.3.12}$$

式中 H_z——油气层中部深度,m;
α——岩石破裂常数,一般取 0.0325~0.0493;
p_R——地层平均压力,MPa;
C——上覆岩层压力梯度,一般取 0.0227~0.0247MPa/m。

(2) 迪基法。

形成垂直最大允许压力:

$$p_{AMP} = 0.02227H_z \tag{4.3.13}$$

形成水平最大允许压力:

$$p_{AMP} = CH_z \tag{4.3.14}$$

2) 含水层型储气库最大允许压力

对于含水层型储气库的最大允许压力有法国提出的经验公式,美国也使用同样的公式:

$$p_{max} = 1 + 0.0981ZG \tag{4.3.15}$$

式中 p_{max}——最大允许压力,bar;
Z——储气库覆盖层厚度,m;
G——系数,1.33~1.49(法国),1.33~1.55(美国)。

在含水层型储气库的技术指标下,将储气库最大地层压力与静水柱压力的比值称为增压系数,一般用希文 γ 表示。增压系数取决于含水层型储气库盖层的可靠程度、固井质量以及储气过程中的工艺要求,通常的取值范围为 1.2~1.5。

设含水层型储气库平均中部深度为 $H(m)$,上覆地层岩石平均密度 ρ_{rock}（g/cm³）,该值由上覆地层分层岩性资料厚度加权平均获得,岩石内摩擦系数 α,取值范围为 0.6~0.8,气库安全系数 β,取值范围为 0.5~0.7,增压系数 γ。在这些假设下,得到含水层型储气库最大允许地层压力的计算公式:

$$p_{rock} = 0.00980665\rho_{rock}H\alpha\beta \tag{4.3.16}$$

$$p_s = 0.00980665\rho_{water}H\gamma \tag{4.3.17}$$

式中 p_{rock}——考虑安全系数后储气库最大地层压力,MPa;
p_s——考虑气库扩容及静水柱压力的最大地层压力,MPa;
ρ_{water}——地层水密度。

3) 盐穴型储气库最大允许压力

盐穴型储气库的运行,如同一个存在于最大与最小压力之间的压力容器,整个气库的稳定性与盐穴运行压力有直接关系。根据储气库运行要求,通往集输管线的最小井口压力约束了溶腔的最小压力,溶腔最大压力要根据基质盐特性,结合复杂的岩心分析,利用计算机有限元程序进行岩石力学计算,目前美国盐穴型储气库一般最大压力梯度为 0.019MPa/m;德国储气库最大压力梯度一般为 0.02MPa/m;加拿大储气库一般最大压力梯度为 0.0152MPa/m。

确定储气库的最高运行压力对储库的运行操作具有重要的意义。溶腔的最高运行压力取决于储气库建造期限和速度及有效容积等参数。溶腔最高运行压力的确定主要是借用国外的不同方法对溶腔的最大压力进行计算，并参考国外盐层储气库实际运行压力，结合建库盐层现场实际破裂压力和溶腔压力资料。为了储气库的稳定性，溶腔最高运行压力应小于盐层破裂压力和最小主应力。

提高最大允许的盐穴压力，意味着储气层的压力范围、气体储存能力的增加。为此德国进行了现场盐的风动断裂试验，在基本应力条件下，由于各个方向相等的高静压，盐是密封的，但在盐穴周围，却发生基本应力条件向二级应力条件的转变，由于岩盐的塑性和变形性，这种二级应力条件使盐穴压力的波动在不断改变。最大允许盐穴压力的确定，以下述两种情况为限度：其一，避免由于在盐穴壁上盐的渗透性，气体进入盐中；其二，避免由于过剩的盐穴压力，在盐穴壁上或在灌入水泥的井的井管终端周围，发生了盐的断裂。

3. 储气库动态运行指标设计

储气库动态运行指标计算方法与地下储气库原始库容量计算方法相同，不同点在于其引用的条件参数不同。储气库动态运行指标计算方法包括静态法（容积法）、动态法（物质平衡法等）和数值模拟方法。三种计算方法在理论上都是可行的，在实际计算结果上通常因使用资料的误差而造成不同的结果误差。以物质平衡法为例进行储气库动态运行指标计算方法的说明。

某定容储气库，其物质平衡方程式的基本表达式为

$$G_{ksys} = G_p(p_i/Z_i)/[(p_i/Z_i)-(p/Z)] \tag{4.3.18}$$

式中 G_{ksys}——原始库容量；

G_p——储气库累计采出量；

p_i——原始地层压力，MPa；

Z_i——原始气体偏差系数；

p——气体的工作压力，MPa；

Z——气体偏差系数。

将实际参数引入后建立了数学方程并绘制了关系曲线，见图4.3.1。

$$p/Z = a(1-G_p/G_{kys}) \tag{4.3.19}$$

式中 a——修正系数。

由式中可以看出，储气库累计采出量 G_p 的改变将引起地层压力的相应变化。因此，可以据某库容量值确定对应的地层压力值，反之，也可以据某一压力值及相关参数计算相应的阶段采出量即库容量。

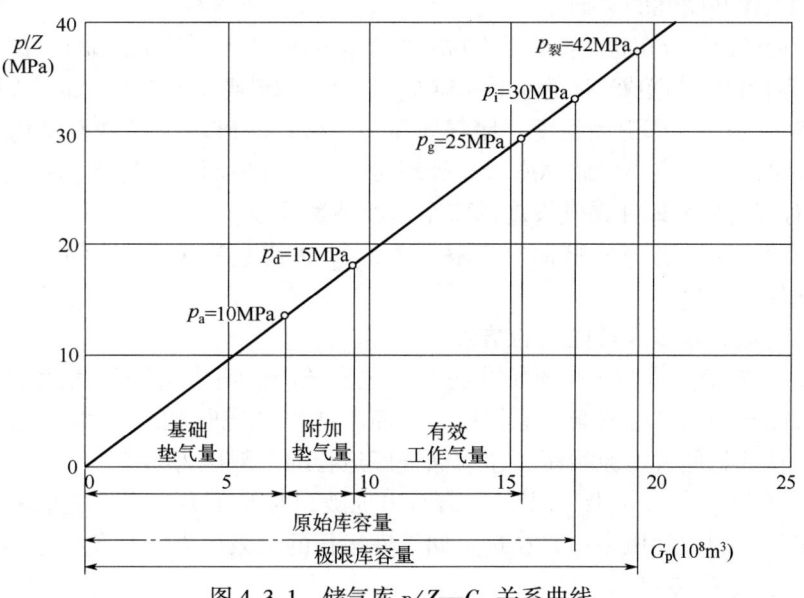

图4.3.1 储气库 p/Z—G_p 关系曲线

1) 储气库运行压力设计

储气库动态运行过程中，压力由低到高分为5级，储气库容量相应分为五部分，具体对应关系可参见图4.3.1。

（1）废弃压力 p_a：储气库达到废弃条件时储气库所具有的压力。储气库废弃时需考虑经济和技术两方面因素，储气库运营效益为零时或储气库（或气井）产气量为零时分别达到废弃条件，相应出现两个废弃压力值。通常以二者中较高的废弃压力值作为选用值。但需要考虑由于科技的迅速发展往往带来效益的提升与技术能力的提高，储气库在可预期内因经济和技术条件的变化可能对废弃压力带来的影响。

（2）储气库下限压力 p_d：储气库在注气、采气过程中所达到的最低压力。选定最低压力需要考虑下列因素：

① 最低压力所对应的储气库最小生产能力：调峰气量 Q = 单井产量 q × 采气井数 n。在调峰气量 Q 确定的情况下：若单井产量 q 因最低压力降低而降低，则采气井数 n 必须增加，相应会带来钻井等建库成本的增加；若采气井数 n 减少，则单井产量 q 必须增加，相应会要求储气库最低压力水平 p_d 的提高；可通过提高最低压力进而提高单井产量 q 实现，也可通过增加采气井数 n 实现，更可以二者结合实现；同时要考虑压力低对储气库封闭性的影响。

② 最低压力所对应的流体分布状态：对于不封闭的边水或油环储气库，压力低时水或油会侵入储气库造成储气库减小或气井见油水，对库容或产能造成危害。因此选取最低压力水平对储气库影响至关重要。

③ 最低压力所对应的井筒流体组分：对于可能的气液同产井，为保持必要的举升能量，需要选定合理的最低压力。

④ 最低压力所对应的气井井口最小压力：为了保持井口最小外输压力，以利于矿场集输。有时要求气井—储气库最低压力不能过低。

储气库最低压力的选定是多因素比选的结果。

（3）储气库上限压力 p_g：储气库在注气、采气过程中所达到的最高压力。选定最高压力需要考虑下列因素：

① 最高压力所对应的储气库最大生产能力，其公式为：调峰气量 Q = 单井产量 q × 采气井数 n。在调峰气量 Q 确定的情况下：若单井产量 q 因最大压力升高而提高，则采气井数 n 必然减少，相应会带来钻井等建库成本的减少；若采气井数 n 减少，则单井产量 q 必须增加，相应会要求储气库最高压力水平的提高；可通过提高最高压力进而提高单井产量 q 实现，也可通过增加采气井数 n 实现，更可以二者结合实现；同时要考虑压力高对储气库封闭性的影响。

② 最高压力所对应的流体分布状态：对于不封闭的边水或油环储气库，压力高时储气库内的气体会扩张侵入边水或油环，对扩容有利但易造成气体的泄漏和损失。因此选取最高压力水平对储气库影响至关重要。

③ 最高压力所对应的储气库封闭程度：储气库压力上限以不破坏地层岩石结构、保证储气库封闭性为目的。所以储气库最高压力应小于储气库岩石破裂压力和储气库断层、边水的封闭压力。

④ 最高压力所对应的储气库注采气设施的安全与经济性。

⑤ 据国外参考文献，俄罗斯的一些储气库限压比 p_{KGY} 达到 1.2~1.4，即储气库运行的上限压力达到储气库原始压力的比值。

储气库最高压力的选定是多因素比选的结果。

（4）储气库原始压力 p_i：储气库在原始状态时的地层压力。通常由于储气库由开采过的油气藏改建而成，因此储气库原始压力是指油气藏的原始压力，而不是油气藏改建储气库时的压力。在缺少资料的情况下，为稳妥起见，往往把储气库原始压力作为储气库运行的上限压力参考。

（5）储气库岩石破裂压力 $p_{裂}$：储气库盖层岩石出现破裂时的压力。应该选取最易出现破裂的岩石进行压裂试验，以确定岩石的破裂压力。并在选定储气库运行的上限压力时避免接近岩石的破裂压力。

2) 储气库动态库容量设计

储气库运行压力与储气库库容量互为因果关系。动态库容量由基础垫层气量、附加垫层气量和工作气量三部分构成,根据储气库压力变化的不同,其对应的动态库容量数值发生相应改变。

(1) 基础垫层气量 G_{kjc}：储气库废弃时残留在储气库中的气体数量。储气库废弃压力的高低决定了基础垫层气量的多少。

(2) 附加垫层气量 G_{kfj}：为保证储气库最低运行压力,在基础垫层气量基础上所增加的气量。

(3) 工作气量 G_{kgz}：储气库单独一个采气期的总采气量,反映储气库的生产规模。工作气量的选定既与储气库自身具备的生产能力规模有关,也与市场对储气库的需求规模有关。工作气量的多少与储气库运行压力区间的大小有正比关系,与储气库压力水平高低无关。

(4) 原始库容量 G_{ksys}：指储气库在原始状态时能够储存气体的数量。通常将原始库容量作为衡量储气库规模的主要指标之一。

(5) 极限库容量 G_{kjx}：当储气库压力达到地层破裂压力时的库容量。按理想条件推测,储气库压力只要低于储气库封盖岩石的破裂压力,气体就可储存住。由于考虑到储气库的安全性、长久性以及经济效益,储气库实际运行上限压力通常要低于破裂压力,动态库容量也少于极限库容量。

3) 储气库运行方式设计

储气库的运行方式应以满足下游市场需求为主,以适应上游供气方式为辅,同时兼顾储气库的安全、长效运行。

(1) 运行满足长效性：若储气库以满足地区性局部调峰或以满足区域性大范围调峰为目的,则因市场变数较多,储气库应留有一定的后备调峰余地,储气库的调峰规模可采取逐渐增长方式。

(2) 运行满足时效性：根据用户市场的需气规律,储气库可以分别满足瞬时调峰（时、日）、短期调峰（旬、月）、长期调峰（季、年）,也可能功能兼有或发生转化,储气库采取对应的采气方式。尽管储气库的注采井都以"少井高产"为原则,但瞬时调峰更强调单井点的强采能力和储气库调峰的极限能力,而长期调峰则侧重于储气库的整体平稳调峰能力和储气库压力的均衡利用。

(3) 运行满足储气库特殊性：即根据储气库自身特点选择运行方式。对于已枯竭的气藏改建的储气库,采取先注后采循环注采运行方式；对于未开发的气藏改建的储气库采取先采后注循环注采的方式；对于开发中期的气藏,根据市场需求规模和急迫程度,采取先采后注或先注后采的方式；对于油藏或凝析气藏改建的储气库,储气库运行过程中应考虑对油水的处理。

4.3.2 地下储气库注采工艺

地下储气库根据地下储层条件的不同,采出井流物组分也不相同,地面处理工艺也各不相同。地面处理工艺主要由井流物组分、温度、压力及外输干气的温度、压力、水露点、烃露点决定。一般地下储气库地面系统涉及内容包括采气工艺与注气工艺,采气工艺又包括单井集输工艺、脱水工艺、脱油工艺、凝液处理工艺、采出水（盐水）处理工艺、调峰工艺等。不同类型储气库地面工艺具有不同的工艺流程和特点。

1. 井场工艺

1) 注采井口工艺

井口集输工艺应由站场工艺、集输管线、井流物性质等综合因素确定。储气库为充分利用采气井口的压力能,集注站内采用 J-T 阀+丙烷辅助制冷工艺。为防止在集输过程中产生水化物,井口流程一般采用以下三种方式：

(1) 井口加热节流工艺：适用于井口压力较高、温度较低的气井,为保证井流物在井口及集输过程中不产生水化物,在井口设加热炉。当井口温度较高时可采用先节流后加热方式,以保证较低的炉管设计压力。井口加热节流方式的优点是单井集输管线设计压力较低,管线投资费用较少。缺点是井口设施投资高,工艺流程复杂。

(2) 井口不加热高压集输工艺：适用于井口压力不太高,而温度较高的气井,井流物不加热高压集输至处理站,各单井井流物在处理站进行节流。高压集输流程优点是充分利用了地层压力能,但单井集输管线设计压力较高，管线投资费用较高。该法适用于井口与注采站相距较近的场合。已建大港板876地下储气库和京58储气库群注采井位布置比较集中，单井集气管线较短，因此采用油嘴搬家方式，单井所产井流物不节流经单井管线直接进入集注站，在集注站内进行选井计量和节流。

（3）井口注防冻剂节流不加热工艺：适用于井口压力较高、温度较高的气井。优点是单井集输管线设计压力较低，管线投资费用较少，操作简便，投资省。缺点是防冻剂运行消耗量较大，增加了防冻剂的运输管理难度。已建京58储气库、大港大张坨地下储气库、板中北高点和板中南高点地下储气库采用的是这种井口工艺。

2）注采气管网

注采气管网是由井场至注采站间的管线组成，主要包括单井采气管线、采气汇管、单井注气管线、注气汇管和计量管线等。当储气库注气时，自注采气站增压后的天然气经注采气管网分输至各井口，经计量后注入地下储气库；当储气库采气时，天然气经井口紧急切断阀，经计量后通过集输管网输送至注采站。

根据储气库所辖注采井的井位和井数的不同，储气库注采气管网一般采取放射状（图4.3.2）、枝状（图4.3.3）或二者相结合的注采气方式。集输系统最常用的布置方式为枝状结构，井连接到管线，管线又连接到更大的管线，井口设有计量仪。在某些情况下，井通过专门的管线直接与注采站相连，这些井的计量仪可以设在靠近或直接设在注采站的每条管线上。

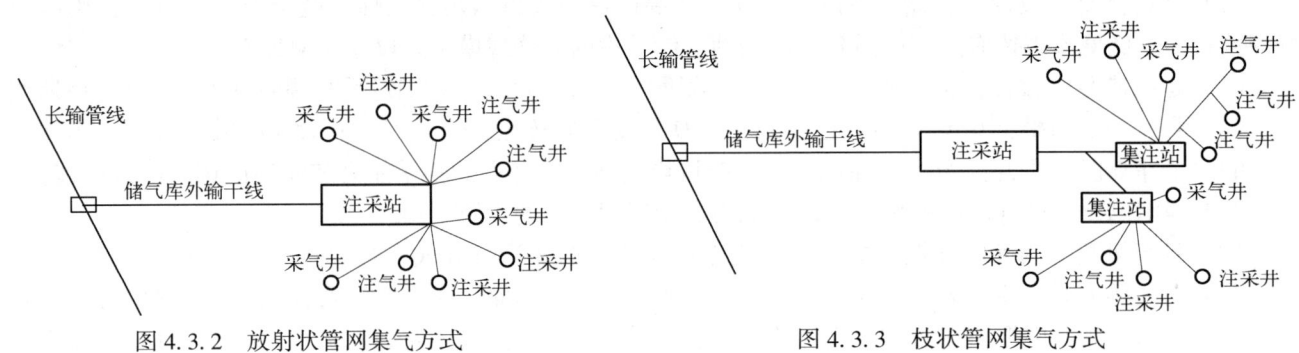

图4.3.2 放射状管网集气方式　　　　图4.3.3 枝状管网集气方式

注采气系统与一般气田的集输系统相同，只是管线要粗一些，容积大一些，这样才能和储气库的大井眼井相匹配。

不同的地下储气库类型，注气需要的压力、速率等差别较大，地面系统的差别也较大。

根据国内已建储气库的成功运行经验，采用注、采、计量分用管线的方案，即注气、采气、计量均采用独立的管道进行输气，这样虽然增加了部分投资，但从长远考虑，注气管道用作采气时，管道内会残留凝析油、水，且积于管内不易清除，影响管道的注气能力，同时也会引起管道的腐蚀问题，并且注、采、计量分用管道进行输气会增加很多操作上的便利性。但是，具体到其他各个储气库，根据实际情况，也考虑采用注、采管线合并，或注气计量管线合并，在井场增加清管装置加强清管，具体问题具体分析。

3）采气工艺

（1）油气藏型地下储气库采气工艺。

油气藏型地下储气库的特点是井口压力高，井流物需节流降压后输至采气装置进行处理并外输。受地层含水的影响，该类型储气库采出井流物中含有游离水及饱和水，井流物在低温下易形成水合物，冻堵管线。地下储气库运行工况复杂，需频繁开停井，低温条件下开井时，由于地层温度场的形成需要一定时间，在开井初期井口温度较低，单井管线存在冻堵现象，因此井口需采取防冻措施，防止管线冻堵。

为满足调峰气量需求，地下储气库需频繁开停井，单井管线的冻堵存在间歇性。采用井口不加热高压集输工艺不能满足井流物防冻问题。井口节流注水合物抑制剂不加热工艺可在短时间内投入使用，且注抑制剂系统适用气量范围大，能满足地下储气库井流物间歇防冻降凝要求，因此在国内气藏型地下储气库地面建设中得到广泛应用。

对于油藏型地下储气库，由于地层中残存未开采完全的原油，采气期采出井流物中将携带原油。原油的凝固点一般较高，井流物节流后温度降低，当节流后的温度低于原油的凝固点时，井流物将凝结、堵塞管线。因此对于油藏型储气库，井口一般采用加热节流与注水合物抑制剂相结合的工艺，在井口设置加热炉与注醇设施。当储气库仅开井初期需加热时，加热炉可多口井共用一台。

（2）含水层型地下储气库采气工艺。

含水层型地下储气库的特点是采出气和注入气的组分相同，采出井流物中含有游离水与饱和水，该类型储气库采气工况与油气藏型储气库类似，频繁开停井情况下单井管线易发生冻堵，采用井口节流注水合物抑制剂不加热工艺为最佳方案。

（3）盐穴型地下储气库采气工艺。

盐穴型地下储气库的特点是操作压力一般较低，采出气与注入气组分相同，生产初期地层中含有未置换完全的卤水。采气期井口压力高于储气库外输压力，需设置节流装置；注气期需控制生产井的天然气注入量，因此在集注站内每口盐腔的注采管线上设置双向调压阀，兼顾注气排卤时调节注气量。

对于地层压力较高的储气库，井流物节流后易形成水合物，需采用节流注水合物抑制剂不加热工艺；对于地层压力较低、井流物需增压才满足外输压力要求的储气库，井流物可不采取防冻措施、直接输至露点控制装置处理。

在每口井井口预留注醇口，极端天气下利用移动式注醇橇在井口进行注甲醇。注醇口可兼顾注缓蚀剂，用于管道防腐。

采气井口流程见图4.3.4。

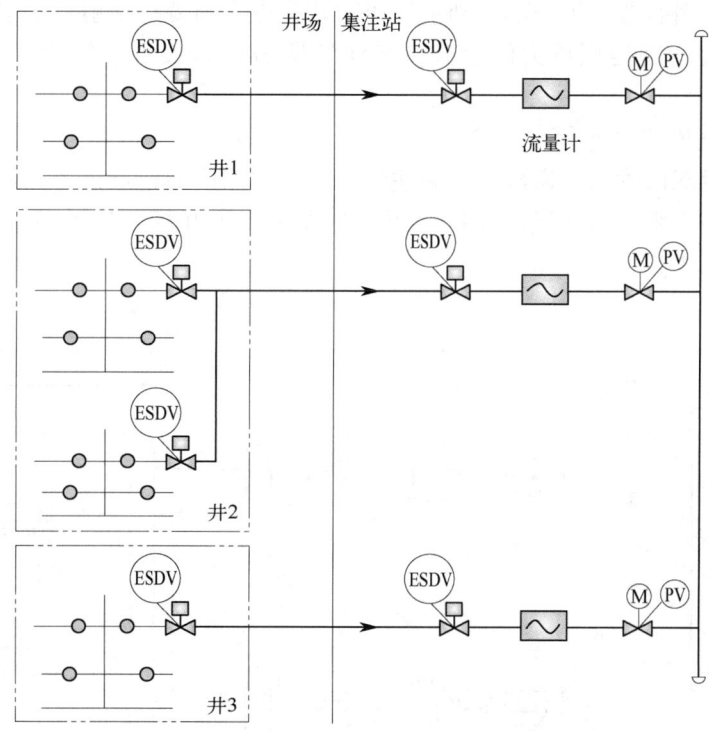

图4.3.4 井场工艺流程图

2. 集注站工艺

集注站工艺系统主要有注气工艺系统、采气处理工艺系统、外输工艺系统和辅助工艺系统。《输气管道工程设计规范》（GB 50251）对地下储气库注气工艺的要求如下：

（1）压缩机的进气管线上应设置分离过滤设备，处理后天然气应符合压缩机组对气质的技术要求。

（2）根据储气库地质条件要求，对注入的天然气宜采取除油措施。

（3）每口单井的注气量应进行计量。

(4) 注气管线应设置高、低压安全截断阀。

1) 注气系统

地下储气库注气工艺包括管压注气与注气压缩机注气两种形式，其中以注气压缩机注气工艺最为常见。两种流程的差别在于是否设注气压缩机。这需要结合整个注采气系统全面考虑，在大多数情况下需要设注气压缩机，只有当储气库采气干线连接处的管压高于最大注气压力时，才不需设注气压缩机。当储气库与输气干线的增压站相距不远时，可考虑将注气压缩机放在增压站，与增压站共用水、电等配套工程，以简化储气库的流程并可减少整个注采气系统的总投资。长输管道来天然气经过滤器过滤掉其中夹带的杂质后，进入注气压缩机，压缩后经压缩机后冷却器冷却，进入注气汇管，并经配气阀组分别注入注气井内。

注气压缩机的工况与储气库地层状态密切相关，在注气过程中，压缩机出口压力随地层压力升高而升高，变化幅度很大，在流程设计中要充分考虑适应这种变化。为此可采取两种措施：一种是设置多级压缩机，每一级压缩机均可独立运行，也可逐级串联运行；当注气初期注气量小、注气压力低时，采用单级压缩，或并联运行，随着压力不断升高，改为串联运行。美国 Honor Ranchor 储气库在气藏压力为 10.85~26.95MPa 时就采用两级压缩。为了优化运行，Honor Ranchor 储气库的发动机和压缩机配有可改变发动机转速和压缩负荷的自动控制系统。压缩机正常运行时常要进行流量控制。另一种是设置高低压天然气引射器。在注气初期，只投运第一级压缩机，然后再根据地层压力上升情况顺次投运下一级。在每一级压缩机开始投运的一段时间内，为保证压缩机在高效率区运行，可将来气"分流"，一部分进入压缩机增压，作为高压动力气进入高低压引射器，另一部分则不经压缩直接进入高低压引射器，引射器出口的混合气体压力，即为适宜的注气压力。随地层压力的上升，当注气所需压力接近压缩机出口额定压力时，停用引射器。

(1) 盐穴型地下储气库注气流程。

干线来气自分输站经双向输送管道输送至集注站，在集注站内通过旋流分离器、过滤分离器除去粉尘和杂质后，进入注气压缩机组，由注气压缩机增压后分配至各个井场，最后通过单井管道注入各口盐腔内，注气系统流程见图4.3.5。

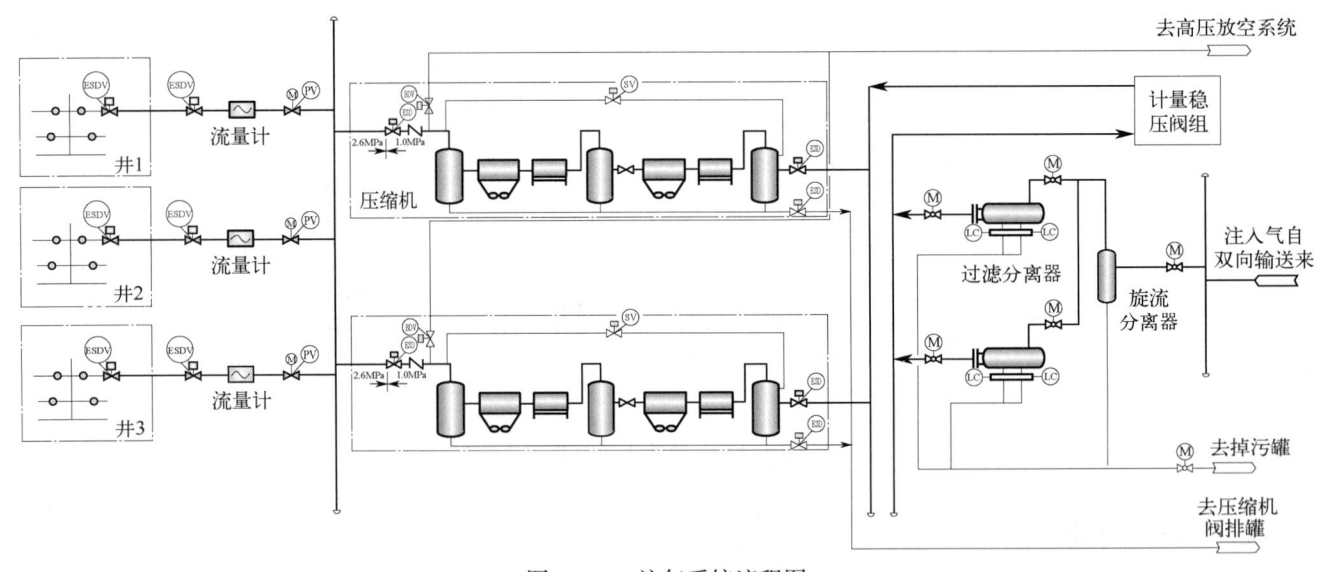

图 4.3.5 注气系统流程图

注气排卤排出的卤水中会含有少量天然气，天然气的存在不利于卤水的反排输送且对造腔系统的运行带来安全隐患，因此井场内设置移动式卤水分离橇。卤水分离采用橇装化设计，便于重复使用，橇内包括卤水分离罐和排卤泵。

注气排卤的卤水进入卤水分离器中，分离出的天然气引至安全处进行放空，分离出的卤水经排卤泵增压后进入返卤管线。注气排卤工艺流程图见图 4.3.6。

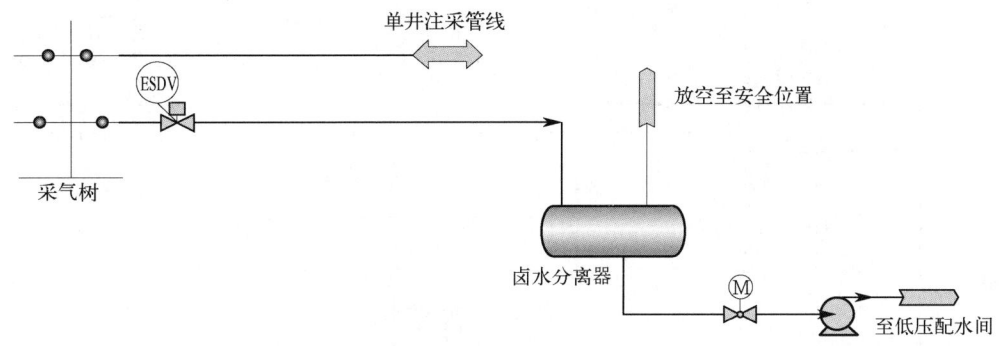

图 4.3.6 注气排卤工艺流程图

(2) 油气藏型地下储气库注气流程。

干线系统来气自阀室经双向输送管道至集注站，经旋风分离、过滤分离器除去粉尘和杂质后，进入注气压缩机组入口缓冲罐，增压后输至井场，通过单井管线注入地下。集注站注气系统工艺原理流程图见图 4.3.7。

2) 注气净化工艺

(1) 进口过滤器。

按照《输气管道工程设计规范》的要求，天然气管线在运输、施工过程中不可避免地会造成管内积存粉尘颗粒等异物，在清管过程中，不能完全清扫干净，天然气中的粉尘是影响注气压缩机运行周期的重要因素，同时也有可能堵塞地层，降低地层的注气能力，注气压缩机入口天然气含尘应小于 10^{-6}，粒径应小于 $2\mu m$。注气压缩机入口必须设置过滤器，考虑运行维护方便，过滤器应设置备用，过滤器进出口应设置压差检测报警设施。

(2) 除油器。

由于注气压缩机的出口压力较高，通常在 10MPa 以上，而往复式压缩机在地下储气库注气中应用比较普遍，往复式压缩机常采用有油润滑方式，部分润滑油不可避免会随着注入气体进入地层，影响地层的注气能力，压缩机出口润滑油的含量要求由地质部门确定。国内已建大港油田大张坨地下储气库注气压缩机净化气含油小于 5mg/L，板 876 地下储气库含油小于 1mg/L。

压缩后的天然气必须冷却和净化，高温气体直接注入，会在气井套管和周围水泥环引起不均衡的应变。俄罗斯常采用四级净化，最后使 1000m³ 天然气中润滑油含量在 0.4~0.5g 之间。

3) 注气速度和注入功率

天然气黏度小于水的黏度，注气速度过快易造成气的突进，而注气压力和水层压力之差不超过地层倾斜率就不易将水排出，对地层较平坦的构造，重力就不起作用。随着注气速度的增加，气驱后油水饱和度均降低，注气速度越大，储气库库容也越大，说明在建库初期应考虑加大注气速度。注气速度一方面要受压缩机的功率限制，另一方面注入速度过大，也会使压降过大，边底水锥进过快，压力漏斗波及范围过大，可能引起盖层破裂，使储气库的密封性遭到破坏，同时速度过大，还会导致出砂，引起地层的渗透率下降。对于实际开发的注水油藏，应该考虑由于沉积规律的变化而引起的纵向上渗透率的级差和厚度对界面稳定的影响，从而考虑合理的注气速度。

注气时气井流量的计算公式为

$$Q = C\sqrt{\frac{p_1^2(1-aH)-p_2^2 D^5}{\lambda Z\Delta T H\left(1+\frac{aH}{2}\right)}} \quad (4.3.20)$$

其中

$$a = \frac{2\Delta}{ZR_B T}$$

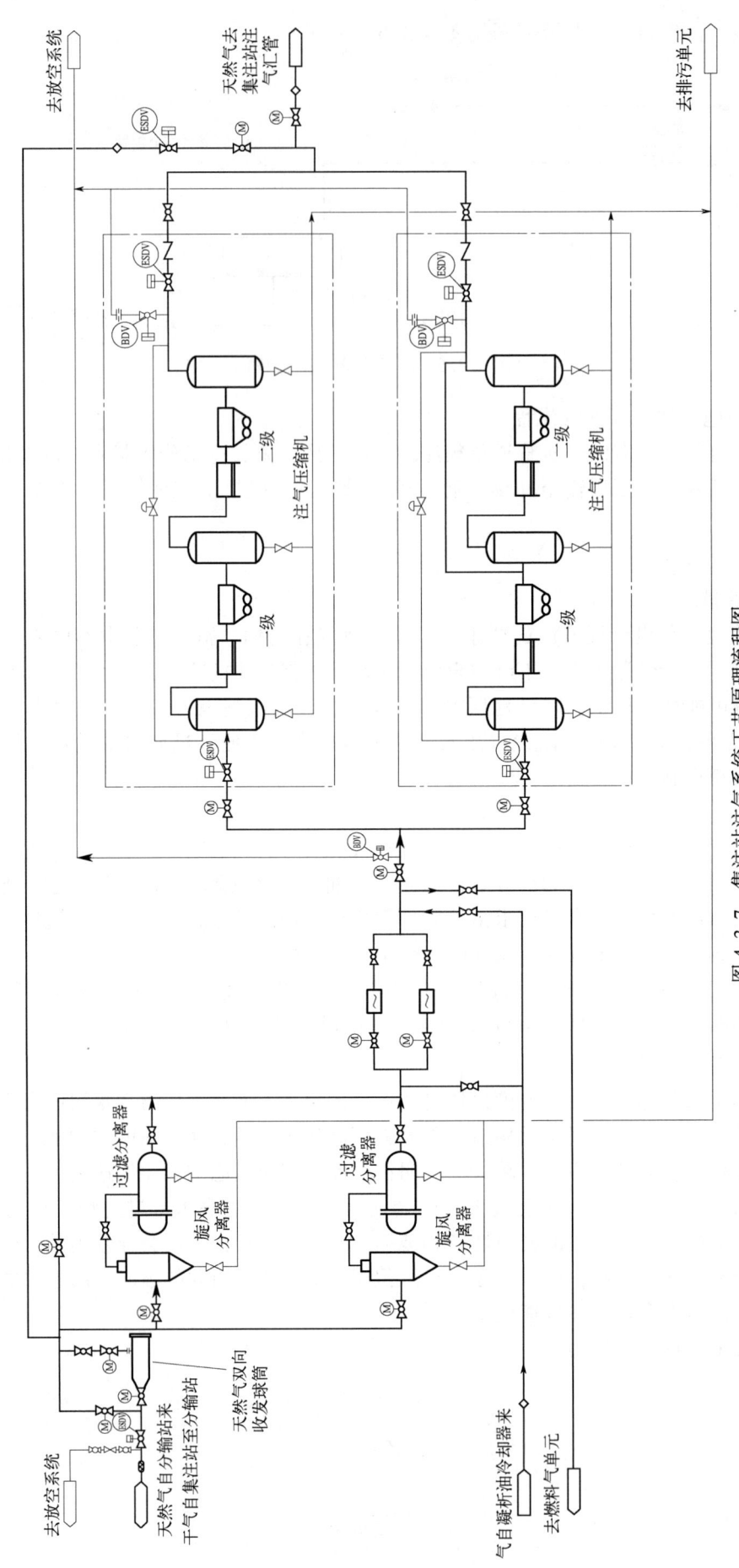

图 4.3.7 集注站注气系统工艺原理流程图

式中 C——常数，其值视所采用的单位而定；
p_1——采气时为井底压力，注气时为井口压力，MPa；
p_2——采气时为井口压力，注气时为井底压力，MPa；
H——井深，m；
D——井筒内径，m；
λ——水力摩阻系数；
Z——气体压缩系数；
T——气井中气体的平均温度，℃；
a——参数；
Δ——气体的相对密度；
R_B——空气的气体常数。

注入功率由气藏最大压力决定，或者是充满气时的气藏压力。当压缩机作为注入设备时，从管输系统进气，系统压力是较稳定的。压缩机进口压力是常数，用工作气量除以注入天数，就可以确定日注入量。工作气量影响所需的注入功率，它与注入流量呈线性关系。在注入期的开始时，随着工作气的注入，气藏压力升高，导致压缩机出口压力提高，从而使压缩机的功率增加。当所有工作气注入完毕，气藏充满，并达到最高压力，同时达到最大注入功率。

3. 采出气处理工艺

采出气处理工艺系统是地下储气库集注站工艺系统重要组成部分。《输气管道工程设计规范》（GB 50251）对地下储气库的采气系统的一般要求如下：

(1) 采气系统应有可靠的气液分离设备。采出气应有计量和气质分析设施。
(2) 采气系统应采取防止水合物形成的措施。
(3) 根据地下储气库类型的不同，经过技术经济比较，确定采出天然气的脱水、脱烃工艺流程。
(4) 采用节流方式控制水露点、烃露点的工艺装置，宜配置双套调压节流装置。调压装置宜采用降噪措施。
(5) 采气工艺应充分利用地层压力能。采气、注气管线宜合一使用。采气、注气系统间应采取可靠的截断措施。
(6) 采气管线应设置高、低压安全截断阀。

1) 采气系统压力

地下储气库采出气处理系统压力的确定取决于两个因素：气源压力与所需的干气外输压力。

(1) 气源压力。

对地下储气库采气装置而言，气源压力即为单井井口压力。地下储气库采气井井口压力决定于该储气库的原始地层压力。储气库的类型不同、地质条件不同、储气层深度不同，地层原始压力也不一致。根据地质评价，地下储气库存在一个运行压力区间，此运行压力区间与储气库库容量密切相关，需进行综合评价以确定气库最优运行方案。

① 储气库上限压力。

储气库上限压力确定主要原则是：不破坏储气库的地层岩石结构，保证封闭性，同时兼顾工作气量与气井产能。要保证各气层地质条件能够使烃类流体的储存，不会由断层或逸出点外漏至气库外。

② 储气库下限压力。

储气库下限压力确定主要原则是：气井在低压时有较高产能，满足调峰的要求；对有边水侵入的油气藏，应避免边水对气库运行的影响；满足采出气进站处理和外输的压力要求；维持单井最低生产能力。

(2) 干气外输压力。

地下储气库调峰气量的不稳定导致地下储气库干气外输压力的不稳定。当用户用气量大、地下储气库采出的调峰气量大时，所需的干气外输压力高。地下储气库的调峰气量达到峰值时，储气库的干气外输压力达到最大值，采气系统的运行压力也达到最大值。

气源压力及干气外输压力直接影响地下储气库采气系统处理工艺，当气源压力较高，可以满足干气外输压力要求时，处理后的干气可直接外输；当气源压力较低，不能满足干气直接外输压力要求时，处理后的干气需经压缩机增压后才能外输。采气系统压力的确定因采出气处理工艺的不同而不同，主要分以下两种工况：

① 井口压力高于干气外输压力。

对于凝析油气藏型地下储气库，地层压力一般较高，采气井口压力也较高，该类型地下储气库一般采用J-T阀制冷+丙烷辅助制冷工艺对外输天然气的水露点与烃露点进行控制。采气初期，有充分的地层压力能可利用时，采用J-T阀制冷；当采气末期，地层压力较低，无地层压力能可利用时，采用丙烷辅助制冷工艺以节省压力能。

对于此种采气工艺，采气系统操作压力一般较高，但不宜过高以满足干气外输压力为宜，一般采气系统的操作压力以高于最高干气外输压力1.5~2.5MPa为宜。

② 井口压力低于干气外输压力。

对于含水层型、盐穴型地下储气库，一般地层压力较低，采气井口压力也较低。该两种类型地下储气库采出压力一般不能满足干气外输压力需求，需设干气外输压缩机，根据工程具体情况，干气外输压缩机可考虑与注气压缩机共用。

在输气干线的管压很高，采出气如果单靠地层压力外输则要求过多的垫层气量和需要深度回收采出气中的凝液，采用压缩—膨胀机制冷的情况下应设外输气压缩机。为降低干气外输压缩机的压比及能耗，一般在满足井口压力要求的前提下，采气系统操作压力越高越好。

2）采气净化工艺

对于各种类型地下储气库，由于残存地层水的影响，采气期自采气井采出的井流物中都含有饱和水气及游离水。天然气中水气的存在，降低了天然气的热值，同时也降低了输气管道的输送能力。当天然气被压缩或冷却时，水气会从气流中析出形成液态水。在一定条件下，液态水和气流中的烃类、酸性组分等其他物质一起将形成像冰一样的水合物。水合物的存在会增加输气压降，减少输气管道通过能力，严重时还会堵塞阀门和管道，影响正常供气。在输送含有酸性组分的天然气时，液态水的存在还会加速酸性组分对管壁、阀件的腐蚀，减少管道的使用寿命。因此，天然气一般必须经过脱水处理，达到规定的含量指标后，才允许进入输气干线。

采气井口一般不设置净化装置或只设置过滤分离器，用来脱除机械杂质和较大液滴，采出气统一输到采气站进行脱水、脱烃等净化处理。储气库的地层中本来就存在水分，当干气注入后，地层中的水分会蒸发进入天然气中，使储气库内的天然气处于水饱和的状态。储气库内温度越高，天然气就包含越多的水分。采出后环境温度降低，水汽冷凝，容易出现水合物，因此，地下储气库的净化处理主要是脱除天然气中的水汽。

脱水深度的确定应符合以下要求：

(1) 满足用户的要求；

(2) 管输天然气水露点在起点输送压力下，应比输送条件下最低环境温度低5℃；

(3) 对天然气凝液回收装置，水露点应比最低制冷温度至少低5℃。

除此之外，从储气库采出的天然气还含有泥砂、岩屑等固体杂质，还含有游离水、凝析油等液体杂质及水汽、CO_2、N_2等气体杂质，这些固、液、气杂质的存在为天然气水合物的形成提供了充分的条件，所以应对采出气进行充分的净化处理。

若储气库由枯竭油藏改建，在注采开始的几个周期内可能会采出较多重组分，但呈逐渐减少的趋势。是否需要专门设置凝液回收装置，应通过全面的技术经济对比分析。

(1) 油气藏型地下储气库采气处理工艺。

枯竭油气藏型地下储气库是占世界上地下储气库比例最大的一类地下储气库，此类地下储气库的优点是利用已有的枯竭或半枯竭油气藏建设而成。油气藏型地下储气库采出气中含有重烃组分及地层水，采出气需脱水、脱油后才能汇入输气干线。

油气藏型地下储气库地面典型工艺流程如图4.3.8所示。

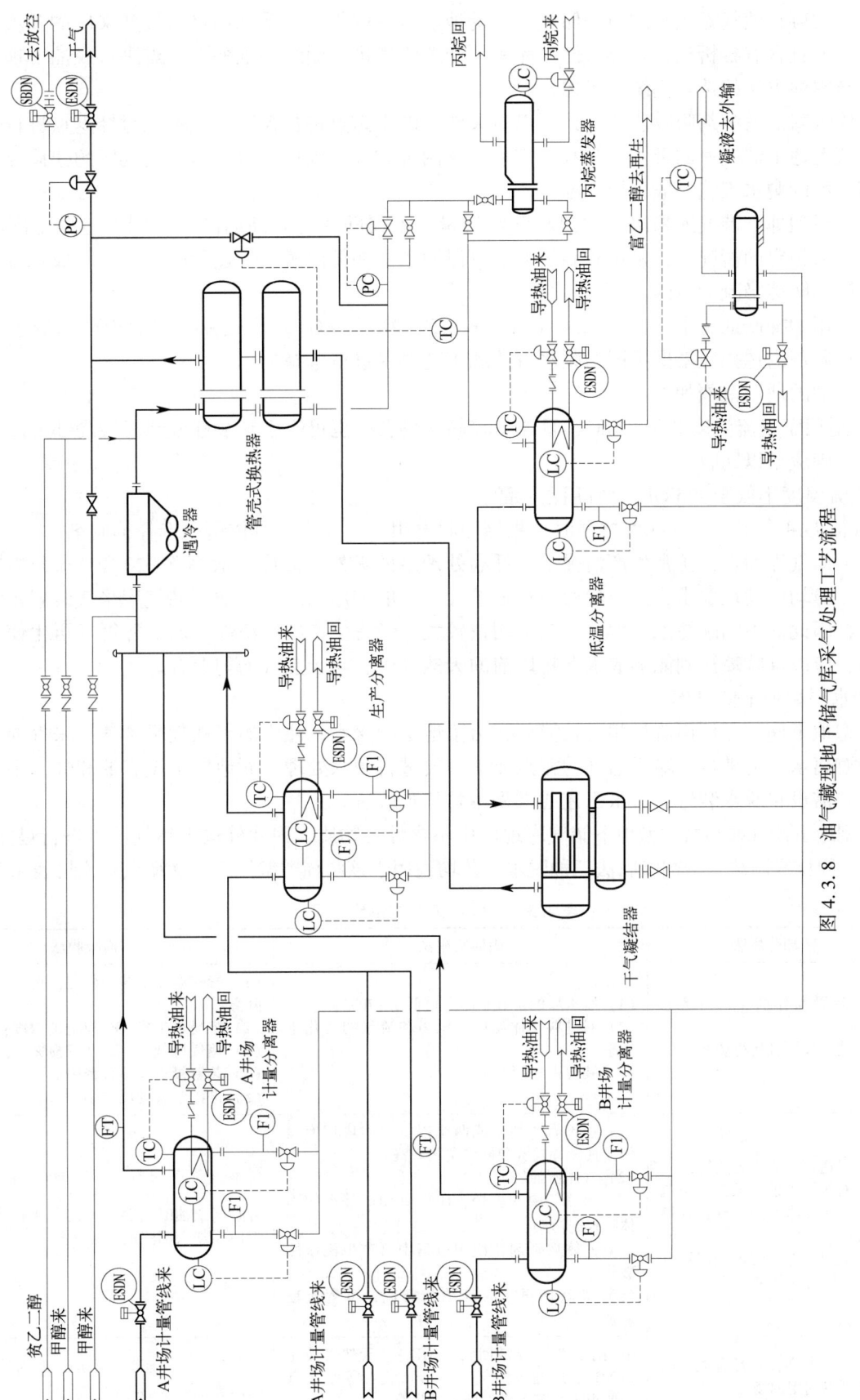

图 4.3.8 油气藏型地下储气库采气处理工艺流程

（2）凝析油气藏型储气库脱水工艺。

利用废弃的凝析油气藏改建的地下储气库，受地层条件的影响，采气期自采气井采出的井流物中不仅含有游离水，而且含有凝析油，该类型储气库采气装置除需进行脱水处理外，还需进行脱油处理，脱水方法的选择应与脱油方法的选择应统一考虑。

对于固体吸附法及溶剂吸收法脱水，可以对天然气的水露点进行控制，但不能对烃露点进行控制，因此凝析油气藏型地下储气库的天然气脱水不宜采用这两种方式。根据国内外地下储气库的建设经验，凝析油气藏型储气库的脱水工艺一般采用低温法。

凝析油气藏型地下储气库采出气的饱和含水气量，不仅随压力升高而减少，同时也随温度降低而减少。在操作压力稳定的情况下，采用降温的方法可以脱水。在低温脱水的过程中为防止形成水合物，需注入抑制剂以达到防冻降凝的目的。

工程上常用的抑制剂有甲醇、乙二醇（EG）或二甘醇（DEG），该三种抑制剂均可降低水溶液的冰点，水合物抑制剂的选择应根据不同的脱水方法和工艺要求进行选择。

常用抑制剂的适用范围如下：

① 甲醇适用于气流温度低于-40℃，且压力较高的场合，也可用于季节性或临时性局部解冻。如果甲醇用量较大，则应予以回收。

② 当气流温度不低于-25℃时，宜用乙二醇。

③ 当气流温度介于-25～-40℃之间时，根据原料气组成、压力等具体情况选择抑制剂。

对于地下储气库而言，正常生产情况下，低温处理后的天然气温度一般高于-20℃，水合物抑制剂采用甲醇、乙二醇均可满足要求，但甲醇回收难度较大，一般采用乙二醇。地下储气库采气装置正常生产时为连续运行，因此需不间断注乙二醇，乙二醇用量较大，考虑生产的经济性，乙二醇循环再生使用。乙二醇黏度较高，应以雾状喷注到能形成水合物以前的天然气中，与天然气均匀混合。

（3）含水层型地下储气库。

含水层型地下储气库地面流程相对较简单，由于地层中含水，注入的天然气是干气，采气期采出井流物中将携带游离水，为满足外输天然气的露点要求，要进行脱水处理。而地层中没有油和烃，不需要脱油处理，所以只需设置脱水装置，脱水工艺通常采用甘醇吸收法。

含水层型地下储气库与盐穴型地下储气库地层中不含烃类物质，因此外输天然气不需进行烃露点控制。冷却分离法、固体吸附法、溶剂吸收法三种脱水工艺均适用于该两种类型气库，优缺点对比见表4.3.1。

表4.3.1 脱水工艺方案比较表

项目	冷却分离法	固体吸附法	溶剂吸收法
优点	（1）装置操作简单，占地面积小； （2）装置投资及运行费用低	（1）脱水后的干气水露点可低于-70℃； （2）对进料气体温度、压力和流量的变化不敏感； （3）装置占地面积小	（1）操作温度下溶剂稳定，吸湿性高，露点降高； （2）容易再生成99%以上的浓度； （3）蒸气压低，气相携带损失小； （4）装置投资及运行费用低； （5）进出装置的压降小
缺点	（1）只适用于高压天然气； （2）对于压力低的天然气节流降温不足，达不到水露点控制要求； （3）如果没有足够的压降可利用，需增压或外供冷源	（1）由于需要两个或两个以上吸附塔切换操作，其设备投资和操作费用较高； （2）气体压降较大； （3）天然气中的重烃、H_2S和CO_2等可使固体吸附剂污染； （4）固体吸附剂在使用过程中可产生机械性破碎； （5）吸附剂再生时耗热量较高，再生流程复杂	存在轻质油时，会有一定程度的发泡倾向，有时需加入消泡剂
应用工况	天然气压力高，并且有充足的压降可以利用的场合	适用于天然气凝液回收（NGL）、天然气液化（LNG）、压缩天然气（CNG）装置等水露点降要求大、需要深度脱水的场合	油气田无自由压降可利用，能满足管输天然气水露点要求的场合

从冷却分离、固体吸附和溶剂吸收三种工艺方法对比可以看出，冷却分离工艺主要用于有充足压力降

可以利用的场合，否则需外加冷源制冷。固体吸附法脱水能达到较高的脱水深度，可以将天然气水露点控制在-70℃以下，但投资和操作费用较高，因此不宜采用。

采用溶剂吸收脱水工艺，三甘醇脱水的露点降一般为33~47℃，若采用汽提气则最大露点降可达到75~85℃，二甘醇脱水的露点降一般为25~30℃，能满足地下储气库天然气的露点要求。鉴于目前溶剂吸收法脱水工艺成熟、流程简单、操作费用低等因素，含水层型及盐穴型地下储气库的脱水工艺推荐采用溶剂吸收法，吸收剂采用露点降大、热力学性质稳定、再生损失小的三甘醇。

(4) 盐穴型地下储气库采气处理工艺。

利用含盐地层改建的地下储气库，盐层本身不含水，但该类型储气库需采用注水溶解盐层，再将盐水采出从而形成溶洞的方式来建库，由于注入地层的水在建库阶段不能全部排出，正常注采气后会随注入的天然气一起采出，因此该类型储气库的采出气也需进行脱水处理。

盐穴型储气库地面流程与含水层型类似，由于注入的天然气是干气，而采出气中由于初期地层中含水，要进行脱水处理，地层中没有油和烃，不需要脱油处理，所以一般初期均采用三甘醇脱水装置，后期当盐穴中的水分被置换完后，三甘醇脱水装置可以搬迁至其他地下储气库使用。盐穴型储气库地面设施工艺流程与含水层型储气库基本相同。

为了充分利用地面设施，盐穴型储气库三甘醇脱水装置和再生装置全部采用橇装设备。采气初期，每口盐腔的采出气通过注采管线进入集注站；经过进站阀组节流后进入站内经旋流分离器、过滤分离器，除去原料气中夹带的杂质及游离水后，经三甘醇脱水装置进行处理，水露点达到-5℃后二次节流至外输压力，作为产品气经计量、稳压后通过双向输送管道输送至分输站进入天然气主管线。采气系统工艺流程见图4.3.9。

3）地下储气库脱油工艺

含水层型及盐穴型储气库不需进行脱油处理，脱油工艺仅用于凝析油气藏型地下储气库。虽然注气期注入地下的是合格干气，但由于凝析油气藏型地下储气库地层中残存的凝析油及其他重烃组分的存在，采气期井流物中会将携带重组分，从而使天然气的烃露点升高。为满足外输干气的烃露点要求，凝析油气藏型地下储气库采出井流物需进行脱油处理。

地下储气库天然气脱油以满足产品气的管输要求为目的，只需脱除原料气中的重烃从而降低外输气的烃露点。对于凝析油气藏型地下储气库，脱油工艺与脱水工艺应相结合设计，综合脱水方法与脱油方法，地下储气库的脱水脱油工艺采用冷凝分离法为宜。

冷凝分离工艺包括空冷法、膨胀制冷法与外加冷源法。由于空冷法是利用空气的冷量来冷却介质，无能耗，因此在满足冷凝温度的前提下应优先选用空冷法。我国北方地区地下储气库采气期一般发生在冬季，正常采气时，受地层温度的影响，井流物温度一般较高，对于凝析油气藏型储气库，井流物温度可达到30~75℃，此时可采用空冷法对井流物进行冷却。一般情况下采用空冷法进行冷却，不能满足外输天然气的水露点及烃露点要求，但可作为一种预冷工艺，降低后续制冷工艺的能耗、增加制冷深度。

膨胀制冷分为节流制冷法、膨胀机制冷法和热分离机制冷法，其中节流制冷法能耗最低，是最经济的一种制冷方式，但制冷深度一般较低，该法适用于有充分压力能可利用的工况。受调峰气量的影响，地下储气库采气期具有气量和压力变化范围大的特点，J-T阀能满足地下储气库工程的变工况需要。在采气初期，地层压力较高而干气外输压力较低，此时有充足的地层压力能可利用，可采用节流膨胀制冷工艺，节流膨胀制冷工艺能否满足外输干气的水露点及烃露点要求，需视井口压力与干气外输压力而定。对于膨胀机制冷工艺，由于地下储气库具有压力变化范围大（10%~100%）、气量变化范围大（10%~100%）的特点，膨胀机高效流量范围仅为80%~120%，不能适应地下储气库的大压力、大流量波动的工况变化，因此在地下储气库工程建设中不宜采用。

地下储气库采气末期井口压力低、干气外输压力高，此时无地层压力能可利用，为满足冷凝温度要求，需考虑外加冷源制冷工艺，外加冷源采用丙烷，在制冷深度要求不高的情况下，单纯丙烷辅助制冷工艺即可满足制冷要求。

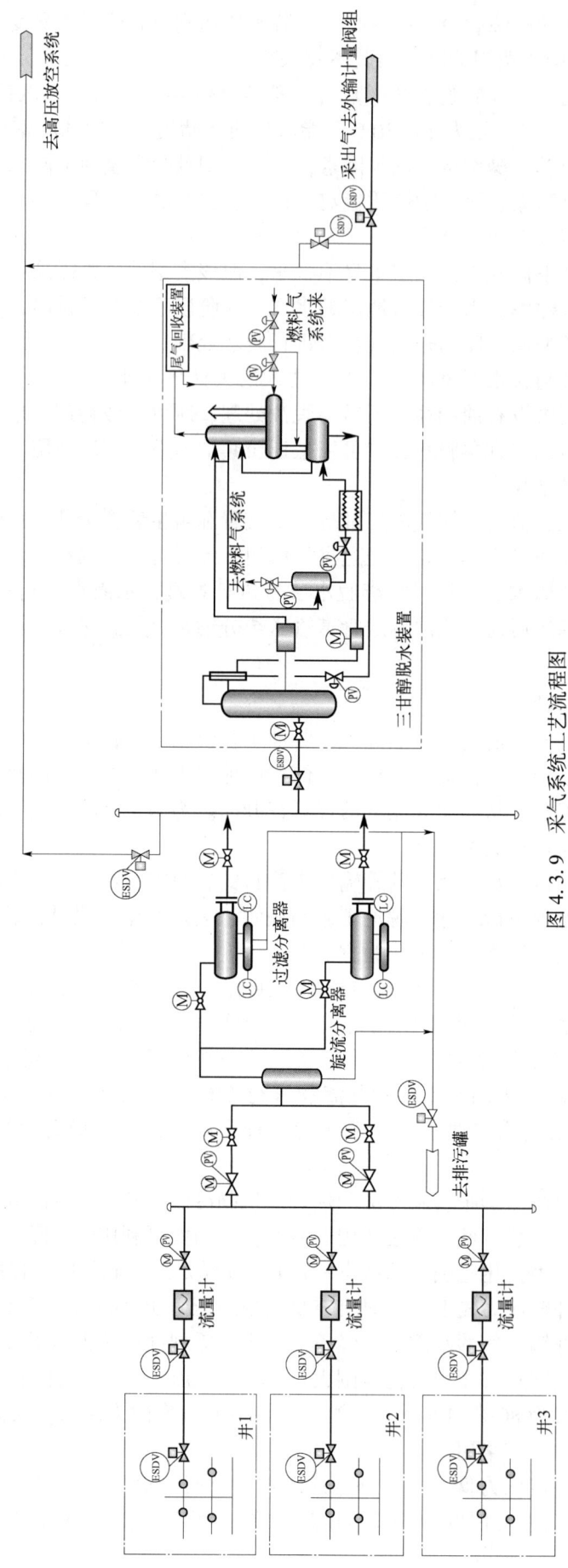

图 4.3.9 采气系统工艺流程图

地下储气库工程的脱水、脱油工艺必须是在防止水合物生成的条件下（一般采用注乙二醇），可采用空冷法+J-T膨胀制冷+冷剂制冷相结合的方式，三种方法灵活调配，根据采气工况的变化自由组合。

4）不同类型储气库净化工艺

地下储气库建成后，采气初期压力较高，压力能可以利用，因此，理论上讲低温分离法对于任何储气库来说，都是可以考虑选择的。

对于枯竭气藏改造的地下储气库，气质较贫，为统一地面净化工艺，可采用三甘醇脱水。

对于盐穴型储气库，采出气成分与注入气的烃组分一样，不需考虑烃露点，适于采用三甘醇脱水。

对于枯竭油藏或凝析气藏改造的地下储气库，采出气会携带少量轻烃，根据净化要求和指标，若需要对采出气进行脱烃处理，则采用低温分离法（注乙二醇防止水合物），既可脱水也可脱烃。采用节流阀形成低温环境，当阀前压力降低时，阀后的温度有可能达不到要求，因此需要外加空冷器、干冷气和采出气换热器或外加冷源制冷等设备满足低温分离器的工艺要求。

储气库天然气净化方案应根据地下储气库类型、油气集输系统、天然气的压力、组成、气源状况、地区条件、用户要求、脱水深度等进行技术经济综合比较后确定。

4.3.3 地下储气库注采应用举例

1. J58储气库群

1）注采气工艺原理流程

J51储气库，由于工作气量小，单井产量低；注采管线相对较长，投资较高；采出气为干气，不含游离水和凝析油。因此为节省投资，J51储气库井场到集注站的注气、采气、计量管线合一设置。

Y22储气库井场与集注站距离较近，最远的不超过1.5km，为简化工艺，Y22井场单井管线直接进站，注采阀组设在集注站。J58储气库由于注采井井数较多，敷设单井注采管线投资高，管线占地面积大，因此，只考虑从井场到集注站敷设注气、采气及计量汇管，在井场设置注采阀组，工艺原理流程见图4.3.10。

2）J58储气库采出气净化处理

根据J58储气库外输天然气的要求，采出气处理工艺不需采用深冷，同时根据井流物模拟，气质较贫，没有必要回收轻烃。根据采气井口压力（6.0~15.6MPa）情况及干气外输压力（采气前期7.9MPa，采气后期4.7MPa）的要求，在采气初期及中期井口有足够的压力能可利用，后期则压力不足，故在采气的不同阶段采用注防冻剂、J-T阀节流制冷和辅助冷剂制冷工艺相结合来控制天然气的烃水露点。

防冻剂采用乙二醇。乙二醇工艺可以较好满足工艺要求，且装置投资低，简单实用，操作灵活；同时，注乙二醇防冻工艺在大港已建地下储气库已有成功使用经验。

辅助制冷工艺推荐采用丙烷制冷方案。辅助冷剂制冷常用的冷剂有丙烷和氨，都可以达到-5℃的制冷深度。氨辅助制冷的优点是设备造价低，可实现国产化，但流程往往达不到全密闭，对周围环境的影响较大，因此在国内近几年的天然气处理辅助制冷系统的设计中，大都采用丙烷冷剂。目前，国内合资厂家生产的丙烷制冷压缩机质量可靠，且价格优于进口机组。

另外，为了节省能源，充分利用环境冷量，烃水露点控制装置设置了进站空冷器，将进站天然气降温至30℃，空冷器后设置进站过滤器，分出冷却后的液烃、黑油和水，并将液滴粒径控制在5μm以下。

J58地下储气库进站分离和烃水露点控制工艺原理流程图如图4.3.11所示。

(1) 进站分离流程。

采气井来气通过采气生产、计量管线，分别经采气生产收球筒和采气计量收球筒的旁通线，进入集注站内。采气生产管线的天然气（5.8~11.5MPa，35~65℃）进到采气生产分离器，进行气液两相分离，分出的气相进行生产计量，液相进到凝液分离器；采气计量管线的天然气进到采气计量分离器中，进行油、

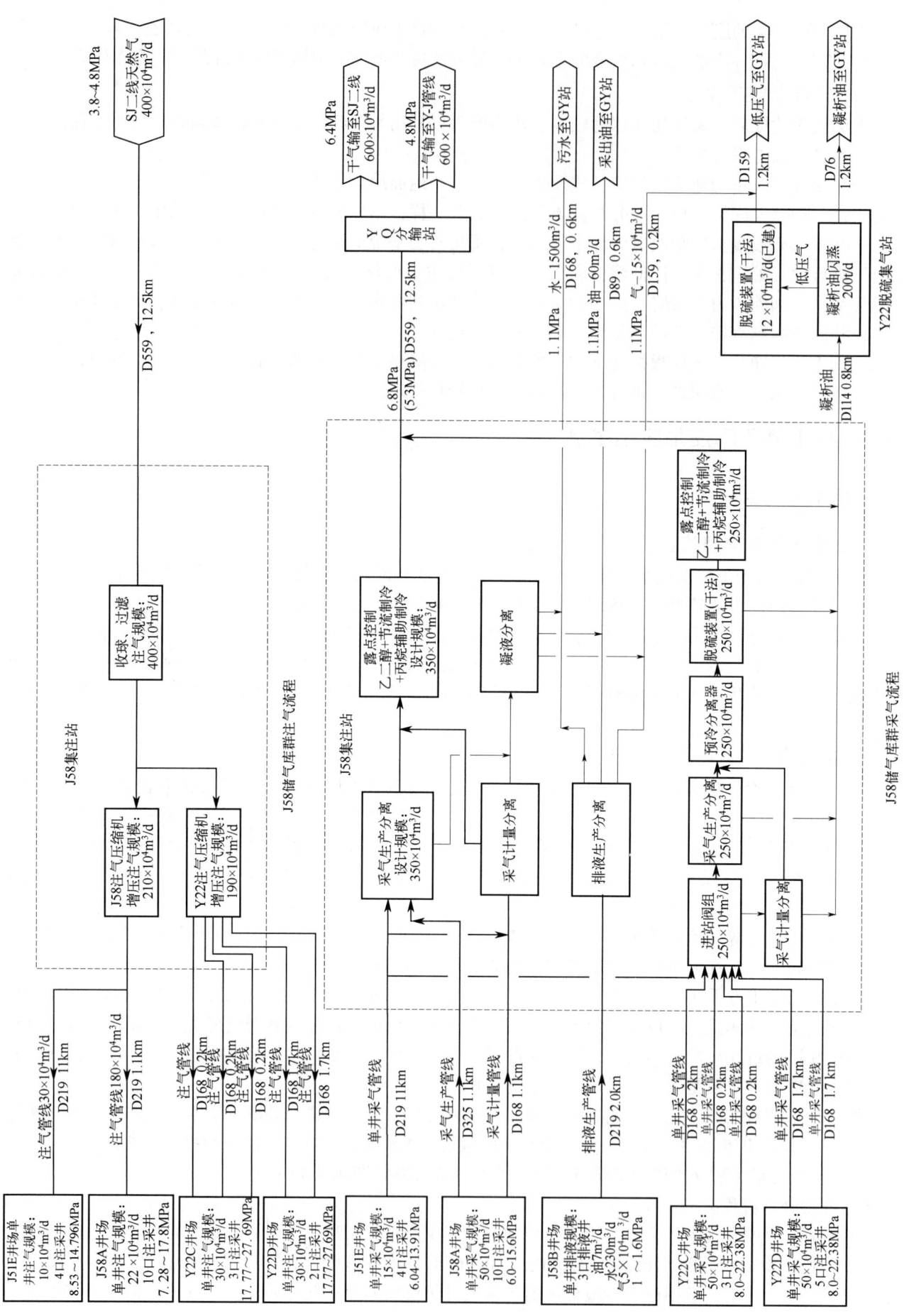

图 4.3.10 J58储气库群注采气工艺原理流程

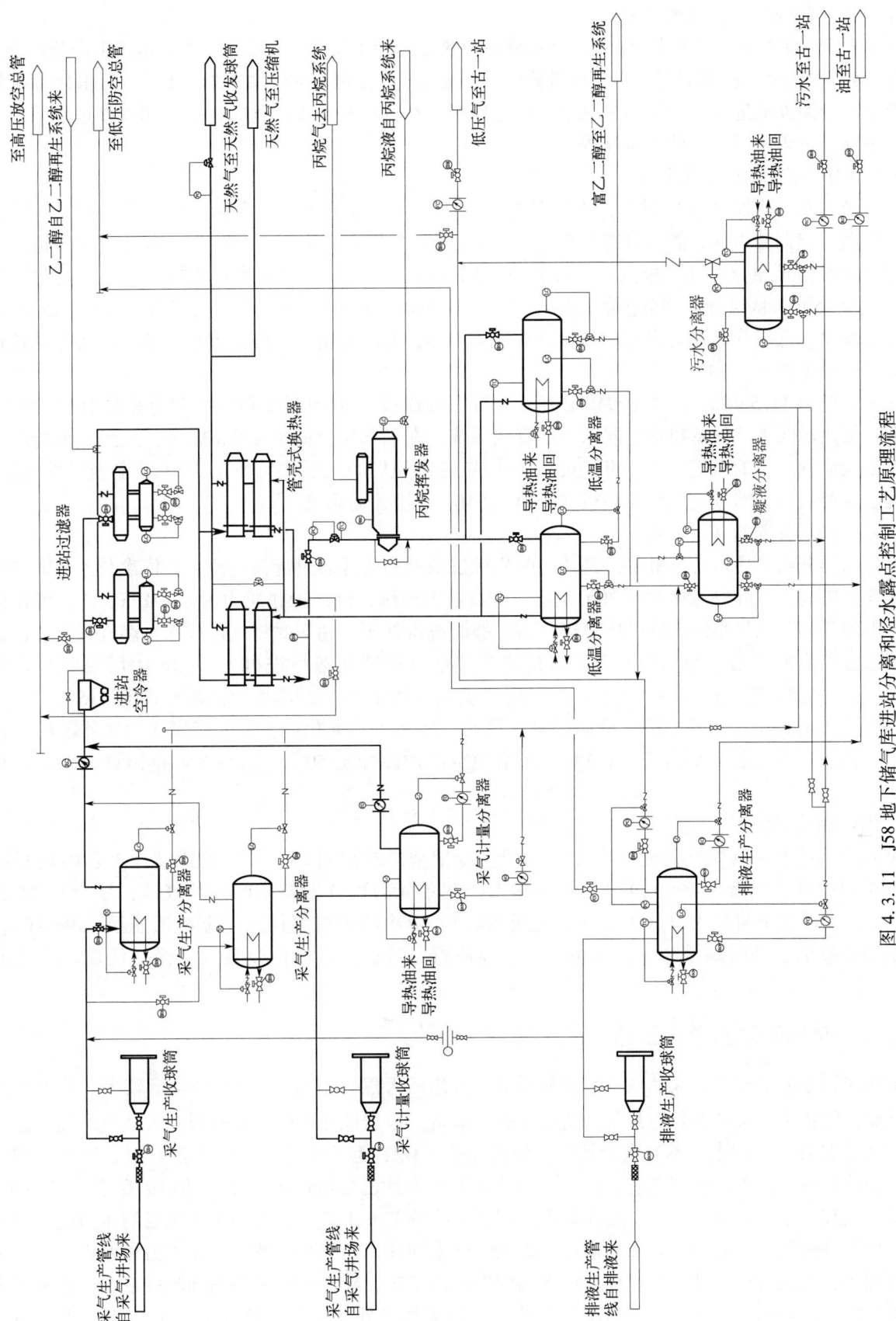

图 4.3.11 J58 地下储气库进站分离和烃水露点控制工艺原理流程

气、水的三相分离和计量，气相与生产分离器分出的气相汇合进到烃水露点控制单元的进站空冷器，分出的油相和水相混合进到凝液分离器中。

排液井来的井流物通过排液生产管线，经排液生产收球筒旁通线，进入集注站内的排液生产分离器，进行油、气、水三相分离，分别计量后，气相进低压气外输管线，油进入油外输管线，水进入污水分离器中。

排液生产分离器的进口设置了与采气系统的连接线，在排液井转为采气井后，气相直接进到采气生产分离器的进口，进入采气生产的正常流程。

（2）露点控制装置工艺流程。

天然气经进站空冷器冷却至25℃，再经过进站过滤分离器过滤凝液和水后，注入乙二醇，进管壳式换热器与低温分离器分出的天然气换冷至2℃。当采气天然气压力高于11.5MPa时，经J-T阀节流，天然气温度降至-5℃进低温分离器；采气压力低于11.5MPa时，天然气经丙烷蒸发器制冷（或节流与丙烷制冷相结合）至-5℃，低温分离器分出的气相经管壳式换热器复热后，通过天然气管线直接进压缩机或至天然气收发球筒，低温分离器分离出的油相进凝液分离器，分出的富乙二醇溶液进入乙二醇再生系统进行再生。工艺流程见图4.3.11。

采气压力低于11.5MPa、高于8.9MPa时，天然气可通过J-T阀制冷和丙烷制冷相结合的工艺，脱烃、脱水、复热后经天然气管道输进陕京二线管线系统；在采气压力低于8.9MPa时，天然气采出压力过低，不能适应输气干线的进气压力，可经J-T+丙烷制冷脱烃脱水后，压力4.7MPa，输至天然气管道，或者经脱水脱烃后，天然气进注气压缩机增压至7.9MPa，进外输系统。

（3）乙二醇再生系统工艺流程。

低温分离器分离出的富乙二醇溶液经乙二醇机械过滤器和活性炭过滤器过滤后，依次与乙二醇再生塔塔顶水蒸气和塔底乙二醇贫液换热至70℃进乙二醇富液闪蒸罐，该罐操作压力为0.6MPa。乙二醇富液闪蒸罐闪蒸出的气相与燃气系统连通，闪蒸罐压力不够时进行补压，超压时将气体放回至燃气系统。乙二醇富液闪蒸罐分离出的富乙二醇水溶液与乙二醇再生塔底换热罐换热后进再生塔。再生塔塔底操作温度125℃，采用导热油供热。再生塔塔底乙二醇贫液（质量分数75%）经塔底换热罐冷却至115℃后，与富乙二醇溶液换热至85℃，由乙二醇贫液循环泵，经乙二醇注入器雾化后，注入管壳式换热器前的气相中循环使用。乙二醇再生塔顶水蒸气（112℃）经塔顶空冷器冷却至50℃，然后进入排污罐。工艺流程见图4.3.12。

（4）丙烷制冷系统工艺流程。

丙烷制冷系统利用丙烷气化时的吸热效应产生冷量来冷却原料气。采气装置设计1套丙烷制冷压缩机组，机组的制冷负荷为1080kW。自烃水露点控制单元丙烷挥发器来的丙烷气体，压力0.24MPa，温度-10℃，进丙烷压缩机入口分离器（丙烷吸入罐），分出的丙烷气体进压缩机增压至0.90MPa，经丙烷冷凝器冷凝后，进丙烷缓冲罐，丙烷液体进经济器过冷后，进丙烷蒸发器循环使用。工艺流程见图4.3.13。

2. DZT储气库采出净化工艺

DZT区块属于凝析气藏，天然气中富含凝析油，采出的天然气中C_3以上组分含量较多，若不进行处理直接外输，将损失大量的液化石油气，造成能源的浪费。根据该地区的气象资料，天然气的烃露点达到-5℃，即可满足在长输管道中不产生天然气凝液的条件。DZT地下储气库采气工艺采用了技术先进、流程简单、操作弹性大的露点控制工艺，即J-T阀节流制冷和注乙二醇防冻技术，井口采用直接节流工艺，集输管道采用高压不保温集输工艺，集注站内采用高效换热节流工艺，充分利用了地层的压力能，并考虑乙二醇再生循环使用，有效降低防冻剂消耗。由于采气末期井口压力与天然气外输压力相差不大，无足够的压力可利用，因此露点处理装置设计采用冷剂辅助制冷工艺，新建两套丙烷辅助制冷系统，在采气末期无足够压力能时，采用丙烷制冷压缩机辅助制冷，可将天然气外输烃露点控制在-5℃以下，用于满足采气中期、末期外输天然气气质的要求。露点控制法脱水脱烃工艺前期采用节流制+注醇防冻工艺，中、后期采用丙烷压缩机辅助制冷工艺。

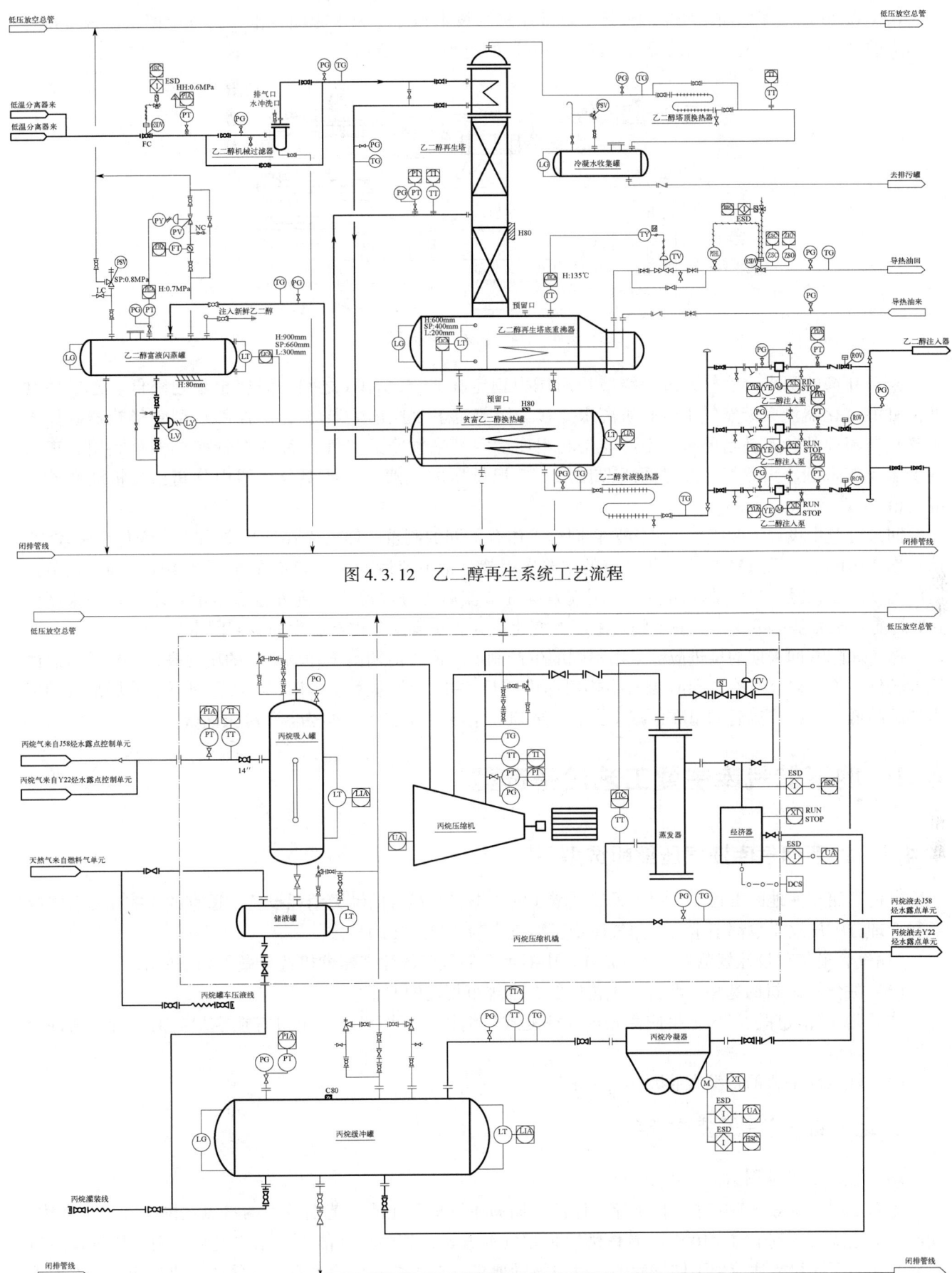

图 4.3.12　乙二醇再生系统工艺流程

图 4.3.13　丙烷制冷系统工艺流程

DZT B876储气库地面站场采用两级节流降压降温技术和冷却脱水脱油技术,在整个回采期内维持外输压力的稳定和满足外输露点的要求。其工艺流程如图4.3.14所示。

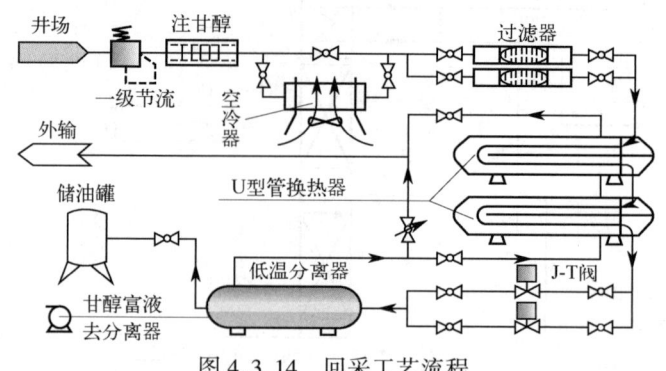

图4.3.14 回采工艺流程

来自井场的回采天然气经过一级节流后压力稳定在6~6.5MPa之间,温度也随之降低。乙二醇贫液由甘醇雾化器注入天然气中吸收游离水。在二级节流J-T阀前安装了空冷器和U型管换热器确保天然气在节流前的状态满足要求,空冷器是利用环境空气来预冷天然气,而U型管换热器是利用分离后的低温干气来预冷天然气。经过两级节流后,低温低压的天然气在低温分离器中分离出凝析油和乙二醇富液。

回采工艺中设计了两级节流是因为它们的工作有不同的侧重。储气库在回采期内压力变化范围较大,从初期30MPa到末期13MPa,一级节流的主要作用就是把节流后的压力稳定在6~6.5MPa之间,而节流后的温度无法顾及。二级节流的主要作用就是保证节流后的分离温度达到外输露点的要求,在回采期内J-T阀前后压力基本不变,而J-T阀前温度的变化成为影响低温分离器温度的关键因素。

储气库随着回采期的推进应该采用不同的生产制度。回采前期由于井场来气的压力高,一级节流后的温度较低,不必启动空冷器和U型管换热器即可满足J-T阀前的状态要求。回采后期由于井场来气的压力持续降低,一级节流后的温降也减小,有必要启动空冷器或U型管换热器预冷天然气。

4.4 地下储气库主要工艺设备选型

4.4.1 地下储气库注气压缩机选型

在地下储气库地面工程中,用于天然气增压的压缩机是最大的动力消耗设备,适宜的压缩比对节能降耗和合理分配压缩系数都很重要。储气库用压缩机多为往复式压缩机。

《输气管道工程设计规范》(GB 50251)中对地下储气库的注气压缩机选择做了如下要求:

(1)注气压缩机的选型、配置及工艺应符合本规范规定的要求。

(2)地下储气库注气压缩机应优先选择往复式压缩机。压缩机各级出口宜在冷却器前设置润滑油分离器。

(3)注气压缩机的选型宜兼顾注气和采气。

1. 地下储气库注气装置特点

1)气量变化范围大

为满足用户调峰气量需求,地下储气库注气期的注气量存在波动范围较大的特点,同一注气周期内,气量波动范围可达到10%~100%,具体情况根据气源气量、管网输气能力、用户类型、用户用气量各有差异,注气压缩机需适应地下储气库的大气量波动要求。对于盐穴型地下库,注气压缩机还应适应造腔注气排卤工况要求。

2）压力变化范围大

与油气田开发不同，地下储气库采用循环注采气模式运行，经过一个采气周期的运行后，地层中储气量达最小值、地层压力达到最低值。注气期开始后，随着调峰气量的波动，注气压缩机入口压力也不断波动，注气压缩机需适应入口压力的波动要求。

随着输气干线来的天然气不断注入地下，地下储气库地层储量不断增加，地层压力也不断升高，井口压力也随之升高，到注气末期，地层储气量达最大值，地层压力与井口压力也达到最高。对于凝析油气藏型地下储气库，井口压力可由注气储气的几兆帕升高到注气末期的 30~50MPa，压力的大范围波动对注气压缩机的适应能力提出了较高的要求。

3）安全性要求高

地下储气库除了满足调峰功能，还要满足输气管道事故状态下的安全供气，这就需要储气库保证随时能够投入生产运行，对注气工艺、注气设施的选型与配置提出了较高的要求。

4）气质要求高

应保证注入地下的天然气的气质，不能对地层造成污染。

2. 注气压缩机选型原则

注气压缩机的选型应遵循以下原则：

(1) 满足安全、经济、节能、环保要求。
(2) 满足注气压缩机入口压力和流量的波动，适应输气管网的参数变化要求。
(3) 满足注气压缩机起停间歇时间长的要求。
(4) 满足压缩机出口压力的不断升高要求。
(5) 保证注入地下的气质，不能受压缩机润滑油的污染，以免污染地层。
(6) 多台压缩机同时运行，需保证各自独立而又相互协调。
(7) 多台、高压、大功率天然气压缩机组的脉冲、震动问题。
(8) 原始基建费和安装费。
(9) 燃料或动力消耗和效率。
(10) 重量和空间界限。
(11) 停机维修周期和维修费。
(12) 搬迁的便利性和遥控操作的适宜性。

3. 注气压缩机设计参数的确定

1）压缩机排量

压缩机排量应根据地层储气能力、季节调峰气量、日调峰气量确定。对于采气期，外输气需增压的地下储气库，注气压缩机可与采气期干气外输压缩机共用。

为满足气量波动的要求，压缩机排气量的确定宜适当留有余地。

2）压缩机入口压力

压缩机入口压力取决于输气管网的压力，与输气管网至地下储气库间联络线的末点压力相同，并随之波动。当注气压缩机也作为采气压缩机使用时，压缩机入口压力要适应采气系统运行压力要求。当露点控制装置压力高于注气期输气管网压力时，注气压缩机的设计压力要按采气系统压力考虑。

3）压缩机出口压力

压缩机出口压力主要取决于地层压力，并受注采井柱选型的制约。

4）压缩机入口温度

压缩机入口温度等于输气管网来天然气温度，但当来气管线压力波动大、压缩机无法满足其波动范围时，压缩机入口处可安装压力调压阀，此时，压缩机入口的温度要考虑阀门节流的温降影响，同时，要考虑天然气节流后，是否有液体析出，从而采取相应过滤分离措施，避免对压缩机运行产生危害。

5）压缩机出口温度

压缩机出口温度是由压缩机组的出口压力、天然气性质、压缩机压比、压缩机效率等确定的，不同型号注气压缩机所能达到的出口温度不同，压缩机出口一般设置有后冷却器，经冷却器冷却后的天然气温度的确定需要考虑以下几个因素：

（1）注气管线外防腐层的性质：当采用PE（聚乙烯）防腐层时，一般最高的注气温度不超过70℃，若超过70℃时则应采用TPEP防腐工艺。

（2）当不保温时，要考虑埋地注气管线对地表农作物的影响。

（3）注气管线的运行温度要满足注气管线的应力分析要求。

4. 注气压缩机选型方法

1）压缩机类型

各种形式的压缩机，按照工作原理区分为三大类，即动力型（速度型或透平型）、容积型和热力型，见图4.4.1。各种压缩机的使用范围大致如图4.4.2所示。

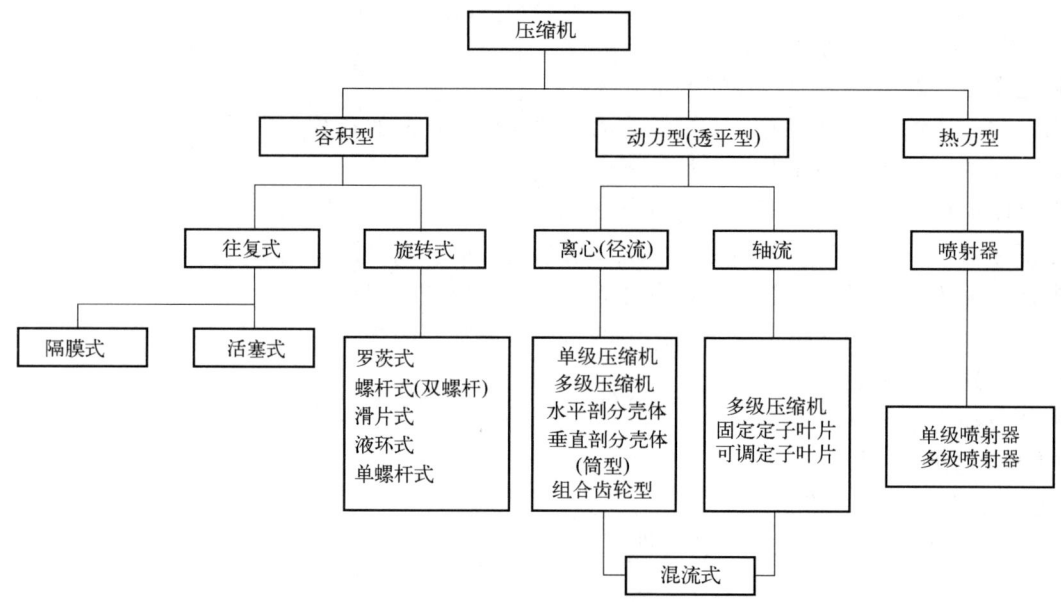

图4.4.1 压缩机分类

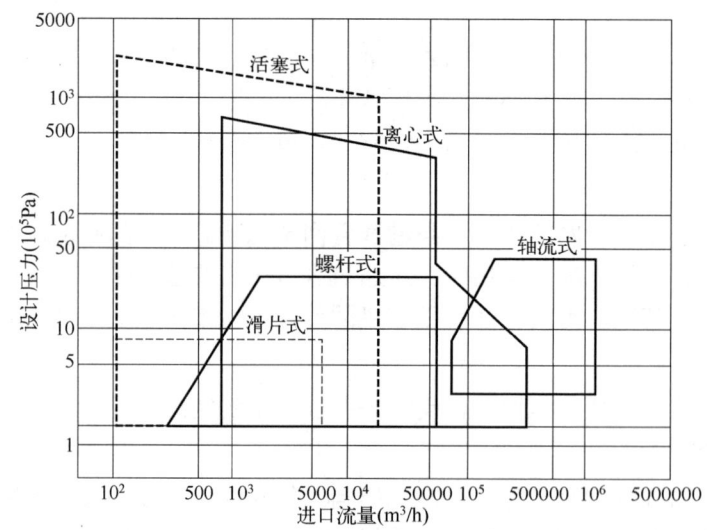

图4.4.2 压缩机的使用范围图

满足储气库注气量和注气压力变化范围的压缩机可选活塞压缩机和离心压缩机。

(1) 活塞压缩机的主要特点。

优点：

① 压力范围广，从低压到高压都适用，对地下储气库的压力波动工况适应能力强；

② 热效率较高，耗电、耗气量小；

③ 适应性强，通过转数、余隙或卸荷阀控制，排气量可在较大范围内调节；

④ 对制造压缩机的金属材材无苛刻要求，检修工作可以在国内进行，设备费用相对较低。

缺点：

① 外形尺寸及重量都较大，运输不便，压缩机基础大；

② 结构复杂，易损部件较多，包括活塞环、填料等需要经常进行检查、维护保养；

③ 虽然目前大功率压缩机采用对称平衡式减少了振动，但由于活塞的运动，气流仍存在脉动；

④ 噪声大，一般在90dB以上，设备体积大，降噪困难，只能通过置于厂房内，通过厂房降噪措施来实现。

(2) 离心压缩机的主要特点。

优点：

① 结构紧凑，外形尺寸小，重量轻，振动小，基础结构尺寸小；

② 排气连续、均匀，不需要级间中间罐等装置；

③ 易损件少；

④ 除轴承外，机件内部不需润滑，润滑油耗量小，且不污染增压的天然气；

⑤ 维修工作量小，调节方便。

缺点：

① 制造工艺精密复杂，大修工作一般只能国外进行，设备费用高；

② 适用于排气量大的场合，可调压力、流量范围小，只能通过转速来调节流量和压力，调节不稳定时易造成机组喘振。

在国内各种类型储气库工程建设中，特别是数量最多的凝析油气藏型地下储气库建设中，由于储气层深、压力高，往复式压缩机应用居多。在国外的地下储气库工程建设中，当排气压力低、排气量大且稳定时，也有采用离心式压缩机的情况，但当排气压力超过15MPa时，离心式压缩机则很少应用，尤其当注气流量波动较大时，离心压缩机就无法适应了；另一方面，地下储气库的地层压力不断变化，从而要求注气压缩机的出口压力不断变化，从离心压缩机的流量特性来看，需要离心压缩机的压头不断提高，即要不断提高离心压缩机的转速才能适应。在地下储气库注气末期，地层吸气能力不断降低、地下储气库注气量也随之递减，但地层储气量、地层压力、注气压力都不断升高，此时对压缩机组的要求最为严格，压缩机需在小排量、大扬程工况下操作，若选用离心式压缩机，一旦机组选择不当，将会进入喘振区，对机组的安全运行造成严重影响。

目前，国内建设的地下储气库主要是凝析油气藏型地下储气库，此类型气库地层埋藏深，注气压力高，用气量的变化较大，限制了离心压缩机组在地下储气库注气工程中的应用，因此，国内地下储气库工程注气压缩机几乎都选用往复式机组。

2) 往复式压缩机的选择

往复式压缩机的选择首先要满足工艺要求，如注气流量、注气压力、气源压力等，还要满足工艺条件的变化要求，如最大气源压力、最小气源压力、最大注气量、最小注气量、最大注气压力、最小注气压力及其组合条件，根据这些条件选定注气压缩机组需要满足的工艺参数要求。

(1) 压缩机匹配。

往复式压缩机的选择主要是选择压缩机的台数、压缩机级数以及压缩机的驱动方式。压缩机的台数由最小的注气量要求来确定，一般情况下，压缩机排量越大、效率越高、投资越省，在满足最小注气量要求的情况下，压缩机的台数要尽量少。

压缩机的级数由来气压力和注气压力确定，一般情况下注气压缩机的级间压比不宜大于3，低压区压比可稍大，高压区压比要适当减小。这主要是需控制活塞杆负荷不超过设计值的85%，气缸的排气温度一般不超过135℃，最高不超过150℃，超过此温度后，压缩机内的易磨损件的寿命将降低很快，压缩机的级数多时，因为级间有气体冷却，压缩机效率会提高，但当级数无限制提高时，由于压缩机气阀及流道压力损失占主要地位，效率反而会下降。

（2）驱动方式选择。

往复压缩机的驱动类型主要有燃气发动机驱动和电动机驱动两种，两种方式各有优缺点，要根据每个项目的具体情况，通过以下几个方面进行综合对比。

① 电力供应情况：工程所在地的电力供应是否充足、电力供应是否可靠、电价、变配电设施配备等情况。

② 当地的自然环境、社会环境情况：工程所在地的自然环境及社会环境情况、是否邻近对噪声敏感的站场。社会环境的影响对选择驱动机的类型影响极大。

③ 天然气价格：自用燃料气的价格也是压缩机驱动方式选择的一个重要因素。对于自用气价格，有两种观点，一种观点认为该燃料气是自耗气，可按天然气成本价计算；另一种观点认为该天然气是输气管网来气，属商品天然气，应按商品气销售价格进行计算。

④ 设备费用：这是压缩机驱动方式选择的最重要因素，应对不同驱动方式的注气压缩机设备费进行比较，尽可能选设备购置费低的机组。

⑤ 设备运行及备品备件费用：分析不同驱动类型的注气压缩机的年运行消耗情况，包括燃料消耗、润滑油消耗、备品备件费用等，对年维护成本进行比较。

⑥ 辅助系统投资：对采用不同型式驱动机时的辅助系统投资进行比较，包括电驱动时的输电、变配电、变频系统投资、燃气驱动时的燃料气净化投资、降噪投资等。

根据以上几方面内容，在满足工艺参数要求的前提下，对燃气驱动和电驱动的注气压缩机进行投资和运行费用的综合比较，采用费用现值的方法进行对比，得出最优的压缩机方案。

在大力推广节能、降耗和减排的背景下，在对电驱动和燃气驱动综合经济对比时，只要相差不大，尽量采用电驱动，这是由于绝大部分燃气发动机或者燃气透平的尾气没回收余热，它的能量转化效率要小于大电厂发电的能源综合利用率，而且燃气发动机虽然采用了贫燃技术，还是有一定的氮氧化物的排放。

选择压缩机的优缺点比较见表4.4.1。

表4.4.1 选择压缩机的优缺点比较

压缩机类型	可靠性	原始基建费	安装费	效率	维修费	重量与空间	运转周期	搬迁的便利性	遥控的适宜性	对条件改变的适应性
高速天然气发动机驱动活塞式压缩机，分离式	良	优	优	良	良	优	良	优	良	优
低速天然气发动机驱动活塞式压缩机，分离式	优	良—劣	良—劣	优	优	中	良	劣	良	优
天然气发动机驱动大型活塞式压缩机，组合式	优	良—劣	良—劣	优	优	中	优	良—劣	良	优
天然气发动机驱动小型活塞式压缩机，组合式	优	良—劣	良—劣	优	优	优	优	优	优	良
离心式	优	优—中	优	优—良	优	优	优	良—劣	优	中—劣

4.4.2 地下储气库地面工艺其他设备选型

1. 换热设备

在储气库集注站生产中应用换热设备种类很多，例如套管换热器、板翅式换热器、管壳换热器等。在各种换热器中，套管换热器适用于换热负荷较小的场合，应用范围较小；板翅式换热器适用于设计压力

8MPa以下、比较干净介质之间的换热，应用的范围有一定的局限性；管壳换热器单位面积内能够提供较大的传热面积，传热效果较好，并且适应性较强，因此是地下储气库生产上应用最广泛的换热设备。对于油气藏型地下储气库主要用于外输低温干气与原料气之间的换热；对于含水层型、盐穴型地下储气库主要用于外输干气与三甘醇贫液之间的换热。

换热设备的类型很多，对每种特定的传热工况，通过优化选型都会得到一种最适合的设备型号。如果将这个型号的设备使用到其他工况，则传热效果可能有很大的改变。因此，针对具体工况选择换热器类型是很重要和复杂的工作。对管壳式换热器的设计，需考虑以下因素。

1) 流速的选择

流速是换热器设计的重要变量。提高流速则提高传热系数，同时压力降和功率消耗也随之增加。采用较高的流速有两个好处：一是提高总传热系数，从而减小传热面积；二是减少在管子表面生成污垢的可能性。但是也相应地增加了阻力和动力消耗，所以需要进行经济比较才能最后确定适宜的流速。一般针对传热阻力大的一侧来提高流速，用以增大对流膜传热系数。例如管程走水、壳程走重油工况，提高壳程流速对总传热系数提高有决定性的影响，这时如果提高管程流速则作用不大。

此外在选择流速时，还必须考虑结构上的要求。为了避免设备的严重磨损，所算出的流速不应超过最大允许的经验流速。

2) 允许压力降选择

选择较大的压力降可以提高流速，从而增强传热效果，减少换热面积。较大的压力降也使泵的操作费用增加。合适的压力降值需要以换热器年费用为目标，反复调整设备尺寸，进行优化计算而得出。

3) 管程、壳程液体的确定

适于走管程的流体有水和水蒸气或腐蚀性流体、容易结垢的流体、高温或高压操作的流体等。

适于走壳程的流体有烃类、关键压力降控制的流体、黏度大的流体等。

当上述情况排除之后，介质走哪一程的选择，应着眼于提高传热系数和最充分地利用压力降上。由于介质在壳程的流动容易达到湍流（$Re \geq 100$），因而将黏度大的或流量小的流体，即雷诺系数低的流体走壳程一般是有利的。反之，如果流体在管程能够达到湍流时，则安排走管程比较合理。若从压力降的角度考虑，一般是雷诺系数低的走壳程合理。

4) 换热终温的确定

换热终温一般由工艺过程的需要确定。当换热终温可以选择时，其数值对换热器是否经济合理有很大的影响。在热流出口温度与冷流出口温度相等的情况下，热量利用效率最高，但是有效传热温差最小，换热面积最大。

另外在确定物流出口温度时，不宜出现温度交叉现象，即热流出口温度低于冷流出口温度。如果工艺流程中需要，则必须选择多台串联形式。

2. 过滤分离设备

1) 过滤分离器

地下储气库过滤分离器主要用于采气装置低温分离器出口控制外输干气的携液量保证外输干气的水烃露点和注气压缩机的入口处。

其主要特点是在气体分离的气体通道上加上过滤介质或过滤元件，过滤掉气流中的固体杂质或液滴，常用的过滤介质或过滤元件有纤维制品、金属丝网、陶瓷和泡沫塑料等。在初始分离段中，过滤管将使流经这些管子的气体中的液沫聚集成较大的液滴，然后由叶片或其他捕雾元件所构成的第二段将这些聚积的液滴除掉，这种分离器能够100%地脱除大于$2\mu m$的所有颗粒，99%地脱除小到$0.5\mu m$的微粒。过滤分离器常用于对气体净化要求较高的场合，一般过滤分离器前均应有分离器对气体进行初步分离。

2) 旋风分离器

旋风分离器主要用于注气压缩机组过滤分离器前的粗过滤，分离压缩机入口气体中的颗粒杂质。

旋风分离器的主体由外筒体与中心管组成，气体进口管线与外筒体的连接成切线方向，气体出口管线在顶部与中心管连接。当气流从切线方向进入外筒体与中心管之间的环形空间后，作旋转运动或圆周运动。当气流与液滴和固体颗粒以相同的切线速度进入分离器后，由于质量的不同，所产生的离心力也不相同。由于液滴和固体颗粒的相对密度远大于气体，故液体和固体颗粒首先被抛向分离器的外筒体内壁积聚，在向下的重力和气流的作用下，流向积液部分。在分离器的下部，由于气流从中心管返上，气液旋转速度降低，为了维持较大的离心力，故将筒体下部设计成锥形，以减少回转半径。旋风分离器是一种处理能力大、分离效率高、结构简单的分离设备，结构良好的旋风分离器可基本除去 $5\mu m$ 以上的液滴。

3. 制冷压缩机

制冷压缩机型式主要包括：活塞式制冷压缩机、螺杆式制冷压缩机和离心式制冷压缩机。

1）活塞式制冷压缩机

活塞式制冷压缩机是目前生产量最大、应用最广的一种制冷压缩机。若按电动机与压缩机的组合型式分类，可分为开启式和封闭式两种，而封闭式又可分为半封闭式和全封闭式两种型式。封闭式压缩机密封性比开启式的好，可减少和避免制冷剂泄漏。

若按气缸的布置型式分类，可分为卧式、直立式和角度式三种类型。角度式压缩机的气缸轴线呈一定的夹角布置，有 V 形、W 形和 S 形（扇形）之分。现代中、小型高速多缸压缩机多采用角度式布置。

2）螺杆式制冷压缩机

螺杆式制冷压缩机是一种工作容积作回转运动的容积型制冷压缩机，因没有往复运动机构，所以结构简单、体积小、重量轻、零部件少，可靠性高，同时操作简便，易于自动化。虽然尚待开发和研究的领域十分广阔，还存在不少有待探讨的问题，但已显示出许多优点，发展很快，占有了大容量活塞式制冷压缩机的使用范围，并向中等冷量范围内的应用延伸，制冷系数、噪声等已接近活塞式制冷压缩机的水平，已发展成为制冷机的主要机型之一。

螺杆式压缩机气缸呈"∞"字形，气缸中配置两个按一定传动比反向旋转的螺旋形转子，其中一个有凸齿，称阳转子，另一个有齿槽，称阴转子。螺杆式压缩机气缸两端设有一定形状和大小的吸气口和排气口。螺杆式压缩机的吸气、排气过程不需要阀片控制，因此它的结构简单，易损件少，维护保养也方便。螺杆式压缩机阴、阳转子与气缸壁之间的容积成为基元容积，基元容积的大小和位置随转子的旋转而变化。就气体压力提高的原理而言，螺杆式制冷压缩机与往复式制冷压缩机相同，都属于容积式压缩机，即都是通过工作容积的变化而使气体压力变化。

螺杆式制冷压缩机的型式一般分为开启式、半封闭式和全封闭式三种。制冷负荷可以在 10%～100% 的范围内波动。

3）离心式制冷压缩机

压缩机本体包括吸气腔、叶轮、扩压器、蜗壳、传动轴及轴封装置（半封闭式结构无轴封装置）等部件。离心式制冷压缩机的工作原理基本上与离心式泵和风机相同，是以高速旋转产生的离心力来压缩和输送气体。当电动机通过增速齿轮带动叶轮高速旋转时，叶轮内的气体在叶片作用下与叶轮一起旋转，气体在旋转离心力的作用下，沿着叶片间的流道高速离开叶轮，进入扩压器和蜗壳，并使气体的大部分动能转变为压力能，然后进入冷凝器在冷凝压力下冷凝。当叶轮中的气体通过叶道流出叶轮后，吸气腔中的气体便通过叶轮进口不断补充。为了使流出压缩机的制冷剂蒸气具有一定的压力，其叶轮通常具有 $10^4 r/min$ 的转速。离心式制冷压缩机的特点如下：

（1）单机制冷量大；

（2）结构紧凑、重量轻、尺寸小，故可节省机房投资；

（3）没有气阀、填料、活塞环等易损件，因而工作可靠，操作方便，维护费用仅为活塞式压缩机的1/5；

（4）运转平稳、振动小，噪声低于90dB，运转时制冷剂中不混有润滑油，因而蒸发器和冷凝器的传热性能好；

（5）能够经济地进行调节，当采用入口导流叶片调节器和改变扩压器宽度调节装置时，可使机组负荷在30%~100%范围内进行高效率调节；

（6）离心式制冷压缩机缺点在于单机制冷量不宜过小，且不宜采用较好的冷凝压力，其效率低于活塞式制冷压缩机。

对于小型的制冷压缩机组多选用活塞式制冷压缩机或螺杆式制冷压缩机，对于大型的制冷压缩机多采用离心式制冷压缩机。由于螺杆式制冷压缩机具有结构简单、体积小、重量轻、零部件少、可靠性高、操作简便、易于自动化的优点，对于储气库辅助制冷系统宜选用螺杆压缩机作为制冷机组。

4. 非标设备

不同类型地下储气库注气工艺差异不大，注气系统所需工艺设备——旋风分离器、过滤分离器、注气压缩机均采用标准设备；地下储气库采气工艺随储气库类型的不同而不同，采气装置中非标设备较多，主要包括分离器和塔器两类。

地下储气库工程分离器主要包括进站油气水分离器、露点控制系统低温分离器、烃醇分离器、抑制剂及甘醇再生系统闪蒸分离器、凝液处理系统油气水分离器等。

地下储气库工程塔器的设计随储气库类型的不同而存在差异，凝析油气藏型地下储气库需注乙二醇防冻，并进行乙二醇再生回收，因此凝析油气藏型地下储气库的塔器主要是乙二醇再生塔；盐穴型与含水层型地下储气库采气工艺主要是进行天然气脱水，脱水一般采用三甘醇吸收法，该两种类型储气库的塔器主要包括三甘醇吸收塔与三甘醇再生塔。

1）采气生产分离器

分离器两端采用标准椭圆形封头，筒体由双鞍式支座支承，内设两组 TP 板分离填料，另外，在分离腔设置冲砂装置及加热盘管。

天然气进入分离器内经过 TP 板分离填料，提高气液分离效率，在此可将天然气中99%以上大于 $10\mu m$ 的液滴捕集起来。

2）低温分离器

分离器两端采用标准椭圆形封头，筒体由双鞍式支座支承，内设两组 TP 板分离填料及一组 PM 板分离填料。在分离腔设置加热盘管。

天然气进入分离器内经过 TP 板分离填料，提高气液分离效率，可将天然气中99%以上大于 $10\mu m$ 的液滴捕集起来。PM 板分离填料的作用是增加液相的行程，加快油水的分离，并能起到良好的消泡作用。

3）采气计量分离器

分离器两端采用标准椭圆形封头，筒体由双鞍式支座支承，内设一组 TP 板分离填料及一组 PM 板分离填料。另外，在分离腔设置冲砂装置。

天然气进入分离器内经过 TP 板分离填料，提高气液分离效率，在此可将天然气中99%以上大于 $10\mu m$ 的液滴捕集起来。PM 板分离填料的作用是增加液相的行程，加快油水的分离，并能起到良好的消泡作用。

4.5 地下储气库地面工艺案例

文本 4.5 地下储气库地面工艺案例

课程思政

地下储气库的发展

地下储气库是天然气产业的重要组成部分,随着能源供给低碳化加速转型和碳减排,天然气作为过渡型能源的需求持续增长。预计2040年前天然气消费达峰,峰值约$6500×10^8 m^3$,消费增长主体为天然气发电与集中供热。在天然气供需调峰方面,基本形成以地下储气库为主,其他调峰方式为补充的综合调峰体系。

未来10~20年,全球对地下储气库调峰需求量将越来越大,地下储气库数量和规模将会随着需求量的增加不断扩大。根据IGU预测,到2030年地下储气库调峰需求量将达到$5030×10^8 m^3$,在现有地下储气库基础上,需要新建地下储气库183座,预计需新增工作气量$1406×10^8 m^3$才能满足今后的调峰需求。同时,安全供气与天然气贸易的需求是地下储气库增长的主要动力来源。一方面,各国对天然气战略储备愈加重视,加上天然气对外依存度越来越高,必定会增加地下储气库建设的紧迫性;另一方面,受政治一体化进程、地下储气库建设的国际化、短期天然气贸易的需要及环境保护与生态建设需要,地下储气库建设也会有更多需求。新的理念和技术将会出现,如提高地下储气库的利用效率优化技术、安全风险监测评价技术等;含水层型地下储气库领域建库与注采模拟技术,减少垫层气量混相技术等;非常规地下储气库的前沿基础研究,如地下岩洞建设地下储气库的开挖与控制技术等,将不断推动地下储气库的发展。

中国地下储气库发展始于20世纪90年代初,经过20多年的发展,地下储气库在平衡天然气管网的压力和输气量、调节区域平衡供气方面发挥了重要作用,但随着大气治理的迫切需要、城镇化加快,碳减排与碳交易市场即将建立,中长远期天然气需求量将有巨大增长。国家总体战略部署,中国将形成四大区域性联网协调的储气库群,储气库发展已步入黄金期,将在推进中国能源生产和消费革命、保障能源安全方面发挥重大作用,储气库未来将向着集约、高效、智能、科技、经济等方面发展。

国内地下储库建设面临复杂建库技术、高效经济运行、安全和环保等多方面的挑战,需要积极研发低成本高效建库工程技术、储库完整性检测评价等新技术,探索运营模式,建立配套技术和运行规范,使地下储库设施经济高效地运行。这就需要在学习的过程中,积极探索、创新思维、扩大视野,了解和掌握相关的新工艺、新设备和新技术,具备较好的素养和创新能力。

思考题

1. 地下储气库有哪些类型?
2. 什么是盐穴型储气库?有哪些特点?
3. 请说明不同类型储气库的特征。
4. 地下储气库的作用有哪些?
5. 地下储气库由哪几部分组成?
6. 地下储气库库址的筛选原则有哪些?
7. 地下储气库的布局要满足哪些要求?
8. 注气系统压力的决定因素是什么?
9. 如何确定盐穴型地下储气库最大允许压力?
10. 地下储气库地面系统涉及的内容包括哪些?
11. 设计画出地下储气库的注气系统流程图。
12. 地下储气库的采气系统有哪些要求?
13. 凝析油气藏型地下储气库为什么要脱油?
14. 凝析油气藏型地下储气库地面工艺由哪几部分组成?
15. 地下储气库注气装置有什么特点?

第 5 章 液化天然气储存与装卸

天然气在常压下冷却至-162℃，使之凝结成液体，称为液化天然气（liquefied natural gas，缩写为 LNG）。LNG 主要成分是甲烷，无色、无味、无毒且无腐蚀性，其体积约为同量气态天然气体积的 1/625，重量仅为同体积水的 45% 左右。LNG 在大气中沸点约为-160℃，常压下 LNG 的密度约为 430~470kg/m^3，燃点为 650℃，在空气中的爆炸极限为 5%~15%。

LNG 技术的发展已经带动并形成一门新兴产业。LNG 除了用来解决天然气储存、运输问题外，还广泛用于城镇调峰、工业化工燃料、发电、分布式能源、车船燃料等领域。

5.1 天然气液化工艺

LNG 的生产通常分为三个步骤：原料气预处理、液化和储存。图 5.1.1 是典型的 LNG 生产步骤和工艺装置图。

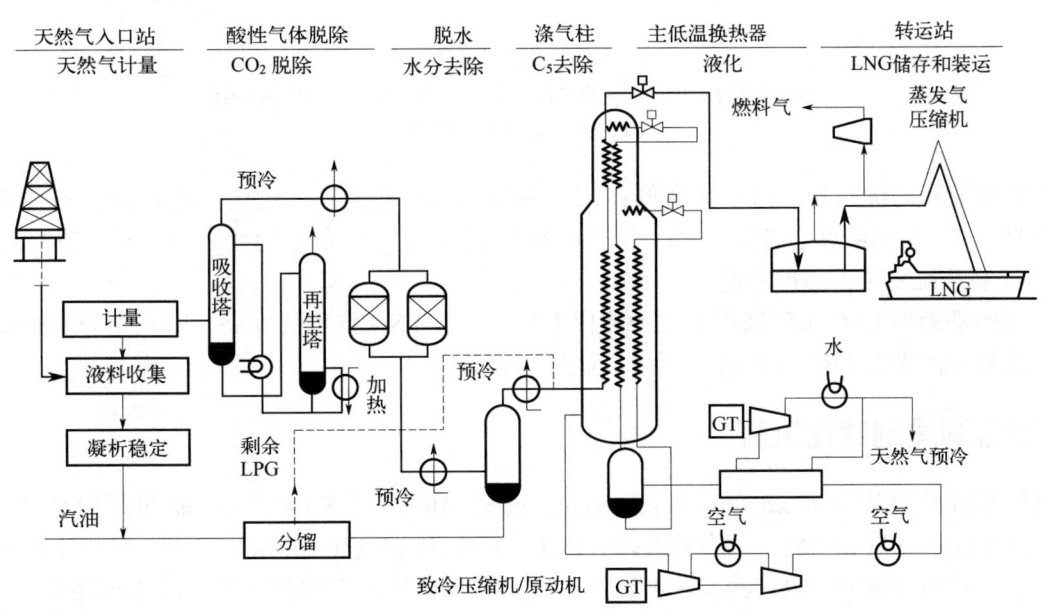

图 5.1.1 典型的 LNG 生产步骤和工艺装置图

天然气液化是一个低温过程。按照国际制冷学会（IIR）定义，123K（-150℃）以下属低温范围。原料天然气经净化处理后，进入换热器进行低温冷冻循环，冷却至-162℃左右就会液化。天然气液化工艺有：级联式液化流程、混合制冷剂液化流程和带膨胀机的液化流程。

5.1.1 级联式液化流程

级联式液化流程也称为阶式液化流程，利用常压沸点不同的冷剂逐级降低制冷温度实现天然气的液化，主要应用于基本负荷型天然气液化装置。级联式液化流程由三级独立的密闭制冷循环组成，即丙烷循环、乙烯循环和甲烷循环。如图 5.1.2 所示，液化流程由三级独立的制冷循环组成，制冷剂为丙烷、乙烯、甲烷。天然气经过第一级丙烷换热器，出口温度可降到 233K（-40℃）；经过第二级乙烯换热器，出口温度可降到 173K（-100℃）；经过第三级甲烷换热器，出口温度可降到 113K（-160℃）。第一级丙烷制冷循环为天然气、乙烯和甲烷提供冷量；第二级乙烯制冷循环为天然气和甲烷提供冷量；第三级甲烷制冷循环为天然气提供冷量。

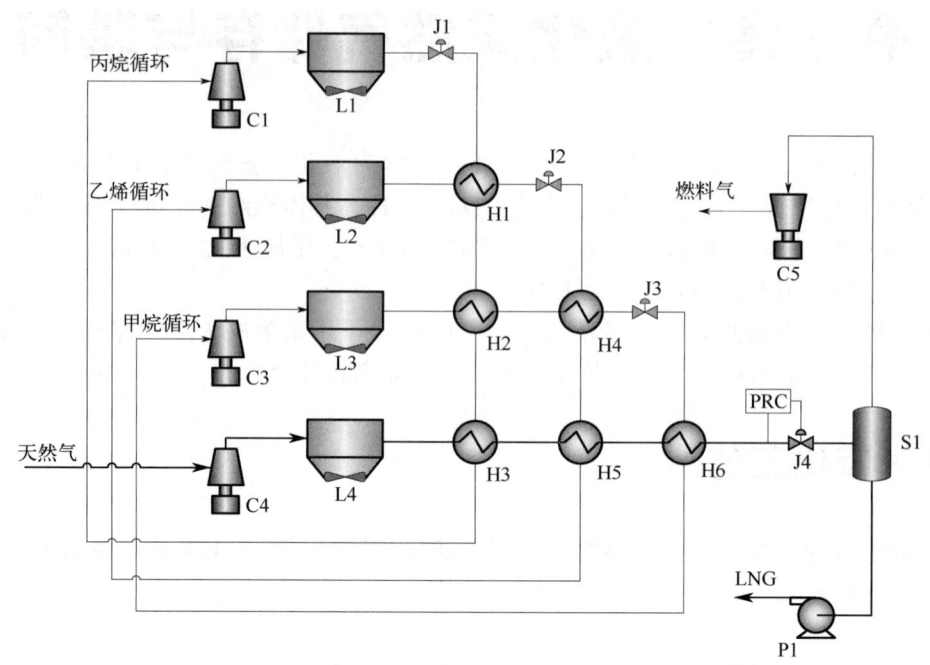

图 5.1.2　级联式液化流程
L1~L4—冷却器；H1~H6—换热器；J1~J4—节流阀；C1~C5—压缩机；
P1—LNG 泵；S1—分离器

级联式液化流程的优点是：(1) 能耗低；(2) 制冷剂为纯物质，无配比问题；(3) 技术成熟，操作稳定。缺点是：(1) 机组多，流程复杂；(2) 附属设备多，要有专门生产和储存多种冷剂的设备；(3) 管道与控制系统复杂，维护不便。

最早建成的基地型 LNG 工厂采用了这种液化工艺。随着 LNG 技术的发展，阶式循环暴露出了它固有的缺点，后来兴建的大型 LNG 工厂已不再采用这种工艺。

5.1.2　混合制冷剂液化流程

混合制冷剂液化流程（mixed-refrigerant cycle，简称 MRC）是美国空气产品和化学品公司（APCI）于 20 世纪 60 年代末开发成功的一项专利技术，以 C_1 至 C_5 的碳氢化合物及 N_2 等六种以上的多组分混合制冷剂为工质，进行逐级的冷凝、蒸发、节流膨胀得到不同温度水平的制冷量，以达到逐步冷却和液化天然气的目的。

MRC 既达到类似级联式液化流程的目的，又克服了其系统复杂的缺点。自 20 世纪 70 年代以后建立的调峰型 LNG 装置中有 60% 采用了混合制冷剂液化流程。

混合制冷剂的制冷原理与纯单一组分制冷剂的制冷原理大致相同，都是通过冷剂液体的气化，与被冷介质进行热交换，使其降温。与纯组分制冷剂不同的是，混合制冷剂产生的冷量是在一个连续的温度范围之内，纯组分制冷剂产生的冷量是在一个固定的温度上。

与级联式液化流程相比，混合制冷剂液化流程的优点是：(1) 机组设备少、流程简单、投资少，投资费用比经典级联式液化流程约低 15%~20%；(2) 管理方便；(3) 混合制冷剂组分部分或全部从天然气本身提取与补充。缺点是：(1) 混合制冷剂的合理配比较为困难；(2) 流程计算需提供各组分可靠的平衡数据与物性参数，计算比较困难。

1. 丙烷预冷液化流程

在混合制冷剂液化工艺基础上，经过改进，开发出了第三代新型的液化工艺——带预冷的混合剂制冷循环，预冷方式有丙烷预冷、混合工质预冷、利用氨吸收制冷来预冷等。丙烷预冷液化流程如图 5.1.3 所示。

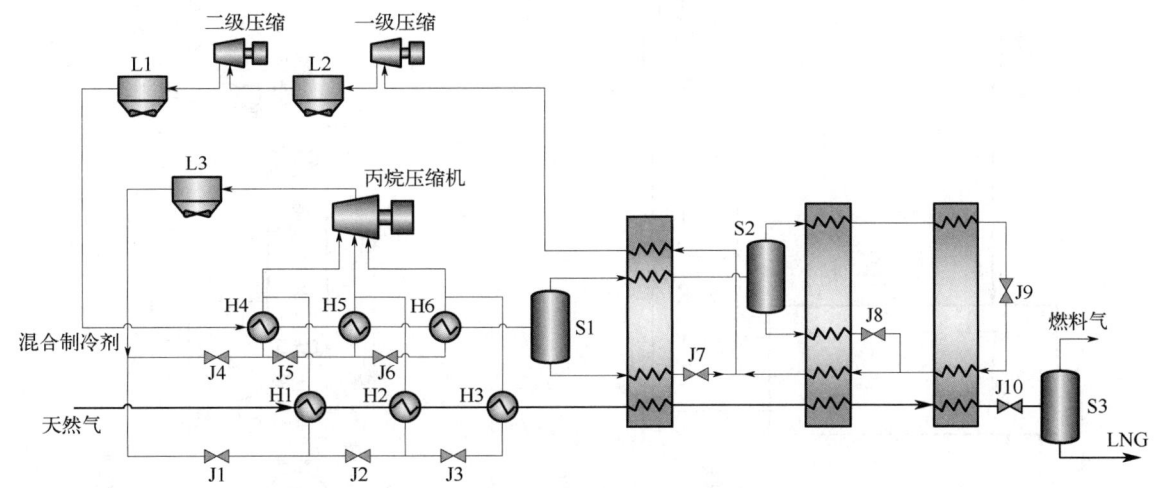

图 5.1.3 丙烷预冷液化流程
L1~L3—冷却器；H1~H6—换热器；J1~J10—节流阀；S1~S3—分离器

丙烷预冷混合制冷剂液化流程（propane-mixed refrigerant cycle，缩写为 C_3/MRC）采用丙烷预冷与混合制冷剂（N_2、C_1~C_4）联合作用方式，液化流程由三部分组成：（1）混合制冷剂循环；（2）丙烷预冷循环；（3）天然气液化回路。在此液化过程中，丙烷预冷循环用于预冷混合制冷剂和天然气，而混合制冷剂循环用于深冷和 LNG。

丙烷预冷混合制冷剂液化工艺是目前最为合理的天然气液化工艺，是基地型 LNG 工厂的优选工艺。目前，采用这种工艺的基地型 LNG 工厂的生产能力占世界 LNG 总生产能力的 87%，采用这种工艺的基地型 LNG 工厂占有所有基地型 LNG 工厂的 2/3。

2. 混合制冷剂天然气液化实例

某天然气液化工厂原料气工艺参数为：处理气量 $60×10^4 m^3/d$，温度 50℃，压力 4~7MPa，原料气中不含 H_2S。净化天然气指标 CO_2 含量小于 50mg/L，H_2O 含量小于 1mg/L，Hg 含量小于 $0.01\mu g/m^3$。液化单元工艺流程如图 5.1.4 所示。

该工艺是一个闭式制冷循环，冷剂经压缩、部分冷凝、冷却和膨胀，与天然气换热并提供冷量。在闭式混合制冷剂液化流程中，制冷剂循环和天然气液化过程分开，自成一个独立的制冷循环。

冷剂是由氮气和几种碳氢化合物组成的混合物。在制冷循环中由氮气、甲烷、乙烯、丙烷、异戊烷按一定比例组成的混合冷剂进行的是封闭循环过程，在对天然气的液化过程中，混合冷剂通过冷剂压缩机压缩后，将机械能通过焦耳—汤姆逊节流阀（J-T 阀）膨胀做功，不断取走天然气的热量，以满足保持低温过程的需要。

天然气液化流程：来自脱碳单元预处理后的天然气在冷箱中向下流动，冷却到大约-48℃时引出冷箱换热器进入重烃分离器，分离后的天然气返回冷箱中部，继续向下流动冷却至-152℃形成液态天然气自冷箱底部流出，经 J-T 节流阀节流后温度降至-161℃进入 LNG 储罐。

制冷剂循环：来自冷剂吸入罐顶部的低压气相冷剂，经冷剂压缩机的第一段压缩后，进入冷剂压缩机一段空冷器。一段分离器将气液分离，气相进入冷剂压缩机的二段，由冷剂压缩机出来的高压冷剂在二段空冷器中冷却，然后与来自一段分离器底部的泵送液相冷剂混合进入二段分离器，部分冷凝的混合物在二段分离器中进一步分离。

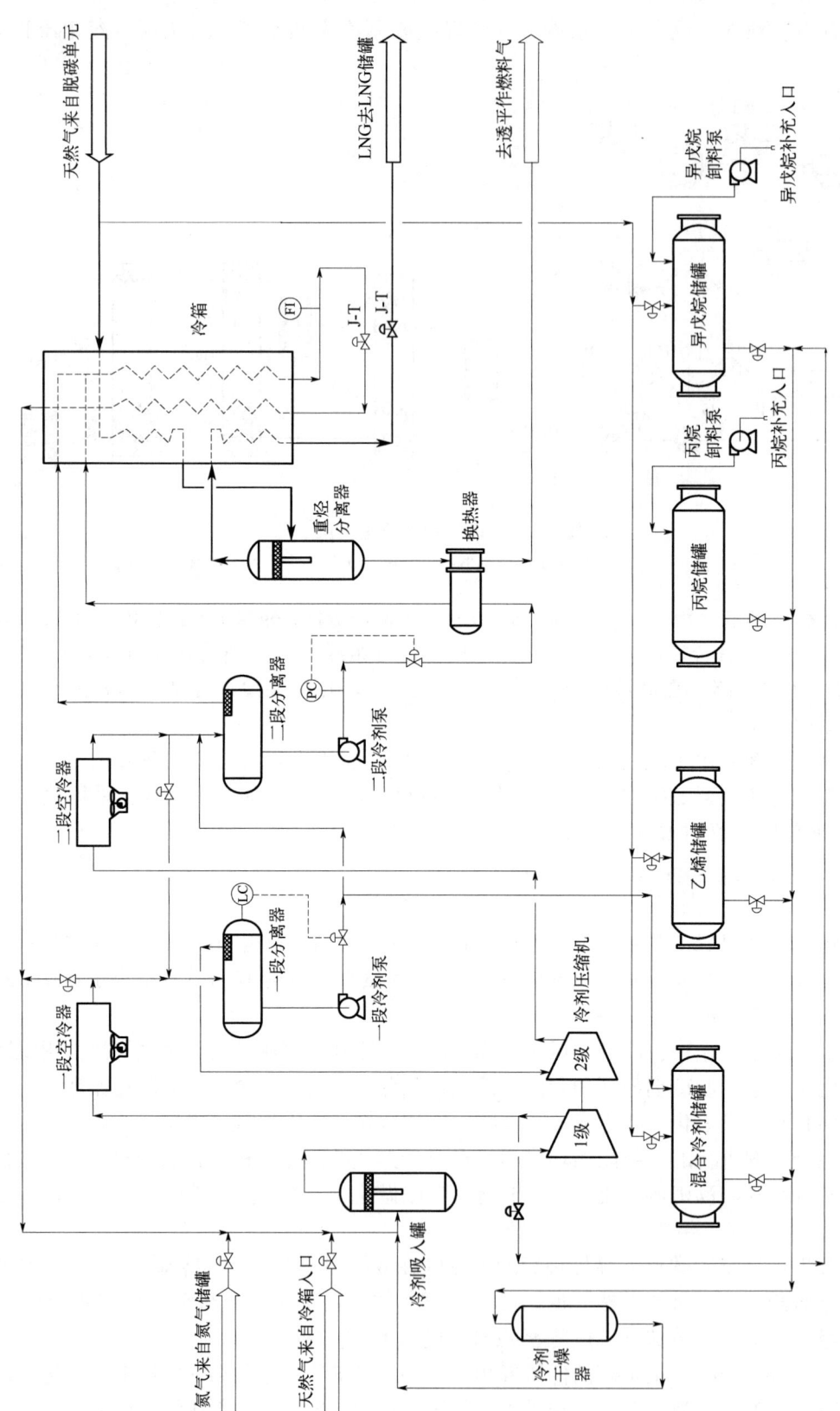

图 5.1.4 某液化装置混合制冷剂液化工艺流程图

来自冷剂二段分离器的高压气相和液相冷剂分别进入冷箱，气相冷剂以其自身的压力流动，液相冷剂则由冷剂泵泵入。分别处理气相和液相冷剂是为了保证其进入冷箱换热器芯体时能够合理分布。

高压冷剂在冷箱中向下流过冷剂换热器被低压冷剂冷却降温至约-149℃，在底部流出时已全部冷凝。然后经 J-T 阀，使冷剂进一步降低至约-151℃的液相低压冷剂。冷凝下来的低压冷剂重新进入冷箱冷剂换热器冷端，向上流动，吸收天然气和高压冷剂的热量。

从冷箱冷剂换热器出来的低压冷剂，进入冷剂吸入罐，然后进入冷剂压缩机。在运行异常和开车时，冷剂吸入罐可以保护压缩机没有液体进入。吸入罐收集到的液体不予排放，而是用压缩机出口引至冷剂吸入罐底部的一小股热气体，将其蒸发从而使其简单地返回制冷循环。这样可避免冷剂在系统异常时的损失。

流程中的冷剂由五股物料组成。氮气由氮气系统提供，干燥处理过的气体可以用来补充所需的甲烷，其他的冷剂成分还有乙烯、丙烷和异戊烷，它们由现场的储罐来补充。冷剂循环系统所有的制冷剂是在进入冷剂吸入罐前的管路中加入。较重的冷剂组分（乙烯、丙烷、异戊烷）与小股热的吹扫气混合，通过旁路直接排入冷剂吸入罐，这股吹扫气是来自压缩机的高压冷剂蒸气。吹扫气用于汽化乙烯和调节它的温度，还可以蒸发丙烷和较重的组分。压缩机产生的另一小股旁路气可以导入吸入罐底部，蒸发其他重组分冷剂的残留液。

冷剂储罐用于储存维修时的残留液或过剩的液体。冷剂损失最小，因为可以及时补充冷剂到制冷循环系统中。段间缓冲罐出来的液态冷剂可以通过段间冷剂泵送到冷剂储罐。冷剂储罐中的冷剂通过扫气管线可以重新送到制冷循环中去。

5.1.3 带膨胀机制冷液化流程

带膨胀机的天然气液化流程（expander-cycle），是指利用高压制冷剂通过透平膨胀机绝热膨胀的克劳德循环制冷实现天然气液化的流程。气体在膨胀机中膨胀降温的同时，能够输出功，可以驱动流程中的压缩机。

该流程根据制冷剂的不同，可分为氮气膨胀液化流程和天然气膨胀液化流程。

1. 氮气膨胀液化流程

氮气膨胀液化流程较为简单、紧凑，制冷剂采用单组分气体，流程如图 5.1.5 所示。

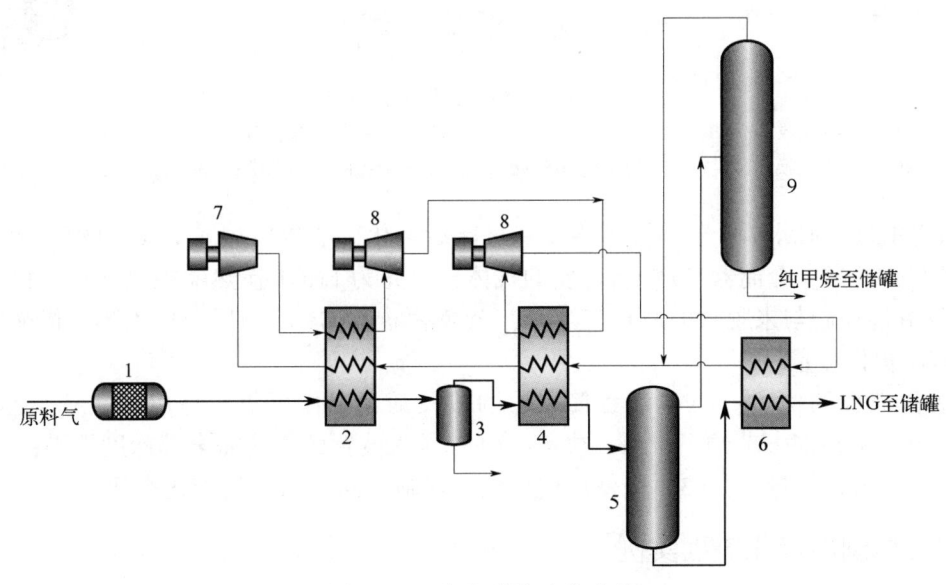

图 5.1.5　氮气膨胀液化流程
1—预处理装置；2、4、6—换热器；3—重烃分离器；5—氮气汽提塔；7—循环压缩机；
8—透平膨胀机；9—氮气—甲烷分离器

该液化流程由原料气液化回路和氮气膨胀液化循环组成。在天然气液化回路中，原料气经预处理装置1预处理后，进入换热器2冷却后，再进入重烃分离器3分离掉重烃，经换热器4冷却后，进入氮气汽提塔5分离掉部分氮气，再进入换热器6进一步冷却和过冷后，LNG进储罐储存。

在氮气膨胀液化循环中，氮气经压缩机7压缩和换热器2冷却后，进入透平膨胀机8膨胀降温后，为换热器4提供冷量，再进入透平膨胀机8膨胀降温后，为换热器6、4、2提供冷量。离开换热器2的低压氮气进入压缩机7压缩，开始下一轮的循环。

氮气膨胀液化流程优点：(1) 启动快，热态启动1~2h即可获得满负荷产品；(2) 制冷剂采用单组分气体，为不同组分的原料气操作提供了灵活性；(3) 操作安全，放空不会引起火灾或爆炸危险；(4) 氮气膨胀循环流程简单、设备紧凑、造价低。但该流程能耗比混合制冷剂高40%左右，为降低膨胀机的功耗，采用氮气—甲烷混合气体代替纯氮气，发展了氮气—甲烷膨胀液化流程。

2. 天然气膨胀液化流程

天然气膨胀液化流程利用管道输送的高压天然气，在制冷循环膨胀机中等熵膨胀，获得的低温冷量用于液化另一股天然气，等熵膨胀后的天然气最后送入低压管网。此流程的突出优点是功耗小。但液化流程循环气量大、液化率低，不能获得像氮气膨胀液化流程那样低的温度。工艺流程如图5.1.6所示。

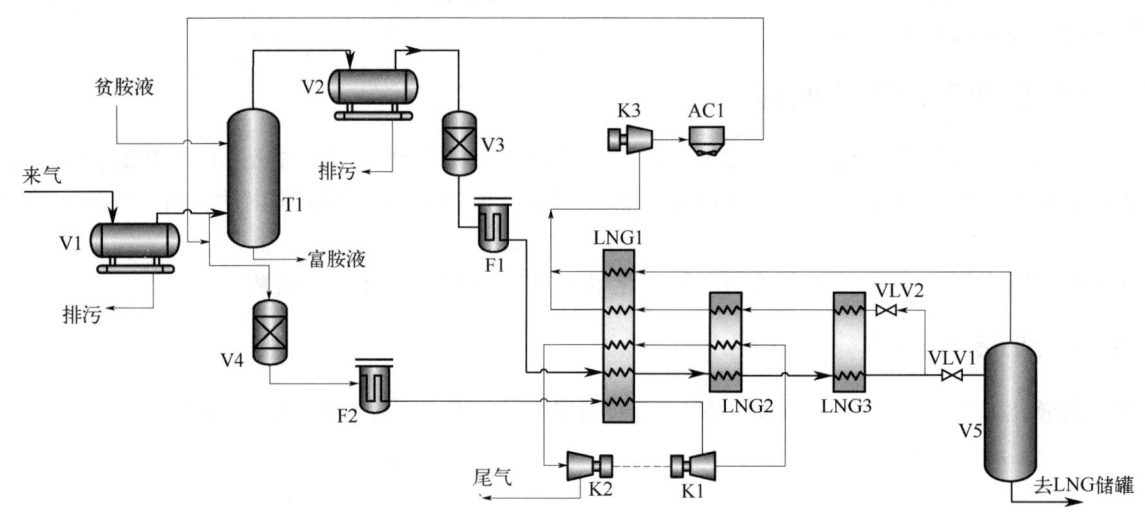

图 5.1.6 天然气膨胀液化流程

T1—胺液吸收塔；V3、V4—原料气分子筛；V1、V2、V5—分离器；F1、F2—粉尘过滤器；LNG1~LNG3—板翅式换热器；VLV1~VLV2—节流阀；K1—膨胀端；K2—压缩端；K3—压缩机；AC1—空冷器

原料气一部分脱碳、脱水后，经换热器冷凝并过冷后液化，节流后进入LNG储槽储运，另一部分为换热器和过冷器提供冷量。分离器V5中自蒸发的气体，首先为LNG1换热器提供冷量，再进入返回气体压缩机K3，压缩并冷却后与未脱碳的原料气混合，至换热器LNG1冷却后，进入膨胀机膨胀降温，为换热器LNG2、LNG1提供冷量。

带膨胀机液化流程的优点：(1) 流程简单、调节灵活、工作可靠、易启动、易操作、维护方便；(2) 天然气本身膨胀制冷时，节约了费用。缺点：(1) 送入装置的气流需全部深度干燥；(2) 回流压力低，换热面积大，设备投入量大；(3) 受低压用户数量限制；(4) 天然气液化率低。

3. 氮气膨胀机制冷液化流程实例

某天然气液化工厂日处理天然气$25\times10^4 m^3$，装置操作弹性80%~105%。原料气温度40℃，压力1.6MPa。处理后天然气中CO_2含量小于50mg/L，H_2S含量小于4mg/L，H_2O含量小于0.5mg/L，Hg含量小于$0.01\mu g/m^3$。液化单元工艺流程如图5.1.7所示。

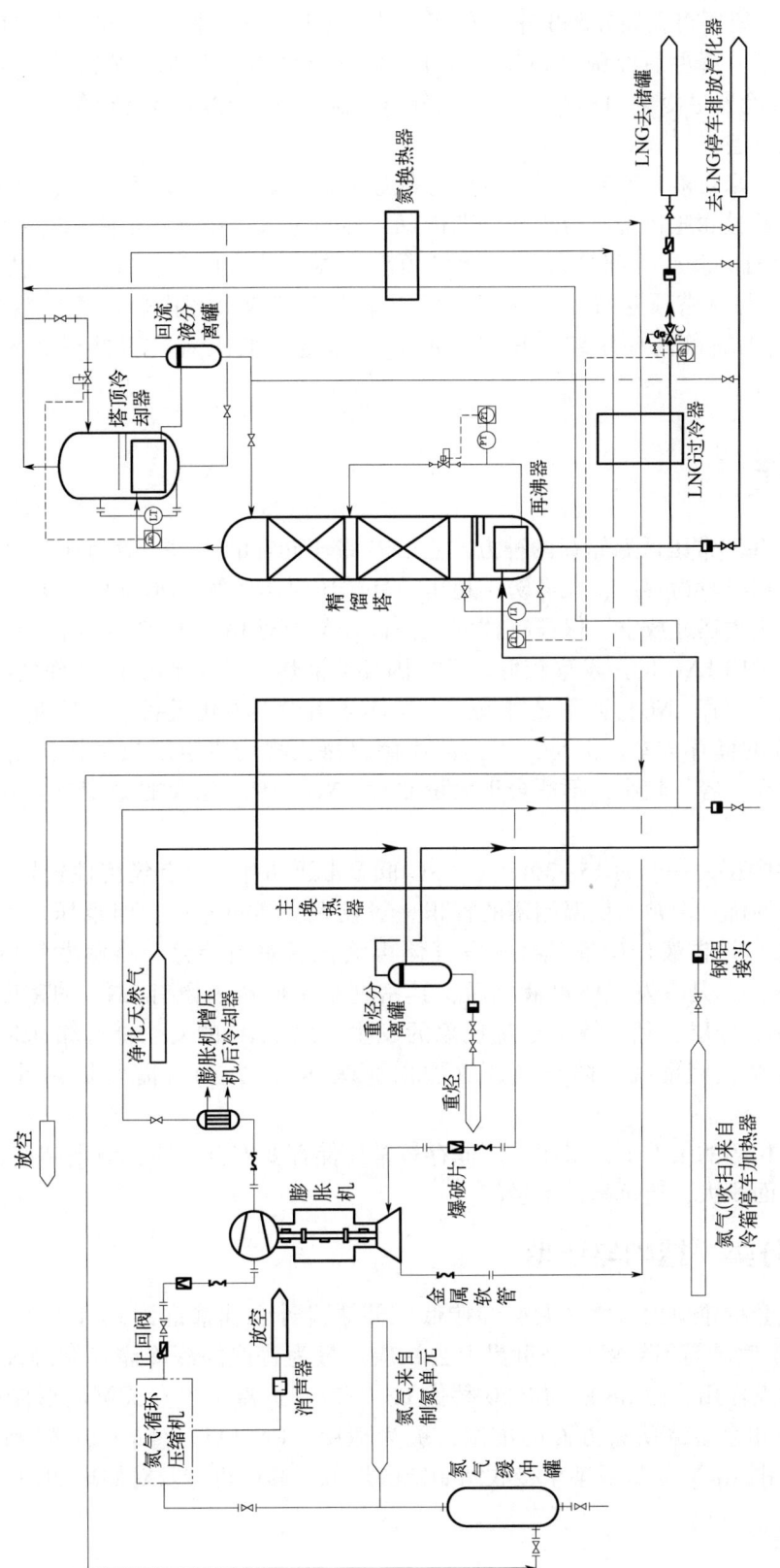

图 5.1.7 某液化装置氮气膨胀机制冷液化工艺流程

本装置采用氮气膨胀制冷液化流程，液化冷箱系统的冷量由氮气循环压缩制冷系统提供，系统由缓冲罐、循环氮气压缩机、循环热交换器、增压透平膨胀机组、氟里昂预冷机组等组成。

天然气液化流程：来自脱水、脱汞单元的天然气，在主换热器上段被返流的氮气冷却到一定温度（-13℃左右），经重烃分离罐将重烃分离出来。分离后的气体接着被主换热器进一步冷却至-113℃，然后作为精馏塔底再沸器冷源，降温后经调节阀节流降压，两相流体进入精馏塔精馏分离氮。其中产品LNG从塔底排出，经LNG过冷器过冷至-137℃，并节流降压降温后进入LNG储罐储存。塔顶排出的氮气经复温后作为系统氮补充或排空。

氮气循环膨胀流程：来自液化冷箱单元的返流氮气进入氮气缓冲罐稳压后，经循环氮压机压缩和透平膨胀机的增压端增压，并被膨胀机增压后进冷却器冷却，然后进入冷箱进一步降温至-70℃，从冷箱出来的氮气一部分进入膨胀机膨胀，一部分进入精馏塔顶冷凝器，节流后为精馏塔提供所需的冷量；膨胀后的氮气（-148.8℃）与从塔顶返回的氮气汇合后，作为冷源依次经换热器逐级冷却原料气及氮气；出冷箱后进入循环氮气压缩机循环压缩。复热后的氮气返流回低压氮气缓冲罐为循环氮压机的循环气用。

5.2 LNG 储存

LNG储存有带压储存和常压低温储存两种方式。LNG带压储存的压力一般为0.3~0.8MPa，因有一定压力，储罐的压力控制相对较为容易，仅需防止超压，且超压时蒸发气BOG（boil off gas）的排放量也相对较少，并可以较高的压力迅速放空，保证罐体安全。高压储存适用于LNG的少量储存，高压储罐容积较小，承压能力较强，罐内LNG的蒸发率较低，即使因环境漏热蒸发掉部分LNG而使罐内压力有一定程度的升高，仍可继续安全储存LNG，而不必排放蒸发气体或增设再液化设备。高压储存LNG可减少蒸发气体的排放，降低LNG的储存成本。但是，因为高压储存罐大多为真空隔热结构，制作工艺比较复杂，制作难度较大，成本较高，容积较小，不适合于大量储存LNG。带压储存的罐型有立式（或卧式）单罐、子母罐、球罐。

LNG常压低温储存的压力一般为15~30kPa，LNG低温常压储存，具有经济性较好、储存量大等带压低温储存方法无法比拟的优点。常压低温储罐的容积一般较大，结构简单，但承压能力较低，蒸发率较高，大型储配库常为此增设再液化设备，将蒸发气体再液化后重新储存。将蒸发气体再液化，一是增加液化设备和储存成本；二是蒸发气体再液化后，其密度小于储罐内原有LNG的密度，重新注入储罐后容易引起储罐内介质的分层、翻滚等不稳定现象的发生，给LNG的安全储存带来隐患。同时，常压储罐的压力控制较为复杂，储罐既要防止超压又要防止失压（真空），需要依赖外部设备如BOG压缩机。

因此，在储存容积相等的条件下，采用带压储存较常压储存要安全一些，但当储存容积很大时，带压储存的储罐较多，占地面积大，造价高，不经济。

5.2.1 LNG 储罐分类、结构与选型

目前，美国石油学会标准API 620《大型焊接低压储罐设计和建造准则》和欧洲标准BS EN 14620《低温工作条件下立式平底圆筒形储罐》是世界上公认应用最为普遍的深冷储存储罐设计标准。API 620只对储罐金属部分起约束作用，而BS EN 14620替代BS 7777《低温平底立式圆筒形储罐准则》，其内容涵盖了单容罐、双容罐和全容罐所有方面的准则，更为适用。EN 1473《陆上装置设计》和NFPA 59A《LNG生产、储存和控制标准》是针对整个接收站制定的规范，其中也涉及对储罐的相关要求。

1. LNG 储罐分类

1）按压力分类

（1）LNG常压储罐：最高工作压力约为20kPa，单台储液量大于1000m³，适用于与LNG生产装置配

套的LNG生产场站或接收来自LNG运输罐船的接近常压标准沸点温度的LNG液体。

（2）LNG压力储罐：最高工作压力约为1MPa，常用工作压力范围为0.2~0.8MPa，主要适用于与输气管网配套的LNG卫星场站。

2）按罐容量分类

（1）小型储罐：容量为5~50m³，常用于民用LNG汽车加注点及民用燃气液化站等。

（2）中型储罐：容量为50~100m³，多用于工业燃气液化站。

（3）大型储罐：容量为100~1000m³，适用于小型LNG生产装置。

（4）超大型储罐：容量为1000~4×10⁴m³，常用于基本负荷型和调峰型液化装置。

（5）特大型储罐：容量为4×10⁴~27×10⁴m³，常用于LNG接收站。

3）按储罐的形状分类

（1）球形罐：一般用于中小型容量的储罐，某些大型LNG储罐也采用球形罐。

（2）圆柱形罐：广泛用于各种容量的储罐。

2. LNG储罐结构

低温常压LNG储罐按放置位置可分为地上储罐和地下储罐。地上储罐根据储罐本体的形式，可分为单容罐、双容罐、全容罐、薄膜罐和球形罐。

1）单容罐

单容罐是指用于储存液体产品的容器（主液体容器）只有一个的储罐。单容罐由内罐、外罐组成，内罐为自支撑式圆筒钢罐，具有低温延展性，用于储存LNG产品；外罐由普通碳钢制成，不能承受低温的LNG和低温蒸气，主要对隔热层起稳固和保护作用，同时约束吹扫蒸气的压力。单容罐的基本结构如图5.2.1所示。

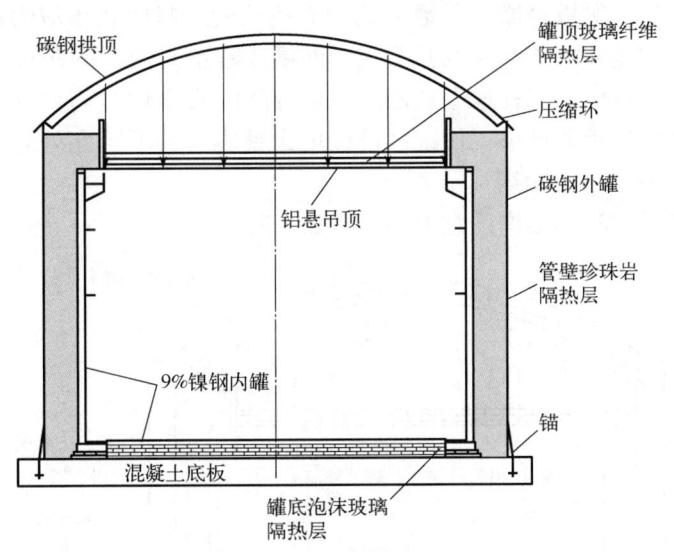

图5.2.1 单容罐基本结构

单容罐的投资相对较低，交货时间较短，但受最大操作压力的限制，操作压力宜小于12kPa，大直径储罐建造较为困难，且缺乏抵抗外部危险的能力，易泄漏；所需罐间安全防护距离较大，并应设置防火堤，对安全检测和操作的要求较高；外罐为普通碳钢制造，需要采取防腐蚀措施。

2）双容罐

双容罐由一个可密封液体和蒸气的主容器组成，其本身为设置在液密次级容器中的单容罐。主容器发生泄漏时，次级容器应用于盛装主容器内的所有液体。双容罐的内罐由9%镍钢制造，外罐由9%镍钢或预应力混凝土制造，两者均能独立储存低温液体，区别在于内罐是在正常操作条件下的储存容器，而外罐是在内罐发生泄漏时充当储存容器。规范要求内罐、外罐壁间距不得超过6m，且罐间安全防护距离较大，但不需要设置防火堤。

双容罐的造价高于单容罐，施工周期也比单容罐略长，与单容罐一样有低操作压力限制，且需对外部进行抗腐蚀保护。双容罐的使用不多，基本上被全容罐替代。双容罐的基本结构如图 5.2.2 所示。

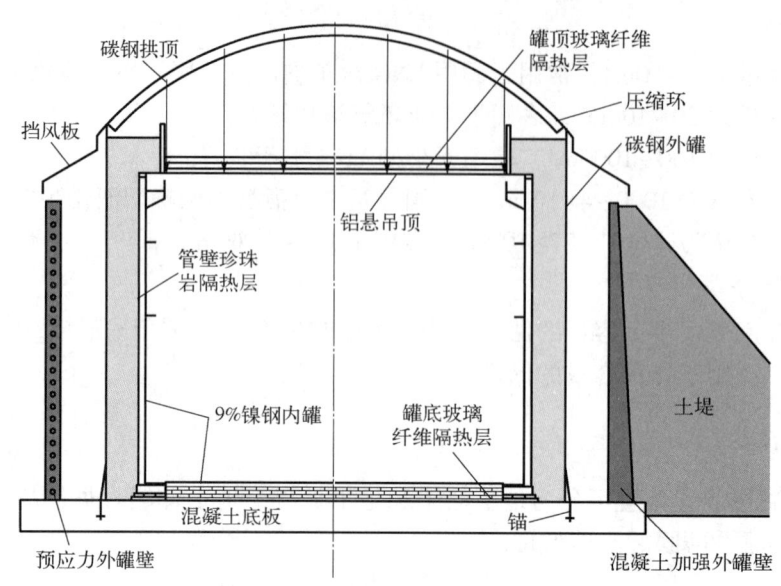

图 5.2.2 双容罐的基本结构

3）全容罐

全容罐包括一个主容器和一个次级容器，二者共同组成一体式的储罐。主容器（内罐）应为自立式单壳钢罐，罐壁由 9%镍钢、不锈钢薄膜（全容薄膜罐）或预应力混凝土制造，用于在正常操作条件下盛装液体产品。次级容器（外罐）为带有拱顶的全封闭式预应力混凝土结构，用于在内罐意外泄漏时盛装液体产品及其蒸气。外罐或罐壁与内罐的距离在 1~2m 之间，中间填充保温材料。在以上三种地上式储罐中全容罐的安全性最高，气体蒸发损失最少，要求的罐间安全防护距离最小，使罐区设计更为紧凑。其不足之处是：造价最高，交货时间较长（大致与双容罐相当）。

视频 5.2.1　LNG 储罐升顶

全容罐的基本结构示意图如图 5.2.3 所示。

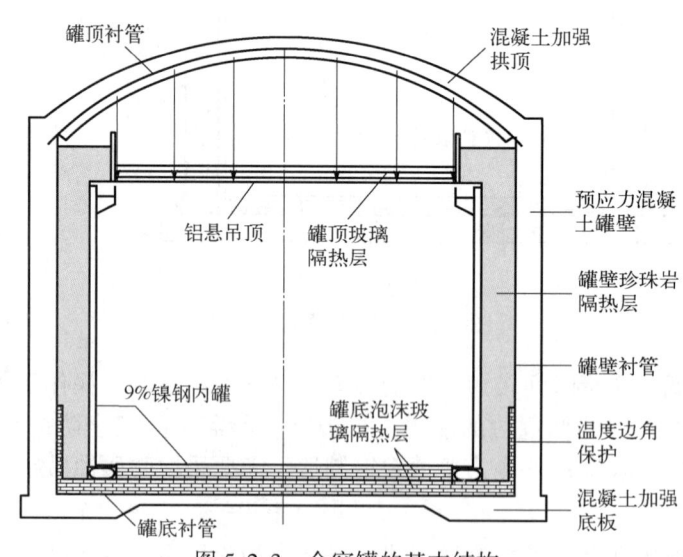

图 5.2.3 全容罐的基本结构

4）薄膜罐

薄膜罐包括一个带绝热层的薄壁钢制主容器（薄膜）以及一个混凝土罐，二者共同组成一个一体式的复合结构，该复合结构应提供液体密封功能，如图 5.2.4 所示。

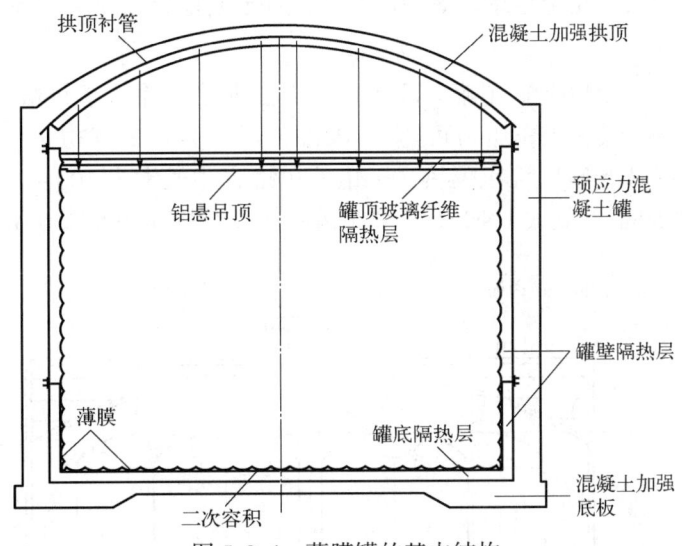

图 5.2.4 薄膜罐的基本结构

薄膜罐多为地下罐形式，统称为地下薄膜罐。薄膜式储罐由不锈钢薄膜内罐和预应力混凝土外罐组成，作用在薄膜上的全部静压荷载及其他荷载均通过承载绝热层转移至混凝土罐上。内罐只对盛装的 LNG 起到"包容"作用。蒸发气储存在储罐顶部，该储罐顶部既可以是类似的复合结构，也可以由气密拱顶和吊顶上的绝热材料构成。其主要优势在于：环境友好，有较高的安全等级，特别适用于地震区和人口密集区；操作弹性大，在罐冷却过程中没有温度降速率的限制。地下薄膜罐的劣势在于：高蒸发率导致了蒸发气处理设备的增大，投资费用和操作费用都有较大的增加；承包商非常少，而且它的设计需要投标之后才能确定，工期长，造价高。薄膜罐与全容罐有着相同的防火和安全距离要求。由于不锈钢内膜很薄，不受温度梯度的约束，从操作来看，薄膜罐比全容罐更灵活，安全性能更好，且单罐容量可以很大，最大可达 $20×10^4 m^3$。

5) 球形罐

LNG 球形罐的内罐、外罐均为球状。工作状态下，内罐为内压力容器，外罐为真空外压力容器，夹层抽真空并填充珠光砂绝热。

在相同容积条件下，球形罐表面积和净重最小，加之夹层可以抽真空，故隔热保温效果最好。球形罐带压储存，靠自身压力即可排液，其球形特性使其具有最佳的耐内外压力性能。球形罐的不足之处是：球壳板的成型需要专用的加工工具，且成型时材料利用率低，现场安装难度大。球形罐的基本结构如图5.2.5所示。

6) 地下储罐

地下储罐除罐顶外，其余部分均在地面以下，需要承受土壤和地下水的附加压力。为了保证储罐稳定性，在设计时除了考虑内部LNG引起的载荷外，还应根据地下水位和土壤渗透性等条件对设计做适当调整，使其能承受自重、液压、地下水压、罐顶、地震等载荷。

地下罐常用的内壁材料主要为9%镍钢、不锈钢或铝合金，隔热层采用珍珠岩或硬质聚氨酯泡沫塑料，外罐通常采用钢筋混凝土壁和预应力混凝土壁，内外层之间填充绝热材料和氮气，罐顶为普通钢材。地下LNG储罐相比地上储罐具有容积大、占地面积小、多个储罐可紧密布置、不影响环境、安全性

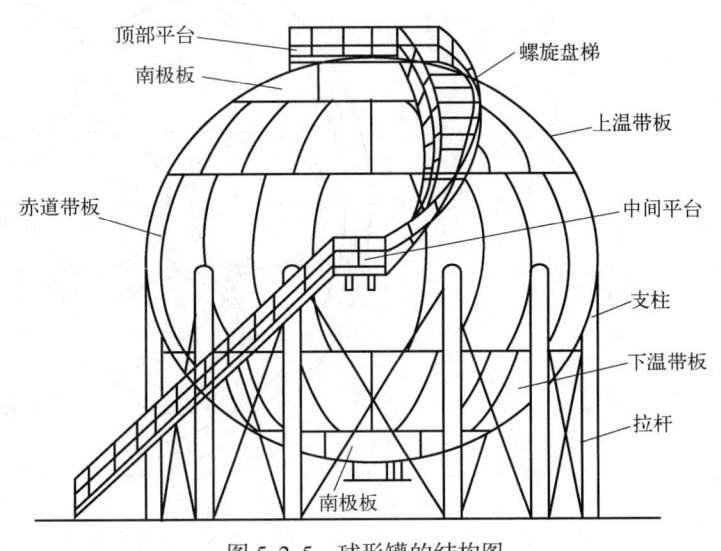

图 5.2.5 球形罐的结构图

高、抗震性能强、耐久性强和密封性好、可预防灾害性事故等优点，适宜建造在人口密集地区和海滩回填区上，但投资大，建设周期长，比全容罐多 8~16 个月，对土壤稳定性要求较高。

7) LNG 子母罐

子母罐的内罐由多个（三个以上）子罐并联组成，并安装在一个大型外罐（母罐）之中。子罐通常为立式圆筒形，为压力容器，最大工作压力可达 1.8MPa，通常为 0.2~1MPa。外罐为立式平底拱盖圆筒形，为常压罐，采用粉末（珠光砂）堆积隔热。子罐的单罐容积通常为 100~150m³，数量为 3~7 只，大型储罐总容积可达 300~1250m³。立式 LNG 子母型储罐的典型结构如图 5.2.6 所示。

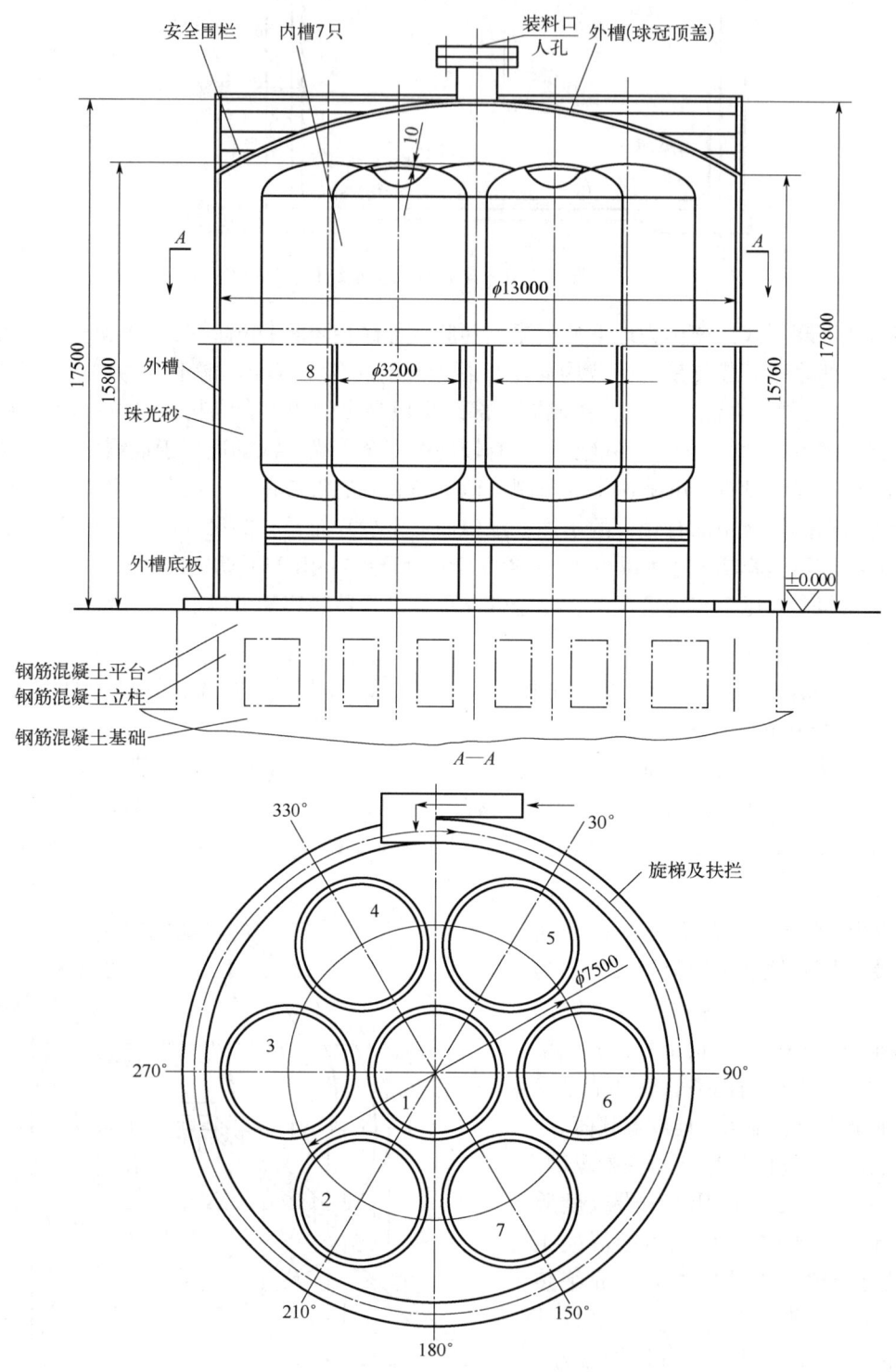

图 5.2.6 立式 LNG 子母型储罐结构图

子母罐排液可依靠容器自身压力进行，无需输液泵，操作更简单，可靠性高；容器具备承压条件后，可采用常压储存方式，储存期间的排液损失少；制造安装较球形罐容易实现，成本也相对较低。其缺点是外罐结构尺寸过大，夹层无法抽真空，绝热材料使用量大，保温性能较真空粉末绝热球形罐差。子母罐通常适用于容积为300~1000m³，工作压力为0.2~1MPa的LNG。

3. LNG储罐选型

随着LNG储罐单罐容积的不断增大，对储罐的安全性要求也越来越高。储罐形式的选择取决于投资费用和安全因素，除了要考虑国家或当地的有关法律、法规外，还需考虑储罐所处位置的载荷、实际条件和其他因素的影响。这些主要因素可归纳成以下几方面：安全、储罐布局、技术成熟性、投资、运营、工期、建造、环境及其他一些方面。对各种类型储罐的技术经济及安全性的比较见表5.2.1。

表 5.2.1 各类型 LNG 储罐比较

罐型	单容罐	双容罐（混凝土外壁）	全容罐（混凝土顶）	膜式地上罐	膜式地下罐
安全性	中	中	高	中	高
占地	多	中	少	少	少
技术可靠性	高	高	高	高	中
结构完整性	低	中	高	高	中
投资（罐、管道及设备）	80%~85%	95%~100%	100%	90%	150%~180%
操作费用（万元/年）	中	中	低	低	低
施工周期	短	中	较长	较长	长
施工难易程度	低	中	中	高	高

从成本和交货时间考虑，膜式地下罐最不经济，除非有非常特殊的要求，一般不采用这类设计。单容罐本体建设投资费用少，交货时间短，但相应的配套设备投资和操作费用高，且安全性低，当前只有少数接收站采用这种类型储罐。LNG储罐在性能、技术经济性能及综合性能均列首位的是全容式混凝土顶储罐（FCCR），全容式混凝土顶储罐的最大操作压力比金属顶储罐高。在卸船操作时，可利用罐内蒸发气自身压力直接返回到LNG运输船上，无需设置返回气风机加压，大部分接收站采用这种类型储罐。

大型LNG储罐是LNG接收站或LNG储备库的重要组成部分，表5.2.2从储罐的结构特点及安全性能、储罐占地面积和建造周期对三种类型的储罐进行了分析比较。

表 5.2.2　大型 LNG 储罐建设方案比较

储罐规格（m³）	储罐类型	结构特点及安全性能	占地面积（m×m）	建造周期（月）	备注
1×10⁴	单容罐	单容罐： （1）根据蒸发气体储存形式和绝热方式不同可分为多种形式。国内单容罐通常由内外容器组成。内容器储存液体，为杯状体结构。外容器储存内容器产生的蒸发气体。内外容器为同一个压力腔。 （2）每个单容罐的周围应筑有围堰，以容纳可能泄漏的产品。 （3）目前国内已建造的单容罐的最大容积为 3×10⁵m³，6×10⁵m³ 以下储罐选用单容罐是可行的。 （4）单容罐适合建造在人口密度较小的地方。 双容罐： （1）由一个单容罐（主容器）和次容器组成。 （2）主容器储存液体和气体，在主容器泄漏时，次容器可储存主容器中的全部液体。次容器的顶部是敞开的，不能储存气体。 （3）国内目前尚未见到双容罐的建造实例。 （4）双容罐具有安全性能较高、经济性较好的特点。 全容罐： （1）由主容器和次容器组成。主容器储存液体，当顶部开口时，不储存气体，当配备拱顶时可同时储存气体。 （2）次容器为钢质或混凝土结构，正常情况下储存气体，泄漏时可储存全部液体，并防止气体逸出。 （3）国内建造的全容罐外罐均为预应力钢筋，未见钢制结构的外罐。 （4）全容罐造价高，人口密集的地方宜采用全容罐	110×110	10	（1）建造周期是指建造单座储罐的时间，若多座储罐同时建造，其总的时间按 1.5 倍考虑。 （2）单容罐围堰高度按 3m 考虑，并以此确定占地面积
1×10⁴	双容罐		97×97	15	
1×10⁴	全容罐		82×82	20	
2×10⁴	单容罐		134×78	12	
2×10⁴	双容罐		117×49	16	
2×10⁴	全容罐		103×43	22	
3×10⁴	单容罐		152×83	12	
3×10⁴	双容罐		139×57	18	
3×10⁴	全容罐		123×51	24	

5.2.2　LNG 储罐工艺

1. 储罐主体构成

全容罐为立式圆筒形、双层壁、平底、拱盖结构，采用膨胀珍珠岩或珠光砂粉末堆积绝热，主要由内罐、外罐、绝热层、平台梯子、阀门仪表及基础平台等组成。全容罐整体构成图如图 5.2.7 所示。

内罐主要由顶盖、筒体和底板组成。罐内设有顶人孔和侧人孔（工艺人孔），检查内罐时，须从顶人孔进入，通过罐内直梯可到达内罐底板上。

外罐主要由外顶盖、外筒体和外底板组成。外罐与内罐一样，设有顶人孔和侧人孔，以利于检修、维护。底部为泡沫玻璃砖。

内罐和外罐之间的夹层充填膨胀珍珠岩。夹层气相空间充以干燥氮气避免绝热材料受潮，保证储罐具有良好的绝热性能和较低的日蒸发量。

视频 5.2.2　LNG 储罐施工

2. 储罐工艺流程

生产过程中，LNG 储罐参与的主要流程是 LNG 的装卸。图 5.2.8 所示为 LNG 储罐装卸的工艺流程。每个储罐在顶部和底部各设有一根 DN150 的进液管线，除充装 LNG 外，吹扫用氮气或试车液氮也可从这两根管线进入罐内。

液体排放管线设置在储罐底部，LNG 自排液管流出，通过装车泵增压，充装罐车。此外，储罐还设有一根 DN100 的泵后回流管和一根 DN50 的 BOG 气体回流管。

LNG 储罐设置有完整的安全控制系统，包括呼出、吸入安全阀，补气系统以及液位、压力显示变送系统，可就地观察液位和压力，也可在中控室远程监控储罐的液位和压力。

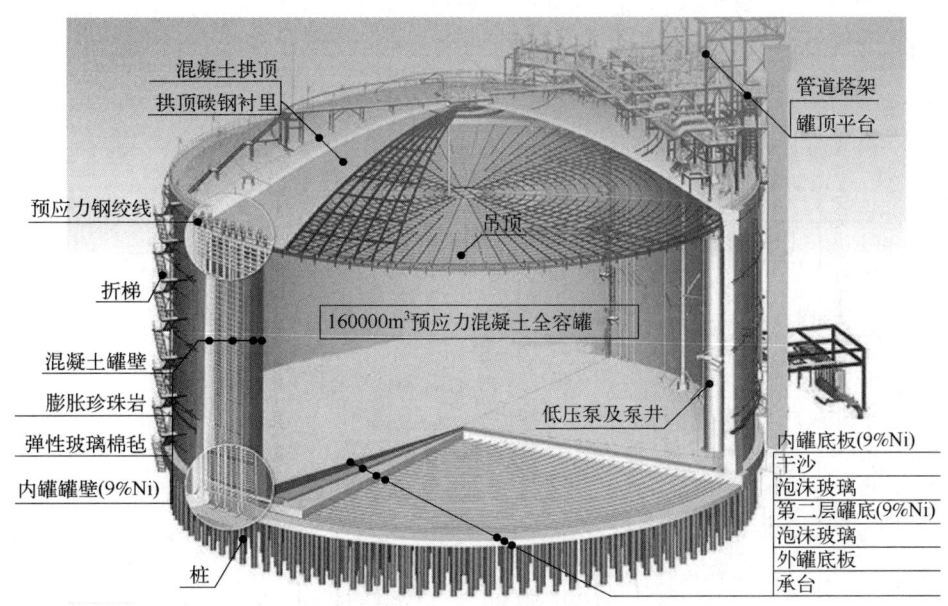

图 5.2.7 全容罐整体构成图

3. LNG 储罐充装

1) 氮气置换

储罐安装完成后，应先进行基础沉降试验，然后在不放水的情况下，进行压力试验，耐压试验压力按图纸及有关文件的规定进行。

强度试验合格后，气密性试验前，应对内罐内表面进行清洁处理，彻底去除油污和机械杂质，达到储罐的清洁度要求。

在 LNG 工程中，氮气置换是天然气进入储罐前的最后操作步骤之一，其主要目的是防止空气和碳氢化合物混合形成可燃性气体，同时对储罐的内部进行干燥和进一步清洁。对内罐进行清洁处理后，需用干氮气或空气吹除后进行氮气置换，对系统进行吹除置换，去除储罐及各管阀中的潮湿空气及管道中的固体颗粒，干氮气应加热到 60~800℃，否则难以去除内壁面和管内的水分。每根管道皆轮流排气，检查排出气体的成分。当容器内气体含氧量≤2%，水分露点≤-25℃时方可停止吹除。吹除结束后，需将各阀门关闭，且罐内应保持 0.5~2kPa 的正压以免潮湿空气进入罐内。

除对内罐用干氮气吹除外，还必须用干氮气对夹层珠光砂、底部绝热层泡沫玻璃砖进行吹除，以保证绝热层的绝热性能。

2) 预冷充液

直接向储罐内充装低温 LNG，可能会造成内罐部分位置的温度低于其设计值，再加上温差效应产生闪蒸气，会引起罐内局部天然气的压力过低。改用 LNG 蒸发气进行置换可以避免上述情况的发生，同时降低罐内蒸发气的含氮量，避免因含氮量过高而降低设备的性能。

（1）首次充液前，检查内罐和外罐的安全装置是否处于正常状态。

（2）将外罐的紧急放空阀调到工作状态，氮封气流量保持在 $3m^3/h$。

（3）初次进液时，内罐的快速冷却使夹层压力降低。当内罐压力稳定在 2kPa 以上时，将夹层压力调节到 0.5kPa，必须强调，只有当内罐在 2kPa 以上时，夹层压力才允许调至 0.5kPa，任何时候夹层压力都不许高于内罐压力。

（4）初次进液必须从上部进液管进液。上部进液管的喷淋装置可以使储罐尽可能均匀冷却，防止产生过大的温差应力。

（5）为减少由于温度下降而产生的热应力，开始进液时要控制液体流量，当储罐的底部液体高度大于 200mm 时，可采取最大流量进液。

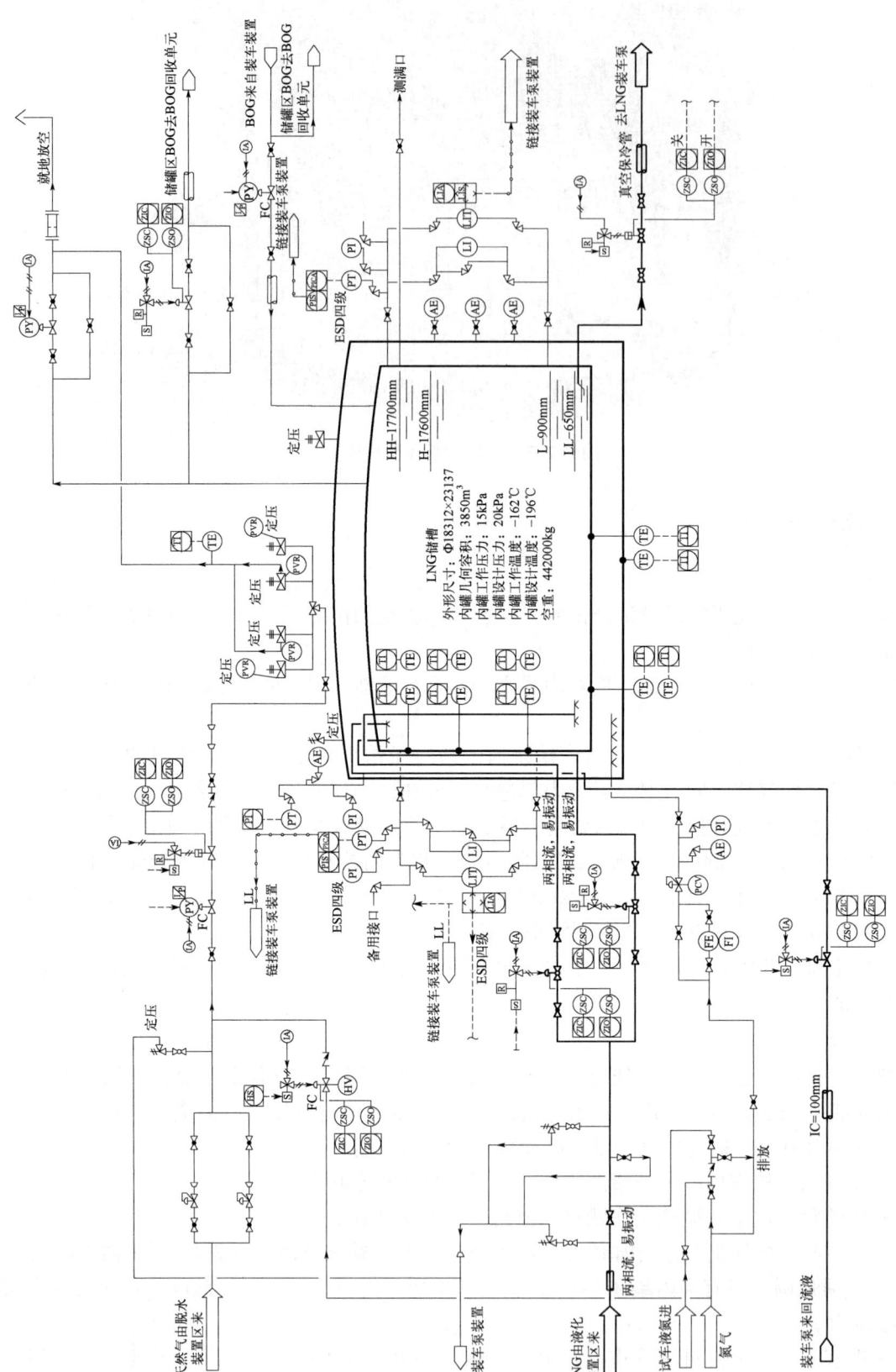

图 5.2.8　LNG 储罐装卸工艺流程

4. LNG 罐车流程

图 5.2.9 为 LNG 罐车罐体工艺流程图。进排液管路和蒸发器增压系统设在罐体底部，排气、安全系统及液面指示的上下部管路系统在罐体顶部。

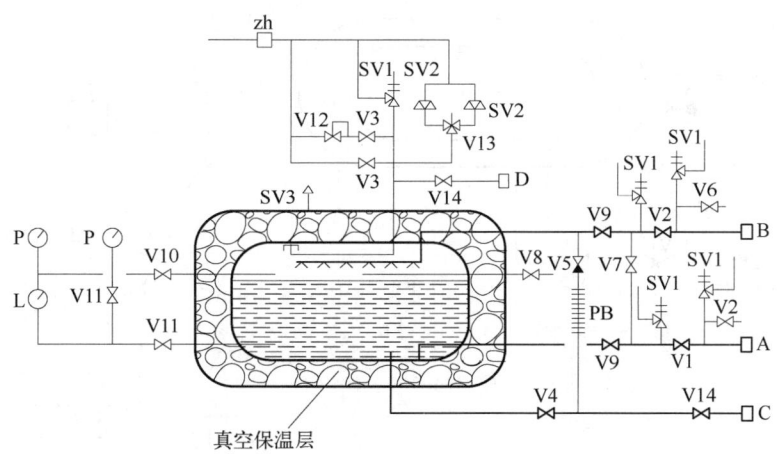

图 5.2.9 LNG 罐车罐体工艺流程图

V1—液相阀；V2—气相阀；V3—排气阀；V4—蒸发器阀；V5—单向阀；V6—泄压阀；V7—顶注阀；V8—溢流阀；
V9—紧急切断阀；V10—上下阀；V11—平衡阀；V12—调压阀；V13—组合双向阀；V14—取样阀；A—加排口；
B—气相接口；C、D—取样口；SV1—安全阀；SV2—爆破片；SV3—外壳保险器；L—液位计；
P—压力表；PB—蒸发器；zh—阻火器

加液操作时，首先由气控系统打开紧急切断阀 V9、气相阀 V2（或排气阀 V3）、液相阀 V1 和溢流阀 V8，液体经加排口 A 进入罐内（可根据实际情况，采用底部或顶部进液，或两处同时进液方式），液位计 L 指示罐内液位高度。当溢流口有液体流出时，表示达到额定充装量，应及时关闭阀门 V1 和 V9，停止加注。加液过程中，若储罐压力表 P 指示压力过高，可通过气相管路接口 B 使蒸发气体返回供货系统。卸液操作时，气控系统打开紧急切断阀 V9、蒸发器阀 V4 和单向阀 V5，罐内部分液体经蒸发器蒸发成气体，由单向阀 V5 返回罐内使压力增加至 0.4~0.6MPa，然后打开液相阀 V1，液体由加排口 A 流出。

5.2.3 LNG 集装箱式储备

1. 罐箱模式储配

1）LNG 罐箱

罐箱是罐式集装箱的简称，英文名为 ISO tank container，是一种既符合国际标准，又满足国内监管要求的多用途储运工具。LNG 罐箱采用双层内胆的保冷模式，可以将 -162℃ 的低温 LNG 保存 30~120d 不放散，满足长途运输和长期储存需求。

(a)　　　　　　　　　　　(b)　　　　　　　　　　　(c)

图 5.2.10 各种规格尺寸的空罐集装箱

LNG罐式集装箱由进排液系统、进排气系统、吹扫置换系统、仪控系统、紧急切断阀与气控系统、安全系统、抽空系统和测满分析取样系统组成，其工艺流程如图5.2.11所示。

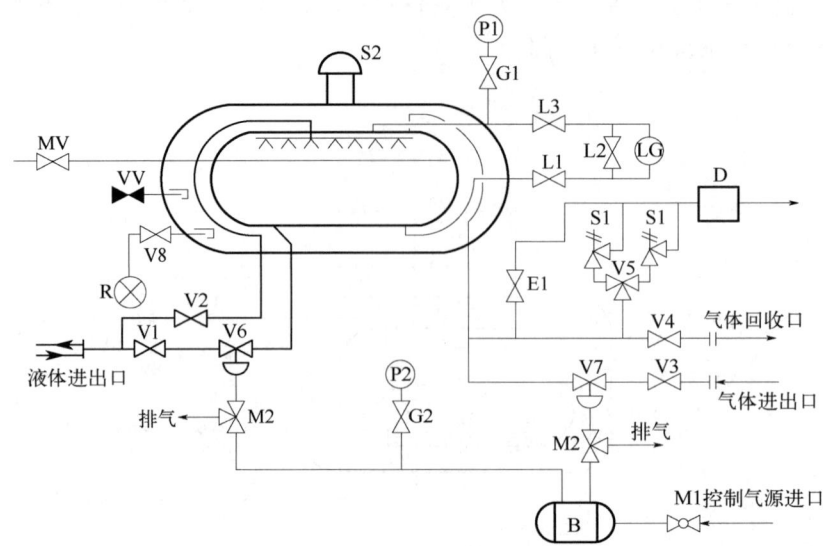

图 5.2.11　LNG 罐式集装箱流程

V1—下部进液阀；V2—上部进液阀；V3、V4—气体通过阀；V5—三通阀；V6—液相紧急切断阀；V7—气相紧急切断阀；
V8—高真空隔离阀；VV—抽空阀；M1—控制气源进口；M2—二位三通阀；G1、G2—压力表阀；S1—内容器安全阀；
S2—外容器防爆装置；L1—液面计下阀；L2—平衡阀；L3—液面计上阀；MV—测满阀；E1—放空阀；
R—规管；P1、P2—压力表；LG—液面计；B—控制气储气罐；D—放空阻火器

2) 罐箱模式储配和供应

建设罐箱模式的天然气调峰储配中心，就是将罐箱作为LNG通用的运输、储存和配送工具，取代传统的LNG槽车、大型固定式储罐和终端客户现场的日用罐，建设一种轻量化、更灵活、更高效的LNG储配和供应体系，见图5.2.12。

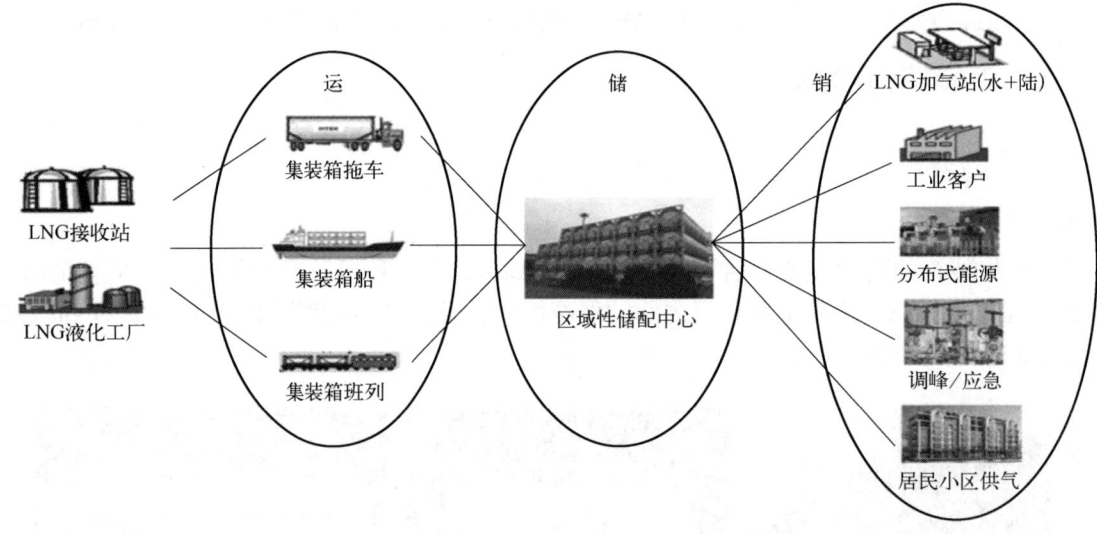

图 5.2.12　基于罐箱的 LNG 储备和供应体系

运输环节：LNG罐箱可以通过集装箱拖车在陆地上使用，也可以作为标准集装箱通过铁路和集装箱船舶进行公路、铁路、水路多式联运。

储存环节：直接将LNG罐箱在堆场进行堆存实现储备功能，储备量根据市场规模从几个到几千个灵活增减，简单便捷。

配送环节：采取换罐模式，直接给下游客户配送重罐取回空罐，避免现场充装，在提高效率的同时，降低操作风险，同时减少对客户日常业务的影响。在旺季需要满足快速调峰和供应需求时，比起槽车现场充装可以极大地提高供应效率。

2. 罐箱储配中心的综合性功能

罐箱储配中心不仅仅是一个单纯的储备中心，而是成为了罐箱模式供应体系的核心枢纽，其承担的功能包括：

储备：保证服务区域的供应，根据需要的保证天数设定日存储量，所需最低数量的罐箱为在途运输和在场站堆存的总和；

配送：根据客户日需求计划，实现JIT（just in time）的配送；

分装销售：分装到杜瓦瓶等更小容器，然后再进行配送，以满足特定客户的需求；

检查/维保：检查在指定区域内运行的槽车的安全性，质检、安监、交通、消防等政府监管部门统一入驻中心，对罐箱、车辆等设备设施进行集中服务和管理，有利于集中管控危险源，提高安全运行水平。同时储配中心还可以集中维护保养罐箱和槽车等运输设施。

3. 罐箱储配中心的信息化系统

罐箱储配中心全程采用信息化管理，用于内部安全监控和物流调度的物联网和用于外部客户服务和物流跟踪的互联网（含手机APP）。

1）物联网

物联网部分用于提高整个储配体系的管理效率和安全性，提供的功能包括罐箱定位跟踪、调度/计划管理、货物状态实时监控，实现对货物流量和流向的科学监控。

2）互联网

互联网部分为提升储配中心运营商对资产的运营效率、客户服务质量和服务渠道，包括PC电脑端、手机APP端等。

建设罐箱模式多功能调峰储配中心可取代传统的单一功能固定罐模式储气设施，在当前的能源环境和形势下，发展罐箱储配中心具有重要意义：

(1) 投资少：同等储备能力前提下，罐箱模式可节约三分之一的成本。

(2) 投产快：不计算审批时间的情况下，最快6个月可投产。

(3) 更安全：罐箱储配中心为可移动设施，遇特殊情况可迅速转移。

(4) 更灵活：储备能力根据市场需求可增可减，淡季可降低储存量削减成本，旺季增加储存量保障供应，按需储存，灵活可控。

(5) 多功能：传统的固定罐储气设施作为一个大型固定资产是政府和企业的成本中心，而罐箱储配中心则可以完整参与"运、储、配、销"全业务流程，盘活了资产，成为企业的利润中心，降低政府和企业负担。

(6) 来源广泛：在冬季用气高峰现有资源难以保障时，罐箱可直接从海外进口，保障能力更强。

5.3 LNG装卸工艺

5.3.1 LNG工厂装卸工艺

基本负荷型LNG工厂包括：天然气预处理、天然气液化、LNG储存、LNG装卸等工艺流程。

下面介绍LNG工厂储存和灌装系统。

1. LNG 工厂储存系统

LNG 自液化装置进入 LNG 低温储罐，进罐管线从储罐顶部进入储罐，进料可以注入储罐上部，也可以注入储罐下部，或采用上部和液下同时进行的方式。上或下进料由操作员根据储罐内的液体密度和温度条件而定。保证进罐 LNG 和储罐内 LNG 能够充分地混合，避免储罐内液相产生分层，防止"翻滚"现象发生，保证低温储罐运行的稳定性和安全性。

储罐设置了液位、压力和温度测量仪表，储罐的保护系统经安全控制系统与 DCS 相接。储罐发生高液位或高压力时，储罐的进料阀会自动关闭。LNG 储罐的不同液位高度，不仅布置了温度计，还配置了密度计来监测。

LNG 工厂储存工艺流程图见图 5.3.1，储罐设置有一根 DN150 的顶部进液管线和一根 DN150 底部进液管线。储罐设置有一根 DN200 液体排放管线，液体自排液管排出后，去装车泵，分两路充罐车。LNG 储罐设置有完整的安全系统，当内罐压力升高超压后，首先由 DN250 的自动放空调节阀开启放空降压；压力再升时，由呼出安全阀起跳放空；当内罐压力出现负压后，首先由补气系统对内罐补充天然气或氮气；压力再降影响储罐安全时，吸入安全阀开启，吸入空气，从而确保内罐安全，避免出现设备损坏和人身伤亡事故。外罐设有呼吸阀和外罐紧急排放装置，确保外罐安全。

2. LNG 工厂灌装系统

LNG 储罐内装备离心潜液泵，通过泵筒安装于储罐底部。LNG 泵处于连续运转状态，并通过泵上的回流管线，将储罐内的 LNG 从储罐进液管线重新注入储罐内，起到循环、混合储罐内 LNG 的作用，减少 LNG 分层现象的发生，同时保持储罐内外工艺管线始终处于冷却状态，便于工艺操作的正常运行。

LNG 经低温储罐内的 LNG 装车泵输送至 LNG 汽车、低温集装箱罐，气相返回线与储罐内气相空间相连通，以平衡装车时汽车罐车和集装箱罐内的压力，提高装车速度和液相充满率。在非装车时间，通过储罐和装车设施之间的 LNG 循环管道，保持装车设备和管道的冷却，有利于装车设施在装车时迅速启动。

罐车上的气液接口与灌装臂的气液接口手工连接。开始时，LNG 进入温度较高的罐车立刻气化，产生的气体经灌装臂气相回流管返回到储罐中。罐车冷却后，灌装流量可增加到最大值，累计流量达到设定值时，控制阀切断，自动停止灌装，罐车与灌装臂手工卸开。工艺流程见图 5.3.1。

5.3.2 LNG 储备库装卸工艺

LNG 储备库一般由装卸车系统、储存系统、输送及加压系统、BOG 处理系统、气化系统、调压计量系统、火炬及放空系统组成。作为城市应急的 LNG 储备库除具有 LNG 收发功能和气化分输外，还可以建立 CNG 加气站对 BOG 进行综合利用，流程框图如图 5.3.2 所示。

1. LNG 储备库卸车工艺

将集装箱或汽车罐车内的 LNG 转移至 LNG 储罐内，有三种方式：增压器卸车、浸没式低温泵卸车、增压器和低温泵联合卸车。

（1）增压器卸车。

通过增压器将气化后的气态天然气送入 LNG 罐车，增大罐车的气相压力，将罐车内的 LNG 压入 LNG 储罐。增压器卸车方式节约电能，工艺流程简单。卸完车后需要给罐车减压 0.2~0.3MPa，由于需排出大量的气体，卸车时间较长。

（2）浸没式低温泵卸车。

这种卸车方式在工程上选用较多，它是将 LNG 罐车和 LNG 储罐的气相空间相连通，通过低温泵将罐车内的 LNG 卸入 LNG 储罐。优点是不产生放空气体，缺点是消耗电能，工艺流程相对复杂。

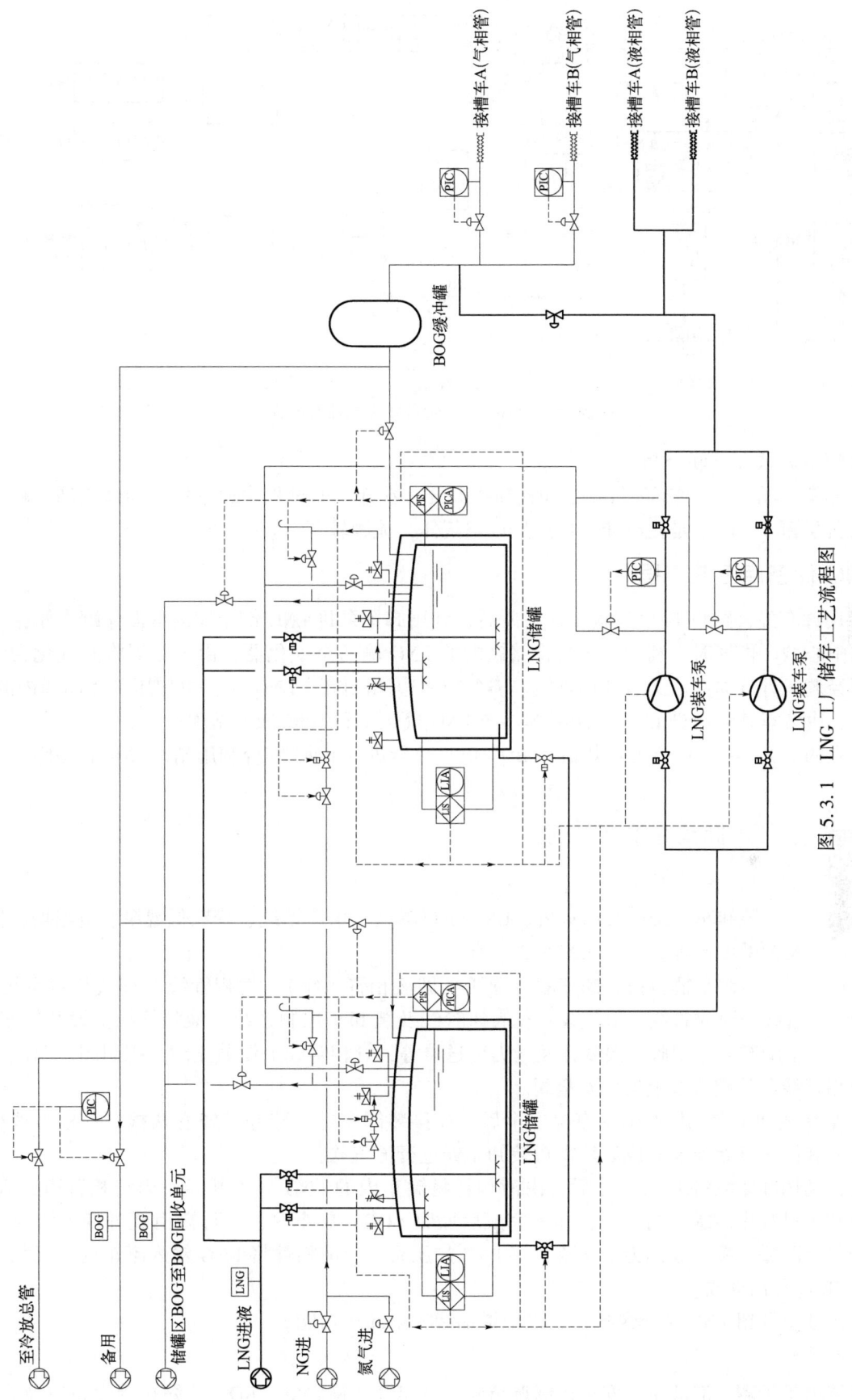

图 5.3.1 LNG 工厂储存工艺流程图

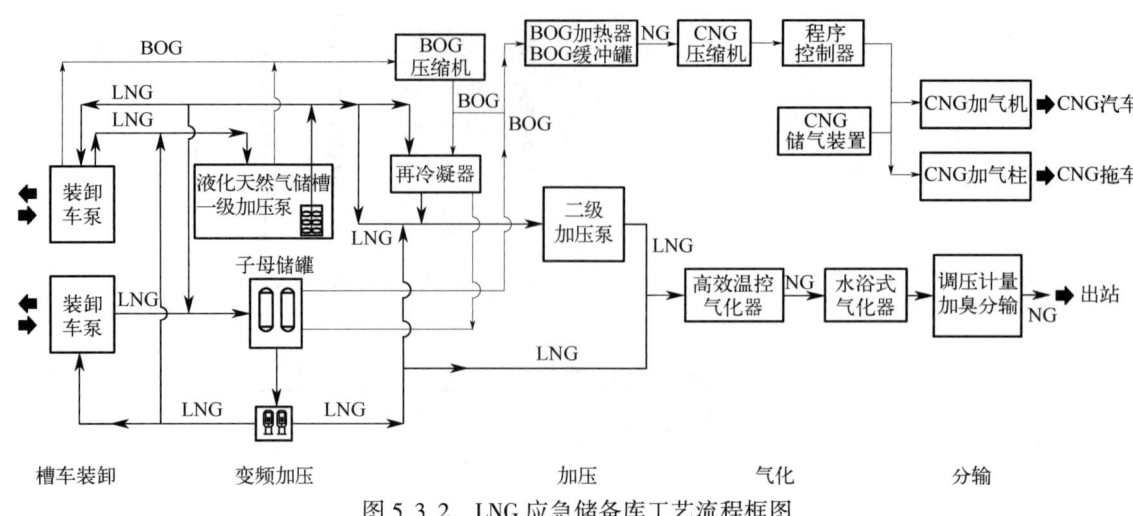

图 5.3.2　LNG 应急储备库工艺流程框图

（3）增压器和低温泵联合卸车。

先将 LNG 罐车和 LNG 储罐的气相空间连通再断开，在卸车的过程中通过增压器适当增大罐车的气相压力，用低温泵卸车。缺点是耗电能，也产生放空气体，流程较复杂。

2. LNG 储备库工艺流程

LNG 专用罐车经公路将 LNG 运输至储备库后，利用卸车泵将 LNG 卸至库内低温储罐内储存。

需要向中心城区供气时，利用加压泵将储罐内的 LNG 输送至气化器，由气化器将其气化为常温气态天然气，再经调压计量加臭后送入外输管线。需要向周边地区配送 LNG 时，由加压泵将储罐内的 LNG 输送至装车台，由装车臂输送进 LNG 专用罐车，向 LNG 气化站和 LNG 加气站配送。

储罐产生的 BOG 经 BOG 空温加热器和 BOG 电加热器进入 BOG 综合利用站。LNG 储备库工艺流程见图 5.3.3。

彩图 5.3.3 LNG 储备库工艺流程

3. 储备库工艺系统

1）装卸车系统

装卸车系统由装卸车橇、LNG 子母罐区、增压系统、变频低温泵、空温增压器、管路及辅助设备等组成，如图 5.3.3 所示。

装卸车橇包括装卸车液相管线（即液相臂系统）、气相管线（即气相臂系统）、循环管线、泄放管线、氮气线和仪表风管线及装卸车控制系统。液相管线上设装卸车控制阀、手动阀、止回阀、温度计及压力变送器等；气相管线上设截止阀、控制阀、温度及压力变送器等。液相管线和气相管线上均设安全阀。

LNG 罐车在装卸车台就位并确认车况安全后，连接装卸车臂，装卸车臂有两根，一根为液相臂，一根为气相臂。装卸车开始前及完成后均需对装卸车臂进行氮气吹扫。

卸车时，利用卸车泵将 LNG 加压后，由液相臂将罐车内的 LNG 导出并经站内液相管道送入 LNG 储罐，气相臂卸车过程中向罐车内补气，卸车完成后回收 BOG。装车时，子母罐由罐外变频潜液泵作为装车泵，混凝土全防罐由罐内泵作为装车泵，将 LNG 加压后，由液相臂将 LNG 输入罐车内，气相臂装车过程中将罐车 BOG 导出回收。

在装卸车橇上预留 LNG 卸车泵接口，以便增加卸车泵卸车功能。

2）储存系统

储存系统由子母罐、潜液泵、安全控制调节阀、全容罐、罐内泵、BOG 压缩机等设备以及附属管线、控制仪表等构成。

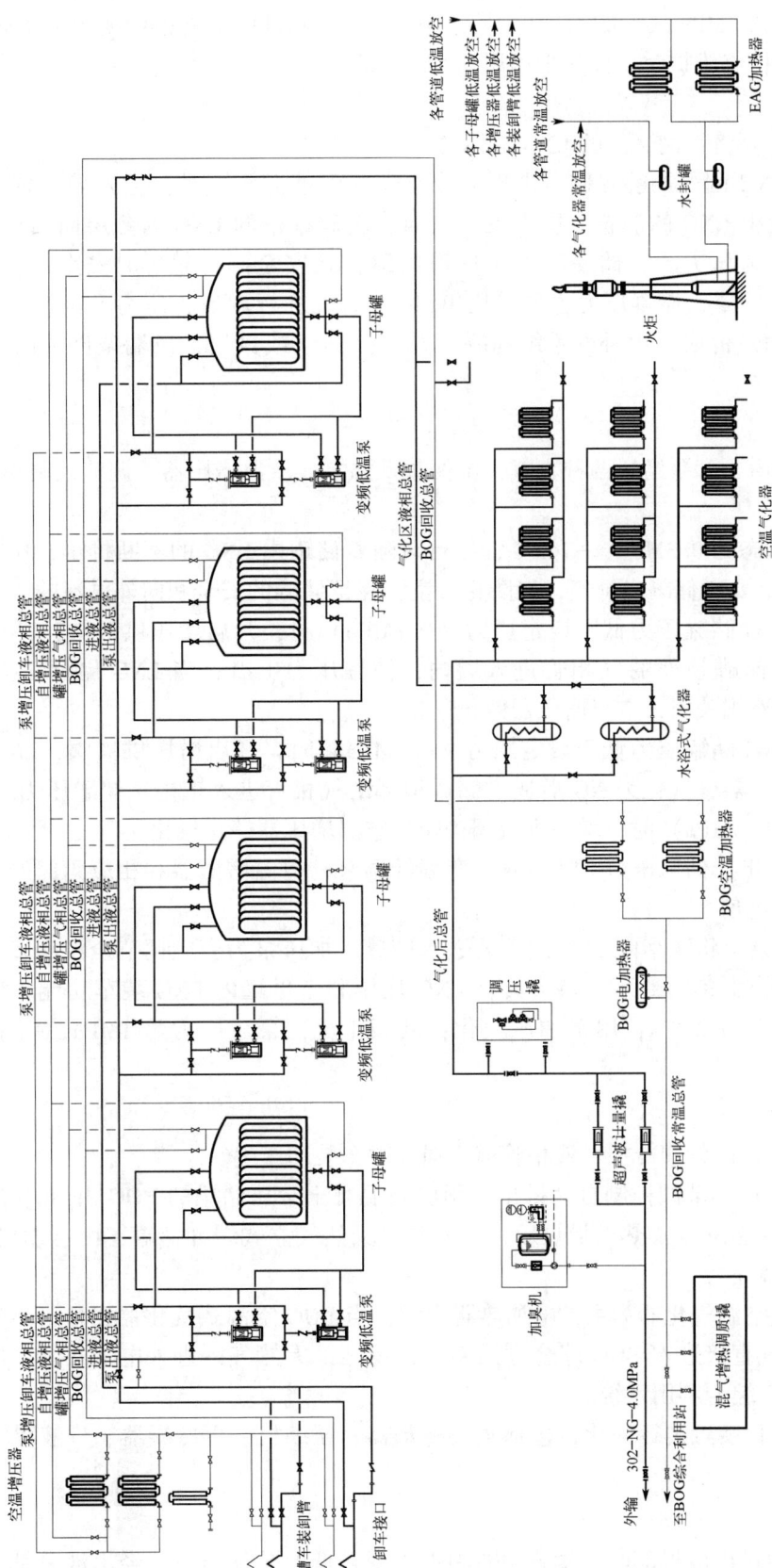

图 5.3.3 LNG 储备库工艺流程

储罐依靠卸车泵进液，子母罐通过潜液泵出液，全容罐用罐内泵出液。

(1) 压力倒罐。

出液储罐压力升至0.4MPa，进液储罐压力降至0.1MPa，通过压差将被倒罐内的LNG液体送至目标罐中。在子母储罐需要检修维护时，优先采用压力倒罐方式。

(2) 泵倒罐。

通过LNG变频低温泵将被倒罐内的LNG液体送至目标罐中。

为消除储罐中的LNG因长期静置储存出现的分层现象而进行倒罐时，优先采用泵倒罐方式。通过倒罐措施可以消除储罐中LNG的静置分层现象，从而避免储罐中的LNG因分层而出现的"翻滚"，保证储罐的安全。子母罐为压力罐，储罐压力保护采用组合式安全阀，超压时安全阀打开，泄放气体。预应力混凝土储罐为常压罐，储罐压力主要采用BOG压缩机进行调节，压力升高，BOG压缩机启动，吸出部分BOG；当压力过低时，由补气系统向罐内充装天然气或氮气，极端条件下由罐顶呼吸阀补偿压力。

3) 增压系统

储罐增压系统有自增压和泵增压两种方式，由变频低温泵、空温增压器、调节控制阀等设备及其附属管线和控制仪表等构成。

储罐内LNG储存状态为0.3MPa、-145℃，运行时随着储罐内LNG的不断排出，压力不断降低，当压力低于0.1MPa时，需要向储罐内补气，以防止抽空，保证储罐的安全和向外供液的顺利进行。

自增压工况：当LNG储罐压力低于设定压力（0.1MPa）时，开启增压供液阀，LNG进入空温增压器，气化为NG后通过储罐顶部的气相管进入罐内，储罐压力上升；当LNG储罐压力高于设定压力（0.3MPa）时，增压供液阀关闭，空温增压器停止气化。

泵增压工况：当LNG储罐压力低于设定压力（0.1MPa）时，开启增压供液阀，LNG进入变频低温泵，加压后进入空温增压器，气化为NG后通过储罐顶部的气相管进入罐内，储罐压力上升；当LNG储罐压力高于设定压力（0.3MPa）时，增压供液阀关闭，空温增压器停止气化。

随着罐内LNG的排出，储罐压力下降，通过变频低温泵、空温增压器和相应阀门的开启和关闭，使LNG储罐压力维持在设定值。

卸车泵为普通离心泵，将罐车内LNG加压后送入储罐。加压泵为变频调节全浸润多级离心泵，与子母罐配对设置，每台储罐配备两台泵。该泵具有LNG加压和子母罐内LNG装车功能。变频工况分为两种，高频工况，泵后压力为2MPa，用于加压气化；低频工况，泵后压力为1MPa，用于子母罐内LNG装车。

4) BOG回收系统

BOG气体（闪蒸气）由储罐冷损、液相管道冷损、罐车装卸产生。

子母罐的BOG由降压调节阀控制自动排出。预应力混凝土常压储罐的BOG由BOG压缩机根据设定压力抽出。库内的BOG经BOG加热器加热后，进入常温天然气立式缓冲储罐，由压缩机加压至25MPa，进入气瓶车或高压储气装置。

BOG加热采用高效空温气化器为主，电加热器为辅，当BOG空温式气化器出口天然气温度达到设定值（≥5℃）时，天然气直接进入BOG综合利用系统；反之，天然气则进入电加热器，经过加热，温度达到10℃后再进入BOG综合利用系统。

BOG可以设置再液化装置进行液化，包括蒸发冷却器、压缩机、再冷凝器、分液罐等，BOG压缩机采用活塞式压缩机。

5) 气化系统

子母罐内的LNG通过出液根部阀、紧急切断阀进入变频低温泵加压后，经出液总管后输送至气化区高效空温气化器进行气化，当气化时间大于4h后，切换水浴气化器进行气化，同时关闭高效空温气化器。气化后的常温高压天然气，经计量加臭后，输送至外输管线，向城市供气。

在子母罐出液过程中，若子母罐压力较低，采用空温增压器对储罐增压，以维持储罐压力稳定和保证 LNG 变频低温泵的正常运行。

紧急情况下，关闭紧急切断阀，切断储罐液相管路，并联锁停泵。

6) 调压计量系统

经主气化器气化后的天然气，经调压、计量、加臭后，进入外输管线。

7) 火炬及放空系统

火炬及放空（escape air gas，EAG）系统主要由火炬、EAG 加热器、安全阀、放空阀、水封罐等设备及其附属管线和控制仪表等构成。

EAG 放空的气体主要来自 LNG 子母罐、加压设备、气化设备等设备以及管线等附属设施超压放散的气体。

常温气体排放系统：经过高效空温气化器后常温系统在开、停工及紧急事故时，可燃放空气体由装置经放空气体管道排放至火炬系统后，经分液罐、水封罐、火炬筒体排出火炬燃烧器，并由长明灯或点火系统点燃。

低温气体排放系统：储罐、变频低温泵、装车等系统低温放空气体通过 EAG 加热器加热后进入火炬系统，经分液罐、水封罐、火炬筒体排出火炬燃烧器，并由长明灯或点火系统点燃。

(1) 正常工况条件的放空。

当储罐出现超压情形时，首先是储罐自力式降压阀开启排放泄压；当降压阀不能完全满足排放时，安全阀动作排气泄压；若还不能满足要求时防爆装置动作，爆破片爆破泄压。

BOG 管路自力式降压阀开启压力设定为 0.55MPa，安全阀开启压力设定为 0.65MPa。

(2) 极限工况条件的放空。

当储罐区由于火灾或其他因素造成 LNG 子母罐内的液体出现分层或翻滚时，极限工况下储罐的最大放空量取正常工况条件放空量的 100 倍，打开储罐气相的气动阀，向 BOG 总管排气，同时打开 BOG 总管连接高效空温气化器液相总管上的气动阀，切换到高效空温气化器气化，同时打开气化器后气相总管的气动放空阀，切换至常温放空总管，去火炬系统燃放。

当系统内部压力升高并超过设计压力时，通过安全控制调节阀自动放空，其放空阀门与系统的设计压力进行联锁；在紧急情况下可通过手动阀门直接放空，低温 EAG 放散气体均经过 EAG 加热后去放空火炬，常温 EAG 放散气体直接去放空火炬。当储罐内气相空间超压，正常压力调节流程不能控制时，罐内蒸发气将通过泄放阀进入火炬中烧掉。

库内分别设有常温低压、高压和低温 3 根放空总管，各总管在火炬前分离罐汇合，进入火炬。设放空立管 1 根，仅在火炬检修时使用。2MPa 以下的常温放空气体汇入低压放空管，2MPa 以下的低温放空气体经 EAG 加热器加热后，汇入低压放空管。5MPa 以下的常温放空气体汇入高压放空管，5MPa 以下的低温放空气体经 EAG 加热器加热后，汇入高压放空管。

预应力混凝土储罐的放空气体汇入低温放空总管。

8) 仪表风系统

仪表风系统采用氮气，仪表风主要用气点为 LNG 储罐和装卸臂氮封或置换、气动阀动作。仪表风系统能否正常可靠运行关系到储备库的安全，故对于紧急切断和子母罐干燥气采用液氮钢瓶作为备用气源。

5.4 LNG 接收站

LNG 接收站是远洋运输 LNG 的终端，也是陆上天然气气源供应地。一般具有接收 LNG 船卸液、储存、LNG 罐车向用户直接供应 LNG 以及再气化 LNG 通过管网向电厂和城市用户供气的功能。图 5.4.1 是 LNG 接收站全景图。

图 5.4.1 LNG 接收站全景图

5.4.1 LNG 接收站工艺流程

国内外大多数 LNG 接收站选择建在港口条件较好的沿海海岸或采用人工岛围建。陆岸 LNG 的终端一般由卸船系统、储存系统、再气化/外输系统、蒸发气处理系统、防真空补气和火炬放空系统组成。

1. LNG 接收站流程

LNG 运输船进港停泊后，通过船上 LNG 输送泵将船舱内 LNG 输送至终端储罐储存。储存过程中 LNG 部分气化产生 BOG 气体，根据其处理方式的不同，LNG 接收站工艺分为 BOG 直接压缩工艺和 BOG 再冷凝工艺，后者能耗更少，且能有效防止 LNG 储罐超压。

LNG 接收站流程示意图如图 5.4.2 所示。LNG 以专用的 LNG 船运送至 LNG 接收站码头，经卸料臂将 LNG 卸入接收站储罐内，以 $-162℃$，常压方式储存于 LNG 储罐。卸料过程中接收站产生的蒸发气，通过回气臂返回 LNG 运输船储舱中。

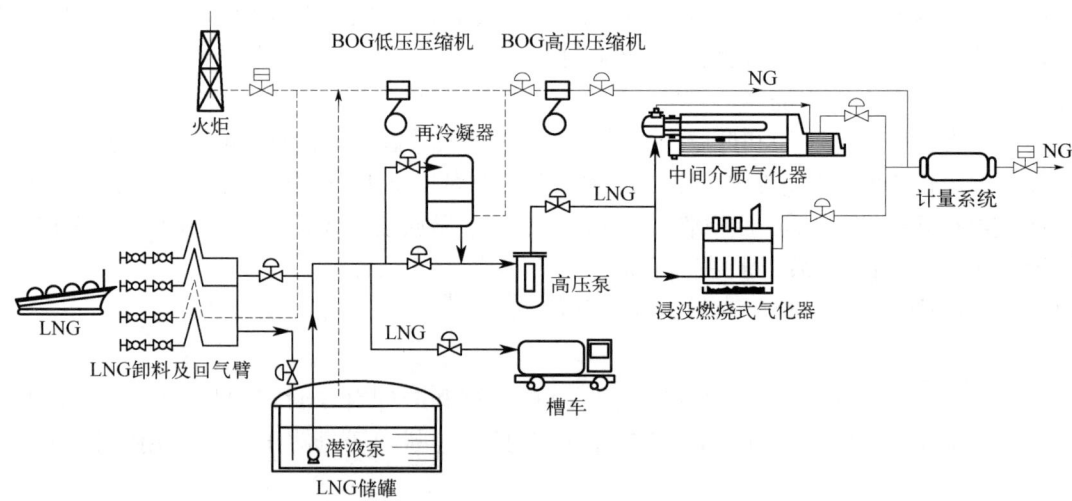

图 5.4.2 LNG 接收站工艺流程示意图

储罐内储存的 LNG 通过罐内 LNG 低压泵加压，一部分用于 LNG 罐车装车，一部分输送至再冷凝器将蒸发气冷凝，另一部分与来自再冷凝器的 LNG 混合后输送至 LNG 高压泵。

LNG 高压泵加压后，高压 LNG 输送至中间介质气化器与浸没燃烧式气化器气化成 0℃ 以上的天然气，经计量以一定的压力外输。

外输量较小，采用再冷凝工艺无法回收所有的 BOG 气体的情况下，采用直接输出工艺，将 LNG 接收站站内冷却循环管线及LNG储罐产生的蒸发气经压缩机加压至外输压力，避免该部分多余的蒸发气排火炬而导致能源浪费。

2. 典型的LNG接收站

典型的LNG接收站再冷凝工艺流程如图5.4.3所示。LNG船通过卸料臂和卸料总管将LNG船舱和终端储罐连通，启动船上LNG泵卸料。卸料期间产生的一部分BOG增压后经回气管线及回气臂返回船舱，以平衡舱内压力；另一部分BOG通过蒸发气处理系统加压后进入再冷凝器，与罐内潜液泵输送来的小股LNG液流混合进行换热重新成为液体，再汇合其余LNG，分别经中、高压外输泵加压至用户压力，采用开架式气化器和浸没燃烧式气化器联合运行气化成天然气，最后经计量橇加味、调压、计量后输往用户。流程中设有一根管线将气化器出口管汇处的天然气引入LNG储罐，以补充储罐在运行中产生的真空。潜液泵和中、高压外输泵出口均设有回流管线，用以调节流量或无外输作业时的循环，保证泵处于低温状态。此外，正常操作时BOG压缩机不能处理的低压BOG，以及因事故停产时气化器产生的高压BOG均由火炬放空系统泄放。

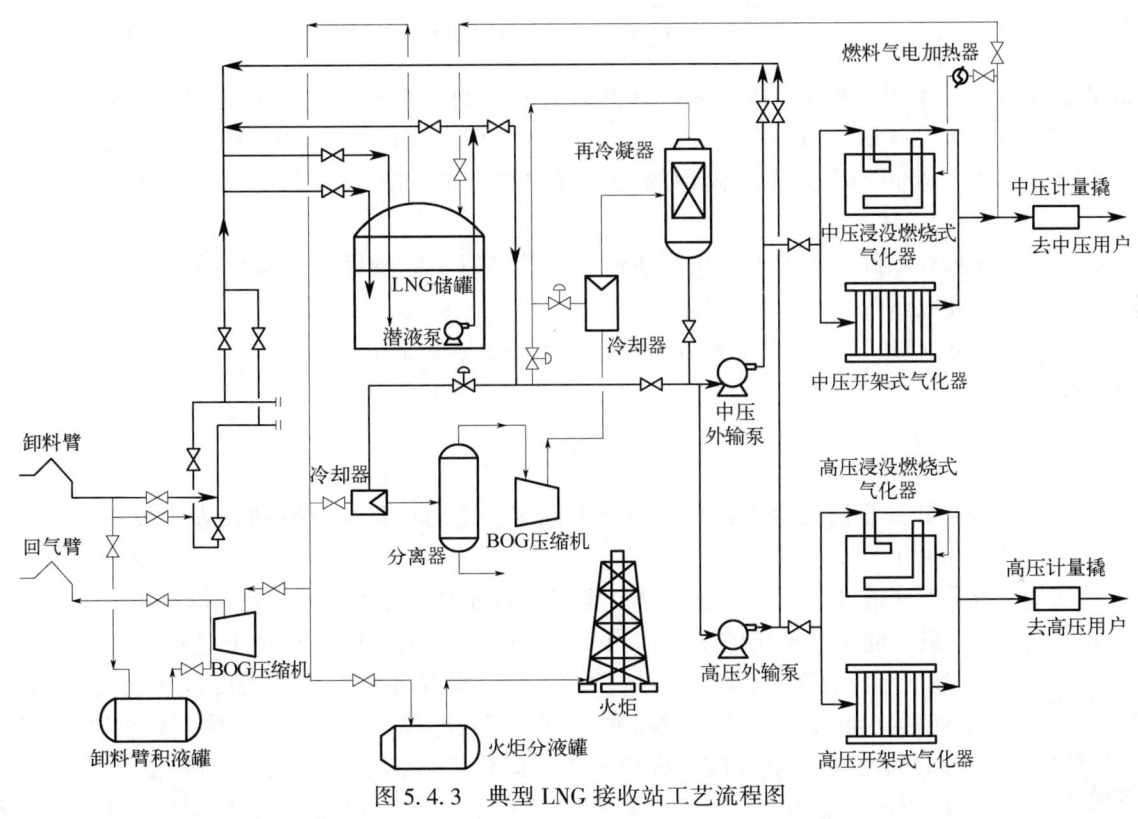

图5.4.3 典型LNG接收站工艺流程图

5.4.2 LNG接收站工艺系统

1. LNG卸船系统

LNG接收站的卸船系统主要由卸料臂、气相返回臂、LNG卸船管线、气相返回线及LNG保冷循环线组成。LNG船装卸工艺流程如图5.4.4所示。

LNG运输船到达卸船码头后，LNG通过运输船上的输送泵，经支管汇集到总管，并通过总管输送到LNG储罐中。LNG进入储罐后，与罐内温度较低的LNG混合将产生大量的BOG，随着LNG储罐内液位的升高及BOG量的增加，罐内压力增高，一部分BOG通过管道和卸船气相返回臂返回至运输船的LNG储舱中，以保持系统的压力平衡，另一部分BOG通过BOG压缩机加压后送至BOG再冷凝器被冷凝。在卸船期间，LNG储罐的最大操作压力为25kPa，储罐BOG不用加压即可直接返回到运输船中。

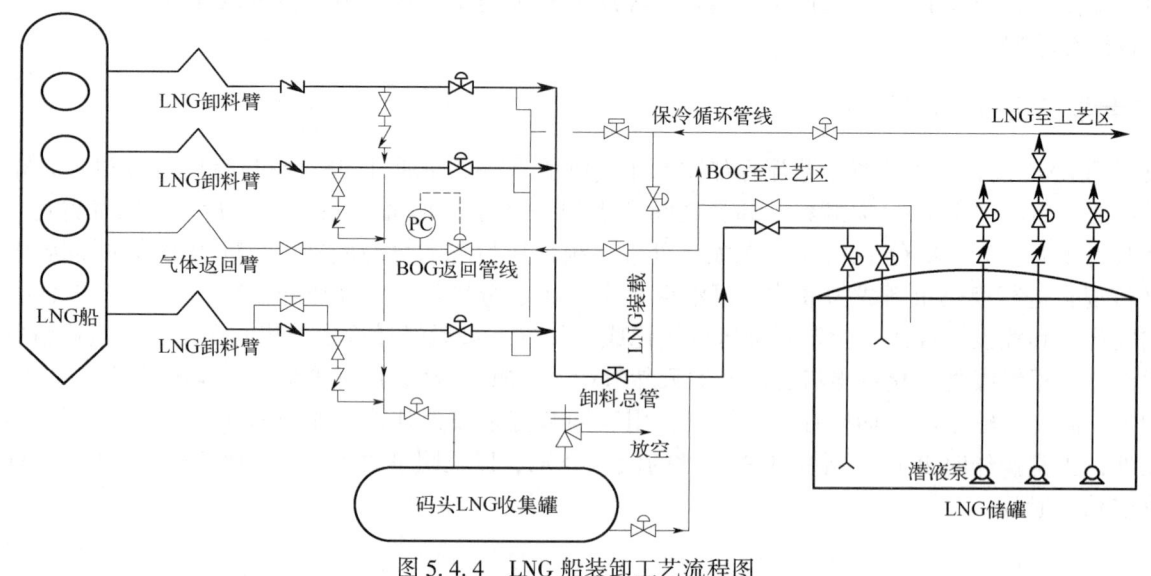

图 5.4.4 LNG 船装卸工艺流程图

在卸船操作初期，用较小的卸船流量来冷却卸料臂及卸料总管根部支线上的阀前管道。当冷却完成后，再逐渐增加流量到设计值。卸船完成后，需用氮气将残留在卸料臂及卸料总管根部支线阀前管道中的 LNG 和气相返回臂及气相返回臂后调节阀前的天然气吹扫干净，使 LNG 船与码头卸料管道间通过氮气隔离。

在无卸船的正常操作期间，由罐内低压泵通过循环管道以小流量经卸船总管循环至 LNG 储罐，以保持 LNG 卸船总管处于冷态。

在码头设 1 座 LNG 收集罐，收集卸船结束后从各卸料液体支管中排出的 LNG，LNG 通过氮气将其压送至 LNG 储罐。

2. 储存系统

LNG 储存系统是接收站重要的生产系统，由低温储罐、进出口管线及控制仪表等设备组成。LNG 储罐工艺流程如图 5.4.5 所示。

LNG 储罐均设置上下两根进料管线，根据 LNG 密度不同分别从两个进料口进入储罐。当 LNG 密度较大时，LNG 通过上进料口进入储罐内液位的上部；当 LNG 密度较小时，LNG 通过下进料口进入 LNG 储罐底部，便于不同密度的 LNG 相互扩散及混合。当罐内上下 LNG 密度差和温差较大时，可通过 LNG 罐内低压泵将罐内 LNG 循环到上部或底部，有效防止分层、翻滚现象的产生。

视频 5.4.1 LNG 接收站储罐施工

卸船时，需提高储罐的操作压力，以降低 LNG 的闪蒸量，同时使 LNG 储罐与运输船之间形成一定压差，便于 BOG 返回至运输船内。储罐的气相空间均与 BOG 总管连接，在接卸 LNG 过程中，由于热量的传入和液位的上升，储罐内将会产生大量的闪蒸气，一部分可经气相线返回至 LNG 船舱，另一部分则通过压缩机升压至 0.8MPa 后进入再冷凝器冷凝，储罐内的绝对压力是通过调整 BOG 压缩机的负荷来控制的。不卸船时，储罐的操作压力控制在 5~17kPa 范围内，以保证压力控制系统发生故障时，储罐操作有一个缓冲空间。

为防止 LNG 泄漏，LNG 储罐所有管道和仪表的接口均设置在罐顶上；在进料总管上设有切断阀，紧急状态可以切断进料；LNG 储罐顶部设置喷淋管，用于储罐初始冷却；储罐均配备适当的仪表以监控罐内 LNG 的液位、温度、密度及气相压力。

3. 再气化/外输系统

LNG 再气化/外输系统主要包括 LNG 储罐内输送泵（潜液泵）、高压外输泵、气化器、计量设施及加臭装置等，如图 5.4.6 所示。

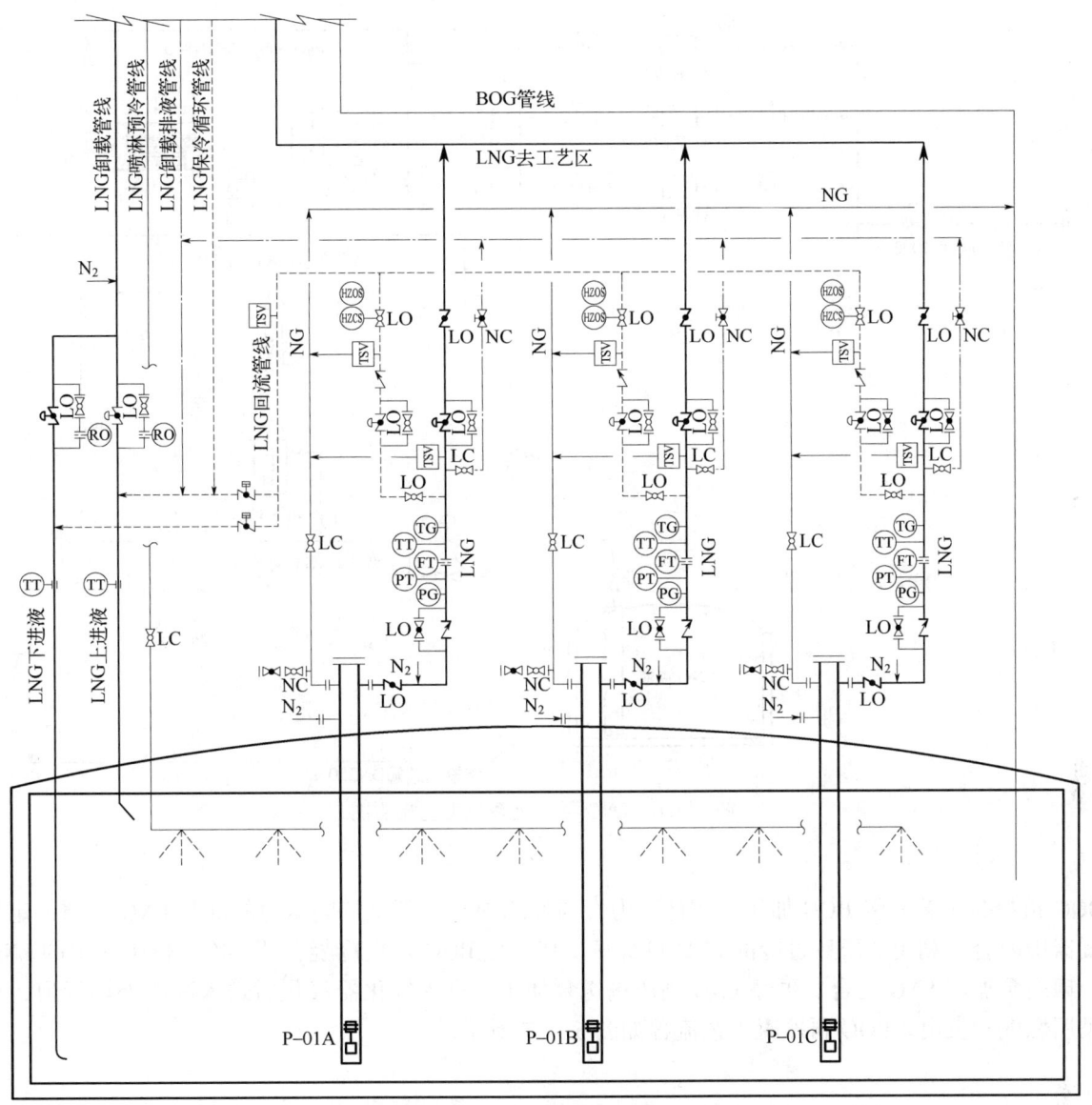

图 5.4.5　LNG 储罐工艺流程示意图

储罐内 LNG 先经罐内输送泵、外输泵加压至外输管网压力，然后通过开架式气化器（open rack vaporizer，ORV）或中间介质气化器（intermediate fluid vaporizer，IFV）进行气化。为满足冬季海水温度较低时 LNG 的气化要求，接受终端 LNG 气化还设有浸没燃烧式气化器（submerged combustion vaporizer，SCV），该气化器可用于海水气化器的备用。再气化后的天然气经加臭、计量后送入管网输往用户。罐内输送泵和高压外输泵的出口管线上装有流量控制阀和回流管线，用以调节运行泵的出口在相同流量下工作和紧急情况时切断输出，还可利用回流管线在零输出时对泵进行循环保冷。

4. 辅助工艺系统

1）蒸发气处理系统

蒸发气处理系统包括冷却器、分液罐、BOG 压缩机、再冷凝器、火炬放空系统等，此系统应保证 LNG 储罐在一定压力范围内正常工作且无蒸发气放空。LNG 储罐蒸发气的处理有直接压缩和再冷凝两种方式。

BOG 直接压缩工艺是通过压缩机将 BOG 直接加压到外输管网压力后进行输送，储罐内 LNG 通过罐内泵加压后送入气化器气化进入外输管网，不需设置再冷凝器，第二级外输泵的设置视外输管网压力高低

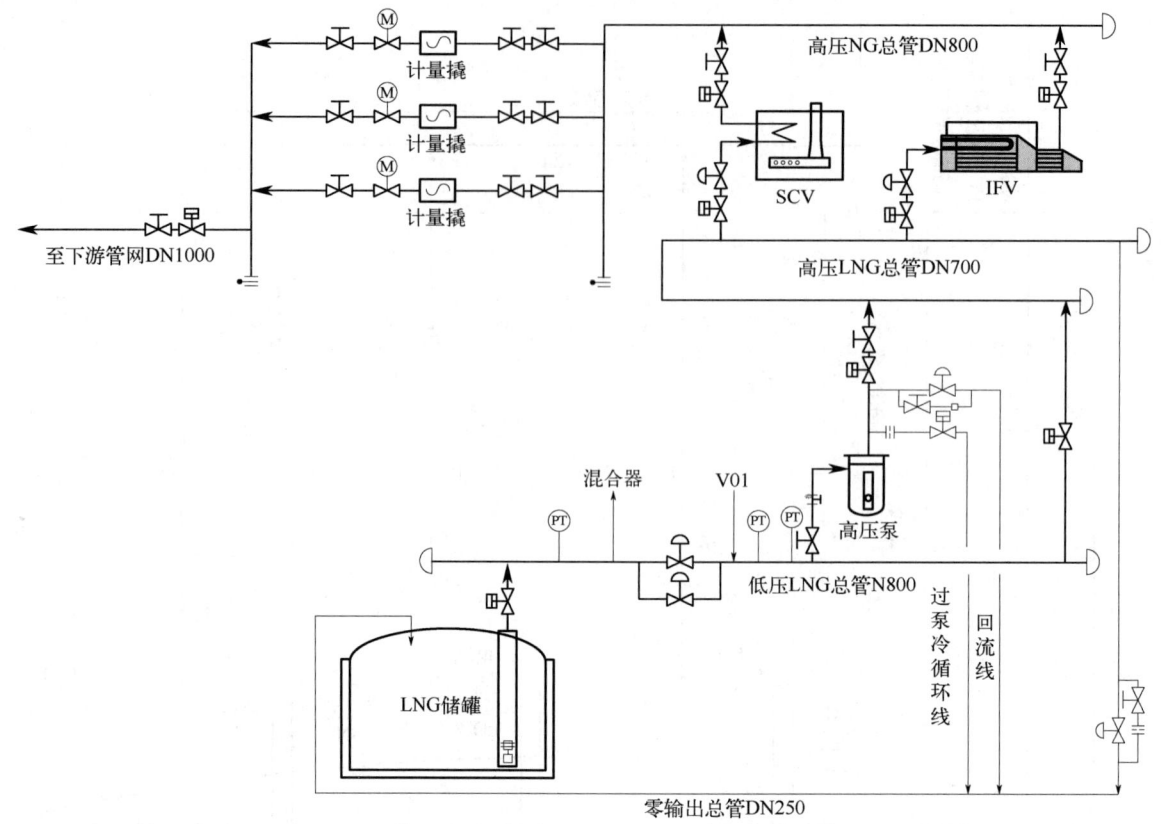

图 5.4.6 LNG 再气化系统工艺流程图

而定。

BOG 再冷凝工艺是将 BOG 加压至较低压力,与经罐内泵加压至相同压力的部分 LNG 按照一定比例在再冷凝器中混合,利用加压后过冷的 LNG 自身显冷特性使 BOG 再次冷凝,从再冷凝器中流出的 LNG 与另一部分罐内泵加压 LNG 汇合,再经 LNG 高压输送泵加压,进入气化器气化后送入高压外输管道,用于工业、民用燃气和发电。BOG 再冷凝工艺流程如图 5.4.7 所示。

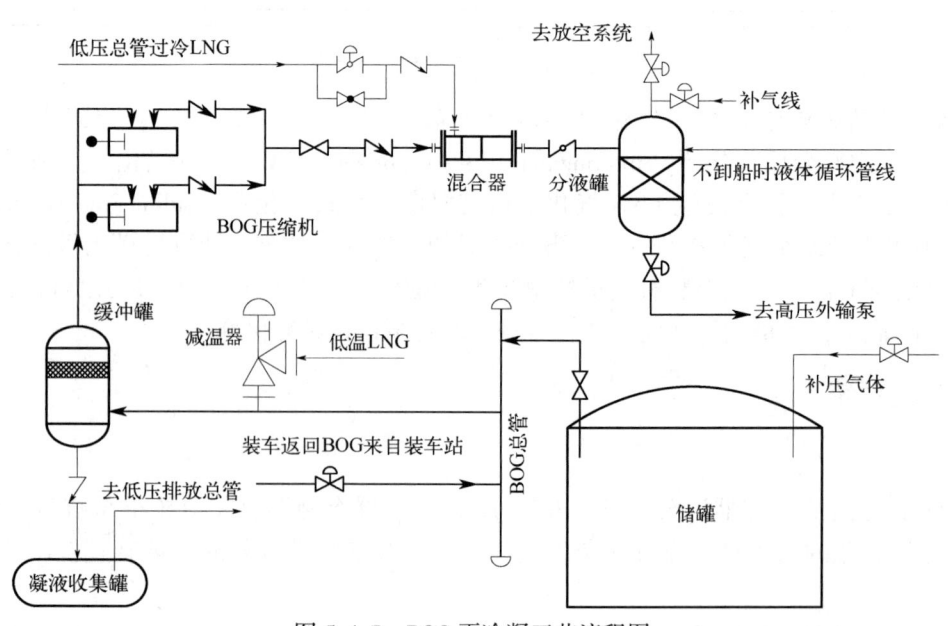

图 5.4.7 BOG 再冷凝工艺流程图

当储罐处于不同工作状态，如储罐正接收 LNG、外输 LNG 或既不接收也不外输 LNG 时，BOG 产生量有较大差别，从而引起储罐压力变化。在储罐中设置各级压力开关，当储罐压力超过或低于各级设定值时，系统进行相应动作，保证储罐在一定压力范围内正常工作。当排出 BOG 时，为保证低温下 BOG 压缩机运行的入口温度不超限，在入口前设置冷却器，利用 LNG 的冷量保证入口温度低于上限。

2) 防真空补气系统

LNG 气化外输过程中，由于罐内液位降低，气相空间增大，罐内可能形成负压，为此设有防真空补气系统，即用一根天然气管线将气化器出口管汇与 LNG 储罐连通，当罐内出现负压时，将天然气引入储罐来填补真空。有些储罐也采取安全阀直接连通大气，当储罐产生真空时直接由阀导入大气进罐内补气。

3) 火炬放空系统

LNG 接收站通常设置有两套火炬放空系统。其中一套为低压火炬放空系统，用于泄放正常操作时 BOG 压缩机不能处理的低压 BOG（量少、频率高）；另一套高压火炬放空系统则是在事故停产时，如翻滚现象等事故发生时，用来处理气化器产生的高压 BOG（量大、频率低）。此外，根据接收站所处的地理环境位置和安全环保的要求，也可设置大气放空来处理 BOG。

5.4.3 LNG 接收站实例分析

一般 LNG 码头接收具有品种单一、量大的特点，按 LNG 运输船的条件，配备 LNG 卸船码头一座。图 5.4.8 是某 LNG 接收站工艺流程图（见书后插页和彩图 5.4.8），在码头上设有 3 台直径为 400mm 的卸料臂和 1 台直径为 400mm 的蒸发气返回臂。通常 3 台卸料臂同时工作，如果其中 1 台卸料臂需要维修时，卸船速度降低，卸船时间增加。当气相返回臂需维修时，1 个卸料臂将用作气相返回臂。

彩图 5.4.8 某 LNG 接收站工艺流程

码头还设有 1 台 LNG 收集罐和 LNG 收集罐加热器，LNG 收集罐的作用是接收卸船结束后从各卸料液体支管中排出的 LNG，并通过收集罐加热器将收集的 LNG 气化后经气体返回管线送到蒸发气总管。

LNG 运输船抵达接收站卸船码头后，通过 3 根直径 400mm 的卸料臂和 1 根直径 400mm 的气体返回臂将船上 LNG 输出管线与岸上 LNG 总管线相连，再由船上储罐内的低压输送泵（潜液泵）将 LNG 通过卸料臂支管汇集到总管，并通过总管送到接收站的 LNG 储罐内。

从总管上接一根循环管道到低压输送总管。LNG 进入储罐后置换出的蒸发气，通过一根返回气管道，经 400mm 的气相返回臂，送到运输船的 LNG 储舱中，以保持系统的压力平衡。在卸船期间，LNG 储罐的最大操作压力维持在 25kPa，以保证储罐蒸发气不用加压可直接返回到运输船中。另一部分 BOG 进入 BOG 汇管，与装车站返回气、补压气体一起经加热、分液、加压后进入再冷凝器，与来自罐内低压泵、高压输送泵以及循环保冷管线输送来的 LNG 混合达到再液化的目的。

来自储罐的大部分 LNG 与再冷凝器底部出来的液体汇合，经高压输送泵加压、开架式气化器气化后一路进入外输计量单元，完成加味、调压、计量等操作后输往干线，另外一路经管壳式加热器进入计量站完成相应的操作后送入本地电厂。还有一路经过调压、加热器进入燃料气系统。

从储罐来的一部分 LNG 经罐内低压泵加压后直接输送至汽车装车站。此外，正常操作时 BOG 压缩机不能处理的低压 LNG，以及因事故停产时气化器产生的高压 BOG 均由火炬放空系统泄放。

卸船在操作员的监控下操作，操作重点是控制系统压力。卸料臂通过液压系统操作，卸料臂上安装有快速紧急脱离接头和联锁系统，在紧急情况下 LNG 运输船能快速安全地与卸料臂脱离。

在卸船操作初期，用较小的卸船流量来冷却卸料臂及辅助设施，避免产生过多的蒸发气使蒸发气处理系统过负荷而排放到火炬。当冷却完成后，再逐渐增加流量到设计值。卸船完成后，用氮气将残留在卸料臂中的 LNG 吹扫干净，并准备进行循环操作。

在无卸船的正常操作期间，通过一根从低压输出总管来的循环管线以小流量 LNG 经卸料总管循环至再冷凝器，以保持 LNG 卸料总管处于冷状态备用。

5.5 LNG 主要工艺设备

LNG 系统中涉及的设备范围比较广，本节就制冷压缩机、膨胀机和换热器等 LNG 生产系统中的主要设备做简要介绍。

5.5.1 LNG 生产主要设备

1. 制冷压缩机

压缩机是天然气液化装置中的关键设备之一，主要用于增压和气体输送。根据液化流程的不同工艺要求，需要采用不同类型的压缩机，主要有往复式(活塞式)、透平式(轴流式或离心式)和螺杆式等几种形式。往复式压缩机通常用于天然气处理量较小（$100m^3/min$ 以下）的液化装置。轴流式压缩机主要用于混合制冷剂循环装置，离心式压缩机主要用于大型液化装置。

1) 预冷用制冷剂压缩机

预冷用制冷剂压缩机的处理介质多为丙烷，亦称丙烷压缩机。预冷循环多选用排量较大、单级压缩比不高、可实现多级调节的离心式压缩机。离心式压缩机种类繁多，选择余地大。对于大型液化装置，预冷压缩机排量较大，可采用多叶轮结构压缩机配合多级预冷的形式。

2) 液化用制冷剂压缩机

（1）低压混合制冷剂（LPMR）压缩机。

大型液化装置的制冷剂循环多采用两台压缩机串联进行两级压缩。对于 LPMR 的一级压缩，要求压缩机排量足够大，一般为大叶轮离心式压缩机和轴流式压缩机。大叶轮离心式压缩机的实际流量可达 $300000m^3/h$。现有大部分 LNG 工厂都选用单流吸入式离心式压缩机，双流吸入式离心式压缩机也在 Marseel Brega 和 Bethioua LNG-1 两个工厂成功投用。

（2）高压混合制冷剂（HPMR）压缩机。

增压过程伴随着制冷剂温度的升高，高压时更为显著，故 HPMR 压缩应配有中间冷却器，通常采用径向对开式(筒型结构)离心式压缩机。达斯岛（D. Island）LNG 生产厂采用了一种带中间冷却器的 45MW 单缸径向对开式离心压缩机，可用在生产能力为 $3.96×10^6t/a$ 的生产厂进行 HPMR 压缩操作。

2. 膨胀机

膨胀机是空气分离设备、天然气（石油气）液化分离设备和低温粉碎设备等获取冷量所需的机械，是天然气液化装置中获取冷量的关键设备。

膨胀机有活塞式膨胀机和透平膨胀机。活塞式膨胀机适宜用于小流量、高压力、大膨胀比工况；缺点是体积大、易损件多、操作维护复杂。透平膨胀机的特点是转速高、体积小、重量轻、结构简单、易损件少，因而制造维修工作量小，适宜用于大流量、中高压力而初温较低的场合。

膨胀机按工作原理分有膨胀过程几乎完全在静止的喷嘴中进行的冲动式和膨胀过程不仅在静止的喷嘴中进行，还在叶轮中进一步膨胀的反作用式；按气流流动方向分有径流式、轴流式和径轴流式。

由于天然气液化装置的气体处理量很大，一般都采用透平膨胀机。透平膨胀机不仅可以为液化装置提供冷量，还可以回收利用高能流体的能量以驱动压缩机或发电机等设备。

透平膨胀机由通流部分、制动器及机身三部分组成。膨胀机通流部分有蜗壳、喷嘴、工作轮、扩压器，主机结构示意图如图 5.5.1 所示。

根据能量转换和守恒定律，利用有一定压力的气体在透平膨胀机内进行绝热膨胀对外做功而消耗气体本身的内能，气体内能降低并对外输出功使气体的压力和温度大幅度降低从而达到制冷与降温的目的。高

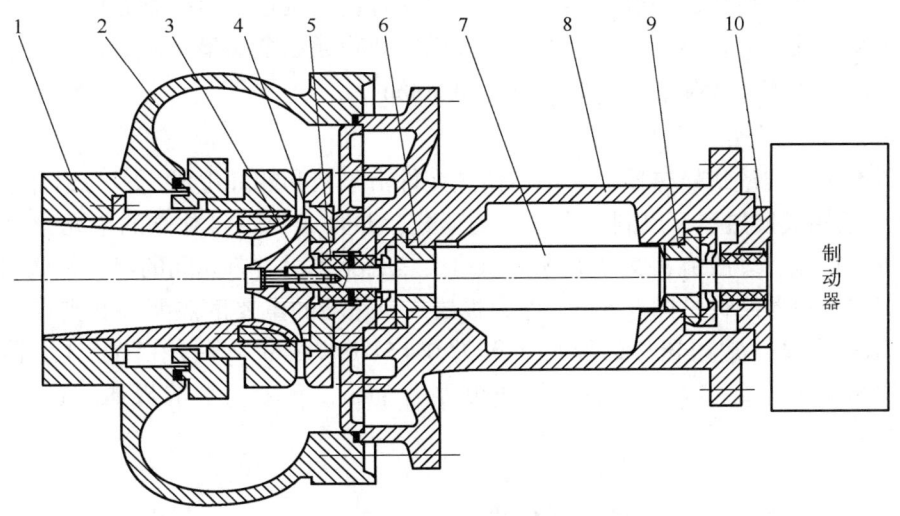

图 5.5.1 透平膨胀机结构示意图

1—扩压器；2—蜗壳；3—工作轮；4—喷嘴；5—内轴封；6—内轴承；
7—主轴；8—机壳；9—外轴承；10—外轴封

压气体在膨胀机导流器内进行绝热膨胀产生高速气流，冲击透平膨胀机的工作叶轮，叶轮高速旋转。气流进入叶轮后还会进一步膨胀，同时气流的反冲力进一步推动叶轮旋转。气体的热力学能转化为叶轮的动能对外做功，从而使气体本身压力和温度降低。大多数膨胀机属于反作用式膨胀机。

3. 换热器

换热器是天然气液化或 LNG 气化等各种工艺流程中必不可少的设备之一，其主要使用场合包括原料气预冷和液化、分馏装置以及公用设施涉及的热交换过程、BOG 的再液化和冷量回收、制冷循环的热交换、LNG 的气化、终端用户储罐的增压等。

在 LNG 生产中常用的换热器有绕管式、板翅式和管壳式等几种类型。在天然气液化装置中，天然气从常温冷却到液化温度，需要经过一系列不同温度级别的换热器进行多次热交换。这些换热器工作温度均低于环境温度，通常集中在一个保冷性很好的箱体——"冷箱"之内，以减少冷损。

1) 绕管式换热器

绕管式换热器（SWHE）是一种特殊的管壳式换热器，属于间壁式换热器的一种。冷、热流体互不接触，热量由热流体通过间隔的固体壁面传递给冷流体。按其结构特点可以分为两类：单股流绕管式换热器（图 5.5.2）和多股流绕管式换热器（图 5.5.3）。

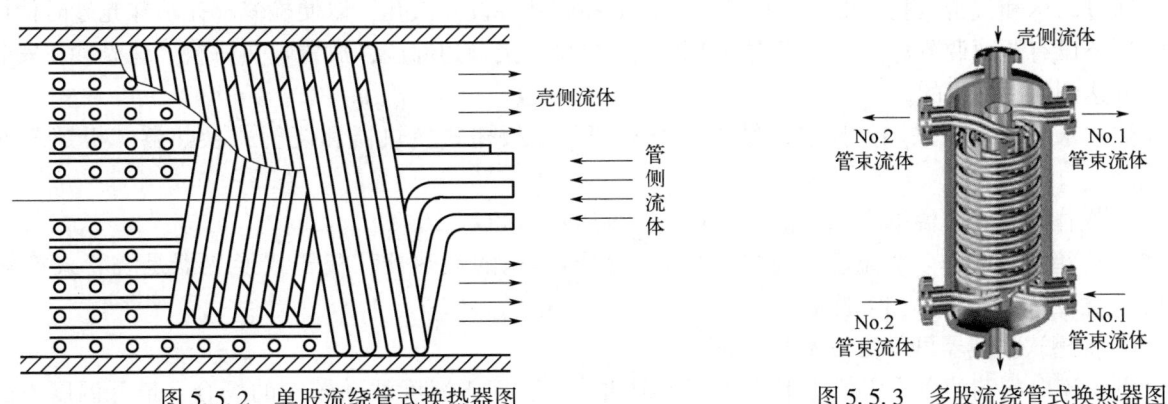

图 5.5.2 单股流绕管式换热器图　　图 5.5.3 多股流绕管式换热器图

绕管式换热器是大型天然气液化工厂的首选主低温换热器，据统计，90%的大型陆上 LNG 工厂采用的是绕管式换热器。绕管式换热器一般为不锈钢和低温用合金钢制造，由绕管芯体和壳体组成，芯体中心轴上多层管条以螺旋状反相交替缠绕，管条的纵向和横向间距通过金属垫条调节，如图 5.5.4 所示。这种换热器可同时用于几种流体的冷却，冷却面积可达 $10000m^2$。

2) 板翅式换热器

板翅式换热器也属于间壁式换热器的一种，传热元件由隔板和翅片组成，多为铝合金结构，广泛用于调峰型 LNG 装置。板翅式换热器可以制成多通道的形式，并且成为各自独立的单元，通过流道的布置和组合能够适应逆流、顺流、多股流、交叉流等不同的换热工况。通过单元间的串、并联组合能够满足不同的换热需求，板翅式换热器结构见图 5.5.5。作为板翅式换热器的重要散热元件和支撑元件，翅片直接影响到换热效果和结构强度。常用翅片的厚度一般为 0.15~0.41mm，焊接在隔板上，隔板的厚度为 1~2mm。普通的翅片高度为 6.3~19mm，翅片的间距为 1.6mm，一个大型的板翅式换热器的传热面积达 $1500~2500m^2/m^3$。

图 5.5.4 绕管式换热器实物图

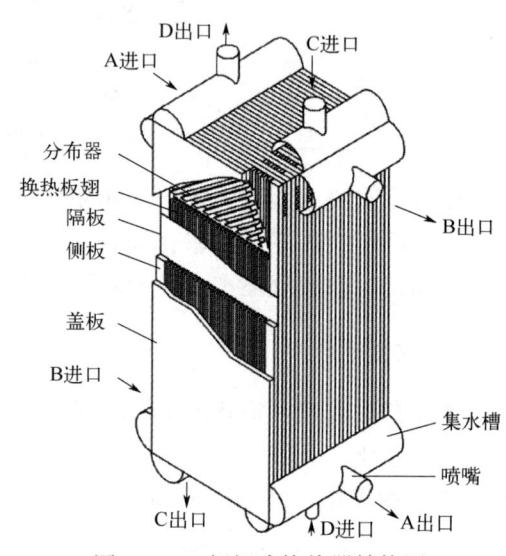

图 5.5.5 板翅式换热器结构图

4. 天然气液化冷箱

冷箱由一个能够支撑、容纳换热器的矩形碳钢外壳、管路和其他相关低温设备以及在惰性气体中使用的隔热材料组成。将几台钎焊铝制板翅式换热器和配管放置在密闭的钢制箱体内，并在箱体与箱内设备之间充填满珠光砂。板翅式换热器内部为密闭结构，外部由型钢和碳钢板制成，这一组装过程在制造厂内进行，并通过耐压和气密试验后出厂。在箱体的顶部和底部各设一人孔，以便检修和充填珠光砂时使用。另外，箱顶还设有压力调节盒。在板翅式换热器与支撑梁相接触的部位，放置隔热材料。珠光砂在安装现场充填，以达到保冷的目的。

天然气液化冷箱中采用的换热器结构主要有两种：板翅式换热器和绕管式换热器。板翅式换热器的优点：

(1) 操作温差小，温度变化平稳，最低温度可达到 -148~-204℃。

(2) 冷箱内可制作多个流道，换热效果好。相同体积的换热器，板翅式换热器是绕管式换热器的 6~10 倍。板翅式最多可做 14 股流换热。

(3) 板翅式换热器可承受 16MPa 的压力。

缺点：流向冷箱的介质要求特别清洁，无杂质；不适用于温度波动较大的场合，最低温度不能低于 -204℃。

天然气液化冷箱 MRC 主换热器（图 5.5.6）的下部称为温端，上端称为冷端。净化后的天然气由主换热器的底部温端进入，从主换热器的顶部冷端离开。主换热器内除布置了许多换热盘管外，还在壳体空间安装了许多液体分布器。这些液体分布器是沿垂直方向按一定间隔布置的，目的是将进入壳体空间内的液体均匀地喷洒在换热表面或换热空间上，以强化其换热效果。

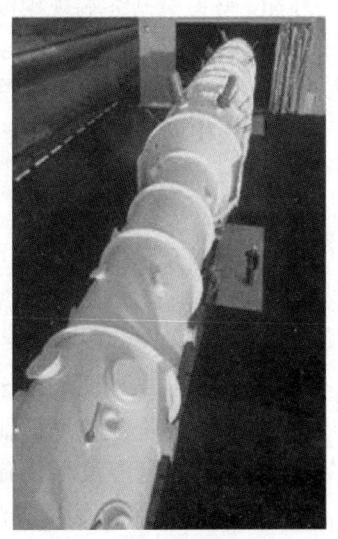

图 5.5.6　天然气液化冷箱 MRC 主换热器

5.5.2　LNG 接收站主要设备

1. LNG 卸料臂

LNG 卸料臂（marine loading and unloading arms）是 LNG 码头专用设备，安装在码头前沿，用于在 LNG 船舶停靠时将船中的 LNG 卸到接收站的储罐中。

卸料臂采用自平衡设计，主要由组合式旋转接头、输送臂、配重机构、转向机构及支撑立柱组成。旋转接头是卸料臂的关键部位，为保证其在低温下具有良好的密封性能，采用了双重密封结构。卸料臂材质多为不锈钢或铝合金，为遥控自动操作，操作台设在码头的前端，离码头约 4~5m，以便有较开阔的视野。卸料臂必须配备紧急脱离装置，紧急情况下保证卸料臂快速与船舶分离，并关断截止阀，防止 LNG 泄漏。

根据卸料臂的配重方式，可将其分为全平衡型（FBMA）、旋转平衡型（RCMA）、双平衡型（DCMA）三种类型，如图 5.5.7 所示。

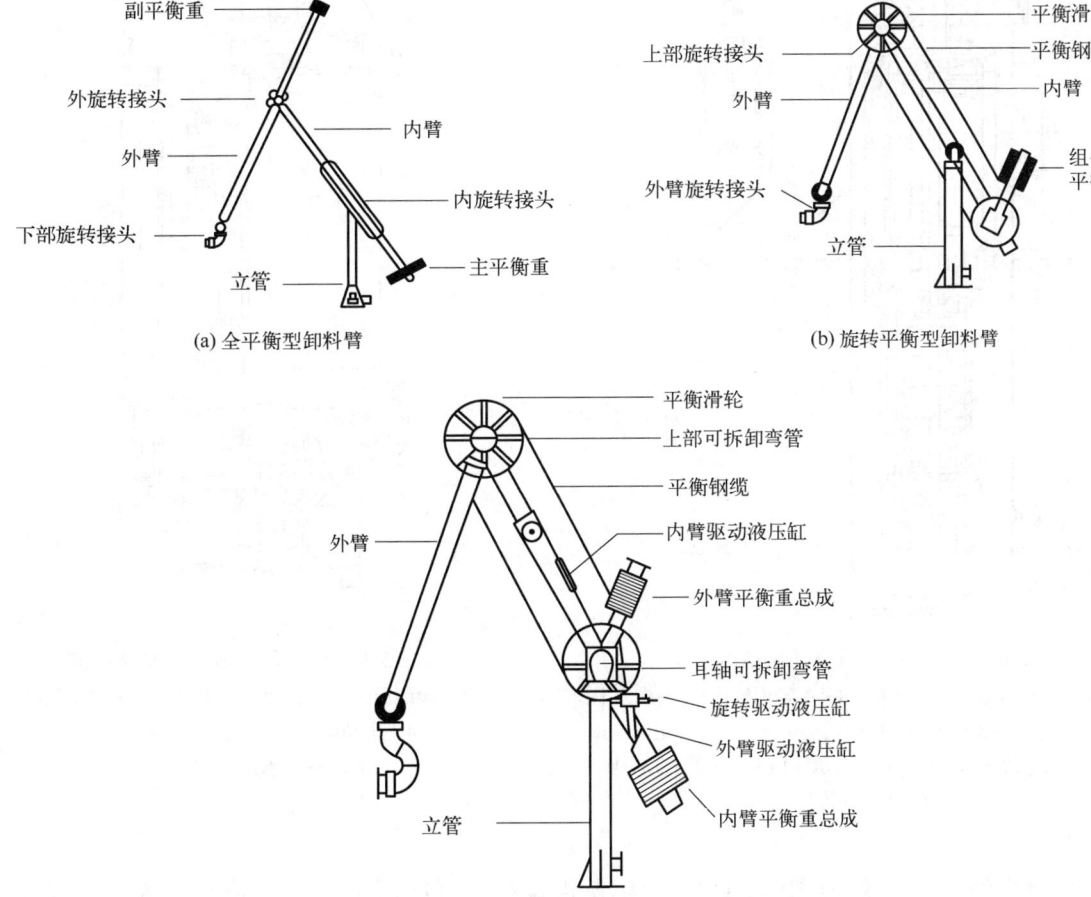

(a) 全平衡型卸料臂　　　(b) 旋转平衡型卸料臂

(c) 双平衡型卸料臂

图 5.5.7　卸料臂结构形式

LNG 码头根据终端规模配置数根卸料臂及一根蒸发气回流臂，两者尺寸可同可异，但结构性能相同，如若尺寸相同则可互用。LNG 运输船到达卸船码头后，通过运输船上的输送泵，经过多台卸料臂分别通过支管汇集到总管，并通过总管输送到 LNG 储罐中。LNG 进入储罐后置换出的蒸发气，通过一根返回气管道，经气相返回臂，送到运输船的 LNG 储舱中，以保持系统的压力平衡。

2. LNG 输送泵

LNG 输送泵是输送 LNG 的关键设备。根据 LNG 接收站的工艺流程，通常设置有两种不同用途的 LNG 泵：一种为 LNG 罐内泵或潜液泵，安装在储罐底部附近，扬程较小，用于将罐内的 LNG 输送到罐外；另一种为 LNG 高压泵，安装在气化器前，扬程较大，用于将潜液泵输送出来的 LNG 增压到外输管网压力。LNG 高压输送泵结构图如图 5.5.8 所示。

LNG 为深冷介质，增压输送过程中容易气化，为保证安全和泵的正常工作，LNG 输送泵为浸没式，将泵连同马达一起浸没于装有 LNG 泵的容器中，称为 LNG 潜液泵。由于输送介质和工作环境的特殊性，一般对 LNG 潜液泵及其相关附件的材质、密封性能均有严格要求。泵内容器和轴多采用奥氏体不锈钢，泵体和叶轮采用铝合金，动力电缆也需特殊设计并采用可靠的材料。一般选用自润滑型轴承，设计有平衡装置，平衡自身的轴向力减少轴承的受力，延长使用寿命及维修周期。典型潜液电动泵结构如图 5.5.9 所示。

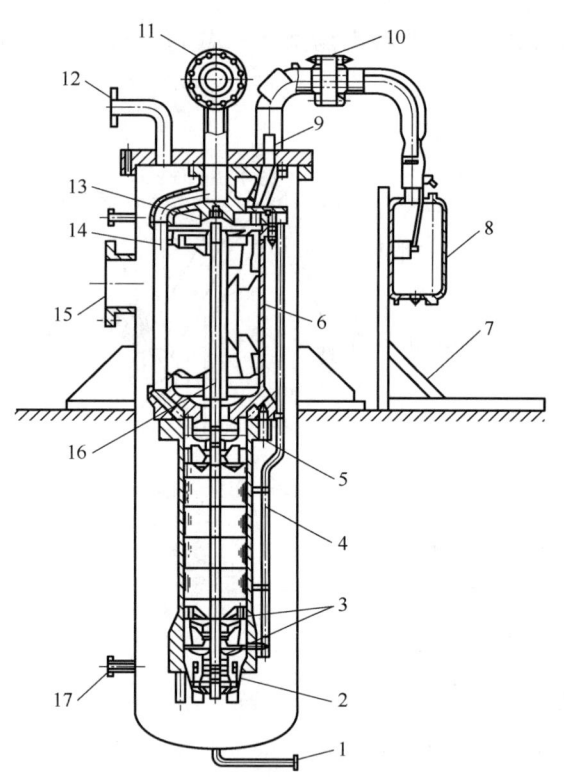
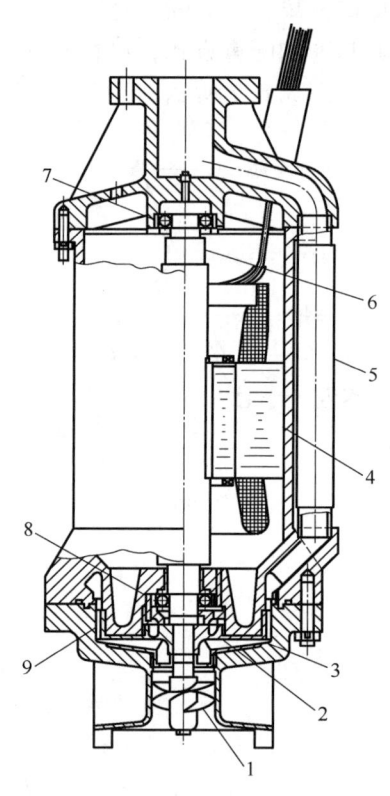

图 5.5.8 LNG 高压输送泵结构图
1—排放口；2—螺旋导流器；3—叶轮；4—冷却回气管；5—推力平衡装置；
6—电动平衡装置；7—支撑；8—接线盒；9—电缆；10—电源连接装置；
11—排液口；12—放气口；13、16—轴承；14—排出管；15—吸入口；
17—纯化气体口

图 5.5.9 典型的潜液电动泵结构图
1—螺旋导流器；2—推力平衡机构；3—叶轮；
4—电动机；5—排出管；6—主轴；
7、8—轴承；9—扩压器

潜液泵一般为多级泵，扬程为 50~2000m。为满足蒸发气再冷凝要求，罐内潜液泵压力为 0.5~1.3MPa，扬程为 200~300m，流量为 450~550m³/h。每个储罐至少应配备 2 个罐内泵，并预留备用泵井，安装在罐底部。罐内潜液泵采用轴向扩散达到最小直径，碗状或放射状的设计更能达到最佳速度和直径，这也是当前潜液泵发展的趋势。LNG 外输泵可达到 16 级设计，流量范围扩大到 400~600m³/h，输出压力为 7.5~9.5MPa，最大工作压力可达到 14MPa。

3. 气化器

气化器的作用是将液态的 LNG 转化为气态的天然气，其工作原理和换热器相同。按照结构和热源的不同，LNG 气化器分为板翅式、管壳式、中流式、开架式及浸没燃烧式等多种类型。开架式气化器（ORV）、浸没燃烧式气化器（SCV）和中间介质气化器（IFV）是 LNG 接收站最为常见的三种气化器，空浴式气化器和水浴式气化器则在 LNG 卫星型接收站和气化站广泛使用。

1) 开架式气化器

开架式气化器（ORV）以海水为加热介质，在翅管表面自上而下喷淋，将热量传递给翅管内由下向上垂直流动的 LNG，使其气化成常温气体从翅管上方流出，海水则从气化器底部水罐汇集后排出。开架式气化器的工作原理如图 5.5.10 所示。为避免影响周围海区生态平衡，应控制海水进、出口温差在 5℃ 以内。由于运行成本低廉，操作安全可靠，ORV 成为了应用最广的基本负荷型 LNG 气化器，但气化过程需要的海水量较大、设备体积庞大、占地面积大、投资较高等缺点限制了其在小型 LNG 装置中的应用。在实际使用中，常根据 LNG 流量设置多台 ORV 并联运行。

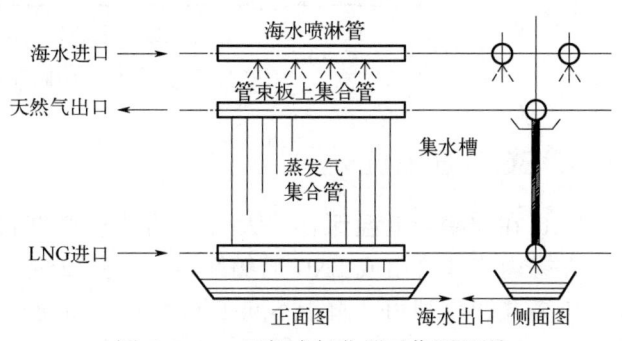

图 5.5.10 开架式气化器工作原理图

2) 浸没燃烧式气化器

浸没燃烧式气化器（SCV）使用天然气作燃料，通过水浴使 LNG 气化。SCV 由换热管、水浴、浸没式燃烧器、燃烧室和鼓风机等组成，其工作原理如图 5.5.11 所示。燃料气在燃烧器中燃烧产生热烟气，通过喷雾分配管排入水浴中，使水产生高速湍动并与换热管内 LNG 充分换热，加热蒸发 LNG。SCV 初期投资费用较低，但操作费用高，由于其气化启动快，效率高，主要作为备用设备，在开架式气化器维修时运行或在需要增加气量调峰时并联运行。

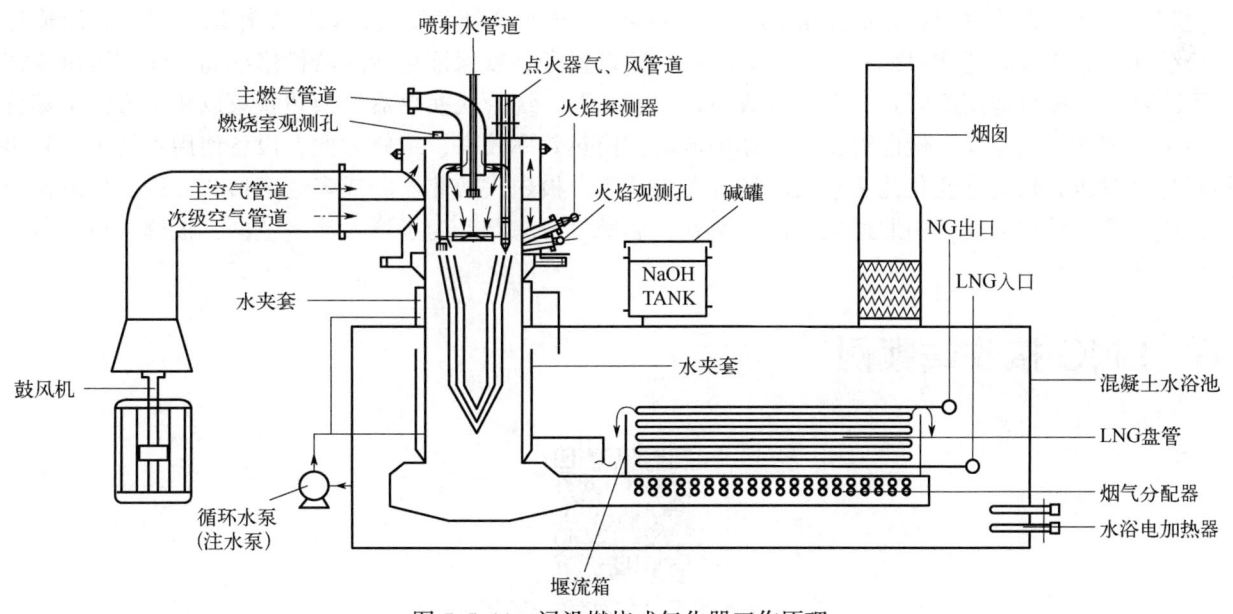

图 5.5.11 浸没燃烧式气化器工作原理

3）中间介质气化器

中间介质气化器（IFV）通常采用丙烷、丁烷或氟里昂等介质作为中间传热流体，可用于两级换热过程，LNG 和丙烷换热、丙烷和海水换热，可避免加热介质结冰的问题，工作原理如图 5.5.12 所示。由于 IFV 的换热管采用钛合金，所以即使管内流动的海水水质恶劣，也不会产生腐蚀，保证运行稳定。这种气化器已经广泛应用于接收站的气化系统。

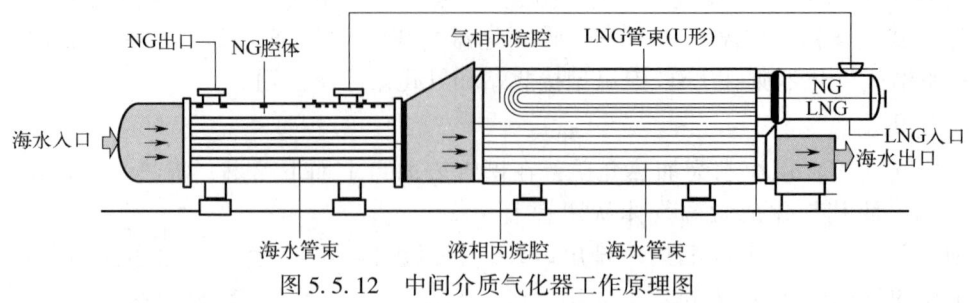

图 5.5.12 中间介质气化器工作原理图

4. BOG 压缩机

LNG 在储罐内低温保存，大气中的热量会穿过保冷层传入罐内，使得少量液态的 LNG 蒸发为气体，在罐内液体排出或 LNG 船舶卸料时，蒸发现象更为明显。蒸发气压缩机就是要将这部分蒸发气体进行压缩并回收利用。由于不同工况下 LNG 储罐产生的蒸发气量不同，故应设置两组不同的 BOG 压缩机，分别用于非卸船工况和卸船工况，前者适用于小气量和高压比场合，后者适用于大气量和中、低压比场合。

LNG 接收站通常采用往复式或离心式 BOG 压缩机。往复式 BOG 压缩机可多级压缩气体，出口压力稳定，压力和流量可在较宽范围内进行调节，适用于小气量、高压比的非卸船工况。离心式 BOG 压缩机结构紧凑、排量大且操作灵活，适用于大气量和中、低压比的卸船工况。离心式 BOG 压缩机有单级和多级之分，接收站 BOG 处理系统采用单级压缩机。

5. 再冷凝器

再冷凝器的主要功能是对接收站的 BOG 进行回收，同时也是输送系统的关键设备。再冷凝器有两个作用：其首要作用是通过填料床层使 BOG 与 LNG 接触，从而冷凝蒸发气；第二个作用是作为高压输送泵的入口缓冲罐。接收站通常只配备一个再冷凝器，并设置旁路以保证再冷凝器检修期间 LNG 不间断输出。

再冷凝器一般可选用绕管式、管壳式或板翅式换热器。绕管式换热器的换热管束以相反方向呈螺旋缠绕，高温气相在管内流动，低温液相在壳体中流动，换热效率较高，维修方便，设备使用不受个别管路泄漏的影响，对压力较高且变化范围较大的场合尤为适用。板翅式换热器制成多通道形式，进出口流量分配均匀，成本低，结构紧凑，但通道较小而易堵塞，需增设过滤器。为了增大流量范围，板翅式换热器常并联运行。

5.6 LNG 接收站案例

文本 5.6 LNG 接收站案例

课程思政

清洁能源——北海 LNG 接收站

北海 LNG 接收站，5 千米的引堤连接着 40.32 公顷的人工砂岛和广袤的南疆大地，错落有致的工艺管线盘踞在北海 LNG 接收站内，威武的储罐矗立在砂岛之上……守望着宽阔的南海，配套输气管线贯通两广 12 个地市，呈"龙"字形辐射在南疆大地，似腾飞的巨龙，守护着八桂的碧海蓝天。

北海 LNG 接收站惠及广西 14 个地市 4700 余万人，替代燃油二氧化碳减排高达 30% 以上，替代燃煤二氧化碳减排高达 60% 以上，每年减排二氧化碳 480 余万吨，相当于植树 4400 万株，320 多万辆小排量轿车行驶一年。

北海 LNG 接收站于 2013 年 7 月开工建设，2016 年 3 月开始试运营，LNG 接收能力为 600×10^4 t/a，远期可达 1000×10^4 t/a。北海 LNG 建设于人工砂岛之上，有限的作业空间限制了机械设备的臂膀，复杂的工序对安全和质量管理提出了更加苛刻的要求。两广地区气候湿热，台风频繁，汛期较长，多丘陵河流和池塘水田，在三年多的建设时间里，项目建设遭受大型台风袭击多达 13 次，项目施工历经重重困难。

北海 LNG 接收站配套的外输天然气管道设计直径 800mm，长度 1318km，犹如一条蜿蜒的"钢铁长龙"游弋在岭南苍翠的群山峻岭之中，通过沿途的 18 座站场和 49 座阀室，将天然气清洁能源源源不断地输送至西南地区的主要城市。

思考题

1. 什么是混合制冷剂液化流程？设计画出混合工质预冷天然气液化流程。
2. 带膨胀机制冷液化流程有哪些特点？设计画出氮气—甲烷膨胀液化流程。
3. LNG 大型储罐有哪些？设计画出全容罐的工艺流程图。
4. LNG 罐箱储备有哪些特点？
5. 设计画出 LNG 工厂 2 个大罐储存 3 路装车工艺流程图。
6. LNG 储备库包括哪些工艺系统？
7. LNG 接收站具有哪些工艺系统？
8. 设计画出 LNG 接收站 BOG 直接压缩工艺流程图。
9. LNG 产业链主要工艺设备有哪些？

第6章 液化石油气储存与装卸

液化石油气（liquefied petroleum gas，简称LPG）是重要的石油产品之一，是由炼厂气或天然气（包括油田伴生气）加压、降温、液化得到的一种无色、挥发性流体。主要成分为丙烷、丙烯、丁烷、丁烯，同时含有少量戊烷、戊烯和微量硫化合物杂质。常温常压下呈气体状态，但在加压和冷却时很容易变为液态。LPG由气态转为液态时体积仅为原体积的1/250～1/300，LPG的密度比空气的密度大，约为空气的1.5倍，一旦泄漏将迅速降压，由液态转化为气态，并在低洼沟槽处聚集。LPG液态时密度为480～560kg/m³，气态密度为2.35kg/m³，闪点为-74℃，引燃温度为426～537℃，爆炸极限为1.5%～9.5%，极易与周围空气混合形成爆炸气体，遇到明火会引起火灾爆炸。

LPG供应站具有储存、装卸、灌装、气化、混气、配送等功能，是以储配、气化（混气）或经营LPG为目的的专门场所，是LPG厂站的总称。LPG供应站包括储存站、储配站、灌装站、气化站、混气站、瓶组气化站和瓶装供应站。LPG储配站通常称为LPG储配库，图6.0.1是LPG储配库全景图。

图6.0.1 LPG储配库全景图

6.1 LPG储存、装卸及倒罐工艺

6.1.1 LPG储存方式

LPG常用的储存方式为常温压力储存。常温压力储存采用全压力式储罐，在常温状态下盛装LPG，其特点是储存压力随环境温度变化。由于LPG的蒸气压高，例如丙烷在37.8℃时，饱和蒸气压为12.9atm，常温时液体在储罐内必须压力储存，储罐应按能安全地承受最高液体温度下的蒸气压来设计。储罐的设计压力要同时考虑储罐最高工作温度下LPG的饱和蒸气压和机泵工作时加给储罐的压力，因此对储罐的要求较高，钢材耗用量大。

常温压力储罐按安装位置可分为地上储罐和地下储罐。地上储罐造价较低，施工、运行、维修方便，又不受土壤的腐蚀。地上储罐受气温影响较大，在气温较高的地区需要采用淋水等降温措施。

采用地下储罐储存，由于土壤中温度变化幅度小，罐内的压力受气温影响小，比较稳定，容易管理。同时在夏季罐内LPG的温度较地上储罐低，因此压力也比较低，使用比较安全。此外，从罐车往储罐内卸LPG时，也比较容易。但是，地下储罐施工较地上储罐困难，造价较高，在运行中也不易检查和维修，同时储罐还容易受到土壤的腐蚀。

由于常温压力储存方式具有结构简单、施工方便、便于管理并且运行费用低的优点，目前在国内LPG

供应站中普遍采用这种储存方式。从施工安装、运行管理和维修等方面考虑，多采用地上储罐。

6.1.2 LPG 装卸方法

LPG 的装卸系统主要有卸车工艺和装车工艺。卸车工艺是指 LPG 压缩机自储罐抽吸气态 LPG 并压入槽车的气相空间，使槽车和储罐之间形成卸车所需要的压差，将液态 LPG 卸入储罐；装车工艺是 LPG 泵自储罐抽吸液态 LPG 并输送至槽车，利用泵的剩余压头将槽车气态 LPG 自管道挤向储罐气相空间，在装车的过程中，二者气相为动态平衡。

LPG 管道运输时，可以利用管道末端的剩余压力，直接将其压入储罐。当用槽车运输时，装卸方法有压缩机加压卸车法、泵卸车法、加热卸车法、静压差卸车法以及压缩气体加压卸车法等。常用的方法有压缩机装卸，烃泵装卸和泵、机联合装卸。

1. 压缩机装卸

LPG 压缩机装卸是将压缩机装设在 LPG 气相管道上，用压缩机抽出储罐中的气相 LPG，并将其压入要卸车的槽车中去，使槽车中的 LPG 流入储罐，如图 6.1.1 所示。

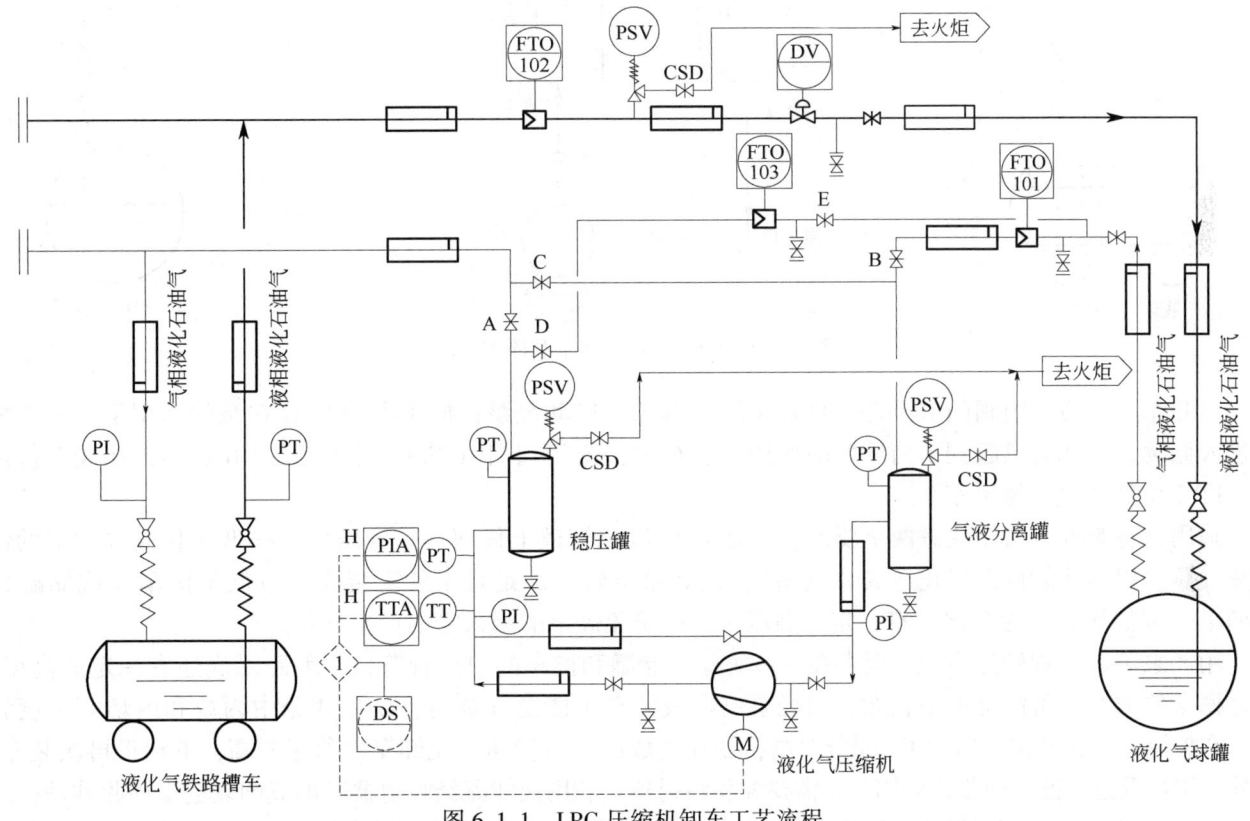

图 6.1.1　LPG 压缩机卸车工艺流程

在卸车的槽车与接收 LPG 的储罐之间的 LPG 气态管道上安装无油润滑的 LPG 压缩机，由压缩机将要接收 LPG 的储罐中的 LPG 部分气相抽出，然后加压输送到要卸车的槽车中，将槽车中的气相压力升高，接收 LPG 的储罐由于部分气相被抽出导致气相压力降低，在卸车的槽车和要灌注的储罐之间形成一定的压差，槽车中的液态 LPG 依靠压差被压送到要接收 LPG 的储罐中去。压缩机加压装卸时，不宜使储罐压力过低，一般应保持剩余压力 0.15~0.20MPa，以免空气进入引起事故；储罐和槽车之间应保持能克服气相、液相管道总阻力所需的压力差，一般为 0.15~0.20MPa。

2. 烃泵装卸

采用液化气烃泵装卸 LPG 比压缩机加压装卸工艺系统简单，LPG 的装卸车系统由压力储罐、装卸泵、万向装卸臂或装卸软管和相配套的工艺管道、阀件以及液化气槽车等组成。其装卸过程就是利用烃泵输送液体的性能，将储罐或槽车中 LPG 通过烃泵加压输送到槽车或储罐中。采用液态烃泵装卸速度较慢，为加快装卸速度可以在工艺中增设一根气相连通管。烃泵装卸的工艺原理流程图如图 6.1.2 所示。

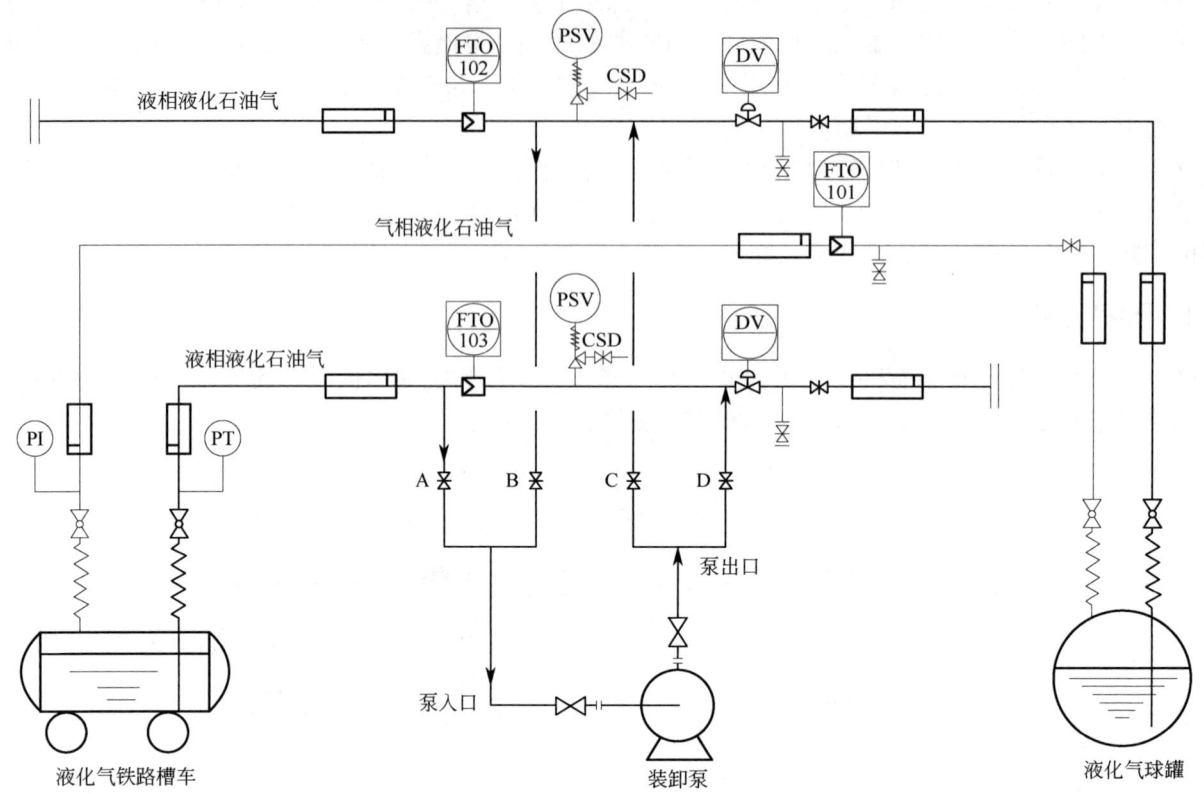

图 6.1.2　LPG 烃泵装卸工艺原理流程

当卸车时，应关闭阀门 B 和 D，打开阀门 A 和 C，启动烃泵，槽车中的 LPG 在泵的作用下，经液相管进入储罐，气相管只起到平衡压力的作用。装车时，关闭阀门 A 和 C，打开阀门 B 和 D，在烃泵作用下，LPG 由储罐进入槽罐车。

采用这种装卸方法要注意两个要点：一是 LPG 液相管道上任何一点的压力不得低于相应温度下的饱和蒸气压，以防止管内因气化造成"气塞"，使烃泵空转；二是烃泵的安装高度应低于槽车（或储罐），使槽车（或储罐）与烃泵之间有一定的静压头，以避免烃泵的吸入管内产生气化。

用烃泵装卸流程较为简便，但存在一些弊端。储罐和槽车的出液管管口一般距罐底还有一定的高度，加之槽车停放时不可能是水平状态，用烃泵倒罐或卸车不能全部抽空；LPG 成分中丙烷和丙烯等密度较小，在槽罐上部饱和蒸气压比 C_4 成分要高，往往造成卸车后的压力比卸车之前还要高，不利于再次装车。另外，用烃泵进行残液回收比较困难，需要配备喷射器，利用液体流经喷射器时形成的真空来回收残液，残液中杂质较多，喷嘴容易堵塞，要经常拆下清洗，喷口直径较小，使烃泵负荷增加，造成了烃泵的过度磨损。利用真空抽残，在装卸过程中极易将空气带入残液罐中，使残液罐中的含氧量增加，对安全十分不利。

3. 泵、机联合装卸

GB 51142《液化石油气供应工程设计规范》规定 LPG 储存站、储配站和灌装站应具有泵、机联合运行功能。因此，LPG 的装卸基本上都采用泵、机联合运行。泵、机联合运行装卸工艺流程图如图 6.1.3 所示。

汽车槽车到达装卸棚定位后，装卸鹤管的液相、气相分别与汽车槽车的液相、气相接口连接好，启动装车泵将储罐液态 LPG 输送至汽车槽车。

火车槽车到达栈桥定位后，装卸鹤管的液相、气相分别与火车槽车的液相、气相接口连接好，启动压缩机向火车槽车气相增压，二者压差达到 0.4~0.6MPa 时，启动卸车泵，将液体直接由液相管输送至库区球罐。

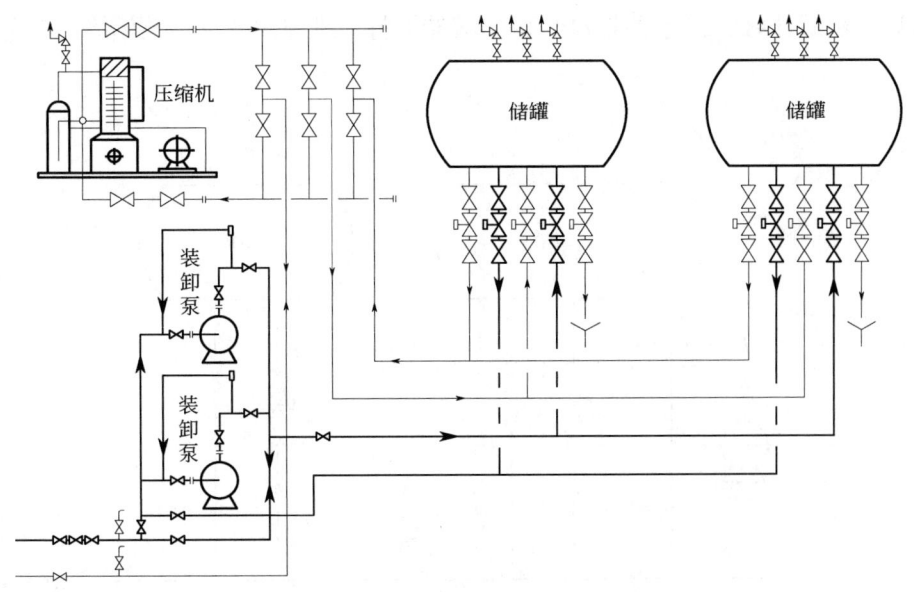

图 6.1.3　LPG 泵、机联合装卸工艺流程

6.1.3　LPG 倒罐工艺

当 LPG 储罐到检验周期或存在安全附件损坏等情况时需进行倒罐作业，故在工艺设计中要考虑到倒罐的需求。

将 LPG 由一个储罐倒入另一个储罐的工艺过程叫倒罐。倒罐工艺主要有压缩机倒罐工艺和烃泵倒罐工艺。

1. 压缩机倒罐工艺

当采用压缩机倒罐时，将两储罐液相管接通，出液储罐的气相管接到压缩机出口管路上，将进液储罐的气相管接到压缩机入口管路上，用压缩机来抽吸进液储罐的气相压力，经压缩机加压后送入出液储罐，这样在两储罐之间压差的作用下，LPG 便由出液储罐流往进液储罐。压缩机倒罐的工艺流程如图 6.1.4 所示。

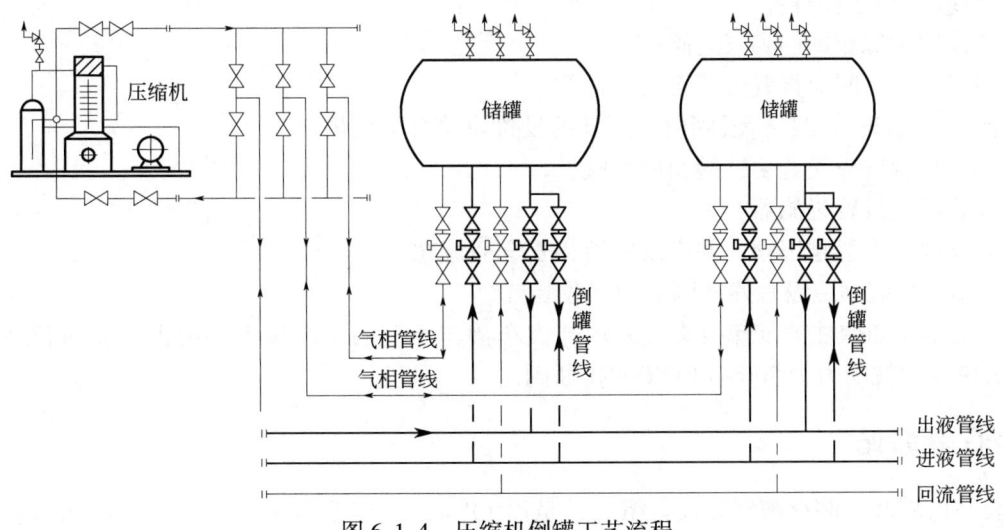

图 6.1.4　压缩机倒罐工艺流程

2. 烃泵倒罐工艺

采用液化气烃泵倒罐时将两储罐的气相管相互接通，出液储罐的出液管接入泵的入口，进液储罐的进

液管接入泵的出口,然后开启泵,将液态 LPG 由出液储罐打入进液储罐。烃泵倒罐的工艺流程如图 6.1.5 所示。

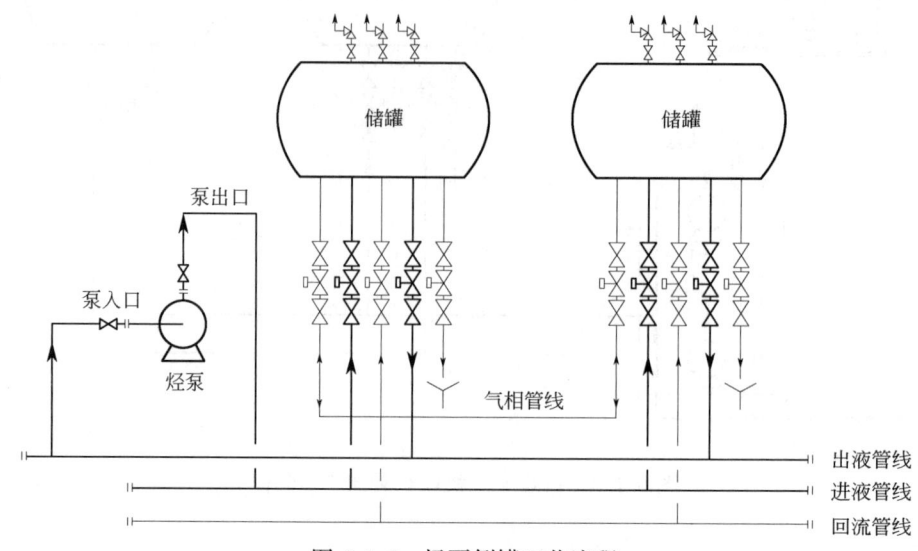

图 6.1.5 烃泵倒罐工艺流程

6.2 LPG 站库工艺流程

LPG 供应站有不同功能的各种站场,根据功能需求和运营需要,不同类型的站场工艺流程有所区别。LPG 供应站基本上都具有装卸、储存、灌装功能。

《液化石油气供应工程设计规范》中对 LPG 站库的工艺要求有:

(1) LPG 储存站、储配站和灌装站应具有泵、机联合运行功能,LPG 压缩机不宜少于 2 台。

(2) LPG 压缩机进、出口管段阀门及附件的设置应符合下列规定:

① 进、出口管段应设置阀门;

② 进口管段应设置过滤器;

③ 出口管段应设置止回阀和安全阀;

④ 进、出口管段之间应设置旁通管及旁通阀。

(3) 液态 LPG 泵进、出口管段阀门及附件的设置应符合下列规定:

① 泵进、出口管段应设置切断阀和放气阀;

② 泵进口管段应设置过滤器;

③ 泵出口管段应设置止回阀,并应设置液相安全回流阀。

(4) 储配站和灌装站应设置残液倒空和回收装置。

(5) 汽车槽车装卸台柱的装卸接头应采用与汽车槽车配套的快装接头,接头与装卸管之间应设置阀门。装卸管段应设置拉断力为 800~1400N 的拉断阀。

6.2.1 LPG 灌装站

LPG 灌装站由灌装、储存和装卸设备组成,是以 LPG 灌装作业为主要功能的专门场所。灌装站主要工艺有:接收和储存、灌装、残液收集及处理,工艺流程见图 6.2.1。

1. 接收和储存

液化气由汽车槽车运来,进入液化灌装站卸车区后,将气相、液相管道分别与槽车的气、液相管道相连,打开阀门 F1 和 F5,关闭阀门 F3、F4 和 F2,启动压缩机抽吸液化气储罐内的 LPG 气体,经压

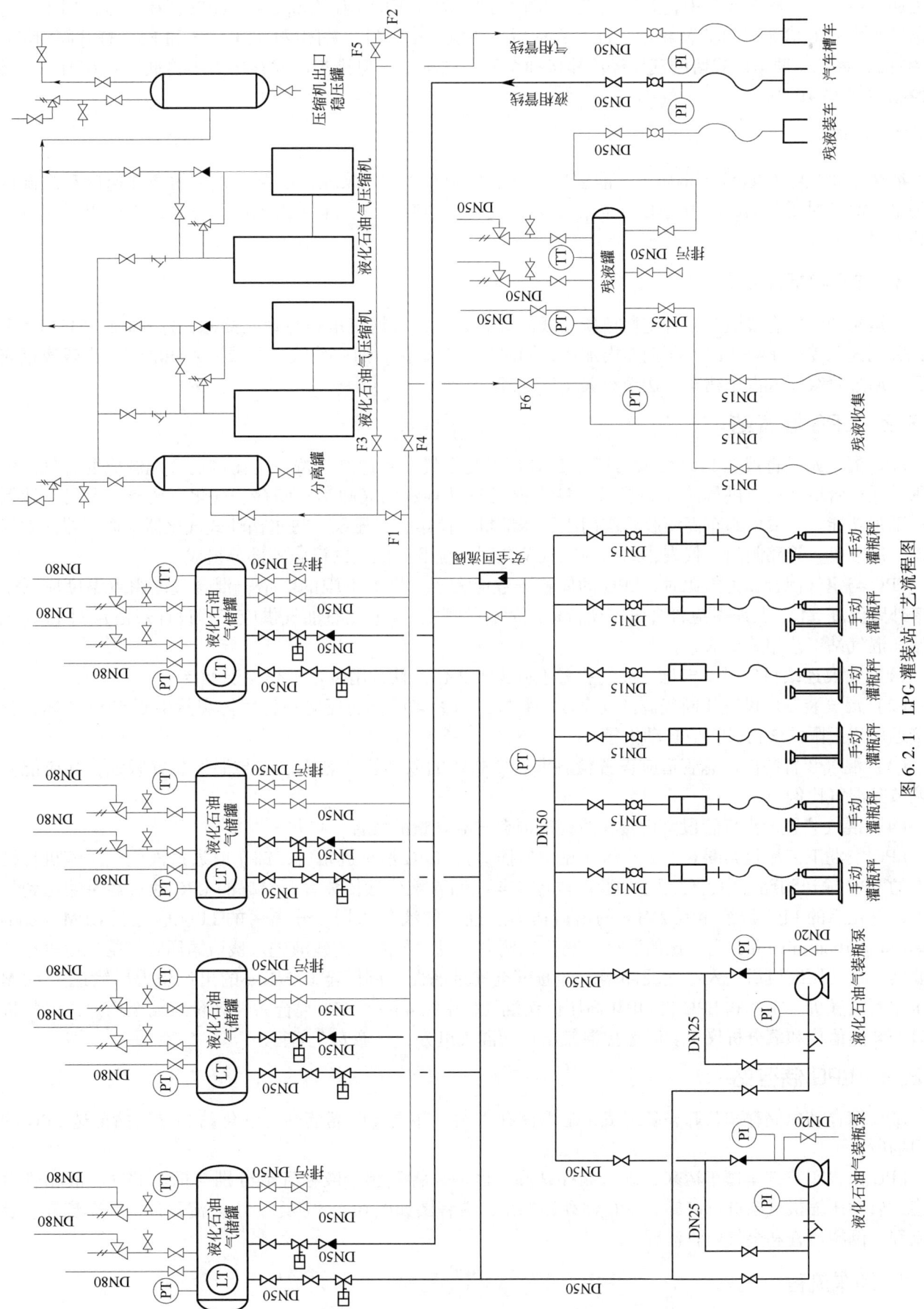

图 6.2.1 LPG 灌装站工艺流程图

缩机加压后，压入汽车槽车中，并控制汽车槽车内的压力高于储罐压力 0.2~0.3MPa，在压差作用下，将汽车槽车内的 LPG 液体卸入储罐中。卸车完毕后，切换气相阀门，关闭阀门 F1、F5 和 F6，打开阀门 F3、F4 和 F2，将汽车槽车内残留的气体经压缩机抽至另一储罐中，但槽车内残存压力不得低于 0.05MPa，通常控制在 0.15~0.2MPa。

2. 灌装

灌装主要是将 LPG 灌入钢瓶中，灌装压力一般控制在 1~1.2MPa，以保证正常的灌装速度和准确的灌装量。灌瓶时用泵抽储罐内的 LPG 直接灌装，设有手动灌瓶秤，采用人工灌装方式，也可以采用自动灌装方式。

3. 残液收集及处理

当运来的空瓶有残液时，将空瓶放置于残液翻瓶架上，将钢瓶角阀与管线接通，打开阀门 F1、F2 和 F6，关闭阀门 F3、F4 和 F5，向钢瓶内加压，同时将钢瓶翻倒，瓶内残液经管线流入残液罐。当残液罐充满后，通过管线压入汽车槽车，送至有关工厂处理。

6.2.2 LPG 混气站

LPG 混气站是将液态 LPG 转换为气态 LPG 后，与空气或其他燃气按一定比例混合配制成混合气，经稳压后通过管道向用户供气的专门场所。LPG 混气站具有液化气卸车、储存、气化、调压、混气、计量等一系列功能。主要由卸车高压胶管阀门组、压缩机、储罐、稳压泵、热水循环式气化器、调压器、空气系统、混气机、管路阀门、仪表、站区内电气及控制系统及其他辅助设施等部分组成。

LPG 与空气混合作为气源时，LPG 的体积分数应大于其爆炸上限的 2 倍，混合气的露点温度应低于管道外壁温度 5℃，其质量应符合国家现行标准的有关规定。《液化石油气供应工程设计规范》对 LPG 气化站和混气站工艺相关要求有：

（1）需要连续供气时，气化、混气装置不应少于 2 台，且备用装置不得少于 1 台。

（2）混气装置应设置切断气源的安全联锁装置，当参与混合的任何一种气体突然中断或 LPG 体积分数接近爆炸上限的 2 倍时，应自动报警。

（3）混气装置的出口总管道应设置检测混合气热值的取样管。热值仪应与混气装置联锁，并应能实时调节其混气比例。

（4）混气装置的出口管段宜设置在线检测混合气氧含量的装置。

LPG 空混工艺流程如图 6.2.2 所示（见书后插页），LPG 槽车进站后，卸车时通过液化气压缩机将槽车内的 LPG 输送到储罐中，储罐上加装液位计及 4~20mA 液位远传装置，储罐的 LPG 通过烃泵输送到气化炉，气化后的 LPG 调节至 0.2MPa 的出口压力后进入气液分离器，分离后的 LPG 输送至 OPM（optimized proportion mixture，高压比例混合）高压比例混气机，分离后的残液进入残液罐回收。空气通过空气过滤器、空气压缩机后进入空气缓冲罐，再通过空气过滤器，调压至 0.2MPa 的出口压力后输送至 OPM 高压比例混气机。空气和 LPG 在 OPM 高压比例混气机中按 45%：55%混合后经计量后输至用户，混气机出口安装热值仪和氧分析仪，实时监控混气出口的混气组分，保障安全运行。

6.2.3 LPG 储存站

LPG 储存站由储存和装卸设备组成，是以储存为主，并主要向灌装站、气化站和混气站配送 LPG 的专门场所。

LPG 由火车或汽车槽车运来，进入储存站卸车区后，将气相、液相管道分别与槽车的气、液相管道相连，启动压缩机或泵进行装卸。LPG 储存站的工艺流程图如图 6.2.3 所示，工艺流程包括卸车流程、装车流程、倒罐流程和余气回收流程。

1. 卸车流程

启动泵抽出槽车内 LPG 进入储罐，当达到一定压力时，启动压缩机抽储罐中的气相 LPG 进入槽车，

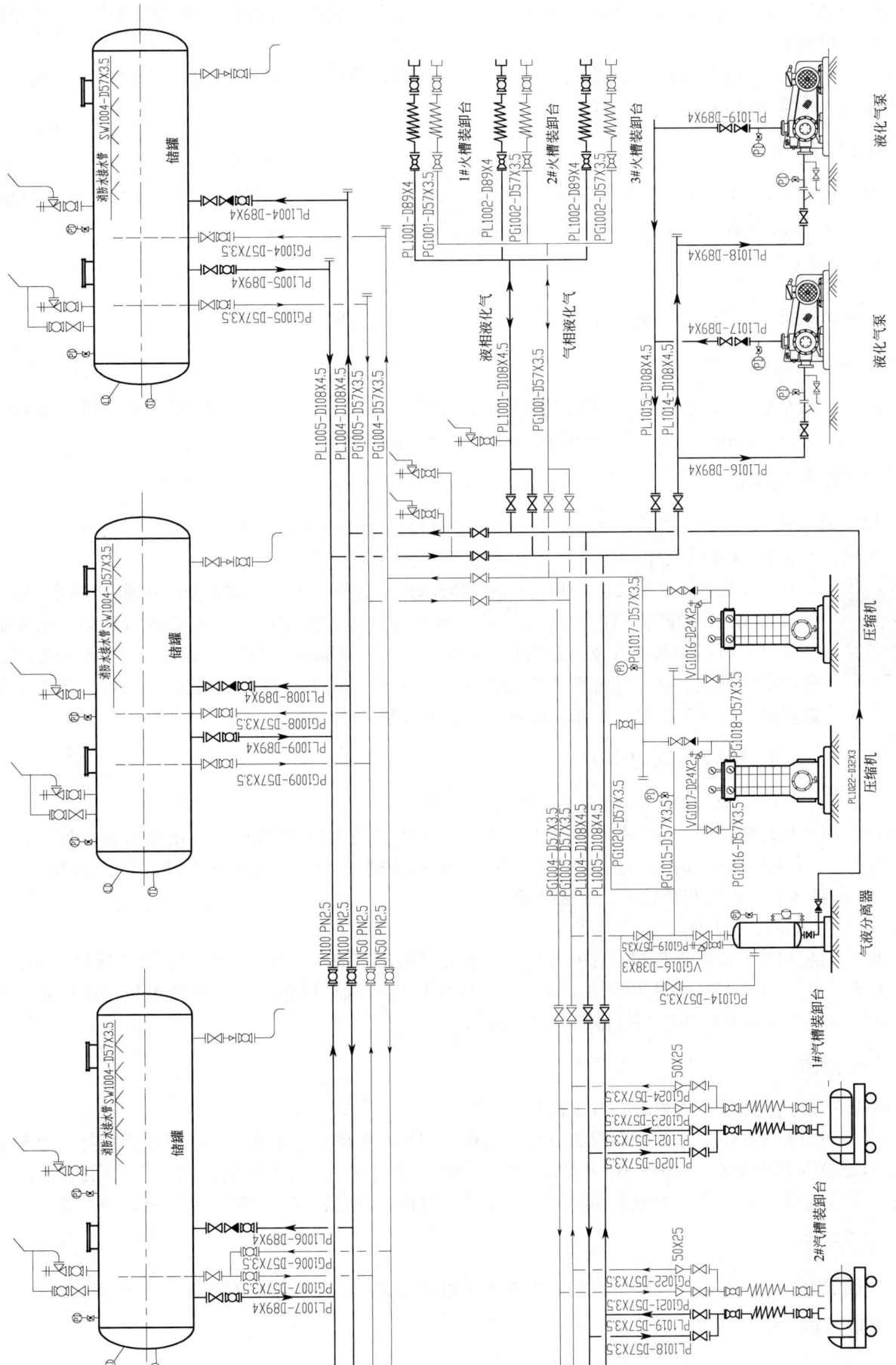

图 6.2.3　LPG 储存站工艺流程图

并控制槽车内的压力高于储罐压力 0.2~0.3MPa，在压差作用下，将槽车内的 LPG 压入储罐中。可以单独采用泵或压缩机卸车。

卸车完毕后，切换气相阀门，将槽车内残留的气体经压缩机抽至另一储罐中，但槽车内残存压力不得低于 0.05MPa，通常控制在 0.15~0.2MPa。

2. 装车流程

启动泵抽出储罐内 LPG 进入槽车，当达到一定压力时，启动压缩机抽槽车中的气相 LPG 进入储罐，使储罐中的 LPG 压入槽车。可以单独采用泵或压缩机装车。

3. 倒罐流程

泵，压缩机或泵、机联合运行进行倒罐。

4. 余气回收流程

火车槽车、汽车槽车余气回收：用压缩机抽槽车气相入储罐，使余气回收结束时槽车罐内保持约 0.2MPa（不要低于 0.18MPa）的压力，储罐余气回收原理同槽车余气回收。

6.2.4　LPG 储配站

LPG 储配站由储存、灌装和装卸设备组成，是以储存 LPG 为主要功能，兼具 LPG 灌装作业为辅助功能的专门场所，也称为 LPG 储配库。

彩图 6.2.4　LPG 储配库工艺流程

LPG 储配库进库方式一般是铁路和公路运输进库，出库方式是公路运输和装瓶；进库计量方式采用储罐高精度液位计计量；出库计量方式采用电子汽车衡进行计量；火车卸 LPG 时，可以同时进行装、卸汽车及灌瓶操作，互不影响；LPG 装卸可采用泵和压缩机联合作业的方式。其工艺流程图详如图 6.2.4 所示（见书后插页和彩图 6.2.4），主要工艺流程包括卸火车、装卸汽车、储存、倒罐和灌装等。

1. 接收和储存

（1）火车槽车→压缩机→储罐。

火车槽车到达栈桥定位后，装卸鹤管的液相、气相分别与火车槽车的液相、气相接口连接好，共设 12 个卸车鹤位。采用压缩机卸车，先启动 2 台压缩机向火车槽车增压，当槽车与储罐压差达到 0.4~0.5MPa 时，将液体直接由液相管输送至库区球罐。

（2）汽车→压缩机→储罐。

汽车槽车到装卸棚定位后，装卸鹤管的液相、气相分别与汽车槽车的液相、气相接口连接好，共设 6 个装卸车鹤位，可以 2 个车位同时进行卸车操作。启动压缩机向汽车槽车增压，当槽车与储罐压差达到 0.4~0.5MPa 时，将液体直接由液相管输送至库区球罐。

2. 装车流程

储罐→装车泵或压缩机→流量计→汽车槽车。

汽车槽车到装卸棚定位后，装卸鹤管的液相、气相分别与汽车槽车的液相、气相接口连接好，启动装车泵将 LPG 输送至汽车槽车。采用一对一方式，即 1 台装车泵对应 1 个装车鹤管，出口管道用阀门并联，以实现泵与鹤位互备。此工艺能方便实现定量装车控制，但机泵数量较多，泵吸入侧工艺管线较多。

3. 倒罐流程

储罐→倒罐泵→另一储罐。将两个倒罐的储罐的气相管连通，LPG 经泵由液相管输送至另一储罐。

4. 灌瓶流程

储罐→装瓶泵→钢瓶，设置灌装仪。

5. 倒残液流程

利用压缩机抽残液罐中的气体向灌瓶用的LPG卧式储罐增压，当压差达到0.3~0.4MPa，通过气相管线将气瓶中的残液挤压至残液罐。

6.3 LPG储库主要工艺设备

LPG储库内的工艺设备由储罐、残液罐、卸车泵、压缩机、汽车卸车台、液位仪、压力变送器、温度变送器、流量计等组成。其中主要的设备为LPG储罐、LPG压缩机、LPG泵、LPG灌装秤。

6.3.1 LPG储罐

LPG储罐常采用球罐储存，见图6.0.1。

储配库储罐用于储存LPG，其储存方式采用常温储存，为有压储存容器。有压储存容器有球形和圆筒形容器，球形容器与圆筒形容器相比具有以下优点：

(1) 球形容器的表面积最小，即在相同容量下球形储罐所需钢材面积最小。

(2) 球壳板承载能力比圆筒形容器大一倍，即在相同直径、相同压力下，采用相同钢板时，球形容器的钢板厚度只需圆筒形容器钢板厚度的一半。

(3) 球形容器占地面积小，且可向空中高度发展，有利于地表面积的利用。

根据设计总库量及场地条件，可供选择的球罐主要罐容有1000m^3、2000m^3两种类型。储罐一般选用应力腐蚀小的16MnR、15MnNbR材料。目前LPG球罐壳体材料主要选用Q345R，由于其强度级别偏低，且随着板厚的增加，强度和许用应力下降，加上厚板Q345R钢的实物韧性水平较低，很难实现LPG球罐的大型化。当储罐体积小于等于1000m^3时球罐材质可采用Q345R等，而大于1000m^3的球罐最好采用Q370R等材质。当球罐的设计温度小于等于-20℃时，就需要采用低温钢。

6.3.2 LPG压缩机

LPG储库内，利用压缩机的抽吸和增压作用来完成LPG装卸和倒残作业。采用压缩机装卸工艺，可以同时装或卸几辆槽车，生产效率较高。当槽车内的LPG卸完之后，可以通过调整阀门组，利用压缩机的抽吸作用，将槽车内的气相LPG回收。使槽车内的气相压力降低，留在罐底的液相不断气化，直至把槽车内的LPG全部回收，使槽罐内的余压保持在0.1~0.2MPa，有利于再次装车。

在压缩机的选型上，要注意选择具有进液自动保护装置的压缩机。为满足国内众多中、小型LPG储配站输送LPG作业的需要，现在很多压缩机厂家已开发研制了ZW系列压缩机，ZW系列小型LPG压缩机具有进液自动保护装置，可以确保设备安全运行。图6.3.1是一种LPG压缩机。

6.3.3 LPG泵

LPG泵是专门用于抽吸、输送液态LPG并提高液体压力，将机械能转为液体能的一种机械设备，见图6.3.2。

图6.3.1 LPG压缩机

图6.3.2 LPG泵

LPG泵主要由泵体、内套、转子、轴、滑片、侧板等零件组成。内套与转子之间有偏心距，滑片安放在转子槽内，可沿槽滑动，当转子回转时，滑片靠自身的离心力紧贴内套内壁，由内套内表面、转子外表面、滑片及两侧板端面之间形成若干个封闭工作室，当转子逆时针回转时，右边的滑片逐渐伸出，相邻两滑片间容积逐渐增大，形成局部真空，液体由吸入口进入工作室，左边的滑片被内套逐渐压入槽内，相邻两滑片间封闭容积逐渐减小，将液体压出排除口，转子转一周，完成一次吸入压出。泵的排量与偏心距、泵的转速 n 成正比，可采用改变偏心距和转速的办法调节排量或制成系列产品，满足不同工况的需要。

1. 泵的扬程计算

液态LPG在管道输送过程中，沿途任意一点的绝对压力应高于输送温度下的饱和蒸气压力。液态LPG管道的设计压力应高于管道系统起点的最高工作压力。管道系统起点的最高工作压力可按下式计算：

$$p_q = H + (p_s - p_a) \tag{6.3.1}$$

式中 p_q——管道系统起点的最高工作压力，MPa；

H——选用泵的扬程，计算时换算成压力，MPa；

p_s——始端储罐最高工作温度下的饱和蒸气压力，绝对压力，MPa；

p_a——管道系统起点（始端储罐）的大气压力，可取0.1，MPa。

当液态LPG采用管道输送时，泵的扬程应大于泵的计算扬程。泵的计算扬程可按下式计算：

$$H = \Delta p + p_y + \Delta H \tag{6.3.2}$$

式中 H——泵的扬程，MPa；

Δp——管道总阻力损失，可取管道摩擦阻力损失的1.0~1.05倍，MPa；

p_y——管道终点剩余压力，即管道终点压力与饱和蒸气压之差，可取0.2~0.3MPa；

ΔH——管道起点和终点高程差引起的附加压力，MPa。

液态LPG管道摩擦阻力损失应按下列公式计算：

$$\Delta p = 10^{-6} \lambda \frac{Lv\rho}{2d} \tag{6.3.3}$$

式中 Δp——管道摩擦阻力损失，MPa；

L——管道计算长度，m；

v——管道中液态LPG的平均流速，m/s；

d——管道内径，m；

ρ——最高工作温度下液态LPG的密度，kg/m³；

λ——管道的摩擦阻力系数。

管道的摩擦阻力系数 λ 计算公式为：

$$\lambda = 0.11 \left(\frac{K}{d} + \frac{68}{Re} \right)^{0.25} \tag{6.3.4}$$

式中 K——管壁内表面当量绝对粗糙度，对钢管取0.2mm；

Re——雷诺数。

雷诺数 Re 计算公式为：

$$Re = \frac{4Q}{\pi d \nu} \tag{6.3.5}$$

式中 ν——最高工作温度下液态LPG的运动黏度，m²/s。

液态LPG在管道内的平均流速，应经技术经济比较后确定，可取0.8~1.4m/s，且不得大于3m/s；平均输送温度可取管道中心埋深处最冷月的平均地温。

2. 泵的选型

设备选型要基于技术经济合理、运行安全可靠的原则，结合生产实际，LPG 装卸泵可以采用滑片泵、磁力泵或屏蔽泵。

泵的选用要考虑经济性。滑片泵适用于小流量，最大的流量一般只能为 $35m^3/h$。而大流量时应该选用合适的屏蔽泵或者磁力泵。根据厂家的报价，对滑片泵、屏蔽泵和磁力泵的经济性进行比较，见表 6.3.1。

表 6.3.1 滑片泵、屏蔽泵和磁力泵的经济性比较

分类	流量（m^3/h）	扬程（m）	功率（kW）	价格（万元）
滑片泵	35	20	11	0.87
屏蔽泵	27	20	7.5	1.05
	50	50	22	1.65
磁力泵	27	20	7.5	1.2
	50	50	22	2.2

从表 6.3.1 可见，滑片泵最便宜，滑片泵的流量比屏蔽泵大，价格仍较低。在同样的工况下，磁力泵比屏蔽泵更贵。除经济性外，泵的选型还要考虑结构型式、优缺点和适用范围，见表 6.3.2。

表 6.3.2 滑片泵、屏蔽泵和磁力泵的综合性能对比

分类	结构	优点	缺点	适用范围
滑片泵	容积式	结构简单紧凑，体积小；优异的自吸能力；调节范围广	流量小，噪声大；轴传动，有泄漏点	用于自动化程度低，规模小的储配站
屏蔽泵	离心式	全封闭式静密封；结构紧凑体积小	要求介质的润滑性好，效率较低	用于自动化程度高，大中型，且投资控制严格的储配站
磁力泵	离心式	全封闭式静密封；无需独立润滑和冷却水，能耗低；效率高；阻尼减震	价格贵	用于自动化程度高，大中型，且预算充足的场站

对于小型储配站，流量小，可以选用价格上占优势的滑片泵。而大型储配站自动化水平高，附属设施多，安全性要求更高，可以选用零泄漏的屏蔽泵或磁力泵。屏蔽泵效率较低，不容许长时间在小流量工况下运行，其价格较低；磁力泵的工艺性能好，但价格稍高。

6.4 LPG 储配库初步设计案例

文本 6.4 LPG 储配库初步设计案例

课程思政

能源综合利用

节能减排是全世界应对气候变化的迫切需求，为了减小能源消费对环境的影响，需要进一步减少化石能源的消耗量，增加清洁可再生能源的开发利用效率。考虑将分布式能源与传统能源系统相结合，形成多能源系统，协同运行多种形式能源，发挥不同能源的优势和潜能，实现资源的优化配置和可再生能源利用

的最大化。

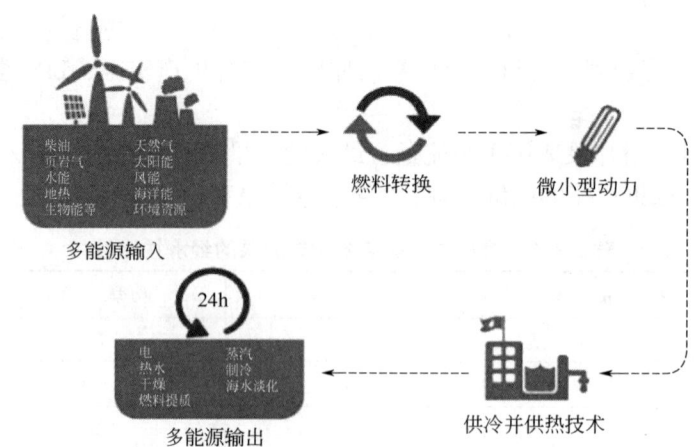

分布式能源系统是指将能源系统以小规模、小容量、模块化、分散化的方式布置在用户端，可独立地传输冷能、热能、电能的系统，是相对于传统的集中式供电方式而言新型的一种能源系统。分布式能源包括太阳能利用、风能利用、燃料电池和天然气冷热电三联供等多种形式，其中天然气冷热电三联供因其具有传统能源的高效利用、促进节能减排的优点，已经在国际上得到了广泛的应用。

美国经济学家杰里米·里夫金在其著作《第三次工业革命》中提出了能源互联网的概念，为多能源系统的发展提供了新的思路。能源互联网是一种新型能源利用体系，即在电力电子技术与信息通信技术的基础上，利用能量信息管理系统将集中式或分布式可再生能源、储能装置、耗能负荷等联结为一个有机的整体，使其协同工作，通过能量与信息紧密耦合实现安全高效协调共享。美国在北卡罗来纳州立大学建立了FREEDM系统中心，将电力电子技术和信息技术引入电力系统，以分布对等的系统控制与交互，在配电网层面实现能源互联网，期望实现分布式电源与储能即插即用、灵活并网。德国于2008年在智能电网的基础上开展E能源（E-energy）技术创新促进计划，该计划主要是以信息通信技术为基础，打造新型能源网络，开展了大规模清洁能源消纳、节能、双向互动等方面的示范工作，对分散风力、太阳能、生物质等可再生能源发电设备和抽水蓄能水电站进行协调，从而使得可再生能源联合循环利用率达到最优。

多能协同能源网络采用的多能互补技术，是促进清洁可再生能源发展的有效途径，是能源变革的发展趋势，是推动能源可持续发展的重要手段。多能互补系统的能源形式包括天然气、柴油、生物能、太阳能、风能、氢能、水能等，在供能端将不同类型的能源进行有机整合，提高能源利用效率，减少弃风、弃光、弃水现象，又在用能端将电、热、冷、气等不同能源系统进行优化耦合，同时综合考虑经济性以及用户的舒适度，提供安全可靠的能源，促进能源利用最大化。

思考题

1. LPG供应站具有哪些功能？
2. LPG储存方式有哪几种？
3. LPG装卸有什么方式？
4. 设计画出LPG烃泵装卸工艺仪表流程图，并描述其工艺流程。
5. LPG残液回收有哪些方法？
6. LPG灌装站主要工艺有什么？
7. 什么是LPG混气站？
8. LPG储存站由哪些工艺系统组成？
9. 什么是LPG储配站？
10. 设计画出LPG储存站工艺仪表流程图，并描述其工艺流程。

第 7 章 油气库自动化系统

自动控制理论的不断发展和新的自控设备和仪表不断涌现，为获得动态系统最佳性能方法和实现控制方法提供了有力手段。智能型仪表以及计算机控制装置使复杂控制系统简单化，并提高了系统的可靠性，先进控制策略也得以在生产过程中使用。油气储存与装卸的安全生产取决于自动控制技术水平的高低，先进的控制方法和手段的广泛应用，提高了生产效率，降低了生产成本，减轻了劳动强度，并且能够保证生产安全，防止事故发生或扩大。

油气库自动化系统是油气库将先进的计算机控制技术、网络技术、数据库技术及其他相关技术，应用到油气库的生产运行中。在油气库局域网络环境中，可以获取各自动化子系统数据、信息组成，并且建立收集各类监控信息的数据库，提供数据转换接口，实现油气库自动化监控数据信息的统一与集成，形成油气库自动化管理系统，从而增强油气库的安全运营和管理。因此现代油气库管理系统的基础是计算机控制系统。

7.1 计算机控制系统概述

自工业化大生产以来，为了提高生产效率，生产设备的控制操作逐步由人工手动控制发展为机器自动控制。随着科技水平的提高、生产规模的发展，工业控制从单一设备的控制发展到控制系统，从简单控制系统发展到复杂控制系统。

控制系统大致经历了基地式仪表、集中式数字控制系统、集散控制系统、现场总线控制系统等几个主要阶段。由于现代大规模生产需求急剧增加，随着集成电路技术、计算机技术和网络通信技术的发展，工业控制系统依次出现了集中式数字控制系统、集散控制系统、现场总线控制系统等几个阶段，都可以概括为计算机控制系统的组成和发展。

20 世纪 70 年代，研制出了单片机和微处理器。单片机侧重控制功能，微处理器侧重数据处理、管理能力。以单片机的运算能力和速度，难以实现复杂控制算法，也不能组成大规模的控制系统，目前主要应用于简单工业控制、仪器仪表、家电等。以微处理器为核心的微型计算机经过特殊的抗干扰设计，常以工控机的形式出现在工业控制系统中，承担着系统的整体控制和管理、运行功能。典型的集中式控制系统的结构如图 7.1.1 所示。早期的集中式控制系统是以模拟控制器为核心，随着单片机、工控机的日益成熟和成本下降，单片机、工控机逐渐取代了模拟控制器。单片机、工控机都属于数字式处理器，在工业控制系统中处于核心地位。集中式控制系统能够实现较为复杂的控制算法，也能达到较高的控制精度，但是采用以控制器核心的星型结构，会导致核心控制器的负担过重，当系统规模扩大时，难以保证系统实时性。另外，集中式控制系统的功能集中，危险也集中，高度依赖控制器，一旦控制器出现问题，整个控制系统将瘫痪，对生产过程影响极大。如采用冗余技术，另外增加备用控制器（计算机），投资又太大。因此，集中式控制系统难以满足大规模生产中的实时需求和高可靠性要求。

针对集中式控制系统的结构缺陷，为了提高控制系统的整体安全性和大规模数据实时处理能力，从 20 世纪 70 年代中后期开始逐步出现了"分散控制、集中管理"的集散控制系统和现场总线控制

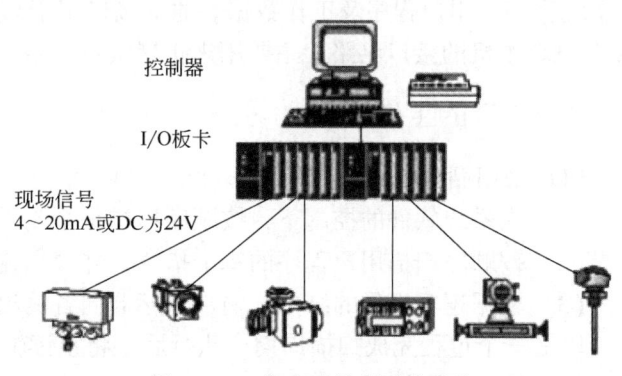

图 7.1.1 集中式控制系统结构

系统。

计算机参与控制的方式与它所控制对象的复杂程度相关，即取决于被控对象。不同的控制对象和现场、不同的控制要求，需采用不同控制系统架构。目前国内外典型应用的自动控制系统有现场PLC系统、DCS系统、SCADA系统和SIS系统。

7.1.1 PLC系统

可编程序逻辑控制器（programmable logical controller，PLC）是一种专门为在工业环境下应用而设计的数字运算操作的电子装置，诞生于20世纪60年代后期，最早开发主要用于进行逻辑运算的顺序控制，用来取代继电器。1970年以后，随着微电子技术和计算机技术的迅猛发展，人们将微机技术应用到PLC，使它更多地具有了计算机的功能，成为一种独特的工业控制设备。

PLC可靠性高、抗干扰能力强，不仅CPU模块可以设计冗余，而且系统中的模块也可以冗余，极大地增加了应用系统的可靠性。除此之外，PLC从硬件上采用隔离、滤波措施有效地抑制和消除了干扰。部分模块还设置了联锁保护、自诊断电路等。当故障条件出现，立刻存储当前状态信息，软硬件配合封闭存储器，禁止对存储器进行任何不稳定的读写操作。从而PLC的可靠性、抗干扰能力大大提高，一般PLC平均故障间隔时间可达几十万小时。

PLC体积小、重量轻，便于现场安装。PLC具有自诊断功能，能检查出自身的故障，并随时显示给操作人员，使操作人员检查、判断故障迅速方便，且接线少，维修时只需更换插入式模块，维护方便。PLC故障率极低，维修工作量很小。

PLC不仅具有逻辑运算、定时、计数、顺序控制等功能，而且还具有A/D、D/A转换，数值运算和数据处理等功能。因此，它既可对开关量进行控制，也可对模拟量进行控制；PLC还具有通信联网功能，可与相同或不同类型的PLC联网，并可与上位机通信构成分布式的控制系统。

PLC以微处理器为运算控制的核心，是单元组合式仪表向微机化发展和计算机控制向分散化发展两者相结合的产物，广泛应用于石油、化工、冶金、电力、纺织、机械制造、采矿等各种工业控制领域，成为各种连续生产过程闭环控制系统中使用最广泛的装置。国际知名自动化公司多次推出自家的PLC产品和配套的编程开发环境，其中比较有代表性的包括西门子、罗克韦尔、三菱、施耐德、ABB、霍尼韦尔、欧姆龙等。目前很多中小型PLC已经具有了过去大型PLC的全部功能，甚至可以实现基础和先进计算、通信和控制的逻辑。

1. PLC的基本组成

PLC是微机技术和继电器常规控制概念相结合的产物，是一种以微处理器为核心的特殊计算机，采用典型的计算机结构，其基本组成如图7.1.2所示。PLC主要部分包括中央处理器CPU、存储器和输入/输出接口电路等，分为一体化和模块化两种结构形式。其内部采用总线结构，进行数据与指令的传输。其中CPU是PLC的核心，它通过输入装置读入外设的状态，由用户程序去处理，并根据处理结果通过输出装置去控制外设。输入/输出部件亦称I/O部件，是连接现场设备与CPU之间的接口电路。存储器主要存储系统程序、用户程序及工作数据。通信接口用于与编程器和上位机连接。I/O扩展口是连接I/O扩展单元与PLC本机的接口电路，主要用来扩展I/O点数。

2. PLC的工作原理

PLC采用循环扫描工作，工作过程分为三个过程。

（1）在系统软件的控制下，按顺序扫描每个输入点的状态，并将读取状态放入数据寄存器中。

（2）按顺序扫描用户程序的每个指令，并根据输入状态和指令内容进行逻辑操作。

（3）根据逻辑操作的结果，输出寄存器向各输出点发出控制信号。

以上三个过程完成扫描周期，执行后，将重读输入信号，取代上次输入信号，称为输入刷新，然后根据现场信号逐一执行用户程序，取代上次输出结果，称为输出刷新，使执行机构根据新的输出结果运行，

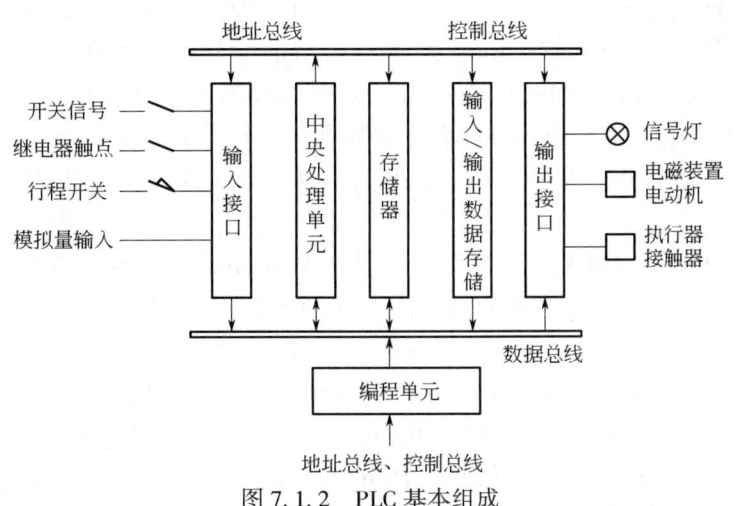

图 7.1.2　PLC 基本组成

照此工作状态循环,称为循环扫描工作模式。

CPU 扫描一周的时间称为扫描周期。希望周期越短越好,这样现场信号就不容易丢失。影响扫描周期的一般因素如下:CPU 的扫描速度、每个指令占用的时间、指令的数量,所以在编辑指令时,尽可能短。

3. PLC 控制系统适用范围

在 PLC 控制系统中,PLC 作为计算机控制系统里面的控制器,一般自带的 I/O 通道数有限,可以通过扩展 I/O 模块来满足现场点数需求。为了满足特殊场合高可靠性要求,可以在 PLC 系统里面对诸如 CPU 模块、电源模块等采用部分冗余或全冗余结构,但是冗余结构在提高可靠性的同时,也会增加成本。即使采用了冗余结构的 PLC 控制系统本质依然是星形结构,控制集中、采集集中,当 PLC 控制系统出现问题时,整个生产流程就会停摆。

因此,PLC 控制系统适用于生产环境恶劣、采集/控制点相对集中、采集/控制点数偏少的生产现场。PLC 控制系统可以配合计算机作为上位机,或者使用 HMI 触摸屏,满足生产信息可视化管理需求。

当采集/控制点数量较多、在区域内分布较广时,如油气库自控系统,一般采用 DCS 系统。而当采集/控制点数量空间分布更广阔,如油气长输管线,一般采用 SCADA 系统。因此,无论是 DCS 系统还是 SCADA 系统,在生产现场中其基础依然是 PLC 系统。

7.1.2　DCS 系统

随着功能完善、价格低廉的控制器出现,可用分散在不同地点的若干台控制器(含微型机、PLC)分摊原来由一台控制器集中完成的控制与管理任务,并用数据通信技术把这些计算机互连,构成网络式计算机控制系统,以此克服集中式控制系统的局限、提高控制系统的可靠性。这种系统因为具有网络分布结构,被称为分散(分布)控制系统(distributed control system,DCS),也常被称为集散控制系统:管理功能的集中、控制功能的分散(集中管理,分散控制)。也就是说,当想要掌握一个油库多个作业区的生产管理,因为生产过程复杂,设备分布广,需要各作业区的各工序、各设备、各测控系统并行工作,且基本上相互独立时,可以用分散控制代替集中控制,避免传输误差、控制系统的复杂化。

集散型控制系统是以计算机为基础的集中分散型综合控制系统的简称。由于它在发展初期是以分散控制为主要特色,因此,国外一般称其为分散控制系统或分布式控制系统,在国内习惯称之为集散控制系统。

DCS 的发展历史主要有五个阶段:

第一代 DCS 出现在 1975—1980 年,为初创期或开创期。这个时期的 DCS 包括 Yokogawa(横河电机)

公司的 CENTUM 系统、Honeywell（霍尼韦尔）公司的 TDC-2000 系统、Foxboro（福克斯波罗）公司的 Spectrum 系统、Bailey（贝利）公司的 Network 90 系统、Kent 公司的 P4000 系统、Siemens（西门子）公司的 Teleperm M 系统、东芝公司的 TOSDIC 系统等。第一代 DCS 的构成包括：过程控制单元、数据采集单元、CRT 操作站、上位管理计算机以及连接各个单元和计算机的高速数据通道。第一代的主要特点是：注重控制功能的实现，分散控制，集中监视；缺点是：人机界面功能弱、通信能力差、互换性差、成本高。

第二代 DCS 出现在 1980—1985 年，为成熟期。包括 Yokogawa 公司的 CENTUM V 系统、Honeywell 公司的 TDC-3000 系统、Fisher 公司的 PROVOX 系统、Taylor 公司的 MOD300 系统、Westinghouse 公司的 WDPF 系统等。第二代的主要特点是：引入了局域网（LAN）作为系统骨干，按照网络节点的概念组织过程控制站、中央控制站、系统站、网关（gate way，用于兼容早期产品）。

第三代 DCS 出现在 1985—2000 年，为扩展期。第三代 DCS 采用了 ISO 标准 MAP（制造自动化规约）网络。这一时期的系统包括 Yokogawa 公司的 CENTUM-XL 和 μ-XL 系统、Foxboro 公司的 I/A Series 系统、Honeywell 公司的 TDC3000UCN 系统、Bailey 公司的 INFI-90 系统、Westinghouse 公司的 WDPF Ⅱ 系统、Leed&Northrup 公司的 MAX1000 系统、日立公司的 HIACS 系统等。

第四代 DCS 出现在 2000—2007 年，为数字化、信息化和集成化时代。DCS 更加开放，支持各种智能仪表总线（FF，Hart），同时通过网络速度的扩展，提高系统规模化，代表为 Yokogawa 公司的 CENTUM CS 和 CENTUM CS3000 系统，Honeywell 公司的 TPS 系统，Westinghouse 公司的 Oviation 系统等。

第五代 DCS 为 2008 年至今，为一体化、智能化时代。采用 1G 高速网络，实现控制系统一体化、智能化，从而真正实现数字化工厂。代表产品为 Yokogawa 公司的 CS3000 R3 和最新版的 CENTUM VP 系统，Honeywell 公司的 PKS 系统，以及 EMERSON 的 Delta V 系列等。

目前，经过 20 多年的努力，国产的 DCS 系统正逐渐步入智能化，在专家系统、知识库系统、专家库系统的应用力度不断增加的情况下，国产 DCS 系统已逐步实现远距离诊断、人工智能等功能。继现场总线技术后，基于微处理器的智能设备例如 PID 控制器、PLC、变送器、人机接口等都已问世。国内制造商也相继出了各自的 DCS 系统：国电智深推出 EDPF-NT 等系统、和利时推出了 MACS-Smartpro 系统、浙大中控推出了 Webfield（ECS）系统、新华推出 XDPF-400 系统。

第四代以后的 DCS 系统是一个由过程控制级和过程监控级组成的以通信网络为纽带的多级计算机系统，综合了计算机、通信、显示和控制等 4C 技术。集散控制系统的体系结构通常为三级：第一级为分散过程控制级（即现场层）；第二级为集中操作监控级（即控制层或车间级）；第三级为综合信息管理级（即管理层）。操作采用计算机操作站，通过网络与控制器连接，收集生产数据，传达操作指令。各级之间由通信网络连接，级内各装置之间由本级的通信网络进行通信联系。其典型的集散控制系统体系结构如图 7.1.3 所示。

1. 分散过程控制级

如图 7.1.3 所示，分散过程控制级是直接面向生产过程的，是 DCS 的基础。它直接完成生产过程的数据采集、反馈控制、顺序控制等功能。该过程中现场控制器采集传感器信号，如热电偶、热电阻、变送器（温度、压力、液位）及开关量等信号，按照预先设定好的控制算法、控制程序发出控制命令信号，驱动执行机构实现对生产过程的流程控制和变量。构成这一级的主要装置有：

(1) 现场控制站（工业控制机）。
(2) 可编程序逻辑控制器（PLC）。
(3) 智能调节器。
(4) 传感器及变送器。
(5) 执行器（阀、泵等）。

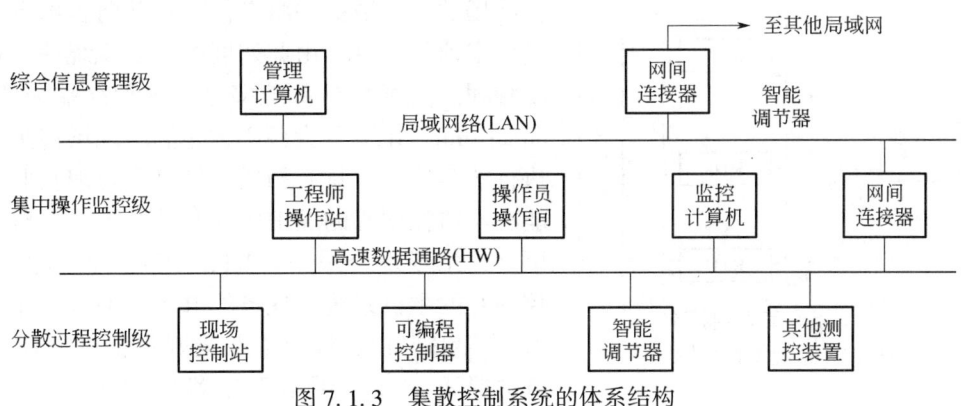

图 7.1.3 集散控制系统的体系结构

2. 集中操作监控级

集中操作监控级以操作监视为主要任务，兼有部分管理功能。该级是面向操作员和控制系统工程师的，配有技术手段齐备、功能强的计算机系统及各类外部装置，特别是显示器和键盘，以及需要较大存储容量的硬盘、内存支持。另外还需要功能强的软件支持，确保工程师和操作员对系统进行组态、监视和操作，对生产过程实行高级控制策略、故障诊断、质量评估。其具体组成包括：

（1）监控计算机。
（2）工程师显示操作站。
（3）操作员显示操作间。

3. 综合信息管理级

综合信息管理级由管理计算机、办公自动化系统、工厂自动化服务系统构成，从而实现整个企业的综合信息管理。综合信息管理主要包括生产管理和经营管理。

4. 通信网络系统

DCS 各级之间的信息传输主要依靠通信网络系统来支持，根据各级的不同要求，通信网络又分成低速、中速、高速通信网络。低速网络面向分散过程控制级，中速网络面向集中操作监控级，高速网络面向高速通信网络管理级。

7.1.3 SCADA 系统

SCADA（supervisory control and data acquisition）系统，即数据采集与监视控制系统，是以计算机为基础的生产过程控制与调度自动化系统。它由调度中心通过数据通信系统对远程站点的运行设备进行监视和控制，以实现数据采集、设备控制、测量、参数调节以及各类信号报警等功能的分散型综合控制系统。作为计算机分级控制系统的一个分支，SCADA 系统是专门为分布于大空间跨度的生产过程而开发的，如电力、供水、石油、化工、消防等领域，尤其在长距离输送油气管网上应用非常广泛。目前长输管线全线采用 SCADA 系统，大型油库、油气田生产现场的监控也采用 SCADA 系统。

1. 体系结构

SCADA 系统是可以监控及控制所有设备的集中式系统，由各分散子系统组成。

硬件方面，SCADA 系统通常分为两个层面，即客户/服务器体系结构。服务器与硬件设备通信，进行数据处理和运算，主要包括分散的远程终端装置 RTU/PLC 站控系统、调度控制中心主计算机系统和数传通信系统三大部分组成的监测控制和数据采集系统，如图 7.1.4 所示。设在调度中心的计算机监控系统，通过数据传输系统（包括通信设备和数传信道）对设在各站场的站场控制系统定期进行查询，连续采集

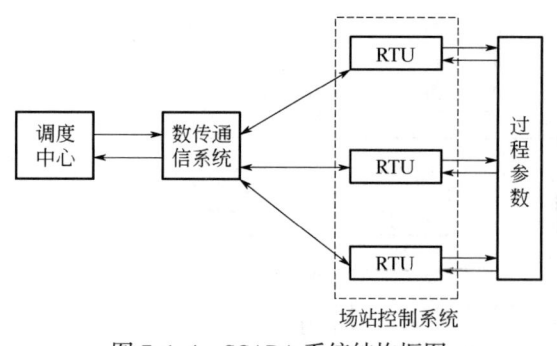

图 7.1.4　SCADA 系统结构框图

各站场的操作数据和状态信息，并向各站场发出操作和调整设定值的指令，由此调度中心实现统一监视、控制和调度管理。站场控制系统多是以远程终端装置（remote terminal unit，RTU）为核心，它们与现场传感器、变送器和执行器等连接，具有扫描、信息预处理及监控等功能，并能在与监控中心的通信中断时独立工作。对安全控制要求更高的站场也会采用"RTU+PLC"的双控制器模式。监控中心的主机系统、现场的 RTU，通常采用不间断电源设备（UPS），以保证无论在电网正常供电还是短期故障停电情况下，整个供电系统都能可靠地工作，从而确保 SCADA 系统的正常运转。

软件方面，SCADA 系统由很多任务组成，每个任务完成特定的功能，位于一个或多个机器上的服务器负责数据采集、数据处理（如量程转换、滤波、报警检查、计算、事件记录、历史存储、执行用户脚本等）。服务器间可以相互通信。有些系统将服务器进一步单独划分成若干专门服务器，如报警服务器、记录服务器、历史服务器、登录服务器等。各服务器逻辑上作为统一整体，但物理上可能放置在不同的机器上。

通信方面，SCADA 系统中的通信分为内部通信、与 I/O 设备通信、和外界通信三种。客户与服务器间以及服务器与服务器间一般有三种通信形式：请求式、订阅式与广播式。设备驱动程序与 I/O 设备通信一般采用请求式，大多数设备都支持这种通信方式。SCADA 通过多种方式与外界通信。如 OPC，一般都会提供 OPC 客户端，用来与设备厂家提供的 OPC 服务器进行通信。SCADA 通信结构如图 7.1.5 所示。

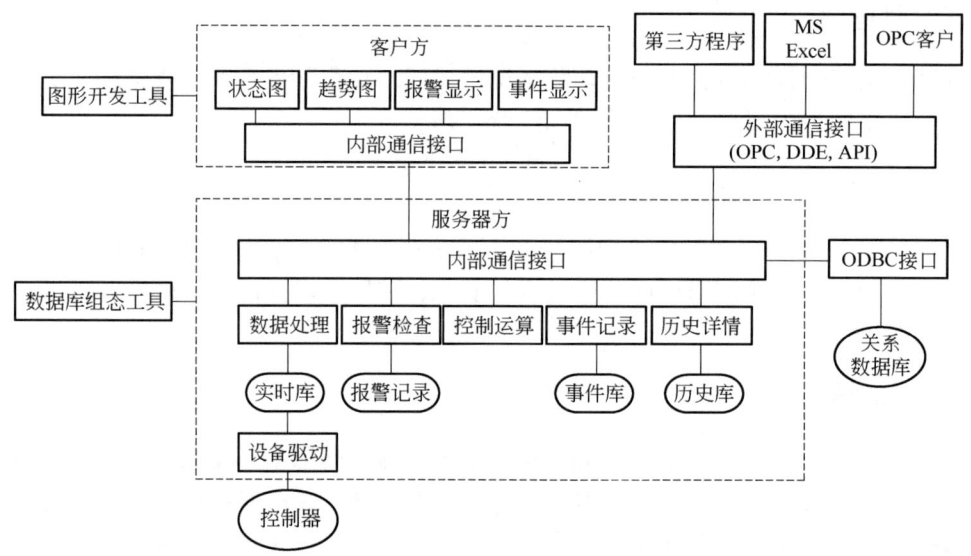

图 7.1.5　SCADA 通信结构图

2. 系统特点

从其硬件结构可以看出，SCADA 系统具有控制分散、管理集中的"集散控制系统"的特征。该系统具有以下优点：

（1）系统采用分布式结构，在开放式的冗余通信网络上分布了多台系统组件，这些系统组件带有独立的功能处理器。

（2）具有完整的人机接口。系统采用全方位用户工作站，每个操作站都能存取系统范围广泛的数据；每个操作站带三种属性：操作员属性、工程师属性、维护属性。

（3）系统数字一体化。通过数字通信多变量现场测量传感器与集散控制系统一体化。

(4)系统的可用性。系统的各种卡件能在线带电插拔、更换。冗余设备能在线自诊断,排错报警,无差错切换。

(5)系统的可扩展性。系统具有在线扩展的功能,即在不停车的情况下,可对系统进行新增硬件的连接和软件的下装,不会影响生产的正常运行。

(6)系统采用冗余以太网结构,每个节点(服务器和操作站)分别连接到不同的网络上。如果有一个通信故障(如由于网络的电气或电缆故障),网络节点自动切换到另一个网络,保障网络通信的安全可靠。

7.1.4 SIS系统

"两重点一重大"(指政府应急部门重点监管的危险化工工艺、重点监管的危险化学品和重大危险源)的化工装置和危险化学品储存设施要设计符合要求的 SIS 系统(safety instrumented system,安全仪表系统)。IEC 61511 将安全仪表系统定义为用于执行一个或多个安全仪表功能(safety instrumented function,SIF)的仪表系统。

控制系统失效会引发工业事故,引起控制系统失效的原因多种多样。SIS 系统是独立于 BPCS 系统(basic process control system,基本过程控制系统)之外能够专门实现安全功能的自动化控制系统,属于企业生产过程自动化范畴,安全等级高于 BPCS 系统。当自动化生产系统出现异常时,SIS 系统会进行干预,降低事故发生的可能性。SIS 系统的概念于 20 世纪 40 年代被提出,随后出现了以继电器、单片机、PLC 为基础的安全仪表系统,八九十年代又出现了继电器、PLC、DCS 组成的联锁系统,以及独立于 DCS 的由 PLC 和继电器组成的安全联锁系统。

1. SIS 系统的基本组成和结构

SIS 系统由传感器、逻辑控制器和执行器组成(图 7.1.6),以分散控制系统为基础,采用先进、适用、有效的专业计算方法,提高生产过程运行的可靠性。SIS 系统可以包括也可以不包括软件,当操作人员的手动操作被视为 SIS 的有机组成部分时,必须在安全要求规格书中对人员操作动作的有效性和可靠性做出明确规定,包括在 SIS 的绩效计算中。国外的许多公司相继推出了具有容错冗余结构的安全仪表系统,比如现在工业领域常用的有 Triconex 公司的 Tricon 系统、Honeywell 公司的 FSC 系统、英国 ICS Triplex 公司的 Regent 系统等。

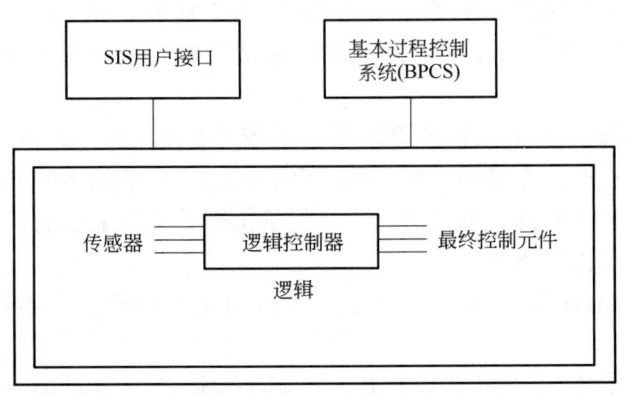

图 7.1.6 SIS 系统的组成

以美国 Triconex 公司的 Tricon 系统为例,Tricon 是一种具有高容错能力的可编程逻辑及过程控制技术。容错是 Tricon 控制器最重要的特性,它可以在线识别瞬态和稳态的故障并进行适当的修正。它是通过三重模件冗余结构(TMR)提供容错能力的,TMR 技术结构如图 7.1.7 所示。此系统由三个完全相同的系统通道组成,即 TMR 结构有三个相同且独立的处理器 MP(main processor A、B 和 C)、三个独立支路(TriBus、I/O Bus)及通信总线。每一个处理器与支路完全独立,处理器之间互不影响同时能够平行执行相同的程序,而且可以确保程序运行不会被中断,具有非常高的可靠性与非常强的可操作性。Tricon 容错结构的重要特征是，每一个主处理器 MP 使用同一个数据发送器将数据同时送给上游和下游的主处理器，这样保证了上游处理器和下游处理器接收相同的数据。Tricon 系统电源模块一般是双重冗余的，其系统应用范围特别广泛，可以应用于 ESD、海上平台安全系统等。

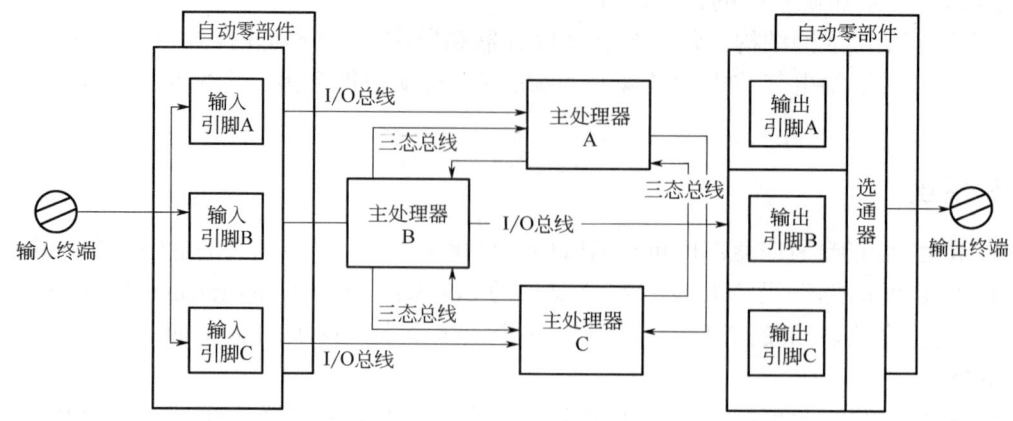

图 7.1.7　Tricon 系统 TMR 结构

TriBus 的功能有：
（1）传输模拟的、诊断的和通信的数据。
（2）传输和表决数字输入数据。
（3）对上次扫描的输出数据和控制程序存储器进行数据比较，标识不同之处。

I/O 总线是使信息在 I/O 模件和主处理器之间传送，波特率为 375K。通信总线是在主处理器和通信模件之间传输信息，波特率为 2M 波特。

2. SIS 系统的相关标准

由于 SIS 涉及人员、设备、环境的安全，各国均制定了相关的标准、规范，使得 SIS 系统的设计、制造和使用均有章可循，并由权威的认证机构对产品能达到的安全等级进行确认。SIS 相关的标准主要有：

IEC 61508，即《电气/电子/可编程电子安全系统的功能安全》标准。IEC 61508 是以电子为基础的一部规范，规定了常规系统运行和故障预测能力两方面的基本安全要求。这些要求涵盖了一般安全管理系统、具体产品设计和符合安全要求的过程设计，其目标是既避免系统性设计故障，又避免随机性硬件失效。

IEC 61511，即《过程工业领域安全仪表系统的功能安全》标准。IEC 61511 是专门针对过程工业领域安全仪表系统的功能安全标准，它是国际电工委员会继功能安全基础标准 IEC 61508 之后推出的专业领域标准。标准中规定了现场检测元件、逻辑运算器、现场执行单元须采用的基本原则，并对安全度等级的分析、判断标准和方法给予了许多指导。

国家发展改革委员会于 2004 年 7 月 1 日颁布了《石油化工安全仪表系统设计规范》，2013 年更新（GB/T 50770—2013）。

GB/T 20438，2006 年首次发布，2017 年更新，等同于国际标准 IEC 61508《电气/电子/可编程电子安全相关系统的功能安全》。

GB/T 21109，2007 年首次发布，2022 年更新，等同于国际标准 IEC 61511《过程工业领域安全仪表系统的功能安全》。

3. SIS 系统设计的相关内容

安全仪表系统评估一般根据生产现场的基础技术资料（P&ID、因果图或联锁逻辑图等），明确设计意图，完成安全仪表功能（SIF）辨识环节。在此基础上，采用保护层分析（LOPA）方法，确定各安全仪表功能需求的安全完整性等级（required SIL，SIL 为 safety integrity level 的缩写）；然后验证该装置实际的安全仪表功能所能够达到的安全完整性等级（achieved SIL），同时确定检验测试周期（TI），验证其结构约束和要求时平均失效概率（average probability of dangerous failures on demand，PFDavg）。当两方面的验证结果同时达到需求的安全完整性等级（required SIL）时，说明该 SIF 的设计满足该企业的风险降低要求。否则，该 SIF 不满足要求，需要进行修改或重新设计，将提出相应的建议措施。

1）SIS 系统设计选用原则

SIS 独立于过程控制系统（DCS 或其他系统），独立完成安全保护功能；当过程达到预定条件时，SIS 动作，使被控制过程转入安全状态；根据对过程危险性及可操作性分析，人员、过程、设备及环保要求，安全度等级确定 SIS 的功能等级；SIS 应设计成故障安全型；SIS 应采用经 TUV 安全认证的 PLC 系统；SIS 应具有硬件、软件诊断和测试功能；SIS 构成应使中间环节最少；SIS 的传感器、最终执行元件宜单独设置；SIS 应能和 DCS、MES 等进行通信；SIS 实现多个单元保护功能时，其公用部分应符合最高安全等级要求。

(1) SIS 传感器设计选用。

独立设置原则：1 级 SIS 传感器可与 DCS 共用；2 级 SIS 传感器宜与 DCS 分开；3 级 SIS 传感器应与 DCS 分开。

冗余设置原则：1 级 SIS 传感器可采用单一的传感器；2 级 SIS 传感器宜采用冗余的传感器；3 级 SIS 传感器应采用冗余的传感器。

冗余选择原则：看重系统的安全性时，采用"或"逻辑结构；看重系统的可用性时，采用"与"逻辑结构；系统的安全性和可用性均需保证时，采用"三取二"逻辑结构。

传感器宜采用隔爆型的变送器（压力、差压、差压流量、差压液位、温度），不宜采用各类开关传感器；SIS 用传感器供电由 SIS 系统提供。

(2) SIS 最终执行元件设计选用。

最终执行元件：气动切断阀（带电磁阀）、气动控制阀（带电磁阀）、电动阀或液动阀等。

独立设置原则：1 级 SIS 阀门可与 DCS 共用，应确保 SIS 优先于 DCS 动作；2 级 SIS 阀门宜与 DCS 分开；3 级 SIS 阀门宜与 DCS 分开。

冗余设置原则：1 级 SIS 可采用单一阀门；2 级宜采用冗余阀门，如采用单一阀门，电磁阀宜冗余配置；3 级宜采用冗余阀门，冗余配置阀门可采用一个控制阀和一个切断阀。

电磁阀设置原则：看重系统的安全性时，冗余电磁阀宜采用"与"逻辑连接；看重系统的可用性时，冗余电磁阀宜采用"或"逻辑连接；电磁阀应采用长期带电，低功耗，隔爆型；电磁阀电源应由 SIS 系统提供。

(3) SIS 逻辑运算器设计选用。

SIS 逻辑运算器包括继电器系统，可编程序电子系统，混合系统三种。继电器系统用于 I/O 点较少，逻辑功能简单的场合；可编程电子系统用于 I/O 点较多，逻辑功能复杂，与 DCS、MES 通信等场合；可编程电子系统可以是经 TUV 认证的 PLC 系统，也可是 DCS 和其他专用系统。

独立设置原则：1 级 SIS 逻辑运算器宜与 DCS 分开；2 级 SIS 逻辑运算器应与 DCS 分开；3 级 SIS 逻辑运算器必须与 DCS 分开。

冗余设置原则：1 级 SIS 可采用单一的逻辑运算器；2 级 SIS 宜采用冗余或容错逻辑运算器，其中 CPU 电源单元、通信单元应冗余配置，I/O 模件宜冗余配置；3 级 SIS 应采用冗余或容错逻辑运算器，其中 CPU 电源单元、通信单元、I/O 模件应冗余配置。

SIS 系统完成的安全仪表功能（SIF）必须具备与工艺过程相适应的可靠性水平，即安全完整性等级（SIL）。SIL 评估包括 SIF 辨识、SIL 定级和 SIL 验证等工作。在工艺过程的设计阶段，SIL 评估主要用于指导安全仪表功能设置、结构设计以及设备选型等，以期以最小的投入获得可靠的安全保证；而在运营阶段，SIL 评估主要用于判断现有安全仪表功能是否依然完备、安全仪表功能测试周期是否合理、SIL 等级是否满足风险削减要求等。

SIF 辨识与 SIL 定级是指辨识出为满足风险控制要求应设置的安全仪表功能，同时确定其目标 SIL 等级。目前 SIF 辨识与 SIL 定级常采用危险与可操作性分析（hazard and operability，HAZOP）与保护层分析（layer of protection analysis，LOPA）相结合的方法，其他还有时间树分析（ETA）和故障树分析（FTA）。

2）安全等级

SIL 验证是从软件安全完整性、硬件安全完整性和系统性安全完整性 3 个方面，综合验证安全仪表功能的可靠性。其中：软件安全完整性和系统性安全完整性一般通过管理、流程、文档等技术措施来定性评估；而硬件安全完整性包括结构约束和随机失效两个方面，分别通过计算安全失效分数（safe failure fraction，SFF）和要求时平均危险失效概率进行定量评价。

IEC—61508 将过程安全所需要的安全度等级划分为 4 级（SIL1-SIL4），ISA-S84.01 根据系统不响应安全联锁要求的概率将安全度等级划分为 3 级（SIL1-SIL3）。SIS 的安全度等级是由构成 SIS 系统的三个单元的 SIL 来初步确定的：SIL 回路=SIL 传感器+SIL 逻辑单元+SIL 执行机构。

例如传感器为 SIL2 级，而 SIL2 每年故障概率平均值为 0.01~0.001，取中间值为 0.005；逻辑单元为 SIL3 级，取中间值为 0.0005；执行机构为 SIL1 级，取中间值为 0.05，则：

$$PFDavg = 0.005 + 0.0005 + 0.05 = 0.0555$$

初步确定为 SIL1 级。即一个回路的安全度等级由其构成的三个单元中最低的 SIL 等级决定。对于传感器和执行机构，如果不能满足安全功能的 SIL 等级要求，可以通过马尔可夫模型（Markov model）计算，确定选取 1OO2D、2OO3、2OO4D 等配置方案。

为使一个工艺装置达到安全目标，需在 IEC 61508 与 IEC 61511 及 ISA S84.01 安全标准的基础上，对工艺过程进行故障分析，采用风险评估的方法，来确定装置及 SIS 系统的 SIL 等级要求。

1 级用于事故很少发生。如发生事故，对装置和产品有轻微的影响，不会立即造成环境污染和人员伤亡，经济损失不大；

2 级用于事故偶尔发生。如发生事故，对装置和产品有较大影响，并有可能造成环境污染和人员伤亡，经济损失较大；

3 级用于事故经常发生。如发生事故，对装置和产品将造成严重的影响，并造成严重的环境污染和人员伤亡，经济损失严重。

3）控制阀的独立设置

SIL1 级安全仪表功能，控制阀可与基本过程控制系统共用，应确保安全仪表系统的动作优先；

SIL2 级安全仪表功能，控制阀宜与基本过程控制系统分开；

SIL3 级安全仪表功能，控制阀应与基本过程控制系统分开。

安全仪表系统应独立于基本过程控制系统，并应该独立完成安全仪表功能。安全仪表系统不应介入或取代基本过程控制系统的工作，基本过程控制系统不应介入安全仪表系统的运行或逻辑运算。

4）测量仪表的独立设置

SIL1 级安全仪表功能，测量仪表可与基本过程控制系统共用；

SIL2 级安全仪表功能，测量仪表宜与基本过程控制系统分开；

SIL3 级安全仪表功能，测量仪表应与基本过程控制系统分开。

4. SIS 与 DCS 的区别

因为目前生产现场大多数 BPCS 系统采用的是 DCS 系统架构，在此对比 SIS 系统和 DCS 系统如下：

（1）系统组成：SIS 是建立在 DCS 基础上的，可以作为 DCS 的一部分挂接在 DCS 控制网络上。

（2）实现功能：DCS 用于过程连续测量、常规控制，使生产过程在正常情况下以较佳工况运行；SIS 是超越极限安全即将工艺、设备转至安全状态。

（3）工作状态：DCS 中的控制是主动的、动态的，保持对过程变量连续检测、运算和动态控制，确保产品质量和产量。SIS 系统是被动的、休眠的，它在生产过程正常进行期间没有任何动作。

(4) 安全级别：DCS 安全级别低，不需要安全认证；SIS 系统级别高，需要安全认证。

(5) 应对失效方式：DCS 系统内大部分失效（如通信中断、执行器失效等）显而易见，失效会在生产的动态过程中通过生产参数的变化体现，很少存在隐性失效。SIS 一般处于休眠状态，失效并不明显。确定其是否还能正常工作的方法，是对系统进行周期性诊断或测试。因此 SIS 需要人为进行周期性的离线或在线检验测试，有些 SIS 带有内部自诊断。

(6) 操作模式：DCS 中，操作员需要根据实际工况经常性地进行修改操作参数或开关阀门等操作；SIS 中很少允许人机交互，其功能是自动且独立实施的。

5. SIS 与 DCS 的通信

IEC 61508 标准中没有强制要求 SIS 必须独立设置，但建议分离 DCS 和 SIS 两种系统，也就是说 SIS 一般情况下不与 DCS 共用现场设备。为了统一监控和操作，SIS 的部分信号应接入 DCS。但是严格禁止 DCS 的信号接入 SIS。SIS 与 DCS 之间的通信方式有四种：

(1) 一对一硬接线，以 I/O 点形式交换信息，适用于点数较少时。

(2) 采用 MODBUS 协议。如图 7.1.8 所示，DCS/FCS 控制器与 SIS 逻辑控制器之间通过串口 MODBUS 通信。该方式最常用，特别适合于不同厂家的 DCS 系统、SIS 系统之间。

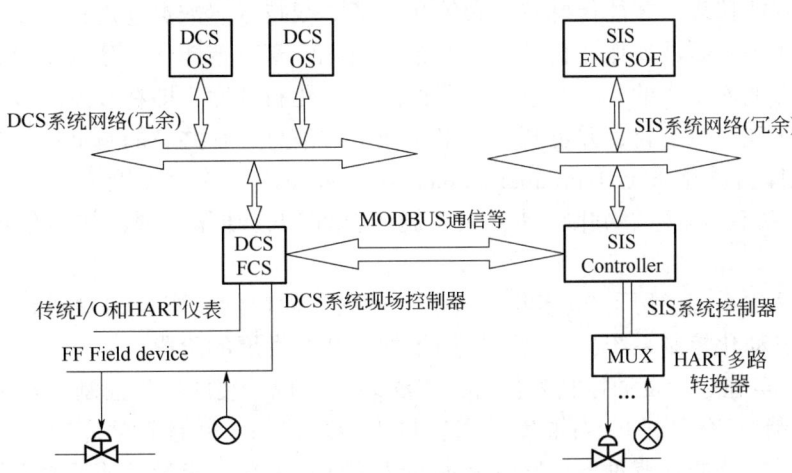

图 7.1.8　SIS 与 DCS 之间的 MODBUS 通信

(3) 集成解决方案。如图 7.1.9 所示，该方案适用于 DCS 系统与 SIS 系统共用控制网络，可以在同一个工程项目中组态，甚至采用同一个人机界面。但是该方式要求控制网络通过安全认证。

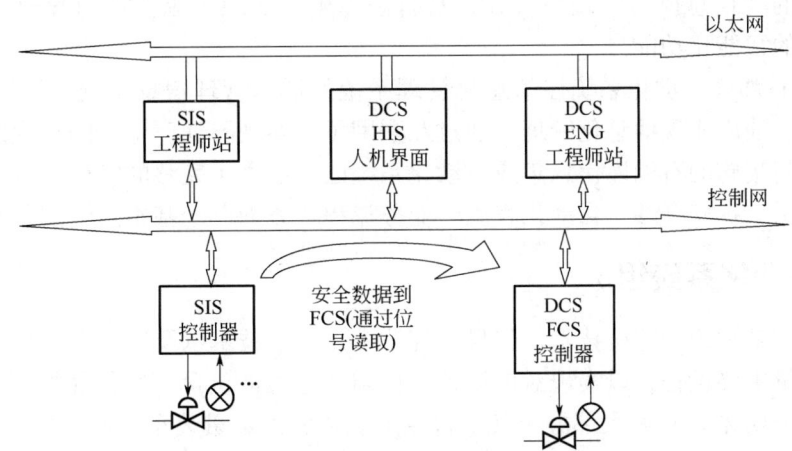

图 7.1.9　SIS 与 DCS 的集成化解决方案

(4) 利用 OPC 服务器。DCS 可通过 OPC 技术访问 SIS 中的数据，也可将 SIS 中的数据可配置到 DCS

的 OPC 服务器中。

6. SIS 系统与 ESD 系统的关系

ESD（emergency shutdown device）紧急停车系统按照安全独立原则要求，独立于 DCS 集散控制系统，其安全级别高于 DCS。在正常情况下，ESD 系统是处于静态的，不需要人为干预。作为安全保护系统，凌驾于生产过程控制之上，实时在线监测装置的安全性。只有当生产装置出现紧急情况时，才不需要经过 DCS 系统，而直接由 ESD 发出保护联锁信号，对现场设备进行安全保护，避免危险扩散造成巨大损失。

SIS 系统的功能和 ESD 系统基本一样，只是在安全程度上要高于 ESD 系统，有些 ESD 实现不了的功能可以在 SIS 上实现。

7.2 石油库信息集成自动化系统概述

7.2.1 石油库信息集成自动化系统概述

发达国家在石油库自动控制与管理上，普遍采用将自动化、信息化进行综合集成的整体解决方案模式。尤其随着高精度智能仪表、智能传感器、智能化现场总线技术、数据仓库技术、软硬一体化集成技术的发展和应用，真正实现了石油库作业自动化、监控实时化、管理智能化，建成了真正意义上的数字化石油库，成倍地提高了石油库工作的效率和效益。所谓的数字化石油库，即在收发作业、检测、计量和统计管理作业方面已完全实现了自动化，并可利用网络实现实时信息远程共享的石油库。在国外的管理系统领域，Honeywell 的石油库自动化系统（terminal automation systems）是较为成熟的一个。该系统先后为 Caltex、BP、Shell 等 60 多家各国主要石化仓储公司实施了全面的自动化管理，加强了自身的安全，提高了效率，降低了运营成本。

中国的石油库自动化系统经历了 20 多年的发展，从最初简单的装车控制发展到现今已达到管控一体化的石油库信息集成自动化控制系统，它主要经历了如下几个发展的阶段：

20 世纪 90 年代，实施定量发油控制来代替人工灌装，实现灌装的过程控制，基本没有数据管理。

21 世纪初，油品销量逐渐增加，石油库的周转量也随之提高，并且石油库对于自动化生产和安全系统的要求也不断提高。在这样的背景下，比较完善的液位计量系统、定量发油控制系统、可燃气体报警系统和视频系统等都开始在石油库中应用。但是这些系统都是单独运转的，依然存在着"信息孤岛"的现象。

2006 年之后，部分新建的石油库自动化系统在系统架构、数据集成以及功用实现上有了很大的进步。不但消除了之前存在的"信息孤岛"现象，并且对石油库生产实现了流程化的管理，此外将安全监测和生产管理实现了联锁的智能化功能。

2010 年后，新建石油库自动化系统往信息化管理系统发展。管理信息系统，能够从生产和管理中获得信息和数据，使得石油库实现信息化管理，通过互联网可以实现石油库生产的远程监视。

到目前为止，最新实施的石油库信息集成自动化系统已经建立了完整的安全检测、库区生产管理以及数据集成的自动化体系，在安全性、自动化程度、业务流程等方面已经基本达到国际水平。

7.2.2 石油库自动化系统组成

石油库自动化系统是利用计算机技术、信号处理技术、通信技术以及现代电子技术，来优化设计石油库各设备，监测及测量主要设备，以实现对该设备的控制。它通常包含库区作业控制系统（即自控系统）和安全监视系统（即安防系统）两大部分，其中自控系统主要由定量装车控制系统、罐区流程监控系统、罐区液位监测系统、油气回收系统以及铁路、水路自动付油系统组成，安防系统主要包含视频监控系统、可燃气体报警系统、消防火灾报警系统、周界防范系统、电子巡检系统以及门禁控制系统几个部分。石油库自动化系统构成如图 7.2.1 所示。

石油库自动化系统由现场测控仪表（简称设备层）和计算机控制系统（简称控制层）组成，二者同时为上层的石油库信息管理系统（简称信息层）提供接口和生产数据。

石油库自动化系统的建设包括两个方面，一方面是业务信息管理，即石油库的进销存等业务环节实现信息自动化。另一方面是作业层系统信息集成，即对石油库收、发、储、输的计量、生产过程控制及库内设备的生产安全监测等作业环节实施自动化监控及相关数据集中，作业层子系统数据集成是实现业务信息化管理的前提和基础。

石油库作业层自动化系统整合后按业务功能分为管理决策层，计量业务管理层和生产作业层三个层面。石油库自动化系统的总体框架图如图7.2.2所示。

石油库自动化系统									
自控系统					安防系统				
定量装车控制系统	罐区流程监控系统	罐区液位监测系统	油气回收系统	铁路、水路自动付油系统	视频监控系统	可燃气体报警系统	消防火灾报警系统	周界防范系统	电子巡检系统	门禁控制系统

图7.2.1 石油库自动化系统组成

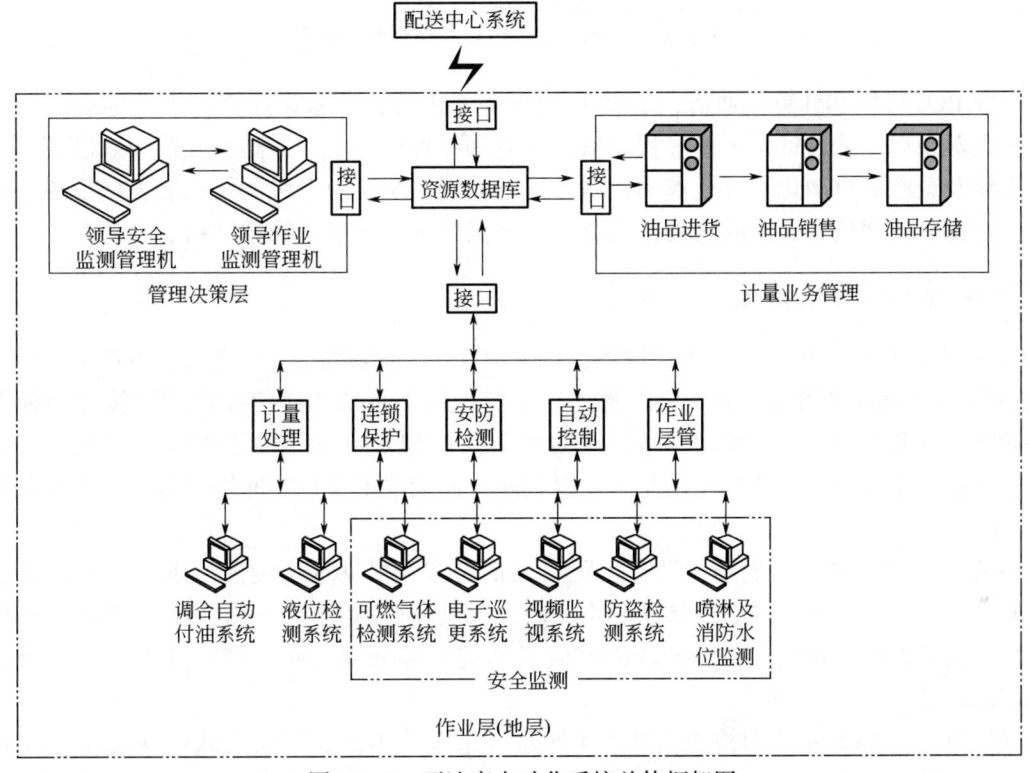

图7.2.2 石油库自动化系统总体框架图

对于石油库自动化系统，如果需要实现一个作业区内泵房、储罐等的控制，一般采用PLC控制系统；如果想要实现一个作业区内多个分散泵房、储罐等进行监控，则在各个PLC控制系统的基础上组建DCS系统或者FCS系统；如果需要对全国各地不同作业区的生产信息进行掌握，则需要增添RTU设备，或利用远程网络技术，组建SCADA系统；如果对油库自动化系统有很高的安全要求，则应该单设SIS系统。

1. PLC系统在油库自动化中的应用

油库泵房是油库的一个重要组成部分，是油库的心脏，在此实现油库中的收油、发油、转输、倒罐、放空等，是油品收发转输作业的动力源，也是油库作业最频繁的场所。油库泵房操作主要包括：泵房内各种阀门开闭、机泵启停、检测油泵进出口压力、监视电动机电流和轴承温度、检测真空罐和放空罐液位及真空度等。

泵房作业因阀门和检测监视点多、设备操作使用多，泵房内噪声大、振动大、油气污染严重。在油库泵房这种环境差、条件恶劣、空间有限的场合，一般都是采用 PLC 实现泵房控制。油泵运行参数主要有泵进出口压力、电动机电流、泵轴承温度。对机泵运行的参数进行测量、显示、参数异常报警和自动保护。泵出口调节阀控制泵出口压力。分析单台油泵的测控需求，汇总模拟量、数字量 I/O 点数。进行 I/O 点数统计时，一般会预留 20%~30% 的备用量，用于系统的后续扩展和通道更换备用。单台油泵的 PLC 控制硬件组成如图 7.2.3 所示。

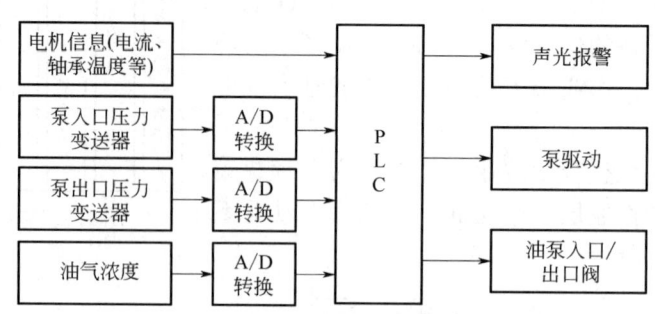

图 7.2.3 单台油泵的 PLC 控制系统示意图

图 7.2.3 中 PLC 可以和计算机通信，由 PLC 将现场工艺信息汇总到计算机里，再通过计算机开发的管理软件，实现对泵房工艺设备、工艺过程的信息化管理和界面显示，提高交互能力。随着工业控制网络技术的日益成熟及企业对自动化程度要求的提高，自动控制系统也向多级网络控制方向发展，现在各 PLC 厂家的产品基本都具备通信和联网的功能，能够相互连接，远程通信，构成网络。

2. DCS 系统在油库自动化中的应用

现在 DCS 系统基本是以 PLC 为现场控制器，因此 PLC 的通信包括 PLC 之间、PLC 与上位计算机之间以及 PLC 与其他智能设备之间的通信。用以构建工业控制网络系统的通信技术和连接介质种类众多。工业控制网络的四大主要类型：传统控制网络、现场总线、工业以太网以及无线网络。传统控制网络现在已经很少使用。目前广泛应用的是现场总线与工业以太网，而无线工业控制网络是目前工业控制网络应用研究的热点。

因为 DCS 系统多建立在生产现场，没有远距离通信需求，根据现场测控需求，DCS 各级之间的通信网络分成低速、中速、高速通信网络。低速网络面向分散过程控制级，中速网络面向集中操作监控级，高速网络面向高速通信网络管理级。DCS 系统能够满足当前大部分油气库生产、管理需求，因此是油气库常用的计算控制系统。

油库的罐区收发油 DCS 系统架构如图 7.2.4 所示。系统分为三层网络模式：现场层、控制层和管理层。现场层由流量计、油泵、电控气动阀、温度变送器等现场仪表、动力设备组成；控制层以两台 PLC 作为下位机（PLC1-1、PLC-2），PLC 之间采用 RS-485 总线通信；管理层由中央控制室的上位工控机和观测 PC 机构成，采用工业以太网、TCP/IP 协议。工控机与 PLC 均设置在控制室内，采用 RS-232 通信。控制层 PLC 的主要任务是采集现场的数字量和模拟量信号，经处理后上传给上位机，并根据接收的上位机指令依照工艺流程来控制整个成品油的收发。管理层的上位机采用组态软件作为应用程序开发平台，对下位机传输来的数据进行分析运算，完成实时监控、参数及状态显示、历史数据查询、数据统计、打印报表等管理功能。

对于大型油库，泵房的工艺设备更多、分布场所面积更大，工艺管路、控制要求更为复杂，要求整合油库泵房、罐区的作业信息时，可以增设 PLC 及相关冗余系统，以满足油库的信息化和自动化管理需求以及可靠性需求。图 7.2.5 是将 LonWorks 工业现场总结数据采集与 PLC 局部逻辑控制相结合，配合油库以太网，使油库泵房作业监控系统与罐区测量系统两者合二为一，建立起油库自动化控制与信息化管理一体化的网络系统。

图 7.2.5 的系统结构分为三层：

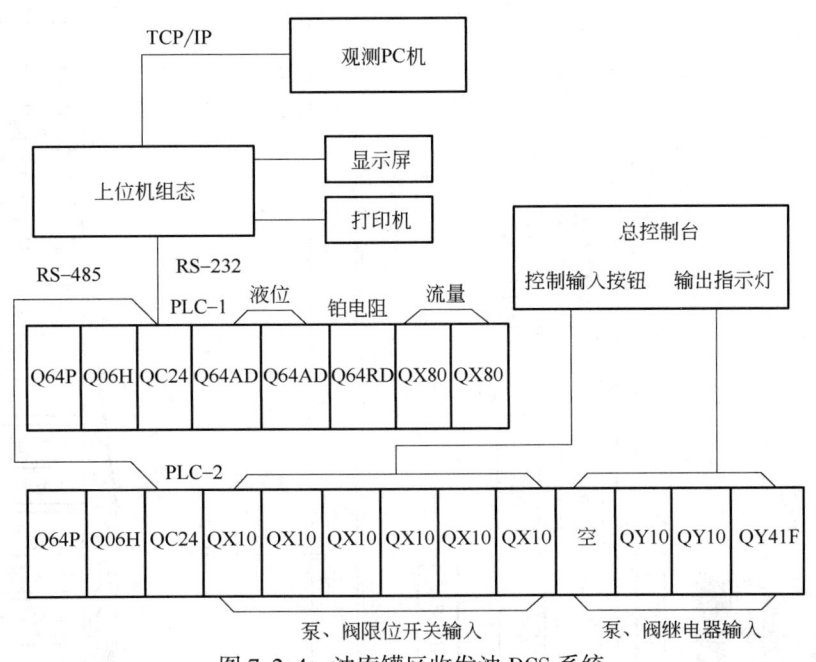

图 7.2.4 油库罐区收发油 DCS 系统

第一层为现场仪表层，对泵房及鹤管潜油泵进行数据采集。其中包括对铁路栈桥鹤位潜油泵的状态采集、泵机组进出口电磁阀和压力的数据采集、泵房油气浓度的数据采集、泵机组变频控制的采集。

第二层为二次仪表层，对监测数据进行处理、运算。该层把现场仪表采集的数据送入 LON 模块进行处理、计算。通过采用 PLC 对泵机组进行 PID 变频控制，根据收油鹤位的多少控制泵机组的运行状态，同时对进出口电磁阀随主泵的起停进行顺序逻辑控制、自动操作。在该层中还加入了安全报警功能，在油气浓度过高、超欠压状态及泵机组工作不正常时及时发出报警信息，指导油库安全作业。

第三层为网络层，通过可视化处理面向不同权限用户展示不同功能。油库局域网采用 TCP/IP 协议。网络（信息）中心安装以太网服务器 iLon100，通过 soft/XML 方式定时向中心数据库发送实时数据。中心监测站微机安装（运行）监控组态软件，以 ODBC（开放数据库互联）作为与中心数据库的备用数据交换方式。该层从二次仪表层通过路由器与油库局域网（以太网）相连，实时上报作业监控系统各运行参数及报警状态。

系统监控软件的设计针对工作人员的操作需要，通过 LNS DDE SERVER 与人机界面（HMI）软件进行动态数据交换，其主要功能包括：作业控制方式的选择、收发油工艺流程的选择、系统启停操作、潜油泵控制、泵房运行参数的监视及安全报警等，支持 DDE、OPC、ODBC，可与关系型数据库或第三方应用程序交换信息，通过 B/S 方式与办公区油库局域网中心数据库交换实时数据，实现 LonWorks 现场控制网络与信息管理网（以太网）的无缝连接。

DCS 系统里面现场控制器 PLC 和底层传感器、变送器和执行器之间的传输线上是采用标准模拟信号（4~20mA DC），实现一对一传输方式。随着智能仪表技术的发展，还可进一步将控制器的控制功能分散在各个智能仪器中。采用这种结构构建的系统就是 FCS 系统，在一对传输线上接多台仪表，实现一对多传输方式。因为智能仪表之间采用数字信号通信，与 DCS 系统的传输能力相比，FCS 系统采用双数字化、双向传输的通信方式，传输抗干扰能力更强、精度更高。

3. SCADA 系统在油库自动化中的应用

SCADA 系统多采用冗余以太网结构，每个节点（服务器和操作站）分别连接到不同的网络上。如果有一个通信故障（如由于网络的电气或电缆故障），网络节点自动切换到另一个网络，保障网络通信的安全可靠。某石油库 SCADA 系统结构图如图 7.2.6 所示。

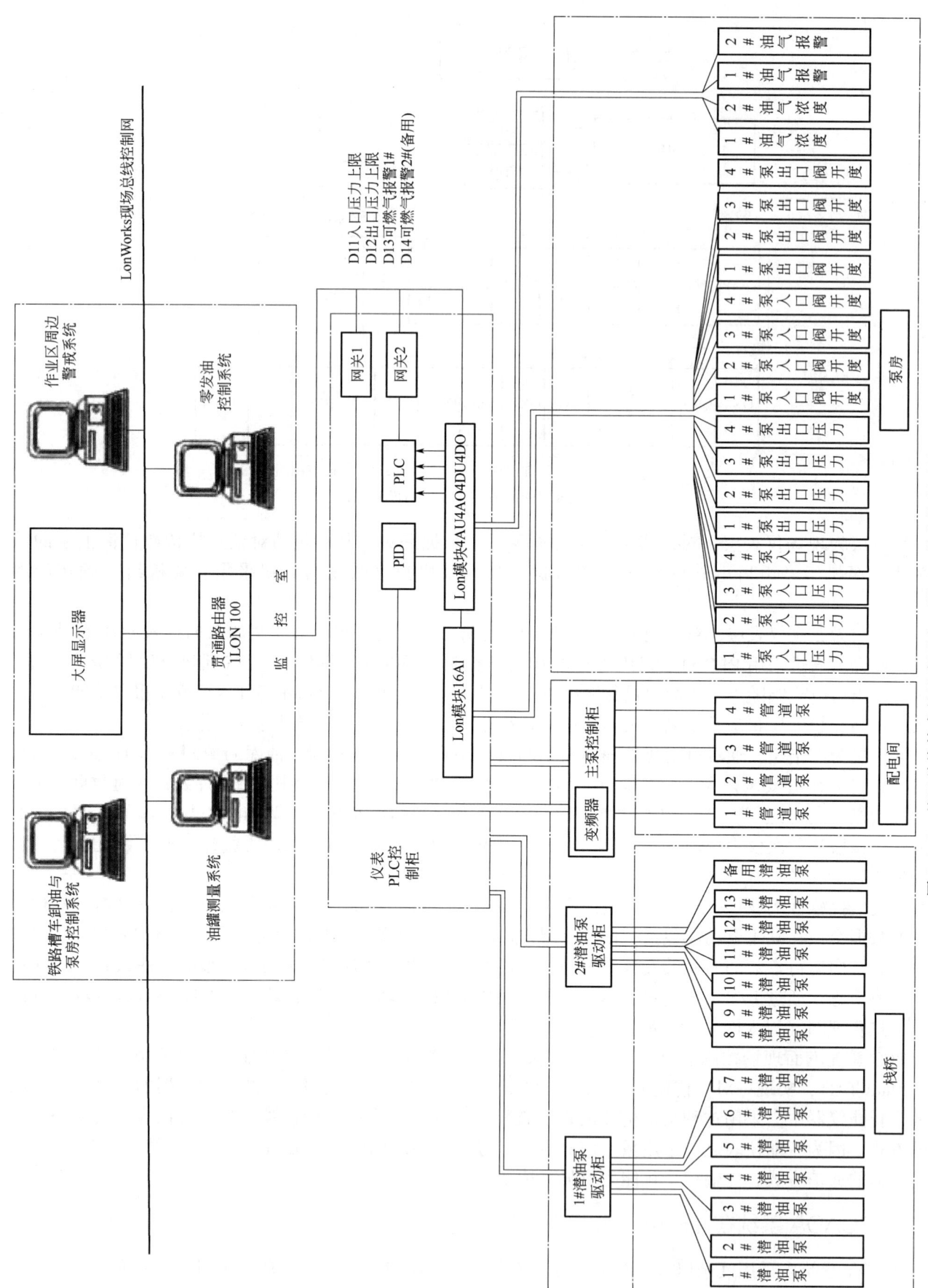

图 7.2.5 基于总线技术的油库泵房、罐区一体化控制系统

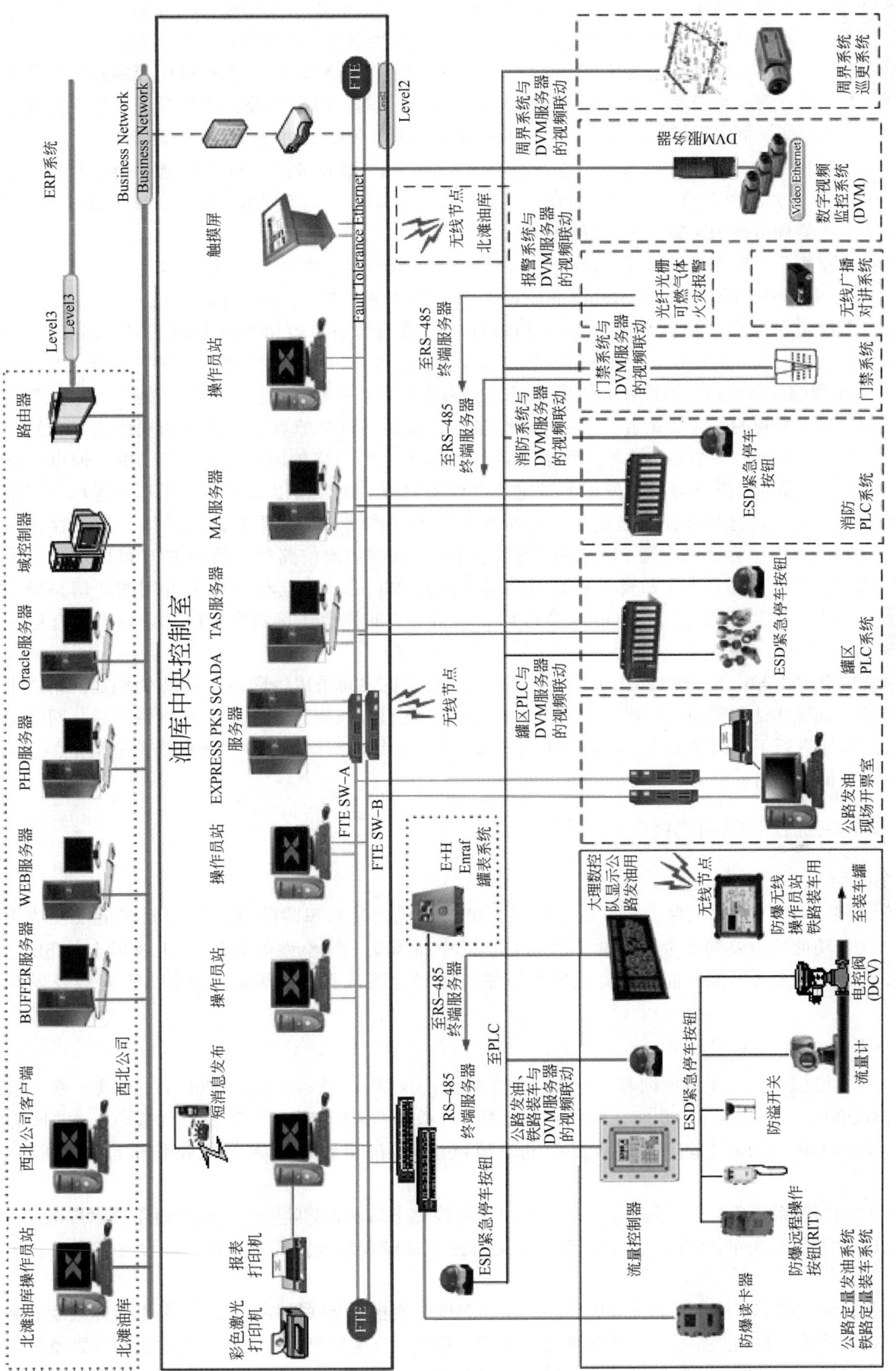

图 7.2.6 成品油库 SCADA 系统结构图

彩图7.2.6

该SCADA系统中包含了生产流程的自控系统和生产安全相关的安防系统。整个系统可以划分为三层结构，由下而上分别是：过程控制层、高级应用层和工业信息层。

过程控制层包括自控系统相关的有定量装车控制系统、罐区PLC控制系统和罐表系统；安防系统相关的可燃气体火灾报警系统、消防PLC系统、门禁系统、数字视频监控系统、周界系统和巡更系统；以及和业务相关的公路发油现场开票电脑端。

高级应用层则为油库中央控制室，设有一对Expression PKS服务器作为SCADA服务器、操作站、触摸屏等。SCADA服务器中有动态数据库RTDB（real time database），是实时数据库，负责完成过程控制层数据的采集、报警和事件的采集、历史数据的采集和保存。

工业信息层则是设置在公司的远程调度中心，设有相关服务器、客户端和路由器等。

该SCADA系统采用的是霍尼韦尔公司（Honeywell）的PKS系统（process knowledge system），其前身Plant Scape系统由霍尼韦尔和罗克韦尔公司（Rockwell）联合开发。容错型以太网FTE（fault tolerance ethernet，FTE），是PKS系统中的主干通信网络，服务器、操作站和控制器都连接在FTE网络上。它可以保证PKS系统通信的高效率。即使在非正常情况下，网络中存在一些故障点，FTE网络仍可最大程度地保证通信的顺畅。常规的以太网冗余，是采用两个独立以太网，每个节点（服务器和操作站）分别连接到不同的网络上。如果有一个通信故障，网络节点切换到另一个网络的时间可能少于10s，但也可能大于30s，取决于网路的复杂性以及所使用的特定节点设备类型。而容错以太网FTE采用的是单一网络结构，网络上的节点自动选择路径，因此在切换时服务器和操作站不需要重新连接网络，故不存在网络切换的盲点时间。由于容错以太网FTE提供节点之间更多的网络通信路径，所以FTE可以承受更多的故障，包括所有单个故障和多个故障。FTE对高层应用是透明的，使其具有更多可用的通信路径。普通的以太网节点（非容错以太网）也能连接到FTE网络上，同样比连接到常规的冗余以太网有更可靠的通信环境。

该系统中有FTE SW-A和FTE SW-B两个交换机，交换机之间采用级联线，可以在FTE网络之中任意两台设备（如操作站和现场控制器）之间建立四条数据通道。只要四条通道中有一条畅通，网络中两台设备之间就能进行正常数据交换。如果四条通道都正常，系统会根据每条通道上的当前通信量，自动优选通信负荷较低的通路。

4. SIS系统在油库自动化中的应用

1）SIL评估

油库的SIL评估一般采用保护层分析方法（LOPA），确定装置风险降低是否需要安全仪表功能以及该安全仪表功能所需要的安全完整性等级，对于其中所需安全完整性等级为SIL1及以上的SIF，通过功能安全的方法验证其实际能够达到的安全完整性等级，确认其是否满足需求的SIL等级及风险降低要求。

2）SIL评估在油库的应用

（1）基本设施情况。某油库内有5000m^3油罐4座，10000m^3油罐6座，20000m^3油罐5座，罐区总容量180000m^3（汽油油罐10座，柴油油罐5座）。根据GB 50074《石油库设计规范》，油库为一级油库，根据GB 18218《危险化学品重大危险源辨识》，该企业被认定为危险化学品重大危险源企业。

（2）自动控制系统情况。根据AQ 3035—2010《危险化学品重大危险源安全监控通用技术规范》、AQ 3036—2010《危险化学品重大危险源 罐区现场安全监控装备设置规范》要求，该油库设置了自动化控制系统。

该油库自动化控制系统主要有：油库储罐液位、温度监测报警及联锁控制系统、可燃气体浓度监测报警及联锁控制系统、视频监控系统、机泵状态监测报警系统、气象监测报警系统、静电接地报警系统、应急报警系统、紧急切断阀联锁控制系统及周界入侵报警系统。

(3) SIL 定级：保护层分析（LOPA）。

SIL 定级步骤包括：油库的可接受风险等级标准（例如 10^{-6}/年为严重后果）；求每一个冲击事件起始原因和估计的可能性；列出独立保护层（IPLs），即 DCS、报警和处理程序、压力泄放等；各独立保护层（IPLs）均被指定一个要求时的失效概率（PFD）；事件可能性＝初始事件（IE）的可能性×独立保护层（IPLs）要求时的失效概率（PFDs）；评估事件可能性是否已达可容忍风险目标。

(4) 选取风险矩阵。

由于是中国石化所属油库，因此依据《中国石化安全风险评估指导意见》，选取相应的风险评估矩阵。

(5) 保护层分析（LOPA）分析过程及记录表。

保护层分析参考 GB/T 21109.3—2007（IEC 61511-3）附录 F.1 的 LOPA 报告，如图 7.2.7 所示。采用过程危害分析（PHA）的分析后果（如 HAZOP），或直接根据委托方提供的技术资料（P&ID、联锁逻辑图或因果图等），由分析小组讨论判断潜在危害事件及事件后果，由风险矩阵确定其后果类别；评定严重性等级；讨论起始失效事件所有可能原因，查询起始事件故障率数据库，确定起始失效事件的可能性；检查工艺设计是否依循一般安全设计规范；确定 BPCS 失效的控制系统外，是否有其他相关的监控系统；是否有自动化操作系统以外的独立安全报警，如报警操作人员介入处理；查询保护层事件数据库（依据 GB/T 32857—2016《保护层分析（LOPA）应用指南》），确定是否有物理式独立保护层，即高可靠度的消减系统，如爆破片、安全阀、防溢堤、自动消防洒水系统等；确定是否有针对起始事件的额外消减措施或限制进入，如低可靠度的物理式的、机械式的额外消减措施或操作安全管理程序，例如标准作业程序、作业许可、厂区人员管制；求取中间事件的可能性；确定可容忍风险目标；确定 SIS 系统实现的目标减降频率；根据目标减降频率确定的安全仪表完整性等级（SIL）；确定风险控制后的失效事件可能性，即风险须小于或等于可容忍风险目标；评估是否达到可容忍风险目标。

#	1	2	3	4	5 保护层	6	7	8	9	10	11
	影响事件描述 F.3 F.14.1	严重性等级 F.4 F.14.1	引发原因 F.5 F.14.2	引发可能性 F.6 F.14.3	一般过程设计 F.14.4	BPCS F.14.5	报警等 F.14.6	附加减轻，限制进入 F.8 F.14.7	IPL附加减轻堤堰，泄压 F.9 F.14.8	中间的事件可能性 F.10 F.14.9	SIF完整性等级 F.11 F.14.10	已减轻的事件的可能性 F.12 F.14.10	注
～	～	～	～	～	～	～	～	～	～	～	～
N											

图 7.2.7 LOPA 报告

(6) SIF 辨识和记录。

根据 LOPA 分析结果，绘制安全仪表功能清单（SIF list），列出所有 SIF 的名称、危害/后果、需求的 SIL 等级及设计架构，见表 7.2.1。

表 7.2.1 油库（单个储罐）安全仪表系统安全仪表功能清单

序号	偏差号	失效时的危害后果	需求的 SIL 等级-LOPA	SIF 描述
1	101.1	油品溢出，浮盘沉船环境污染，遇到点火源发生火灾风险，导致人员伤亡、财产损失	无	浮球液位开关 LS（1oo1）高高联锁切断储罐进口切断阀 MOV（1oo1）
2	103.2	罐抽瘪损坏，油品泄漏，遇到点火源发生火灾危险	无	浮球液位开关 LS（1oo1）低低联锁切断储罐出口切断阀 MOV（1oo1）

（7）油库 SIS 系统的结构体系。

某油库 SIS 系统主要由生产过程服务器、数据采集处理单元、各子系统控制器、数据传输网络、信息显示单元等组成，SIS 系统网络结构（现场过程层略）如图 7.2.8 所示。在监测报警系统的网络结构体系中：数据采集端包含液位开关 30 个、液位计量 15 套、火灾报警开关 22 个、可燃气体探测器 23 个、周界防区 17 个，共计 107 个监测点。监测信号通过前端采集后经过物理通信线缆传输至中控室内各子系统控制器，各控制器由 RS485 通信协议传输至数据网络，数据采集处理后由生产过程服务器进行整理输出至信息显示单元。上位机可在操作界面上查询实时监测数据及传输状态。

油库 SIS 系统主要实现以下总体目标：

① 在上位机监控软件上增加集中报警系统界面；

② 将各安全子系统的报警数据进行汇总；

③ 通过生产过程服务器进行报警类型整理分类，实现多功能声光报警器报警信号及报警信息显示由生产过程服务器统一输出。

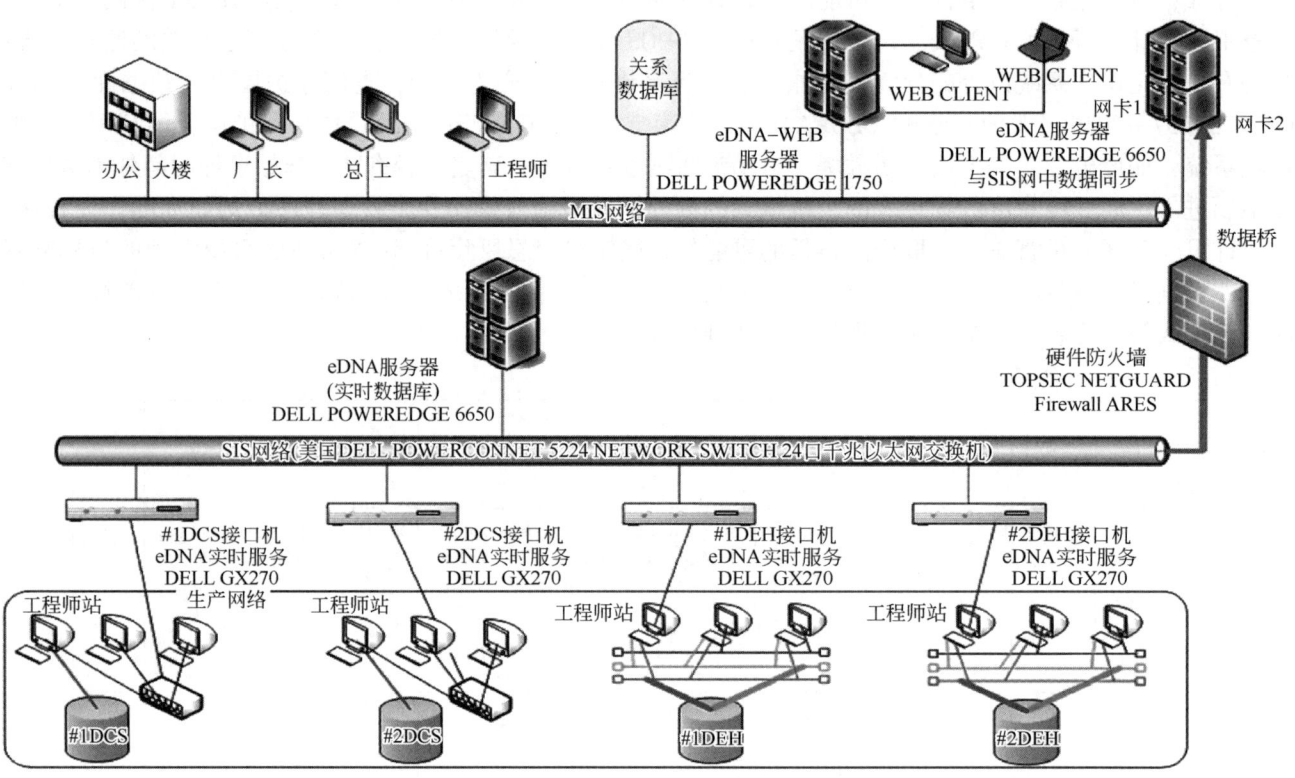

图 7.2.8　某油库 SIS 系统网络结构图

7.2.3　管控一体化技术

美国 J. Harrington 博士于 1973 年提出计算机集成制造系统（computer integrated manufacturing system，CIMS），并很快在企业得到推广应用。随着这一理论不断发展与完善，人们又提出了现代集成制造系统（contemporary integrated manufacturing system），并将它也记为 CIMS。之后，人们将它们统称为管控一体化系统，指的是运用集成化理念，以计算机技术、视频监控技术、网络技术、自动化技术等为硬件基础与支撑，运用现代管理思想与方法，将企业建成覆盖生产经营全过程的自动化信息管理系统，从而提高管理效率，降低管理成本。

至此可以对管控一体化概念给出一个较为全面的界定。管控一体化是以生产过程控制系统［如 PLC、DCS、ERP（enterprise resource planning administration）］自动化、数字化、信息化等为基础，通过对企业生产管理、过程控制等信息的分析、处理、优化、整合、存储、发布等，运用现代化企业生产管理模式建立起的覆盖企业生产管理与基础自动化，集生产与管理为一体的综合管理系统。将企业生产全过程的实时数据和生产管理信息有机集成并优化，实现企业信息共享和有效利用，以及实现企业生产经营过程的整体优化是该模式的显著特点和优势。

世界知名的自动化公司都推出了管控一体化软硬件。例如 ABB 公司提出了基于 MES 的综合解决方案；Roakwell 公司推出 E-manufacturing TM 解决方案；Honeywell 和 Aspen Tech 提出了面向流程企业的整体解决方案；Simens 公司推出 Process Historian 方案等。

管控一体化的本质是将生产管理信息、过程控制信息进行整合。所以管控一体化系统结构体系从上而下有：BPS（business planning system，经营计划系统）/ERP（enterprise resource planning，企业资源计划）、MES（manufacturing execution system，制造执行系统）、PCS（process control system，过程控制系统）。其中 ERP 系统处于此结构的最上层，可为公司高层的决策提供综合信息资源。MES 执行层主要负责生产管理和调度执行，该层将 ERP 层与 PCS 层连接起来，集成其信息并加以转换。PCS 层则处于结构底层，该层主要负责现场数据信息的采集，同时向 MES 提供原始数据以方便其管理整个生产过程。

受到信息技术发展（网络通信、数据库、软硬件、现场总线等技术不断开发）的影响，以及用户对更先进管理和控制功能的市场需求，各国际知名自动化公司如艾默生、霍尼韦尔、福克斯波罗、横河电机等纷纷升级了各自的 DCS 系统产品线。采用先进的技术，推出了各自的第四代 DCS 控制系统，来取代第三代 DCS 系统。Honeywell（霍尼韦尔）公司推出的过程知识系统、Emerson（艾默生）公司的 Plant Web 系统、Foxboro（福克斯波罗）公司的 A2 系统、Yokogawa（横河电机）公司的工厂资源管理系统等目前已经成为新一代 DCS 控制系统的象征。几乎所有的第四代 DCS 组态软件设计均符合 IEC61131-3 标准。现如今，DCS 已经可以提供从现场到操作室到车间到工厂再到集团公司的整个信息通道，形成一整套信息化管理平台。第四代 DCS 的体系结构主要分为四层结构：现场仪表层、控制装置单元层、工厂（车间）层和企业管理层。一般 DCS 厂商主要提供除企业管理层之外的三层功能，而企业管理层则通过提供开放的数据库接口，连接第三方的管理软件平台（ERP、CRM、SCM 等）。所以说，当今 DCS 主要提供工厂（车间）级的所有控制和管理功能，并集成全企业的信息管理功能。大部分 DCS 提供了过去常规 DCS 功能、SCADA（监控和数据采集）功能以及 MES（制造执行系统）的大部分功能。与 ERP 不同，MES 汇集了车间中用以管理和优化、从下订单到产成品的生产活动全过程的相关硬件或软件组件，它控制和利用实时准确的制造信息来指导、传授、响应并报告车间发生的各项活动，同时向企业决策支持过程提供有关生产活动的任务评价信息。

在系统架构中，所有的组态工具在同一环境下进行组态，以全局过程知识库作为整个系统的基础，对所有硬件设备的信息点进行采集，从而实现了整个系统标准、数据以及操作界面的统一。管控一体化系统功能架构图如图 7.2.9 所示。

DCS 的集成性体现在两个方面：功能的集成和产品的集成。过去的 DCS 厂商基本上是以自主开发为主，提供的系统也是自己的系统。当今的 DCS 厂商更强调系统集成性和方案能力，DCS 中除保留传统 DCS 所实现的过程控制功能之外，还集成了 PLC（可编程逻辑控制器）、RTU（采集发送器）、FCS、各种多回路调节器、各种智能采集或控制单元等。此外，各 DCS 厂商不再把开发组态软件或制造各种硬件单元视为核心技术，而是纷纷把 DCS 的各个组成部分采用第三方集成方式或 OEM 方式。例如，多数 DCS 厂商自己不再开发组态软件平台，而转入采用兄弟公司或其他公司提供（如 Foxboro 以 Wonderware 软件为基础，Emerson 用 Intellution 的软件平台做基础）。此外，许多 DCS 厂家甚至把 I/O 组件也采用 OEM 方式（如 Foxboro 公司采用 Eurothem 的 I/O 模块，Yokogawa 的 R3 采用富士电机的 Procession 作为 I/O 单元基础，Honeywell 公司的 PKS 系统则采用 Rockwell 公司的 PLC 单元作为现场控制站）。

1. BPS/ERP 管理系统

一般 BPS 层是以企业资源计划（ERP）为主。ERP 计划层是以财务分析、决策为核心的整体资源优

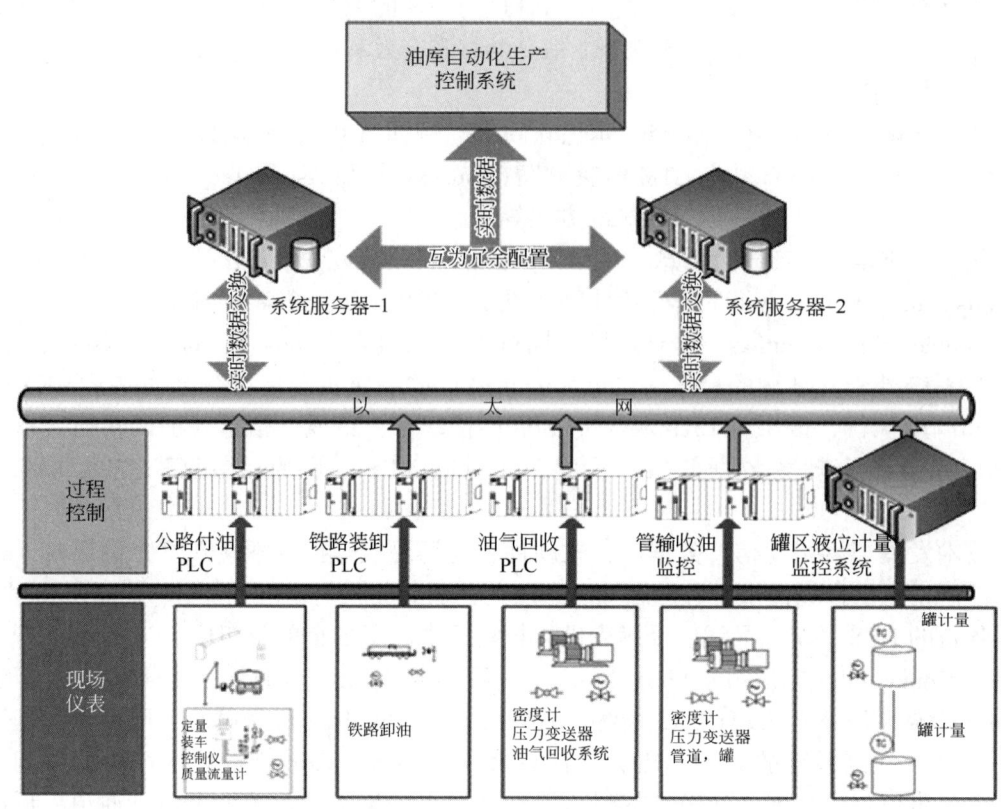

图 7.2.9 管控一体化系统功能架构图

化的技术。它建立在企业网基础上,用于经营、库存、财务及生产调度等企业管理,实现企业管控一体化。ERP 系统是信息时代现代企业向国际化发展的更高层管理模式,是一个面向供需链管理的管理信息集成,具体包括制造、供销、财务、物料流通管理等功能。通过实施 ERP,会给企业带来更广泛、更长远的经济效益与社会效益。

ERP 系统的核心管理思想就是实现对企业资源的有效管理和优化,其主要体现在以下四个方面:

(1) 对整个供应链资源进行管理的思想。
(2) 体现精益生产、同步工程和敏捷制造的思想。
(3) 体现事先计划与事中控制的思想。
(4) 体现先进管理与先进技术相促进的思想。

但实际生产中,企业实施 ERP 系统也存在一定风险,如项目投资金额高、实施周期长、项目涵盖面广以及管理基础薄弱等问题。因此,在实际实施过程中应尽量避免其风险以成功实施 ERP 系统,才能享受其带来的巨大效益。

2. MES 执行系统

MES(manufacturing execution system)执行层是以生产综合指标为目标的集生产过程优化控制、生产运行优化操作与优化管理于一体的技术。它建立在过程管理网基础上,用于生产过程的管理,向工艺工程师和自动化工程师提供过程管理、设计工艺流程和控制方案的人机接口。MES 的结构上设置有许多功能模块,包括工序详细调度、资源分配和状态管理、生产单元分配、过程管理、人力资源管理、维护管理、质量管理、文档控制、产品跟踪和产品清单管理、性能分析和数据采集等。实际上,企业中所应用的 MES 系统是根据企业自身要求而选用不同的模块。

以生产过程制造执行系统 MES 为代表的生产过程运行优化层,其主要内容包括先进建模与流程模拟 AMT(advanced modeling technologies)、先进计划与调度 APS(advanced planning and scheduling)、实时优化 RTO(real-time optimization)、故障诊断与健康维护、数据挖掘与数据校正、动态质量控制与管理以及动态成本控制与管理等技术。

3. PCS 控制层

PCS 控制层是以产品的质量、数量和满足工艺要求为目标,以设备综合管理控制为核心的技术。控制层建立在过程控制网基础上,用于生产过程的操作与控制,为操作人员提供人机接口,操作人员通过其接收调度指令,并对生产过程实施操作与控制。它利用基础自动化装置与系统(PLC——可编程逻辑控制器、DCS——集散控制系统、FCS——现场总线控制系统),对生产设备实现自动控制。PCS 的功能是按最佳工艺方案实现各系统各回路的自动控制,使其控制参数达到工艺规定范围内;按工艺流程要求实现顺序、互锁的逻辑关系控制;对主要设备进行故障诊断,实现整个生产过程的实时监控,从而使得整个生产过程实现优化控制、优化过程、优化管理;实现对全流程生产的稳态控制,并为操作人员提供友好的人机交互界面,将人与计算机结合起来,实现人对过程的干预和人与计算机的集成。

4. OPC 接口技术

OPC(OLE for process control)是工业自动化中数据交换的一个标准,是设备和应用程序之间建立的具有开放、可互操作的接口连接规范。它的开发目的是在工业控制设备与应用软件之间建立统一的数据存取规范,这个接口规范不但能够应用于单台计算机,而且可以支持网络上以及不同平台上各应用程序之间的通信。

OPC 主要有以下 2 种应用功能:

(1)每个支持 OPC 接口标准的硬件厂商为其设备开发一个 OPC 服务器,主要负责从硬件设备得到数据并暂存起来;

(2)每个支持 OPC 接口的应用软件都可以作为 OPC 客户,并通过与 OPC 服务器之间的交互来读写硬件设备的信息。

石油库管控一体化是把计算机网络技术、自动化技术与工业现场总线技术相结合,将石油库的主要工艺参数接入中央控制室实施集中监控,从而实现数据共享。集全库自动化控制、生产调度及资源管理中心为一体,最终实现管控一体化,以达到节能降耗、优质高产、减员增效的目标。

7.2.4 MA 系统

MA 系统(movement automation system)即油品移动自动化系统,主要用于定义、控制以及监视库区内物料的移动。该系统主要由业务单管理子系统、库存监视子系统以及油品移动自动化子系统组成。

该系统可自动选择优化的移动路径及设备,也可通过操作人员定义油品的输送任务,经动态优化后选择最优路径,以完成油品的移动,MA 系统业务流程图如图 7.2.10 所示。MA 系统可对油品的移动作业进行监视,全面纪录作业数据并储存,且后续检索方便快捷。此外,该系统还能提供一种智能的石油库工艺流程图(tank farm graphics),简称 TFG。该流程图中用不同颜色区分已被选中的路径、处于使用的路径以及被封闭的管线段等,同时采用各种颜色表示各种设备的状态。在 TFG 图上可以通过点击设备调出该设备的操作面板对该设备进行直接操作,在直接操作时,系统会给出操作后果的分析以及建议。TFG 为操作人员提供了一个清晰的物料移动作业的图形化界面,使得整个工艺路径变得清晰明了,减轻了操作人员对移动作业相关现场设备所需要的人工操作。

经现场验证,MA 系统可实现油品或其他物料在复杂罐区管网上灵活、高效地移动,节省了库存,减小了巨大损失事故发生的概率,提高了人员的工作效率,能切实实现油品的定量移动。

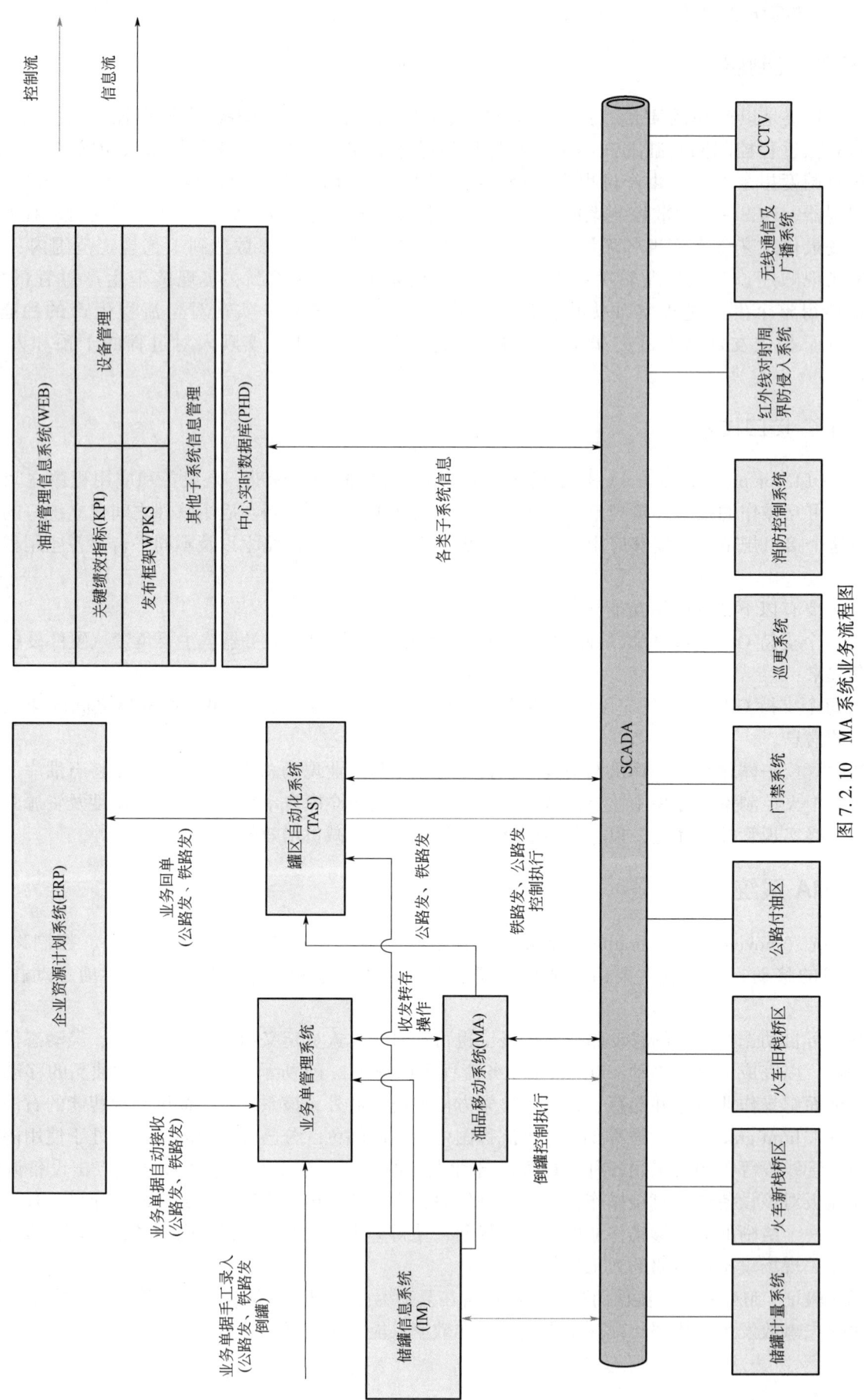

图 7.2.10 MA 系统业务流程图

7.3 石油库自动控制系统

石油库主要有四大控制系统：储运监控系统、消防控制系统、安防系统、信息系统。储运监控系统主要负责罐区监控、定量装车及辅助生产单元等的自动控制；消防控制系统主要负责罐区消防阀门、机泵及消防成套设施的自动控制；安防系统主要包括视频监控、可燃气体报警、火灾报警、周界防范、电子巡更、门禁等子系统；信息系统主要包括数据采集和数据交互。

石油库自动化系统有两种方案可以采用：

一是采用专业的、成熟的 PLC 过程控制系统对罐区的主要工艺参数、原油或成品油计量等工艺过程集中监视、记录，对越限的工艺参数进行报警；同时采用 PLC 消防自动控制系统对罐区的火灾实时监测、储罐自动消防；采用 F&G 系统对可燃气体实时监测报警。

二是采用成熟的 SCADA 系统对罐区及配套装置的工艺过程集中监视记录，对越限的工艺参数进行报警和对罐区进行安全联锁，数据采集需要设置远程数据采集系统（如现场 RTU、流量计算机等），并通过有线或者无线通信方式将数据上传至控制室 SCADA 系统。采用 F&G 系统对罐区采取火灾实时监测、储罐自动消防、可燃气体实时监测报警等控制，以保障人身和生产安全，预防火灾、爆炸和人身伤亡事故的发生。

石油库自动控制方案要根据石油库的规模、功能和生产性质来制定，一般情况下采用 DCS 系统较多，某油库自动控制系统网络结构如图 7.3.1 所示。该系统包括 DCS 系统和火灾消防系统。DCS 系统按照结构设置为三层：设备层、控制层和操作站层。

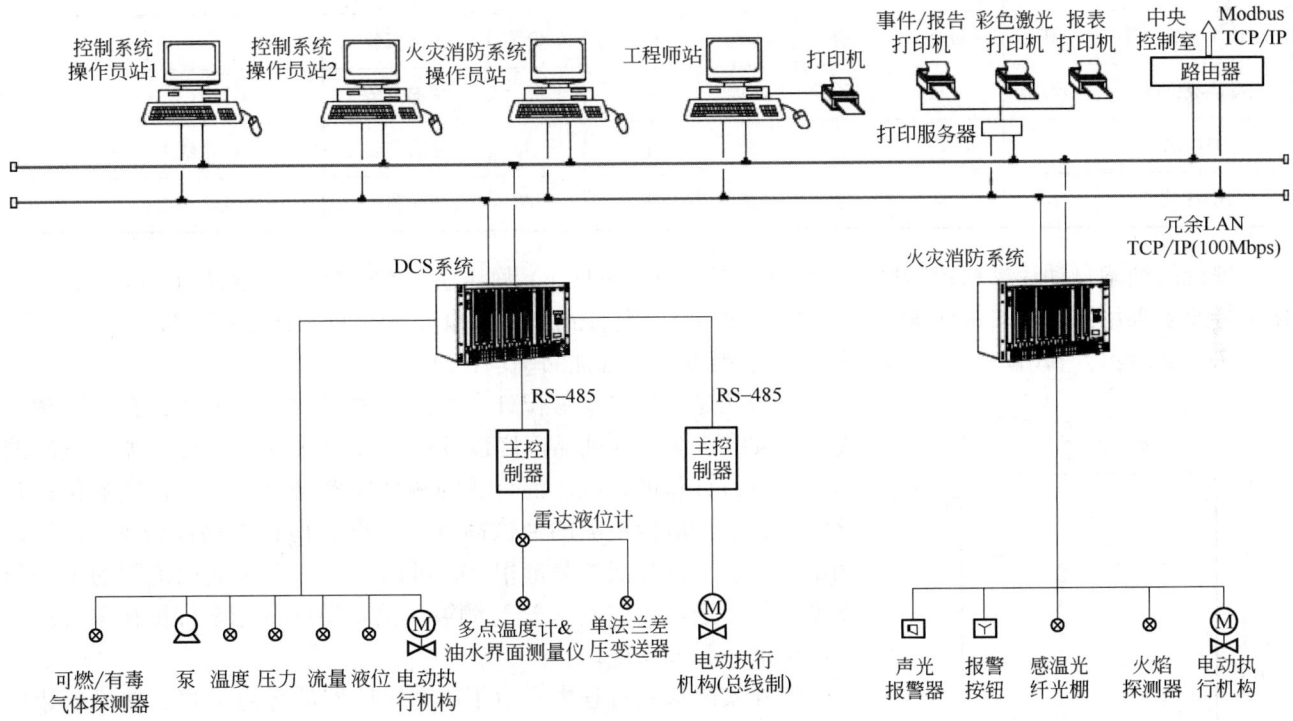

图 7.3.1 石油库自动控制系统网络结构图

DCS 系统的设备层包含检测传感器如可燃/有毒气体探测器、温度变送器等；控制层设置两台主控制器，互为热备，对各系统数据进行统一存储，并统一向信息系统提供数据集成接口；操作站层设置有多个操作员工作站、工程师站以及各事件打印机。

火灾消防系统如果通过了 SIL 认证，就是 SIS 系统。

7.3.1 罐区液位计量、安全联锁系统

油罐自动计量系统的定义为：在立式金属油罐上，通过自动测量设备进行储罐内油品物理参数的自动采集，经处理器和后台软件数据处理，给出储罐内油品液位、平均温度、平均密度以及质量和体积数据结果，实现储罐内油品计量参数自动测量、数据自动传输、数据信息综合处理的自动操作和信息管理的系统。

目前，大多数国外石油储罐已经安装了自动计量液位装置，并且拥有了自己的计量检定的标准，例如加拿大标准会、美国工厂联合会等。它可以在不同压力和温度下，研究指示雷达微波传输速度变化，然后对其计算得出修正系数，最后进行标定和实时校准。

国内自动计量系统采用的技术主要有静压法、磁致伸缩、伺服、雷达等方法，其中静压法油罐计量系统主要通过测量油罐底部的静压来计量油品的质量，而磁致伸缩、伺服、雷达等测量技术主要通过测量油品在储罐中的液位，进而计量油品的体积。

不同计量技术有其各自的特点，不同油品，不同类型的储罐所适用的自动计量系统均不同。原油、重质油储罐宜采用非接触式液位计（雷达式）；轻质油、化工原料产品则适合采用浮子式或压差式液位仪来进行测量。不同计量技术的特点如表7.3.1所示。

表7.3.1 不同计量技术的特点

计量方式	液位精度	质量精度	界面测量	密度测量	温度测量	价格	安装	备注
伺服式液位计	高	较高	能	能	外加	贵	顶部安装	可测分层密度，也可外加多点温度
磁致伸缩液位计	高	较高	能	不能	自带	贵	顶部安装	
雷达液位计	较高	一般	不能	不能	外加	贵	顶部安装	
HTG法	较高	高	能	能	外加	较贵	侧面安装	可外加多点温度
HIMS法	高	高	能	能	外加	最贵	侧面顶部	可外加多点温度

现行的油罐自动计量系统测量方法包括液位计法（ATG）、静压法（HTG）和混合法（HIMS），石油化工行业多采用混合式油罐计量方式(GB/T 25964)。混合式油罐计量方式是将ATG法和HTG法相结合，如图7.3.2所示，利用差压变送器测得压力值换算为储罐油品平均密度。

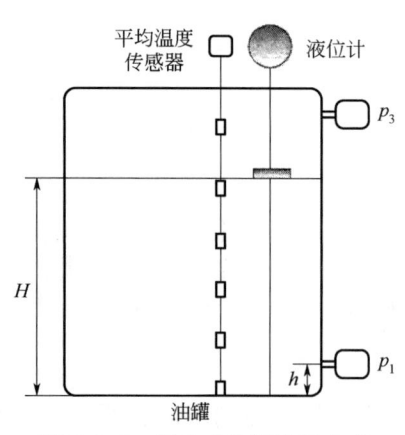

图7.3.2 混合式油罐计量方式

混合法是采用自动液位计（ALG）测量的油品液位，自动油罐温度计（ATT）测量的油品温度以及一个或更多的压力传感器测量的液体静压进行计量的系统。混合法的测量原理是：通过高精度液位计直接测量，得到罐内油品的液位高度 H，进而得到油品体积 V，将压力测量（p_1、p_3）与液位测量相结合可以提供一个全液位范围的平均密度测量值，进而对质量 m 进行测算。测量温度 T 用来计算在参考温度下的标准体积和密度。

但在实际应用过程中，由于压力传感器的零点漂移、储罐的罐底及罐顶变形、浮力方式测量油水界面误差大、罐底杂质粘连浮子影响测量液位、定点的压力传感器推算密度无法判断油品分层情况（导致密度测量偏差大）等诸多因素，导致传统系统的计量结果无法满足库存管理计量和油品贸易交接要求。因此前期的油罐自动计量系统基本只用于安全管理及数据监控，系统投用后不能完全替代人工检罐计量，人工计量存在操作人员工作强度大、效率低的情况，也时常因密度原因导致质量纠纷，无法真正实现油库计量自动化，而制约油罐自动计

量技术发展的瓶颈就在于密度的准确测量。随着高精度谐振伺服密度计逐步推广，实现了油品密度在线多点测量、油水界面测量，逐步突破传统油罐自动计量系统测量的弊端。

1. 系统结构

油罐自动液位监测计量系统主要由罐仪表（包括液位计、压力变送器、温度变送器等）、库区现场总线、工控机、组态软件、应用软件、电源、防雷部分组成。某石油库油罐自动液位监测计量系统如图7.3.3所示。该系统选用 LonWorks 现场总线作为总线标准，选择基于 WebAccess 网络架构的组态软件作为监控软件的开发平台。系统采用分布式监测网络结构，从技术角度考虑，系统结构主要分为：现场仪表层、总线传输层、监控管理层三层体系结构；从业务场所分类角度可分为：信息（指控）中心、保管队（分控室）、罐区。

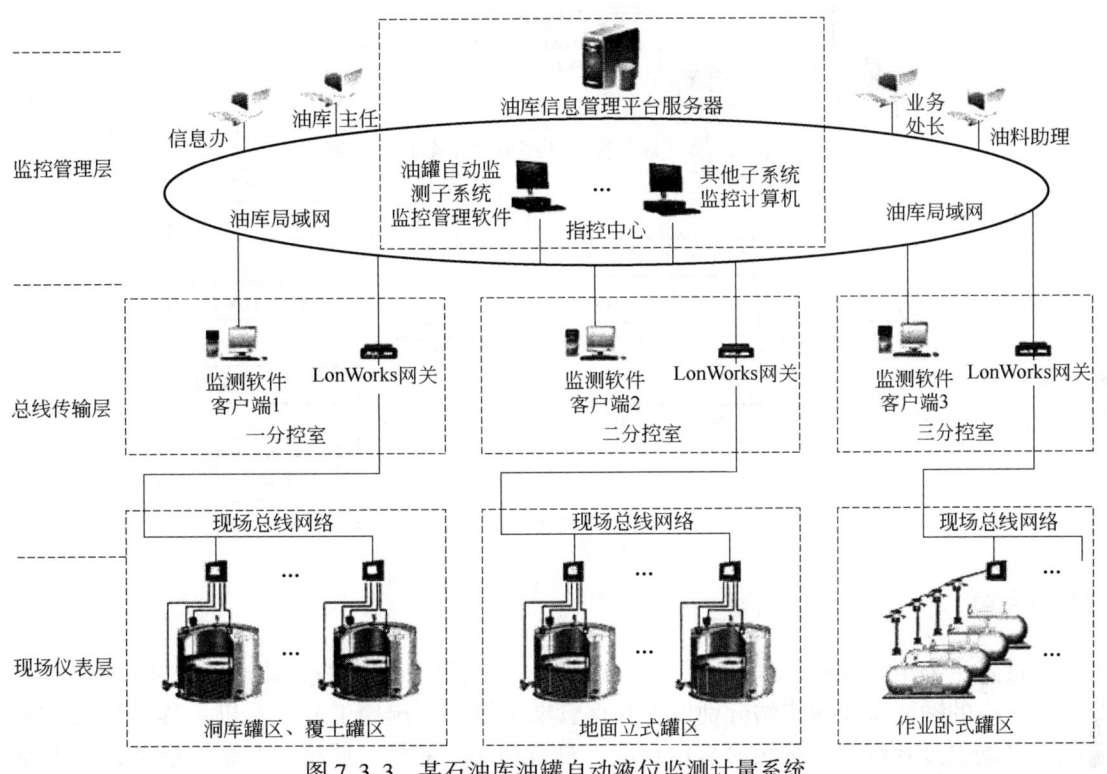

图7.3.3 某石油库油罐自动液位监测计量系统

图7.3.3所示仅为一种示例，各石油库的油罐液位监测计量系统还要结合油库的管理制度、作业区分布等，设计适合各油库生产管理需求的油罐液位计量系统。

罐区液位安全联锁，是利用单独设置的液位开关，由智能终端（逻辑控制器）判断液位是否超限，液位超限时联锁控制各油罐的输油泵、卸油泵，达到保障油罐液位安全的目的。其系统构成示意如图7.3.4所示。罐区液位安全联锁系统多设置单独的液位开关，如接触式的音叉液位开关、非接触式的外贴超声液位开关。智能终端可以实时采集储罐高低液位开关的工作状态，可联锁控制多台输油泵，可控制各种型号的开关量电动阀门关断，也可控制总线式电动阀门的 ESD 紧急关断信号。智能终端具备标准的数据接口及网络接口，可与库内其他系统进行信息交互，同时支持安监部门的报警信号采集需求。

石油库油罐液位安全联锁逻辑，如图7.3.5所示。当高液位开关为报警状态时，智能终端控制执行单元所在储罐对应卸油泵停止工作，控制关闭相关电动阀门，并启动声光报警指示模块。当低液位开关为报警状态时，智能终端控制输油泵电动阀门停止关断，输出声光报警并向发油系统发出联动停止的信号。罐区液位计量系统和液位安全联锁系统可以独立设置，也可以将信息集成到一个系统架构中。

· 213 ·

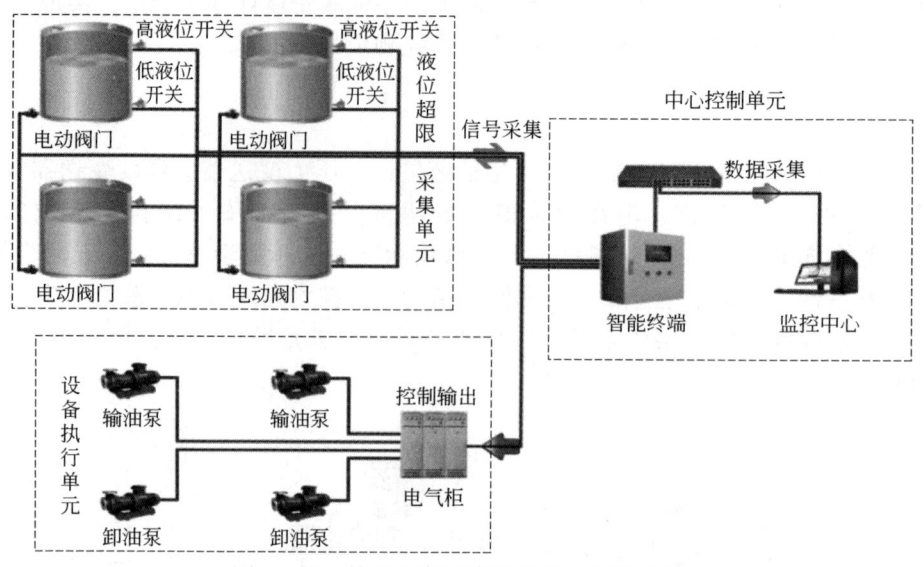

图 7.3.4 某石油库油罐液位安全联锁系统

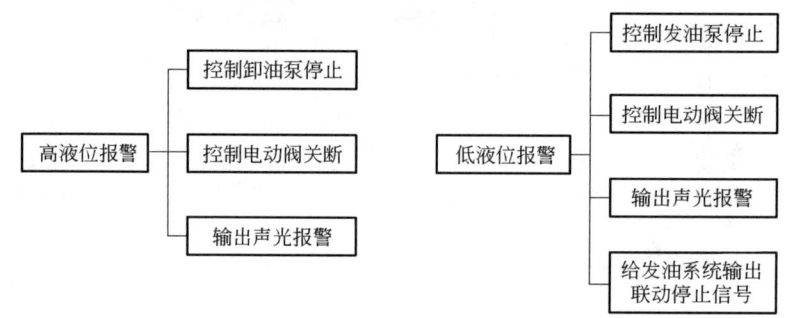

图 7.3.5 石油库油罐液位安全联锁逻辑

2. 系统方案

罐区液位计量、安全联锁系统采用 PLC 控制方式，包括监控操作站、储运 PLC 控制站及现场仪表三部分。图 7.3.3 中的罐区监控操作站分别设置在保管队分控室，选用工业计算机，具备监测储罐液位、油品多点温度、平均温度及密度测量实时显示功能，具有油品泄漏量、质量、存量、进油量、出油量、总容积、实际容积、空容积的实时显示、监测、管理功能。可自动记录报警时间和报警储罐，并根据采集到的工艺参数，依照工艺过程的需要完成高低液位联锁保护等功能；还可以进行历史趋势记录、液位趋势、罐区报表的显示和打印、高高液位报警、低低液位报警等，实现液位的采集、监测和数据管理功能。

储运 PLC 控制站设置在控制室机柜间，由冗余配置接口模块、过程 I/O 及功能模块组成，用于实时采集现场仪表返回的信号及状态。储罐分别安装伺服液位计（含多点温度计）、高高液位报警开关、低低液位报警开关、差压变送器，I/O 站实时检测储罐高、低液位报警开关的工作状态，当液位触发高高液位报警开关时，PLC 控制系统立即联锁进出油罐管线的电动阀门紧急关断，同时联锁转输泵关断；当液位触发低低液位报警开关时，PLC 控制系统将立即联锁公路发油泵和紧急关断，停止发油作业。进而保证安全运行。

在每座油品储罐进、出油品工艺管线和管输进油管线均设置智能总线型电动阀门。电动阀门信号以总线方式接入 PLC 控制系统，智能总线型电动闸阀配备 ESD 接口，在紧急事故状态下可立即关闭阀门，以最大程度减少损失。

3. 系统主要功能

（1）系统设置口令体系，工程师、操作员分层次操作。

(2) 显示动态工艺流程图、主要设备的运行参数及运行状态，显示历史趋势曲线和实时数据曲线。

(3) 通过菜单选择各种操作画面，进行动态生产状态监视。

(4) 对罐区工艺参数以及辅助系统工艺参数进行数据采集、监视和控制。

(5) 储油罐液位、温度、体积、质量、平均密度等参数动态监测显示，并设置液位高低报警。

(6) 油罐高高液位开关检测，并与联锁控制罐根部进油管线的电动阀门紧急关断。

(7) 油罐低低液位开关检测，并与联锁控制罐根部出油管线的电动阀门紧急关断。

(8) 重要的操作参数内容及报警内容均存盘记录。

(9) 定时和随机打印各类报表和报警内容。

(10) 运行中定时对硬件自检和软件故障诊断。

(11) 实现安全联锁控制。

(12) 对各种数据分类存入实时数据库、历史数据库，供管理层查询。

(13) 阀门、液位开关的联锁控制以及倒罐控制。

(14) 具备与油库管理系统数据通信的标准接口。

7.3.2 公路自动化发油系统

汽车油罐车发油，主要通过下部灌装的方式，其自动控制系统主要完成：轻质油料的灌车；发油作业过程中对不安全因素（冒油、静电）进行严格的监视和控制，出现不安全因素时立即实施保护措施；完成油罐油料供应及财务的信息管理、票据和证件打印。

定量装车采用集中控制，能实现装车自动控制联锁。在每个发油管路上安装流量仪表、温度仪表、电液阀等仪表设备，在装车台设置防溢油静电控制器、紧急停车按钮及现场操作台（含操作编码器、读卡器、大屏幕显示器），所有信号均接入控制系统。装车过程中的一切报警及操作内容均由操作站自动记录，操作站自动整理、存储生产数据，自动生成日报、月报、年报等管理报表。控制器可以采用 PLC，也可以采用 PAC（programmable automation controller）。

灌装装置的功能应包括：

(1) 数据采集。采集管道上各种传感器（如温度、压力、流速、流量、密度等）的输出信号，并对采集数据进行数字滤波、标度变换等预处理。

(2) 数据计算。根据计量分析算法，完成间接参数（如体积、质量等）的计算及数据的自动存储。

(3) 数据管理。包括灌装装置信息的存储管理、查询、统计、分析、现场显示及人机交互。

(4) 自动定量发油控制。实时分析系统状态、监测实时发油量，采用控制算法对相关的执行机构进行控制操作。

(5) 应急开关。设计手动应急开关，以便在软件系统故障和紧急情况下进行人工干预。

(6) 网络通信。采用无线通信技术，实时将该装置的系统状态和主要参数上传到监控主机，实现分布式远程监控。

1. 系统结构

发油系统主要由现场仪表（流量计、控制阀、温度变送器、静电溢油报警仪、IC 卡发油机等）、PLC 控制系统、现场总线、冗余工控机、组态软件、应用软件等组成。油料下部灌装自动控制系统结构如图 7.3.6 所示。

油料下部灌装控制系统的原理是流经管道的油料，经流量传感器、温度传感器的探测，获得流量、温度信息，传感信息预处理（信号的调制、匹配、滤波、数字化）后送过程信息处理与控制。信息经控制模型和控制方式处理后，一方面输出控制信息控制执行器指挥阀门的动作，实现对灌装系统的自动控制，完成发油作业，另一方面将有关信息送往油料业务信息管理进行管理信息处理，完成油料供应及财务管理。

整个作业过程中，安全传感器（油液位、静电）实时地将有关安全信息送入控制系统，控制系统根

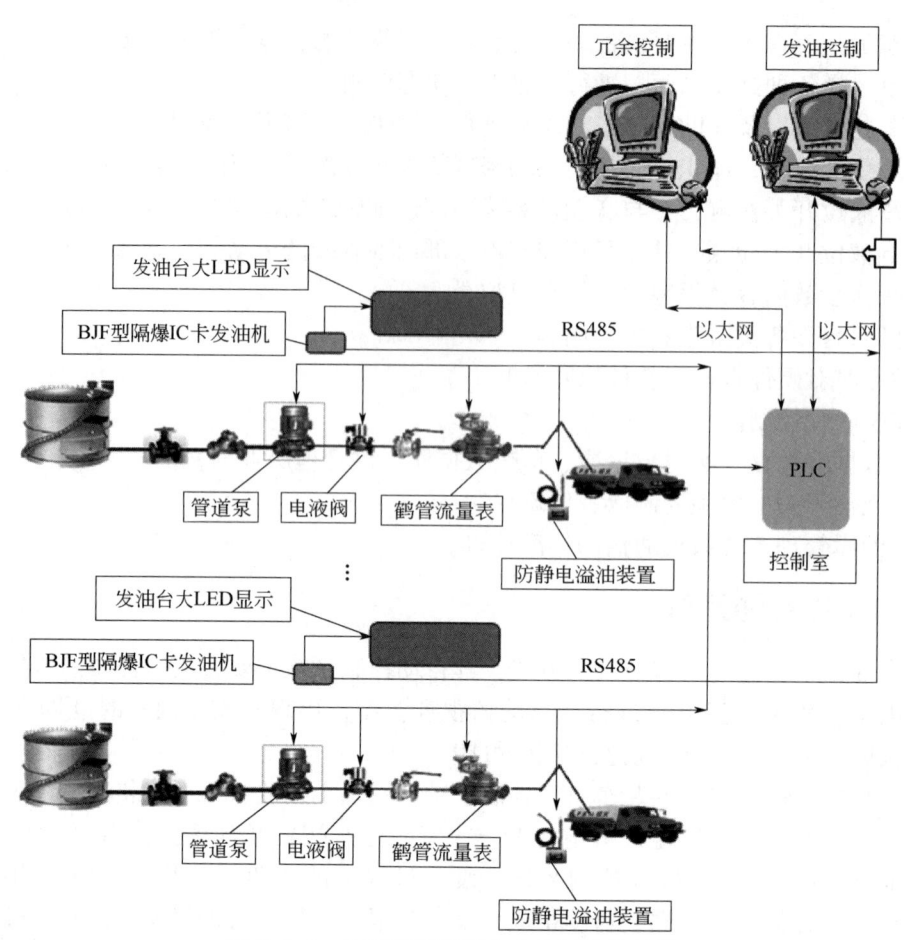

图 7.3.6 油料下部灌装自动控制系统结构

据安全信息的特征，决定是否进行安全保护措施（联锁），以确保作业过程的安全。同时该系统设有通信接口，以便将有关信息与其他系统进行交换。

2. 系统方案

定量装车控制系统采用集散控制方式，该系统由操作站、定量装车控制器及现场仪表三部分组成。定量装车控制流程如图 7.3.7 所示。

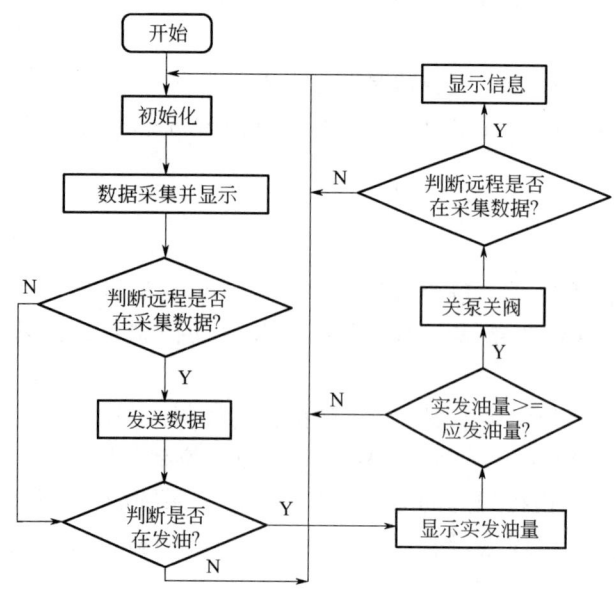

图 7.3.7 定量装车控制流程

公路装车监控操作站设置控制室，发油管理终端设置营业室，选用工业计算机，用于显示装车工艺流程、过程参数及趋势曲线图；监视主要设备运行状况和装车流程，执行公路装车区的装车过程的操作指令，完成数据存储及各种管理报表的查询、打印。

定量装车控制器设置在每座发油岛上，用于实时采集现场仪表返回的信号及状态，并对整个装车过程进行程序控制，实现公路装车的自动化运行。定量装车控制器实时检测防溢报警开关及防静电报警开关的工作状态，当检测到报警信号后立即停泵、关阀，实现装车过程的在线联锁保护。

每路装车管线分别安装质量流量计、数字电液阀；为适应下装使用要求，每个车位设置下装溢油静电保护器、定量装车控制器（该设备集成了多舱流量显示、起/停操作、IC卡读卡）、灌装防护装置。整个付油过程实现自动定量装车控制。

在每座发油岛设置区域防爆紧急停车按钮，当任意发油岛出现紧急事故，现场工作人员按动此按钮，储运控制站立即联锁所有发油泵关闭，停止所有装车作业。

3. 系统主要功能

（1）系统设置口令体系，工程师、操作员分层次操作。
（2）发油控制过程组态画面监控。
（3）鹤管定量装车控制功能。
（4）重要的操作参数内容及报警内容均存盘记录。
（5）溢油、静电、超速、超温、无流量等多种安全连续保护控制。
（6）液相鹤管归位、溢油静电接头归位、气相鹤管归位检测与防爆道闸联锁保护。
（7）生产数据自动存储、整理形成日常生产报表及打印。
（8）对各种数据分类存入实时数据库、历史数据库，供管理层查询。
（9）实现发油数据远程写卡、联网确认、自助发油的 IC 卡发油功能。
（10）具备与油库管理系统数据通信的标准接口。

7.3.3　消防远程控制系统

1. 系统方案

消防远程控制系统采用远程手动启动的程序控制方式，由消防监控操作站、消防 PLC 控制站和现场仪表组成。消防 PLC 应为故障安全型，SIL2 等级。

消防监控操作站设置在消防控制室，选用工业计算机，用于显示消防控制流程、仪表参数，监测消防系统的运行，执行控制过程的操作指令，完成数据存储及各种管理报表的查询、打印。

消防 PLC 控制站设置在消防控制室机柜间，由冗余配置接口模块、过程 I/O 及功能模块组成，用于实时采集现场仪表返回的信号及状态，与火灾报警控制器通信，并对消防设备和阀门进行程序控制，实现消防远程监控和管理。

消防水罐设置单法兰液位变送器，液位信号接入至消防 PLC，当系统检测到消防水池液位过低时可自动联锁启动补水阀门进行补水。

消防管线上安装智能开关型电动阀门和压力变送器，消防系统实时检测阀门及管线压力状态，并根据系统指令对阀门和电动消防泵的起停进行控制。

消防控制室设置火灾报警控制器，火灾报警控制器可通过 RS485 通信接口将报警信息上传到消防 PLC，实现广域联锁报警以及报警信息的数据存储、查询及打印等功能。

当现场出现火情时，工作人员按下手动报警按钮发出警报，火灾报警控制器提供声光报警，并与报警点附近的摄像机联锁，使摄像机转到地预置位，摄像机将现场视频上传至视频监控操作站，提示消防工作人员采取相应措施。同时利用火灾报警控制器通信接口将报警信息上传到消防 PLC，通过消防监控操作站显示手动报警区域的位置，监控界面应设消防确认按钮，控制室的操作人员接收报警信号，火灾确认后，远程手动启动消防控制程序。

火灾报警按钮可与视频监控系统联动，数字摄像机具备预置位功能，当某火灾报警按钮被触动后，其临近的摄像机可自动将镜头转向该报警区域。

在控制室放置一台消防监控终端，供工作人员观察库区的消防情况并对突发事件采取相应的措施。

为了确保消防系统可靠执行，在消防控制室还设置手操盘，用于脱离 PLC 系统和人机界面操控，保证消防机泵和阀门启动工作。

2. 消防流程

消防泵房流程如下：

火灾报警按钮触发→火灾报警控制器声光报警（PLC 站同时报警）→人工视频图像确认→启动消防泵→开启泵出口电动阀门→喷淋。

3. 系统主要功能

（1）系统设置口令体系，工程师、操作员分层操作。
（2）火灾报警信号实时检测。
（3）火灾报警位置在电子地图实时显示。
（4）消防水罐液位动态监测显示。
（5）消防系统的流程远程手动顺序控制。
（6）消防系统的流程及运行参数、状态通过人机界面动态监测。
（7）消防系统的控制有人工手动控制和人机界面操作控制两种方式。
（8）消防系统的启动需经人工确认，避免误动作。
（9）火灾报警信号实时记录存储，包括报警时间、报警地点、报警类别等，对报警确认时间、人员进行存储。
（10）具备与油库管理信息系统数据通信标准接口。

7.4 地下储气库自动控制系统

目前国内外储气库的自动控制系统多由以计算机为核心的分散控制系统（DCS）与现场检测、控制仪表以及控制阀门组成，同时，根据工艺和安全生产需要设置安全仪表系统（SIS）、火/气系统（F&GS）及 RTU，最终把 DCS 系统、SCADA 系统、SIS 系统、F&GS 系统和 RTU 系统组合成一套完整的综合计算机控制系统。

大庆油田采油六厂喇二储气库由于建库比较早，整个储气库的控制系统由一套站控系统和配套的现场检测、控制仪表以及控制阀门组成；陕京二线京 58 地下储气库、大港油田 808 地下储气库、大港油田 828 地下储气库和板中北、板中南地下储气库的控制系统均采用综合计算机控制系统。储气库作为长输管线的一部分，应接受调度控制中心的统一调度，确定注气时间、注气量和采气时间、采气量，地下储气库控制系统应纳入长输管线 SCADA 系统。

近年来，储气库大力建设和发展，其自动化水平得到显著提高，并朝着数字化和智能化方向发展。

7.4.1 储气库控制系统架构

地下储气库一般包括井场与集注站，对于地下储气库群还包括分输站，地下储气库地面工程结构如图 7.4.1 所示。储气库自控系统需根据各站场功能及自控水平要求进行设置，储气库控制系统架构示例如图 7.4.2 所示。

由于地下储层的地质条件差异，所采出的组分也不同。由所采出的井流物组分、温度、压力及外输干气温度、压力、水露点等决定地面处理工艺。地下储气库包括注气工艺与采气工艺。

（1）注气工艺流程。

注气工艺一般包括以下两种流程：注气压缩机增压注气、输气干线的管压注气。两种流程的差别在于是否采用注气压缩机，大多数情况下都采用增压注气。只有当储气库与输气干线连接处压力高于最大注气压力时，才不采用压缩机注气。

（2）采气工艺流程。

采气工艺一般包括以下两种流程：

① 依靠地层压力将采出气输至输气干线，井口气—井口注醇—调压—分离—计量—集气站—脱水外输。

② 依靠地层压力和外输压缩机压力将采出气输至输气干线，井口气—分离—计量—集气站—脱水增压外输。

两种流程的差别在于是否采用外输压缩机。

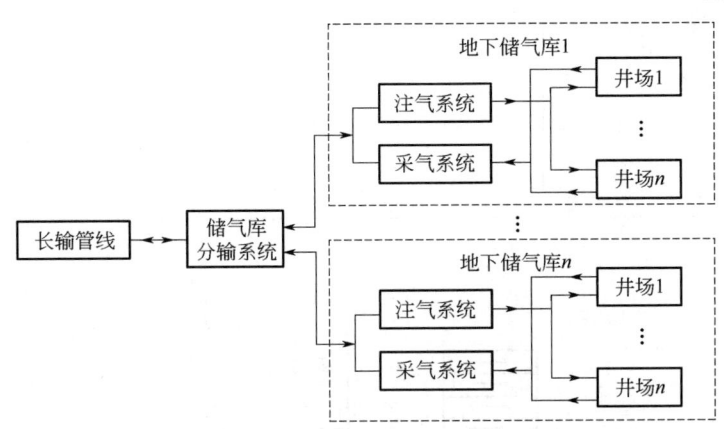

图 7.4.1　地下储气库地面工程结构图

分输站设置一套 PLC 控制系统，系统纳入输气干线 SCADA 系统，通过调度控制中心的指令对各分输站进行指挥；各井场可设置一套 RTU 控制系统，RTU 负责提供数据采集并将数据通过光缆上传到集注站控制系统。

集注站控制点较多且控制回路多，宜采用 DCS 系统，如规模较小也可采用 PLC 系统，并配套一套独立的 ESD 系统。

控制系统纳入 SCADA 控制系统内，控制分为三级：

（1）一级控制：调度控制中心以通信方式对集注站及井场设备进行监控。

（2）二级控制：集注站控制系统对现场设备进行监控。

（3）三级控制：在现场进行操作。

DCS 除采集集注站数据外，还以通信方式采集井场 RTU、注气压缩机机组、丙烷压缩机配套的工艺参数，实现对整个采气、分离、脱水、注气压缩机、注气过程的实时监控、动态显示，以及报警、画面显示、历史数据存储、报表打印等。SCADA 系统总调度控制中心通过两路路由（一路为主路由，另一路为备用路由）与 DCS 系统连接，调取生产数据并下传指令。控制系统如图 7.4.2 所示。

ESD 系统的安全等级应不低于 SIL2，以保护生产装置及人身安全。紧急关断系统宜分为四级，即：

（1）L-0：0 级关断为装置放空关断。它由手动关断按钮执行。此级将关断所有的生产系统，打开全部放空阀，实行紧急放空泄压，同时发出厂区报警并启动消防泵。

（2）L-1：一级关断为装置生产关断。它由手动控制或天然气泄漏、仪表风、电源及导热油系统发生故障时执行关断。此级关断为天然气处理系统及辅助生产系统的生产均关断，系统不放空。

（3）L-2：二级关断为单元系统关断。它是由于手动控制或单元系统故障而产生的生产关断。此级关断只是关断该单元系统，对其他系统不影响。

（4）L-3：三级关断为设备关断。关断设备的设置为集注站天然气进出站设紧急切断阀和放空阀，井场井口设单井地面安全控制盘、油嘴前（油嘴移位）设自力液压紧急切断阀。

各分离器和加热器设置导热油加热盘管。为防止加热盘管在容器中发生破损而造成容器内压力窜入导热油系统，在导热油回油管线设置紧急切断阀。单井地面安全控制盘通过自身设置的压力感应器和易熔塞检测压力和井口温度信号，当压力异常或发生火灾时自动关闭井下安全阀，可通过接收站控系统的信号进行远程关断。

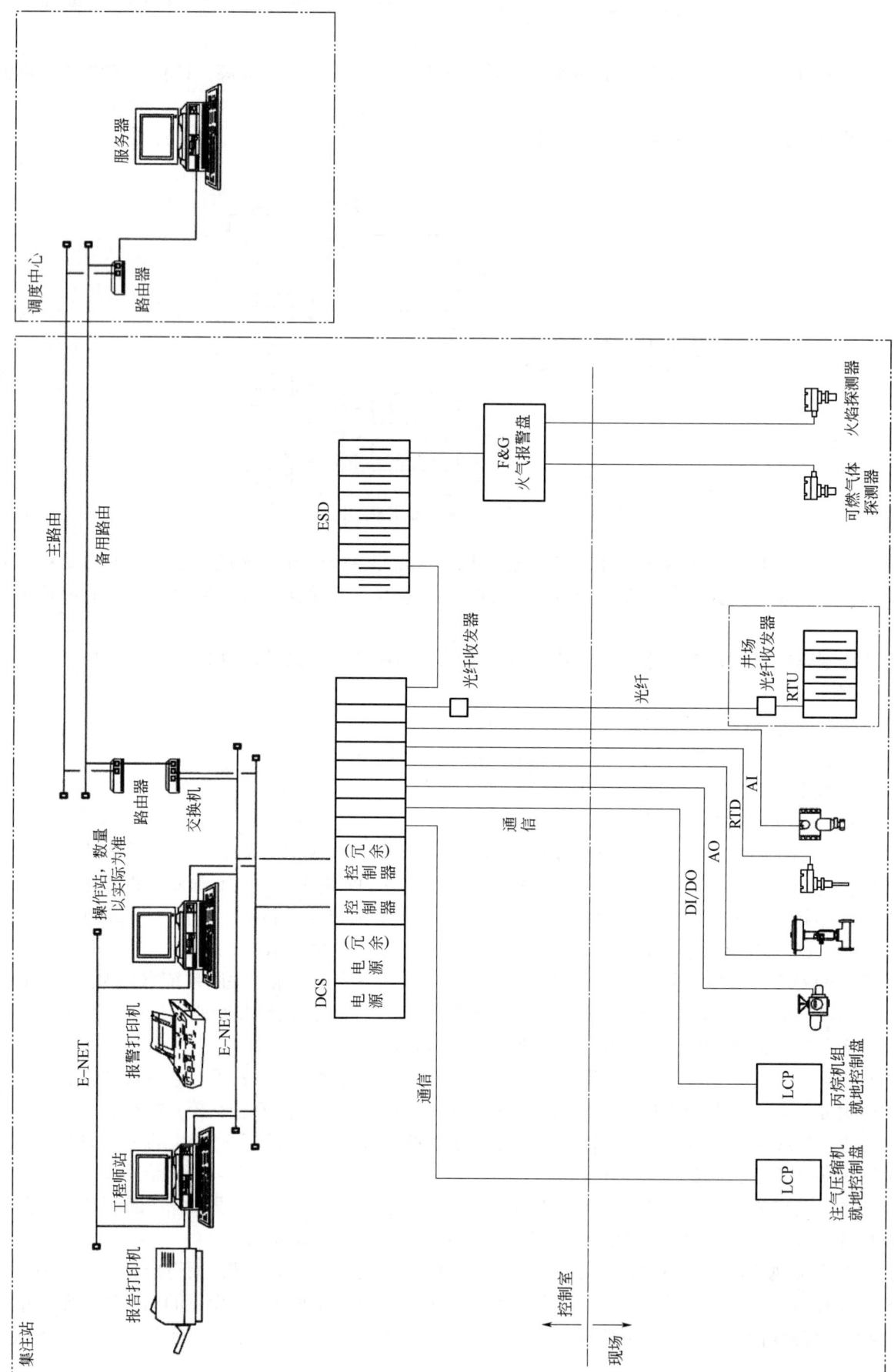

图 7.4.2 储气库控制系统架构图

7.4.2 主要测控内容

1. 井场单井计量控制

每个井场的控制系统包括一套 RTU 控制器和井口控制盘（wellhead control panel，WHCP）。井场 RTU 设置在井场的仪表间内，井口控制盘安置于室外。

井场 RTU 可独立于中央控制室的 DCS 系统，负责完成监视及控制功能。同时中央控制室操作员可通过 DCS 系统监视所有井场相关信息，并可关闭紧急切断阀，能在非紧急关断情况下从中央控制室完成开启切断阀或开井等动作。井口控制盘在管线上取天然气给井口截断阀提供气动驱动。RTU 可通过井口控制盘来控制井口截断阀关闭。

在地下储气库的钻采井中，一般在井口以下约 100m 处设置井下安全阀。井下安全阀一般包括感测机构和执行机构。感测机构在火灾时熔化易熔塞；执行机构采用液压传动关闭井下安全阀。通过在此系统内预留与整个地下储气库安全控制系统的接口，地下储气库集注站内的安全控制系统也可以远程控制井口安全控制系统。注采井均设置井下安全阀，井下安全阀的控制由地面安全控制系统完成。地面安全控制系统在井场发生火灾或爆管的情况下能自行关闭井下安全阀。

单井计量分为注气计量和采气计量两部分：注气计量介质为注气压缩机来的干气；采气计量介质为单井采出的天然气，天然气会携带一定的液体。在中央控制室与井场通信中断的情况下，井场设置的 RTU 可按预设的程序完成对生产过程的检测和控制。RTU 具有历史数据存储功能，在通信恢复时 RTU 可将中断时的历史数据补传至中央控制室的数据服务器。

2. 注采气站控制设置

（1）中央控制室 DCS 系统设置操作员站（带双屏）、DCS 工程师站、SIS 工程师站（兼操作员站）、F&GS 操作员站；配置冗余服务器、控制站、打印机和相应的辅助设备。所有设备均位于同一冗余 DCS 系统网络上，构成完整的控制系统。

（2）控制站作为系统主要控制设备，具有各种 I/O 接口、信号隔离、控制运算、通信管理等功能。控制站配置数量根据输入输出点数确定，除控制站电源、CPU、通信等主要卡件要求 1:1 的冗余外，对控制回路的 I/O 卡件也按 1:1 进行冗余配置。中央控制室与各井场的通信网络数据通道采用通信光缆，确保整个储气库的实时、可靠、安全生产。

（3）对生产装置中要求现场进行操作的重要设施，设置现场盘柜，通过可编程逻辑控制器（PLC）完成局部过程的操作控制，并通过 RS-485 通信与中央控制室 DCS 连接，实现上位的监控。

（4）系统配置全套 DCS 系统软件和选用的应用软件，具有应用组态及高级语言编程功能，符合 ISO/OSI 标准。

集注站露点装置主要采用 J-T 阀制冷，当地层压力不足时采用 J-T 阀、丙烷制冷。J-T 阀制冷压力控制点选择 J-T 阀入口压力，即稳定 J-T 阀前生产分离器、计量分离器、换热器等生产装置的压力，保证井口油嘴后压力保持在合适的压力范围，防止井口节流比大。为防止低温下低温分离器液相产生水合物，造成管线冻堵，须控制液相温度保持在产生水合物的临界温度之上。在导热油进口设置调节阀，控制分离器的液相温度。

集注站内的安全控制系统包括对采气部分和注气部分的设施进行安全控制、切断及放空。一般包括：

（1）对井口进行关断。
（2）对采、集气管线进行关断。
（3）对集气装置进行关断和放空。
（4）对注气装置进行关断和放空。
（5）根据火气探测系统的报警情况启动消防系统。

3. 分输站流量压力控制

对于地下储气库工程，储气库与长输管线为一个整体，注气和采气均由长输管线站控中心来调度。分输站调压是为了满足注气压缩机入口压力的要求，注气量由处于运行状态的压缩机数量来控制。分输站的调压阀只能调节压力，即调节压缩机入口压力，而不能限定流量。注气压缩机入口压力调压点设置在分输站的优点是可利用分输站至集注站的管容缓冲压力波动，便于稳定调节，调节的精度和可控性高。

地下储气库设置的分输站的工况为注气和采气的双向计量。为简化流程，所采用的流量计应该能够满足双向计量的要求，国内储气库所采用的流量计为超声波流量计。分输站调压回路的调压阀宜为自力式调压阀，并根据调压阀两端的压差考虑设置压力控制系统。当压差超过 1.6MPa 且入口压力超过 2.5MPa 时，应采取双重保护措施。地下储气库与长输管线间的计量属于内部计量，可只设置一路计量。在注气期，超声波流量计与调压阀同时工作。

4. 注气压缩机机组控制

注气压缩机机组有一套完整的仪表控制系统。压缩机橇设置就地控制盘，控制盘内安装各机组的控制器，控制器是基于微处理器的可编程控制器，盘面设置触摸屏。机组的所有参数都应在就地控制盘上显示，系统应该具有报警和自动关断功能。机组在通信系统故障时也应能正常连续操作。机组控制系统能够自动启动和关断，包括就地启停、站控系统远方启停。

现场控制盘安装有紧急关断按钮，用于装置的紧急停车。各机组控制系统应能接收中控室内 ESD 控制系统发出的关断信号，关断信号为常闭干接点信号，触点断开为关断信号；提供综合报警信号，报警信号为通过继电器隔离的常开干接点信号，产生报警时触点断开，无报警时触点闭合；应提供机组运行信号，信号为通过继电器隔离的常开干接点信号，机组运行时触点闭合，停机时触点断开。当出现紧急情况时提供显示或紧急关断设备，实现机组的自动关断功能。

7.4.3 控制系统主要功能

储气库的调控设置在中央控制室，是储气库生产的决策和调度指挥中心，是实现整个储气库生产调度管理现代化的重要环节和手段。在正常情况下操作人员在中央控制室通过 DCS 系统即可完成对储气库所属各井场和注采气站各装置的工艺过程参数进行监视和运行管理等任务。主要功能如下：

（1）DCS 系统的首要功能是通过人机界面显示出来的个性化图表，为操作员提供一种面向工艺过程的准确而灵活的监控手段；支持连续控制、逻辑控制、顺序控制和数值运算所需的标准算法；提供报警和报告功能。

（2）系统采用冗余、开放式的数据库，能与第三方控制系统，如压缩机组控制系统，通过标准通信接口 RS-485 和标准的工业以太网 TCP/IP 协议进行可靠连接，进行数据采集，对第三方控制系统进行监控。

（3）DCS 系统具备完善的系统自诊断功能和强有力的维护功能，定时自动或人工启动诊断系统，并在操作站/工程师站 LCD 上显示自诊断状态和结果。

（4）DCS 系统能提供灵活多样的报警方式，为过程控制、安全联锁及系统安全提供保护手段。

（5）系统具有在线组态修改和在线组态下载功能。要求系统具备在线修改组态能力，并在不影响装置正常生产的情况下，完成组态的下载任务。

（6）提供较强的仿真功能。用于事件模拟、预测和人员培训等。

（7）对储气库所属各井场和注采气站内各装置的主要工艺参数进行采集处理，建立整个储气库的历史数据库，为整个储气库优化管理提供条件。

（8）对各井场和注采气站的运行参数及状态实施有效监视，下达远控指令，完成统一调度管理。

（9）打印生产报表、报警和事件报告。

(10) 系统的时间同步，为上层的信息管理系统提供接口，进行数据交换。

7.4.4 安全仪表系统

根据 SH/T 3018《石油化工安全仪表系统设计规范》及相关标准、规范，注采气站需要配置一套安全仪表系统 SIS。SIS 系统的设计应满足 SIL2 安全度等级要求。

1. SIS 系统

注采气站中央控制室内设一套独立的安全仪表系统（SIS 系统），当控制过程达到预警条件时，系统动作使被控过程转入安全状态。SIS 系统采用高可靠性的故障安全型可编程控制器（PLC），其控制器、通信模块、电源模块以及 I/O 模块等冗余配置，热备运行。SIS 系统可实现紧急停车、安全联锁、安全保护等功能。

1）站场 SIS 系统

井场、处理站和转输泵站的 SIS 系统均由分布在各站场的 RTU 完成功能。

2）注采气站 SIS 系统

在注采气站中央控制室设置独立的 SIS 控制站，控制站共享同一冗余网络，与 DCS 系统同网络，构成一个整个储气库的 SIS 系统。对 SIS 系统，要求检测仪表和执行机构单独设置，并为故障安全型。

SIS 系统的机柜放置在中央控制室机柜间。SIS 系统的操作和显示在 DCS 系统操作员站完成。系统自动实施紧急截断功能，在装置现场适当位置设置就地 SIS 按钮和报警设备，用于现场工作人员在事故情况下手动实施紧急联锁功能，在中央控制室 SIS 操作台上将设置全厂关闭按钮、泄压手动按钮、紧急指示灯、报警装置等，当装置内可燃/有毒气体泄漏或有火灾、地震等险情发生时，手动触发按钮，可关断相应装置或关闭全厂。

SIS 系统设置分为三个级别：

第一级针对全厂，当装置事故将影响上下游装置的正常生产或关系到全厂的安全时，将通过有关联锁截断阀自动动作，对全厂或某套生产装置进行隔离保护。

第二级针对装置，当装置出现紧急情况将影响设备安全时，如液位超低、压力超高等，SIS 系统紧急截断相关自控阀门，对该装置进行保护，当事故解除后，在人工确认后装置恢复正常生产。

第三级针对设备，当装置内某一部分设备出现异常时，联锁该设备相关的自控设备。当事故解除后，该设备自动恢复到正常生产状态。

SIS 系统与 DCS 系统之间互相通信。

2. 可燃/有毒气体泄漏/火气检测报警系统

在各井场设置可燃气体探测器、声光报警器和手动火灾报警按钮。信号直接接入 RTU，通过通信光缆上传至中央控制室的 F&GS 系统。

注采气站设置独立的 F&GS 系统，包括可燃/有毒气体泄漏检测报警系统、火气检测报警系统。F&GS 系统满足 SIL2 安全度等级要求，现场设置可燃/有毒气体泄漏/火焰探测器、声光报警器和手动 F&GS 报警按钮等，实现站场内的火灾和可燃气体、有毒气体的泄漏检测、报警及安全联锁保护。

（1）有毒气体与可燃气体检测报警系统采用独立的气体探测报警系统，系统由固定点式气体检测变送器、控制器、信号传输电缆组成。

（2）F&GS 系统为专用控制系统，由独立的具有安全认证的可编程序逻辑控制器（PLC）完成。在中央控制室机柜间设置 F&GS 系统中间端子柜和控制柜；在操作间设置 1 台操作员站（兼工程师站）。

（3）F&GS 系统现场设备通过阻燃电缆与中央控制室 F&GS 系统相连，当现场探测器探测到危险信号时，F&GS 系统产生报警，并通过操作员站显示报警点物理位置，并启动相关现场声光报警器。当有多个危险信号同时存在时，根据系统的因果逻辑原理，F&GS 系统应能产生不同于一般情况下的报警形式，提醒操作人员，启动装置区内防爆扩音装置，并触发相关的联锁停车。

(4) 可燃气体和有毒气体探测器设置在工艺过程有可燃气体和有毒气体可能泄漏的地方。

(5) 压缩机房内设置固定点式可燃气体检测器和红外火焰探测器。

7.4.5 现代储气库控制系统

1. 智能储气库

智能储气库是数字储气库的高级阶段，作用是在充分完成数字化的基础上，建立各类管理和决策分析模型，辅助储气库生产的智能分析和决策。

智能储气库是在传统管控一体化系统基础上，融入储气库大数据挖掘、知识管理、过程控制和人工智能，特点是全面感知、自动操控、预测趋势、优化决策，具备以下几点功能：

(1) 通过全面采集地下、地面生产数据，直观展示储气库注采生产全过程。

(2) 建立储气库注采、天然气处理各种工况知识库和系统单元模型，通过实时、历史、预警大数据分析，逐步实现参数自动调节，实现生产全过程智能控制。

(3) 预测储气库气藏、工艺、设备趋势变化，实时生产异常预警，必要时自动切换工作流程，避免严重事故发生。

(4) 挖掘储气库注采、天然气处理各系统关系，优化生产过程，降低运行成本，为科学决策提供全面支持。

根据储气库特点及生产管理要求，智能储气库总体上"以自动化设施为基础、以网络为纽带、以智能系统为核心"，四个层次实现数据采集、存储处理、集中调控、决策分析的综合应用。智能储气库结构如图7.4.3所示。

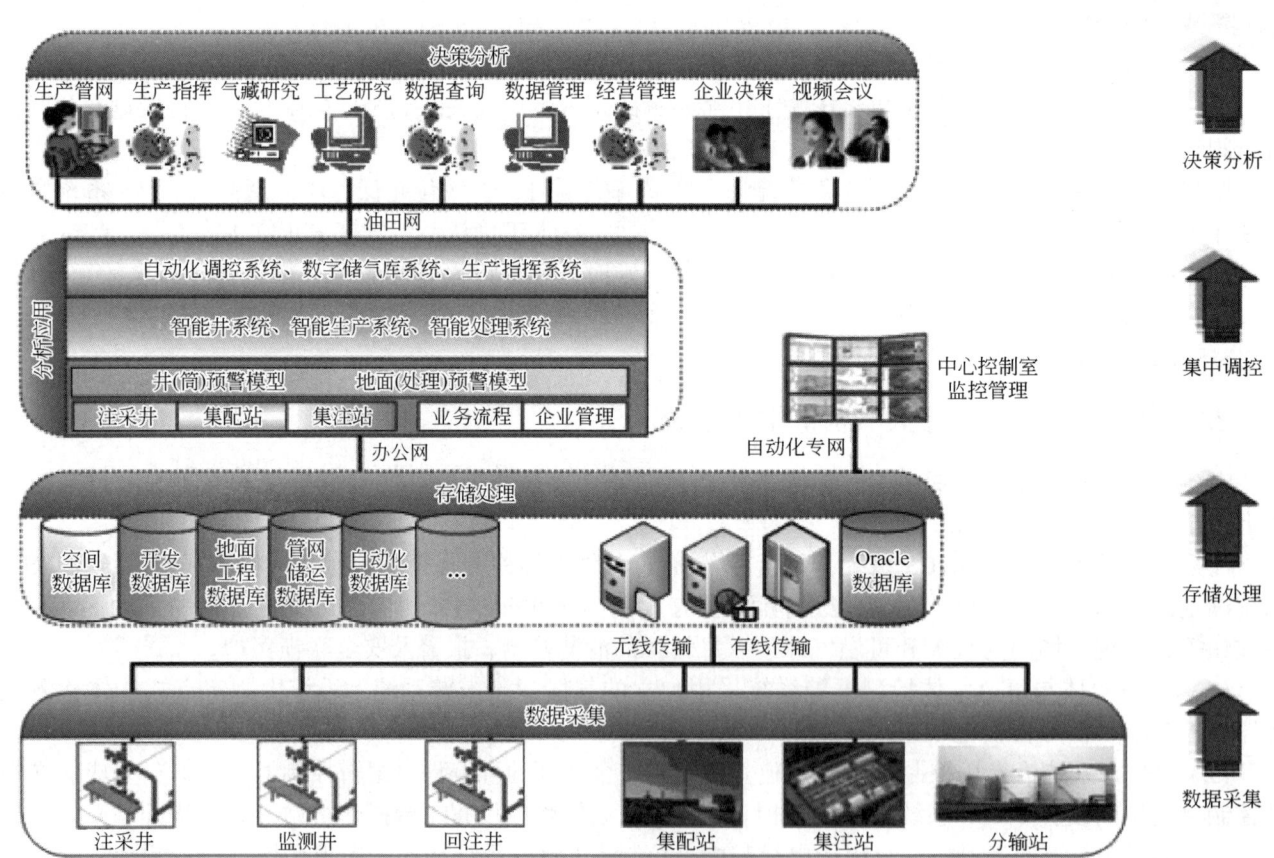

图7.4.3 智能储气库结构图

数据采集：实现全面采集地下、地面、工艺、设备生产数据，远程操控，视频传输。

存储处理：对实时数据、历史数据进行大数据分析、处理，建立气藏地质、地面工程、GIS 空间等数据模型。

集中调控：实现生产指挥系统、自动化调控系统、数字储气库系统等智能化调控管理。

决策分析：实现生产管理、生产指挥、气藏研究、注采工艺研究、数据共享、数据管理、经营管理、管理决策、视频会议等。

2. 储气库工控系统

国内储气库建设较新，其信息化程度较高，按照数字油气田、物联网高标准、高要求建设。储气库自动化设备设施完善，基本实现了自动化监测、控制和管理，自动化系统一般包括：注采井站 SCADA 系统、集注站 DCS/ESD 系统、集配站 PLC/ESD、注采井无人值守 RTU 系统、火气系统、压缩机 PLC 系统、周界防范系统。储气库工控系统结构如图 7.4.4 所示。

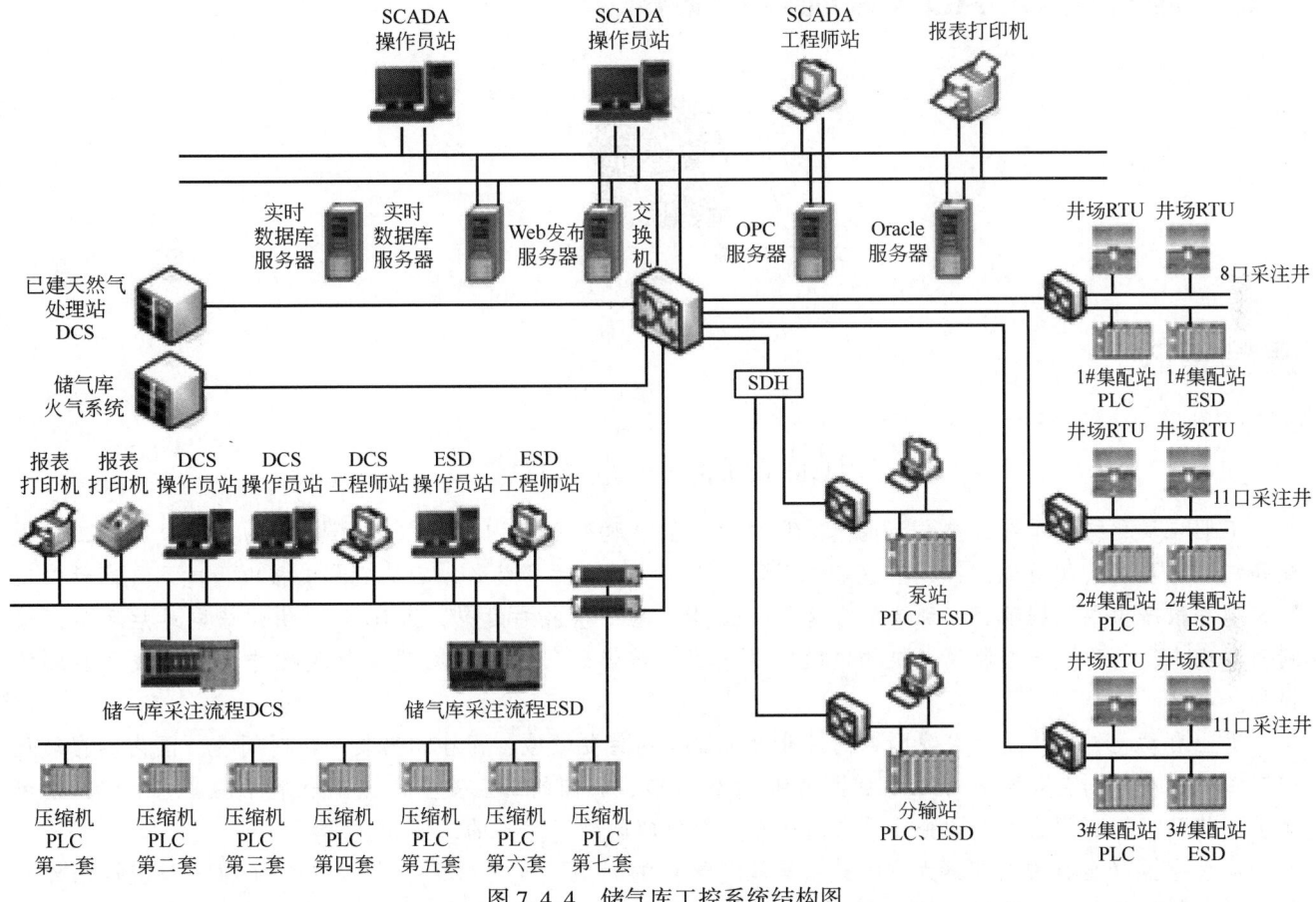

图 7.4.4　储气库工控系统结构图

（1）注采井站 SCADA 系统：负责注采井、集配站、分输站流程工艺数据监视、控制、调度、管理任务，并实现过程数据发布。同时配置 OPC 数据服务器和 Oracle 数据服务器，将数据提供给公司进行数据分析。

（2）集注站 DCS/ESD 系统：负责集注站内数据采集、自动控制以及安全联锁保护功能，同时集注站 ESD 系统联锁控制集配站 ESD 系统和井口 RTU 系统。DCS 系统采集站内管道温度、压力、流量等参数，检测各罐液位、高低报警状态等参数，控制各分离器、脱水器、阀门的自动工业流程，实现站内设备的集中监控和调度管理。ESD 系统负责集注站内安全生产运行，在站内发生突发事故时，进行安全生产的自动联锁保护，使站内人员和设备能够得到最大的保护，减少损失，并且同时联锁集配站和井口 ESD 保护程序，能够限制事故扩大蔓延。

（3）集配站 PLC/ESD 系统：负责对集配站的数据采集、自动控制，并通过 SCADA 系统进行远程集中监控。PLC 系统采集集配站压力、温度、液位、流量等数据，实现对阀门等设备的自动控制。ESD 系统采集集配站重要位置压力，通过压力联锁站内和关联井口阀门，实现安全生产，保护站内人员和设备财产安全，并将报警数据上传。

（4）注采井无人值守 RTU 系统：实现对注采井井口工艺数据采集、监视和控制，通过 SCADA 系统进行远程集中监控。RTU 系统采集井口温度、压力等数据，并控制井口阀门，实现井口设备自动控制。

（5）火气系统：主要负责集注站可燃气体、有毒气体探测，消防系统控制管理。

（6）压缩机 PLC 系统：主要负责集注站压缩机数据采集、监视和控制管理。

（7）周界防范系统：包括整个储气库视频监控、微波报警、大屏系统，主要用于储气库生产和安保维稳视频监控、周界预警防范。

7.5 储气库 SCADA 系统设计案例

文本 7.5 储气库自动控制设计案例

课程思政

民族品牌——浙大中控

工业自动化控制系统，被誉为现代工业的"大脑"和"神经中枢"。当今社会上的交通设施、工业设施等许多重要的大型设施，都是由它来控制和指挥的。国防武器装备、石油石化、核电、电网、高铁、三峡大坝等很多重要工程项目，都要依靠这种"工业大脑"去指挥运转。2010 年，伊朗核电站启用后，遭到病毒攻击，病毒侵入控制离心机的电脑，两千多台核燃料铀浓缩离心机突然失控炸飞，造成了巨大的损失。

工业自动化领域，是事关我国基础工业设施安全的重要领域，而在相当长一段时间内，国内的自动化控制系统是由外国企业所把持的。20 世纪 90 年代以前，我国的工业安全命脉完全掌握在霍尼韦尔、横河电机、艾默生、西门子等外国企业手中，这无疑严重威胁到了我国的工业安全。

浙大中控（全称为浙江浙大中控技术有限公司）的出现，成功打破了当时国内的 DCS 系统被国外品牌一直垄断的状况，使国外品牌的价格只剩最初的 1/3。浙大中控（后称中控集团）以工业自动化国家工程研究中心、工业控制技术国家重点实验室和浙江大学先进控制研究所长期的科研积累为技术支撑，充分利用浙江大学多学科的综合优势，以自身雄厚的科研实力、广泛的科技交流和超前的科技产业意识，及时了解和把握自动化技术的发展态势，始终站在自动化技术的最前沿。

中控集团起步时很艰难，从生存角度而言他们应当代理国外产品，但如果他们不能借此机会树立自己的品牌，那么将会永远失去这个机会。中控集团决定"饿死都不做国外代理"，而是自主研发、树立民族品牌。由于强烈的产业报国决心，中控集团经过 10 年的艰苦努力，才成功在化工企业内推广了自主知识产权的自动化控制系统。而后，中控集团又开发了新的系统架构、引入了网络技术，国内大型企业才开始"敢"使用中控的产品。历经 20 年的艰难创业，中控集团终于打破了外国企业对我国工业自动化领域的垄断，成为了该领域内科技水平最高的企业之一。如今，中控集团产品国内市场占有率接近 25%，稳居国内第一，国内大型石油企业都成为了它的忠实客户。

思考题

1. 石油库自动控制系统由哪几部分组成？
2. 储气库自动控制系统由哪几部分组成？
3. 什么是 DCS 系统？有什么作用？
4. SIS 系统是指什么？系统有什么功能？
5. 设计画出一个成品油库的自动控制系统架构图。
6. 设计画出成品油库公路发油自动控制系统图。
7. 设计画出成品油库油罐自动液位监测计量系统图。

第 8 章 油气库安全分析

8.1 安全分析方法简介

油气库安全分析方法众多，常见的有安全检查表法、预先危险性分析法、故障类型及影响分析、事故树分析、事件数分析、原因—结果分析、池火灾和喷射火热辐射计算、爆炸冲击波计算、危险性与可操作性研究（hazard and operability study，HAZOP）、保护层分析（layer of protection analysis，LOPA）等。本章主要介绍危险性与可操作性研究和保护层分析法。

8.1.1 危险性与可操作性研究

1. 基本概念及特点

1）基本概念

危险性与可操作性研究（HAZOP）是英国帝国化学工业公司（ICI）于 1974 年针对化工装置而开发的一种危险性评价方法。

危险性与可操作性研究的基本过程是以关键词为引导，找出系统中工艺过程的状态参数（如温度、压力、流量等）的变化（即偏差），然后再继续分析造成偏差的原因、后果及可以采取的对策。通过危险性与可操作性研究的分析，能够探明装置及过程存在的危险，根据危险带来的后果，明确系统中的主要危险；如果需要，可利用事故树对主要危险继续分析，因此它又是确定事故树"顶上事件"的一种方法。在进行可操作性研究过程中，分析人员对单元中的工艺过程及设备状况要深入了解，对于单元中的危险及应采取的措施要有透彻的认识，因此，可操作性研究还被认为是对工人培训的有效方法。

可操作性研究既适用于设计阶段，又适用于现有的生产装置。对现有生产装置分析时，如能吸收有操作经验和管理经验的人员共同参加，会达到很好的效果。

可操作性研究方法在进行若干改进以后，也能很好地应用于间歇过程的危险性分析。在间歇过程中，分析的对象不再是管道，而应该是主体设备如反应器等。根据间歇生产的特点，分成三个阶段：进料阶段、介质情况阶段和出料阶段，分别对反应器加以分析。同时，在这三个阶段内不仅要按照关键词来确定工艺状态及参数产生的偏差，还需考虑操作顺序等因素可能出现的偏差。这样就可对间歇过程做全面、系统的考察。

2）可操作性研究的特点

可操作性研究具备以下特点：

（1）它是故障类型及影响分析的发展。它研究和运行状态参数有关的因素，从中间过程出发，向前分析其原因，向后分析其结果。向前分析是事故树分析，向后分析是故障类型及影响分析，它有两种分析的特长，因为两种方法都有中间过程。中间过程可理解为故障类型及影响分析中的故障模式对子系统的影响，或者是事故树分析的中间事件。它承上启下，既表达了元件故障包括人的失误相互作用的状态，又表达了接近顶上事件更直接的原因。因此，不仅直观有效，而且更易查找事故的基本原因和发展结果。

（2）可操作性研究方法不需要有可靠性工程的专业知识，因而很易掌握。使用关键词进行分析，既可启发思维，扩大思路，又可避免漫无边际地提出问题。

（3）研究的状态参数正是操作人员控制的指标，针对性强，有利于提高安全操作能力。

（4）研究结果既可用于设计的评价，又可用于操作评价；既可用来编制、完善安全规程，又可作为可操作的安全教育材料。

2. 分析步骤

HAZOP 是全面考察分析对象，对每一个细节提出问题。如在生产运行过程中，要了解工艺参数（温度、压力、流量、浓度等）与设计要求不一致的地方（即发生偏差），继而进一步分析偏差出现的原因及其产生的后果，并提出相应的对策，如图 8.1.1 所示。

（1）提出问题。为了对分析的问题能开门见山，单刀直入，所以在提问题时，只用"no（否）、more（多）、less（少）、as well as（以及，而且）、part of（部分）、reverse（相反）、other than（其他）"来涵盖出现的所有偏差。

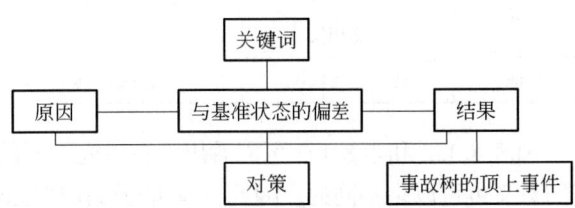

图 8.1.1 可操作性研究的分析步骤

（2）划分单元，明确功能。将分析对象划分为若干单元，在连续过程中单元以管道为主，在间歇过程中单元以设备为主。明确各单元的功能，说明其运行状态和过程。

（3）定义关键词表。按关键词逐一分析每个单元可能产生的偏差，一般从工艺过程的起点、管线、设备等一步步分析可能产生的偏差，直至工艺过程结束。

（4）分析原因及后果。以化工装置为例，应分析工艺条件（温度、压力、流量、浓度、杂质、催化剂、泄漏、爆炸、静电等）、开停车条件（试验、开车、检修设备和管线如标志、反应情况、混合情况、定位情况、工序情况等）、紧急处理（气、汽、水、电、物料、照明、报警、联系等非计划停车情况），甚至自然条件（风、雷、雨、霜、雪、雾、地质以及建筑安装等），分析发生偏差的原因及后果。

（5）制定对策。

（6）填写汇总表。为了按危险性与可操作性研究分析表（表 8.1.1）进行汇总填写，保证分析详尽而不发生遗漏，分析时应按照关键词表逐一进行。关键词定义表（表 8.1.2 和表 8.1.3）可以根据研究的对象和环境确定。

表 8.1.1 危险性与可操作性研究分析表

关键词	偏差	可能原因	结果	修正措施

表 8.1.2 关键词定义表（一）

关键词	意义	说明
空白	设计与操作所要求的事件完全没有发生	没有物料输入，流量为零
过量	与标准值比较，数量增加	流量或压力过大
减量	与标准值比较，数量减少	流量或压力减小
部分	只完成功能的一部分	物料输送过程中某种成分消失或仅输送一部分
伴随	在完成预定功能的同时，伴随多余事件发生	物料输送过程中发生组分及相的变化
相逆	出现与设计和操作相反的事件	发生反向的输送
异常	出现与设计和操作要求不相干的事件	异常事件发生

表 8.1.3 关键词定义表（二）

关键词	意义	说明
否	对标准值的完全否定	完全没有完成规定功能，什么事件都没有发生
多	数量增加	包括：数量的多与少，性质的好与坏，完成功能程序的高与低
少	数量减少	
而且	质的增加	完成规定功能，但有其他事件发生，如增加过程、组分变多
部分	质的减少	仅实现部分功能，有的功能没有实现
相反	逻辑上与规定功能相反	对于过程：反向流动、逆反应、程序颠倒 对于物料：用催化剂还是抑制剂
其他	其他运行状况	包括：其他物料和其他状态、其他过程、不适宜的运行过程、不希望的物理过程等

由表 8.1.2 和表 8.1.3 可以看出，在研究不同的系统时，可以定义不同的关键词，且即使关键词相同，其代表的意义也可以是不同的。因此，在进行可操作性研究时，必须根据关键词表分析各个单元产生的偏差。

3. 风险标准说明

为对风险等级进行排序，HAZOP 分析采用风险矩阵评价法来定性地表示风险等级，事故的风险等级划分由两部分组成，即事故发生概率和事故后果严重程度。其中，事故发生概率等级表和事故后果严重程度等级表分别见表 8.1.4 和表 8.1.5，风险矩阵见表 8.1.6。

表 8.1.4 事故发生概率等级表

等级	频率 P（次/年）	频率说明
7	$1.0 \times 10^{-1} < P \leq 1.0$	预计每年均会发生
6	$1.0 \times 10^{-2} < P \leq 1.0 \times 10^{-1}$	预计会多次发生
5	$1.0 \times 10^{-3} < P \leq 1.0 \times 10^{-2}$	公司曾发生或预计发生 1 次
4	$1.0 \times 10^{-4} < P \leq 1.0 \times 10^{-3}$	预计发生的可能性小
3	$1.0 \times 10^{-5} < P \leq 1.0 \times 10^{-4}$	特殊情况下会发生或国内多次发生
2	$1.0 \times 10^{-6} < P \leq 1.0 \times 10^{-5}$	预计不发生但国内有先例
1	$1.0 \times 10^{-7} < P \leq 1.0 \times 10^{-6}$	预计不发生但在全世界多次发生

表 8.1.5 事故后果严重程度等级表

后果严重程度	等级说明
1	员工伤害：简单医疗处理；歇工 1 个工作日之内。 财产损失：生产无中断，直接损失小于 10 万。 环境影响：作业区内轻微环境影响。 声誉损害：企业内部关注；形象没有受损
2	员工伤害：小范围轻伤；歇工超过 1 个工作日。 财产损失：生产无中断，直接损失 10 万~100 万。 环境影响：厂区内较小范围暂时环境影响，无持续影响。 声誉损害：社区、邻近企业或居民、合作伙伴影响
3	员工伤害：中等或以上健康损害；职业相关疾病；大范围人员轻微伤。 财产损失：局部停车，或直接损失 100 万~500 万。 环境影响：厂区内较大环境影响或影响厂区外，无持续影响。 声誉损害：本地区内影响；向主管部门报备或政府管制，公众关注负面后果
4	员工伤害：1~2 人死亡或丧失劳动能力；3~9 人重伤。 财产损失：生产装置停车，或直接损失 500 万~1000 万。 环境影响：局部的环境污染或持续的环境影响。 声誉损害：国内影响；政府管制，媒体和公众关注负面后果

续表

后果严重程度	等级说明
5	员工伤害：3人以上死亡；10人以上重伤。 财产损失：全厂停工，或直接损失大于1000万。 环境影响：重大或不可修复的环境污染。 声誉损害：国际影响

表8.1.6 风险矩阵表

后果等级	5	低	中	中	高	高	很高	很高
	4	低	低	中	中	高	高	很高
	3	低	低	低	中	中	中	高
	2	低	低	低	低	中	中	中
	1	低	低	低	低	低	中	中
		1	2	3	4	5	6	7
		频率等级						

风险等级说明：
低：不需要采取行动　　　　　　　　　　　　　中：可选择性地采取行动
高：选择合适的时机采取行动　　　　　　　　　很高：立即采取行动

4. 适用范围

HAZOP法是一个能发现新的危险性的定性评价方法，特别适用于尚无经验的新技术开发，以辨识静态和动态过程中的危险性。所以危险及可操作性研究既适用于设计阶段，又适用于现有的生产装置。对现有生产装置进行分析时，如能吸收有操作经验和管理经验的人员共同参加，会达到很好的效果。

8.1.2　保护层分析方法

1. 保护层分析方法

一个典型的油气储运过程包含各种保护层，如工艺过程安全设计、基本过程控制系统（BPCS）、报警与操作干预、安全仪表功能（SIF）、物理保护（安全阀等）、释放后保护设施、工厂紧急响应和社区紧急响应等，其基本示意图如图8.1.2所示。

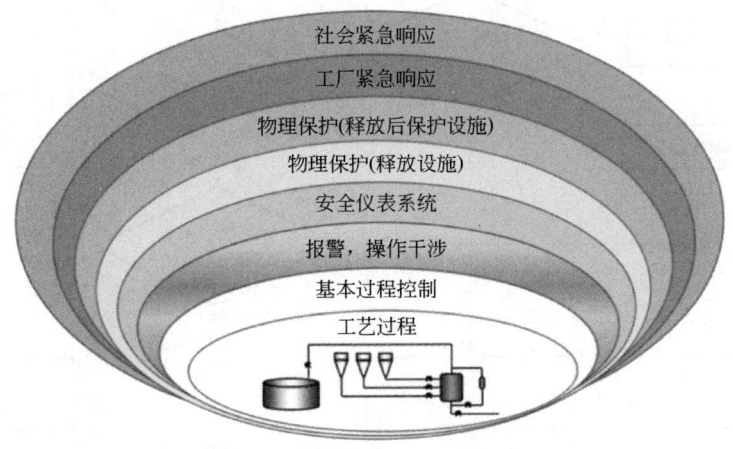

图8.1.2　各保护层基本示意图

保护层降低了事故发生的频率。在开展工艺危害分析时，保护层是否足够，能否有效防止事故的发生是分析人员最为关注的一个问题。保护层分析（简称LOPA）是在定性危害分析的基础上，进一步评估保护层的有效性，并进行风险决策的系统方法，其主要目的是确定是否有足够的保护层使过程风险满足企业的风险可接受标准。LOPA是一种半定量的风险评估技术，通常使用初始事件频率、后果严重程度和独立保护层（IPL）失效频率的数量级大小来近似表征场景的风险。

2. LOPA应用时机

LOPA一般是在定性风险分析（如HAZOP）后进行的，并应用于定性风险分析小组确定的场景。当然LOPA也可用于分析其他来源的场景，如设计方案分析和事故调查。其主要的应用时机可分为以下几种：

（1）事故场景后果严重，需要确定后果的发生频率。
（2）确定事故场景的风险等级以及事故场景中各种保护层降低的风险水平。
（3）确定安全仪表功能（SIF）的安全完整性等级（SIL）。
（4）确定过程中的安全关键设备或安全关键活动。
（5）其他适用LOPA的情形等。

LOPA应用时机见图8.1.3。当无法确定事故场景的风险时，可采用定量方法进行定量风险评估。

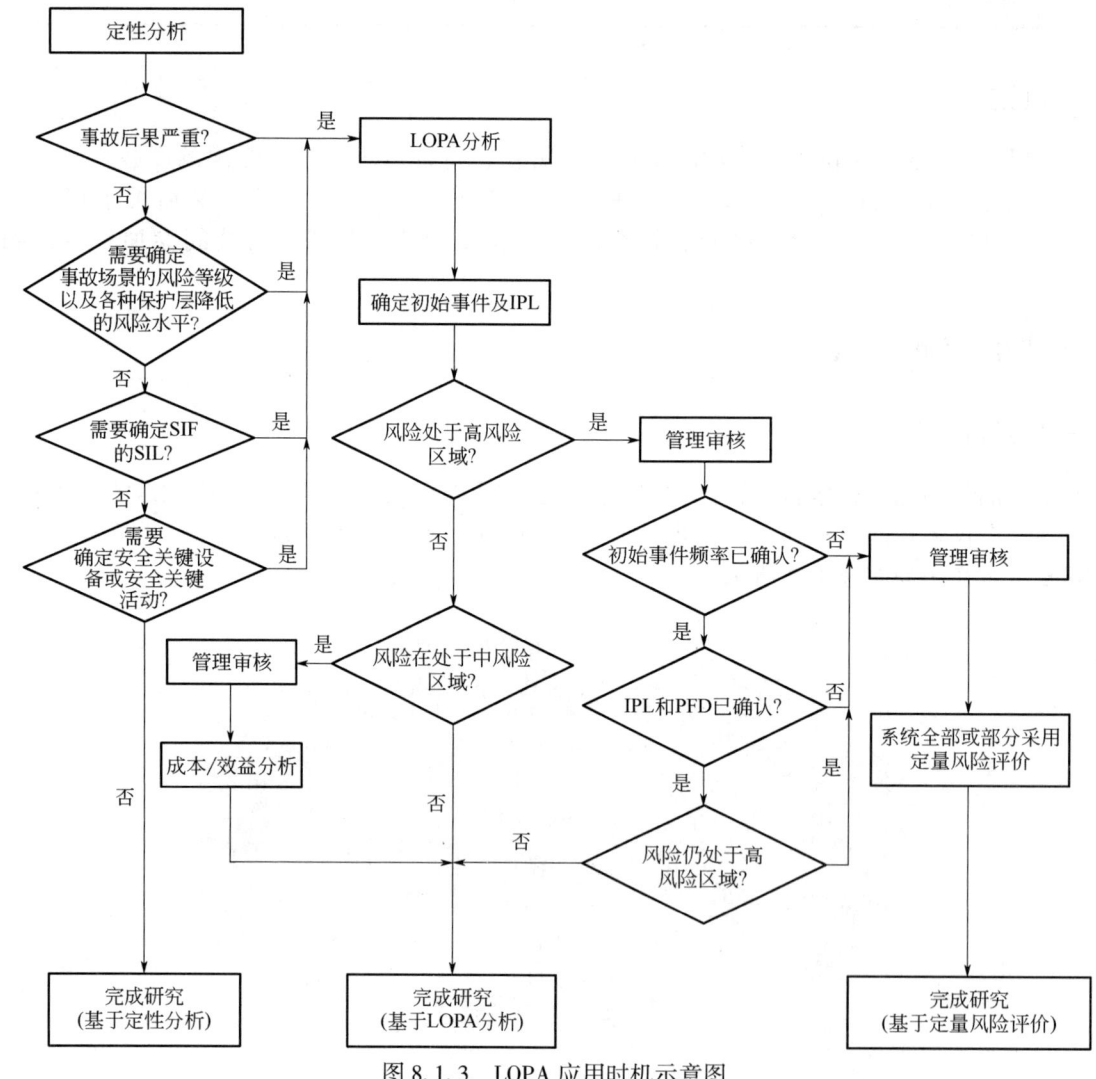

图8.1.3 LOPA应用时机示意图

LOPA 也可以作为一种筛选工具，在进行更严格的定量风险分析（CPQRA）之前进行。当作为筛选工具使用时，首先对具有一定后果或风险程度的场景进行 LOPA 分析，然后根据 LOPA 确定的风险程度或者 LOPA 分析人员的意见，决定是否对个别场景进行更高层次的风险评估。

3. LOPA 的应用范围

LOPA 能够有效地用于过程或设施生命周期的任何阶段，特别是如下阶段：

（1）工艺流程图和 P&ID 基本完成时的设计阶段。LOPA 用于检查其他工艺风险分析方法（如 HAZOP、原因—结果分析、检查表等）发现的场景；LOPA 也可作为安全仪表功能设计的一部分，对系统的设计进行研究，对各种工艺备选方案进行分类并且选出最佳方案。

（2）改进现有工艺、控制系统或安全系统（例如变更管理）。

LOPA 也可用于过程生命周期的其他阶段：

（1）初始概念工艺设计阶段：LOPA 可用于审查基本设计选择，并且可指导选择具有更低初始事件频率、更小事故后果或者更理想的独立保护层数量和类型的方案。理论上，LOPA 可以通过客观的方法，迅速地对备选方案进行定量比较，设计一个"本质更安全"的工艺过程。

（2）工艺风险分析阶段：一些公司的 LOPA 分析经验表明，关注于场景的研究方法，可以发现那些已进行过多次风险分析的成熟工艺中存在的未被发现的安全问题。此外，LOPA 客观的风险标准已证明可有效地解决工艺风险分析结果的分歧。

（3）LOPA 可容易地确定过程风险是否能被接受。如果过程需要安全仪表功能，LOPA 还可以确定所需安全仪表完整性水平。LOPA 还可以检查安全仪表功能备选方案（改进工艺过程或添加其他独立保护层等）。

（4）LOPA 可用于识别那些能够保证过程风险在企业风险容忍标准内的关键设备（作为独立保护层的一部分）。这些设备称为"安全关键设备"（ISA S91.01—1995），它们需要特定的测试、检查和维护。LOPA 可大大降低安全关键设备的数目。

（5）LOPA 可用于识别操作人员的关键安全行为和关键安全响应。这有助于在企业过程生命周期内开展更有针对性的培训和测试，并使得操作手册能反映最重要的过程变量、报警和行动。

LOPA 应用的局限性：

（1）LOPA 不是识别危险场景的工具，LOPA 的正确执行取决于定性危险评价方法所得出的危险场景的准确性，包括初始事件和相关的安全措施是否正确和全面。

（2）当使用 LOPA 时，只有选择失效数据的方法相同并采用相同的风险标准时才能进行场景风险的对比。

（3）LOPA 是一种简化的方法，其计算结果并不是场景风险的精确值。

4. 保护层（LOPA）分析过程

1）小组成员的确定

LOPA 分析是一项团队工作，LOPA 组长及小组成员的经验是分析成功的关键因素之一，LOPA 团队应包括组长、记录员、操作人员、工艺设计工程师、工艺工程师、仪表工程师、安全工程师。根据需要，可要求工艺包供应商、成套工艺设备供应商、公用工程工程师、电气工程师、其他专业工程师等人员参加 LOPA 讨论。

如果 LOPA 是基于 HAZOP 分析的结果，LOPA 小组人员组成宜包括 HAZOP 分析小组成员。

2）LOPA 分析程序

LOPA 基本程序如图 8.1.4 所示，包括：

（1）场景识别与筛选。LOPA 通常评估先前危害分析研究中识别的场景。分析人员可采用定性或定量的方法对这些场景后果的严重性进行评估，并根据后果严重性评估结果对场景进行筛选。

（2）初始事件确认。首先，选择一个事故场景，LOPA 一次只能选择一个场景；然后确定场景初始事件（IE）。IE 包括外部事件、设备故障和人员行为失效。

(3) 独立保护层（IPL）评估。评估现有的防护措施是否满足 IPL 的要求是 LOPA 的核心内容。

(4) 场景频率计算。将后果、IE 频率和 IPL 的 PFD 等相关数据进行计算，确定场景风险。

(5) 风险评估与决策。根据风险评估结果，确定是否采取相应措施降低风险。然后，重复步骤（2）~（5）直到所有的场景分析完毕。

(6) 后续跟踪和审查。LOPA 分析完成后，对提出降低风险措施的落实情况应进行跟踪。应对 LOPA 的程序和分析结果进行审查。

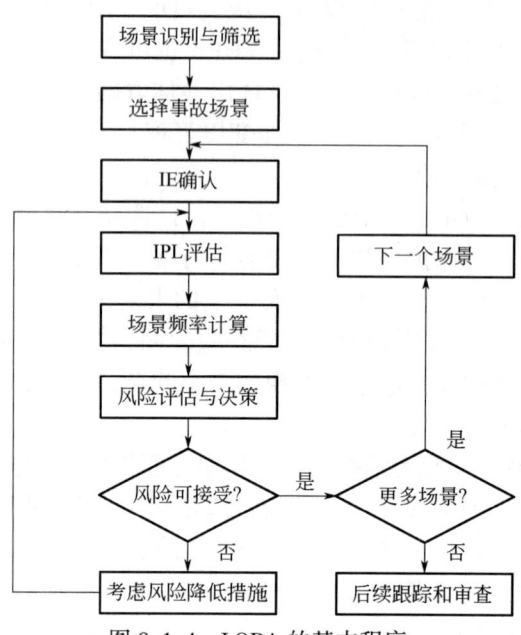

图 8.1.4 LOPA 的基本程序

3) 基本要求

在使用 LOPA 前，应确定以下分析标准：

(1) 后果度量形式及后果分级方法。
(2) 后果频率的计算方法。
(3) IE 频率的确定方法。
(4) IPL 要求时的失效概率（PFD）的确定方法。
(5) 风险度量形式和风险可接受标准。
(6) 分析结果与建议的审查及后续跟踪。

保护层分析（LOPA）的场景应满足以下基本要求：

(1) 每个场景应有唯一的 IE 及其对应的单一后果。
(2) 当同一 IE 导致不同的后果或多种 IE 导致同一后果时，应假设多个场景。
(3) 当场景中存在使能必要事件或条件，应将其包含在场景中。

4) 场景识别与筛选

场景信息来源于工艺风险分析的结果，例如采用 HAZOP、What-if 等分析方法进行风险分析的结果、事故分析结果、工艺变更分析结果、安全仪表功能审查结果、其他风险分析结果等。然后根据场景后果严重程度对场景进行筛选，选择有必要进行 LOPA 的场景。一般保护层分析（LOPA）考虑的后果种类包括四类：人员伤害、财产损失、环境影响、声誉。

当利用 HAZOP 分析结果进行 LOPA 时，两者之间的信息对应关系见图 8.1.5。

5) 初始事件频率的确定

(1) 初始事件的确定。

初始事件定义为事故场景的初始原因，包括外部事件、设备故障或人为失效，具体分类见表 8.1.7。

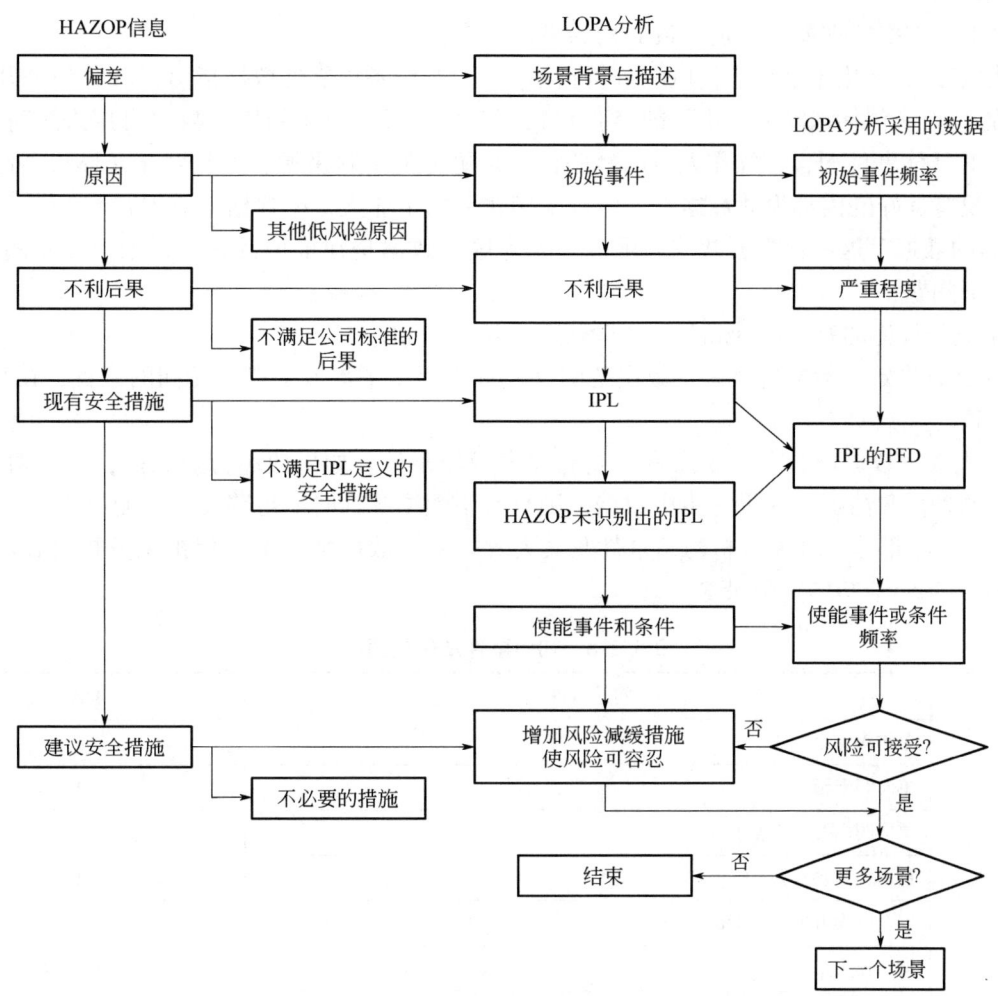

图 8.1.5　HAZOP 分析与 LOPA 两者之间的信息对应关系示意图

表 8.1.7　初始事件类型

类别	外部事件	设备故障	人员行为失效
分类	(1) 地震、海啸、龙卷风、洪水等自然灾害； (2) 空难； (3) 临近工厂的重大事故； (4) 破坏或恐怖活动； (5) 雷击和外部火灾； (6) 其他外部事件	1) 控制系统故障 (1) 软件失效； (2) 元件失效； (3) 控制支持系统失效（如电力系统、仪表风系统）。 2) 机械系统故障 (1) 磨损； (2) 振动； (3) 腐蚀； (4) 缺陷； (5) 超设计限制使用。 3) 公用工程故障 4) 其他故障	(1) 操作失误； (2) 维护失误； (3) 关键响应错误； (4) 作业程序错误； (5) 其他行为失效

在确定初始事件时，应遵循以下原则：

① 宜对后果的原因进行审查，确保该原因为后果的有效初始事件；

② 应将每个原因细分为具体的失效事件，如"冷却失效"可细分为冷却剂泵故障、电力故障或控制回路失效；

③ 人员失效的根原因（如培训不完善）不宜作为初始事件；

④ 设备不完善的测试和维护不宜作为初始事件。

（2）初始事件频率的确定。

可参考以下失效率数据库，确定一致的初始事件频率：

① 行业数据，如《化工过程定量风险分析指南》《工艺设备可靠性数据指南》和其他公开数据。

② 公司的经验（包括风险分析小组的经验）数据，公司具有充足的历史数据可用来进行有意义的统计分析（注：对具体事件而言，操作人员的经验往往是更好的资料来源，但是对于总体设备故障率而言，因为许多公司没有良好的内部失效数据库，所以采用普通的工业失效率数据更适用）。

③ 供应商的数据，这些数据通常较为乐观，因为这些数据是在维护良好的背景下开发的。选择失效率时应注意以下问题：

a. 失效率应与设施的基础设计和公司风险决策方法相一致。

b. 使用的所有失效率数据应该来自数据范围（例如上界、下界或中点）相同的位置，在整个过程中，保守程度应一致。

c. 选择的失效率数据应具有行业代表性或能代表操作条件。如果使用行业数据，需要对数据进行调整以反映具体的条件和情形。如果有历史数据，则只有该数据统计时期足够长时才能使用。

表 8.1.8 给出了部分 LOPA 分析初始事件及其失效频率［数据来源于《保护层分析（LOPA）方法应用导则》（AQ/T 3054—2015）附录 E］。

表 8.1.8 初始事件及失效频率

分类	初始事件	频率（a^{-1}）
阀门	单向阀完全失效	1
	单向阀卡涩	1×10^{-2}
	单向阀内漏（严重）	1×10^{-5}
	垫圈或填料泄漏	1×10^{-2}
	安全阀误开或严重泄漏	1×10^{-2}
	调节器失效	1×10^{-1}
	电动或气动阀门误动作	1×10^{-1}
容器和储槽	压力容器灾难性失效	1×10^{-6}
	常压储槽失效	1×10^{-3}
	过程容器沸腾液体扩展蒸气云爆炸（BLEVE）	1×10^{-6}
	球槽沸腾液体扩展蒸气云爆炸（BLEVE）	1×10^{-4}
	容器小孔（≤50mm）泄漏	1×10^{-3}
公用工程	冷却水失效	1×10^{-1}
	断电	1
	仪表风失效	1×10^{-1}
	氮气（惰性气体）系统失效	1×10^{-1}
管道和软管	泄漏（法兰或泵密封泄漏）	1
	弯曲软管微小泄漏（小口径）	1
	弯曲软管大量泄漏（小口径）	1×10^{-1}
	加载或卸载软管失效（大口径）	1×10^{-1}
	中口径（≤150mm）管道大量泄漏	1×10^{-5}
	大口径（>150mm）管道大量泄漏	1×10^{-6}
	管道小泄漏	1×10^{-3}
	管道破裂或大泄漏	1×10^{-5}

续表

分类	初始事件	频率（a^{-1}）
施工与维修	外部交通工具的冲击（假定有看守员）	1×10^{-2}
	吊车载重掉落（起吊次数/年）	1×10^{-3}
	操作维修加锁加标记（LOTO）规定没有遵守	1×10^{-3}
操作失误	无压力下的操作失误（常规操作）	1×10^{-1}
	有压力下的操作失误（开停车、报警）	1
机械故障	泵体坏（材质变化）	1×10^{-3}
	泵密封失效	1×10^{-1}
	有备用系统的泵和其他转动设备失去流量	1×10^{-1}
	透平驱动的压缩机停转	1
	冷却风扇或扇叶停转	1×10^{-1}
	电动机驱动的泵或压缩机停转	1×10^{-1}
	透平或压缩机超载或外壳开裂	1×10^{-3}
仪表	BPCS（基本过程控制系统）回路失效	1×10^{-1}
外部事件	雷电击中	1×10^{-3}
	外部大火灾	1×10^{-2}
	外部小火灾	1×10^{-1}
	易燃蒸气云爆炸	1×10^{-3}

6）独立保护层评估

保护层作为 IPL 时，应满足以下基本要求：

（1）独立性：

① 独立于 IE 的发生及其后果；

② 独立于同一场景中的其他 IPL。

（2）有效性：

① 能检测到响应的条件；

② 在有效的时间内，能及时响应；

③ 在可用的时间内，有足够的能力采取所要求的行动；

④ 满足所选择的 PFD 的要求。

（3）安全性。应使用管理控制或技术手段减少非故意的或未授权的变动。

（4）变更管理。设备、操作程序、原料、过程条件等任何改动应执行变更管理程序，以满足变更后保护层的 IPL 要求。

（5）可审查性。应有可用的信息、文档和程序可查，以说明保护层的设计、检查、维护、测试和运行活动能够使保护层达到 IPL 的要求。

7）独立保护层的确定

独立保护层定义为能够阻止场景向不期望后果发展，并且独立于场景的初始事件或其他保护层的一种设备、系统或行动。典型的保护层见表 8.1.9。

表 8.1.9 典型的保护层

保护层	描述	说明	示例
本质安全设计	从根本上消除或减少工艺系统存在的危害	企业可根据具体场景需要，确定是否将其作为 IPL	储罐设计可承受高温、高压等

续表

保护层	描述	说明	示例
BPCS	BPCS是执行持续监测和控制日常生产过程的控制系统，通过响应过程或操作人员的输入信号，产生输出信息，使过程以期望的方式运行。由传感器、逻辑控制器和最终执行元件组成	BPCS可以提供三种不同类型安全功能作为IPL： 连续控制行动：保持过程参数维持；在规定的正常范围以内，防止IE发生； 报警行动：识别超出正常范围过程偏差，并向操作人员提供报警信息，促使操作人员采取行动（控制过程或停车）； 逻辑行动：行动将导致停车，使过程处于安全状态	油罐等基本过程控制系统
关键报警和人员响应	关键报警和人员响应是操作人员或其他工作人员对报警响应，或在系统常规检查后，采取的防止不良后果的行动	通常认为人员响应的可靠性较低，应慎重考虑人员行动作为独立保护层的有效性	
安全仪表功能	安全仪表功能通过检测超限（异常）条件，控制过程进入功能安全状态。一个安全仪表功能由传感器、逻辑控制器和最终执行元件组成，具有一定的SIL	安全仪表功能SIF在功能上独立于BPCS。SIL分级可见GB/T 21109	安全仪表功能SIL1； 安全仪表功能SIL2； 安全仪表功能SIL3
物理保护	提供超压保护，防止容器的灾难性破裂	包括安全阀、爆破片等，其有效性受服役条件的影响较大	(1) 单个弹簧式安全阀，处于清洁的服役环境，未出现过堵塞或污垢，安全阀前后无截止阀或截止阀的开/关是可以监控的状态； (2) 双冗余弹簧式安全阀，处于清洁的服役环境，安全阀尺寸应满足危险场景发生时的泄放量要求，安全阀前后无截止阀； (3) 为满足泄放量要求安装多个安全阀； (4) 单个弹簧式安全阀，处于潜在堵塞的服役环境； (5) 先导式安全阀，处于清洁的服役环境，未出现过堵塞或污垢； (6) 和爆破片串联的弹簧式安全阀等
释放后保护设施	释放后保护设施是指危险物质释放后，用来降低事故后果（如大面积泄漏扩散、受保护设备和建筑物的冲击波破坏、容器或管道火灾暴露失效、火焰或爆轰波穿过管道系统等）的保护设施		如防火堤、防爆墙或防爆舱、耐火涂层、阻火器、防爆器、自动灭火系统等
工厂和社区应急响应	在初始释放之后被激活，其整体有效性受多种因素影响		包括消防队、人工喷水系统、工厂撤离、社区撤离、避难所和应急预案等

通常不作为独立保护层的防护措施见表8.1.10。

表8.1.10 通常不作为独立保护层的防护措施

防护措施	说明
培训和取证	在确定操作人员行动的PFD时，需要考虑这些因素，但是它们本身不是IPL
程序	在确定操作人员行动的PFD时，需要考虑这些因素，但是它们本身不是IPL
正常的测试和检测	正常的测试和检测将影响某些IPL的PFD，延长测试和检测周期可能增加IPL的PFD
维护	维护活动将影响某些IPL的PFD
通信	作为一种基础假设，假设工厂内具有充足的通信。差的通信将影响某些IPL的PFD
标识	标识自身不是IPL，标识可能不清晰、模糊、容易被忽略等。标识可能影响某些IPL的PFD
火灾保护	火灾保护的可用性和有效性受到所包围的火灾/爆炸的影响。如果在特定的场景中，企业能够证明它满足IPL的要求，则可将其作为IPL

8) 独立保护层要求时失效概率的确定

独立保护层的有效性根据要求时失效概率进行确定，不同的公司所选择的 PFD 是不同的。虽然不同装置之间因设计、施工、安装、检查或维护存在差异而取不同 PFD 值是合适的，但在一个组织内应运用一致的 PFD 值。表 8.1.11 给出了部分 LOPA 分析初始事件及其失效频率［数据来源于《保护层分析（LOPA）方法应用导则》（AQ/T 3054—2015）附录 E］。

表 8.1.11　XX 企业典型 IPL 的 PFD

IPL		说明 （假设具有完善的设计基础、充足的检测和维护程序，良好的培训）	PFD
本质安全设计		如果正确执行，将大大降低相关场景后果的频率	$1\times10^{-1} \sim 1\times10^{-6}$
BPCS		如果与 IE 无关，BPCS 可作为一种 IPL	$1\times10^{-1} \sim 1\times10^{-2}$
关键报警和人员响应	人员行动，有 10min 的响应时间	行动应具有单一性和可操作性	$1.0 \sim 1\times10^{-1}$
	人员对 BPCS 指示或报警的响应，有 40min 的响应时间		1×10^{-1}
	人员行动，有 40min 的响应时间		$1\times10^{-1} \sim 1\times10^{-2}$
安全仪表功能	安全仪表功能 SIL 1	见 GB/T 21109	$\geq 1\times10^{-2} \sim <1\times10^{-1}$
	安全仪表功能 SIL 2		$\geq 1\times10^{-3} \sim <1\times10^{-2}$
	安全仪表功能 SIL 3		$\geq 1\times10^{-4} \sim <1\times10^{-3}$
物理保护	安全阀	此类系统有效性对服役的条件比较敏感	$1\times10^{-1} \sim 1\times10^{-5}$
	爆破片		$1\times10^{-1} \sim 1\times10^{-5}$
释放后保护措施	防火堤	降低由于储槽溢流、断裂、泄漏等造成严重后果的频率	$1\times10^{-2} \sim 1\times10^{-3}$
	地下排污系统	降低由于储槽溢流、断裂、泄漏等造成严重后果的频率	$1\times10^{-2} \sim 1\times10^{-3}$
	开式通风口	防止超压	$1\times10^{-2} \sim 1\times10^{-3}$
	耐火涂层	减少热输入率，为降压、消防等提供额外的响应时间	$1\times10^{-2} \sim 1\times10^{-3}$
	防爆墙/舱	限制冲击波，保护设备/建筑物等，降低爆炸重大后果的频率	$1\times10^{-2} \sim 1\times10^{-3}$
	阻火器或防爆器	如果安装和维护合适，这些设备能够防止通过管道系统、进入容器或储槽内的潜在回火	$1\times10^{-1} \sim 1\times10^{-3}$
	遥控式紧急切断阀		$1\times10^{-1} \sim 1\times10^{-2}$

9) 场景频率计算

场景的发生频率计算见式(8.1.1)：

$$f_i^C = f_i^I \times \prod_{j=1}^{J} \text{PFD}_{ij} = f_i^I \times \text{PFD}_{i1} \times \text{PFD}_{i2} \times \cdots \times \text{PFD}_{iJ} \quad (8.1.1)$$

式中　f_i^C——初始事件 i 的后果 C 的发生频率，a^{-1}；

f_i^I——初始事件 i 的发生频率，a^{-1}；

PFD_{ij}——初始事件 i 中第 j 个阻止后果 C 发生的 IPL 的 PFD。

在计算场景频率时，可根据需要对场景频率进行修正，见式(8.1.2)~式(8.1.6)：

（1）存在使能事件或条件时：

$$f_i^C = f_i^I \times f_i^E \times \prod_{j=1}^{J} \text{PFD}_{ij} \quad (8.1.2)$$

式中 f_i^E——使能事件或条件发生概率。

（2）采用点火概率、人员暴露和具体伤害的概率对不同后果场景频率进行修正：

① 火灾发生的频率：

$$f_i^{\text{fire}} = f_i^I \times \left(\prod_{j=1}^{J} \text{PFD}_{ij}\right) \times P_{\text{ig}} \tag{8.1.3}$$

式中 P_{ig}——点火概率。

② 人员暴露于火灾中的频率：

$$f_i^{\text{fire-exp}} = f_i^I \times \left(\prod_{j=1}^{J} \text{PFD}_{ij}\right) \times P_{\text{ig}} \times P_{\text{ex}} \tag{8.1.4}$$

式中 P_{ex}——人员暴露概率。

③ 火灾引起人员受伤的频率：

$$f_i^{\text{fire-injury}} = f_i^I \times \left(\prod_{j=1}^{J} \text{PFD}_{ij}\right) \times P_{\text{ig}} \times P_{\text{ex}} \times P_{\text{d}} \tag{8.1.5}$$

式中 P_{d}——人员受伤或死亡概率。

④ 对于毒性影响，人员伤害的频率方程与火灾伤害方程相似，毒性影响不需要点火概率，公式（8.1.5）变为：

$$f_i^{\text{toxic}} = f_i^I \times \left(\prod_{j=1}^{J} \text{PFD}_{ij}\right) \times P_{\text{ex}} \times P_{\text{d}} \tag{8.1.6}$$

10) LOPA 决策

根据后果等级，使用风险矩阵（可参照 HAZOP 分析矩阵）等形式确认场景风险的可接受频率，将场景频率计算结果和可接受频率相比较，进行风险评估与决策，采取措施将风险降低到企业可接受的水平。如果场景频率计算结果低于场景风险的可接受频率，则可以判断场景为低风险和有充足的减缓措施（或 IPLs），不需要采取进一步行动。如果判断场景风险等级为中风险，则可选择性地采取行动（若不采取行动需满足：在当前的技术条件下，进一步降低风险不可行或降低风险所需的成本远远大于降低风险所获得的收益）。如果判断场景风险等级为高风险，则必须采取行动，企业应考虑立即整改或择机整改。

根据事故场景风险等级进行风险决策，风险决策宜采取最低合理可行（as low as reasonably practicable，ALARP）原则，将事故场景风险降低到可接受风险水平。

（1）ALARP 原则。

ALARP 原则指在当前的技术条件和合理的费用下，对风险的控制要做到在合理可行的原则下尽可能低。按照 ALARP 原则，风险区域可分为：

① 不可接受的风险区域。在本标准中指高风险和很高风险区域。在这个区域，除非特殊情况，否则风险是不可接受的；

② 允许的风险区域。在本标准指中风险区域。在这个区域内必须满足以下条件之一时，风险才是可允许的：

a. 在当前的技术条件下，进一步降低风险不可行；

b. 降低风险所需的成本远远大于降低风险所获得的收益。

③ 广泛可接受的风险区域。在本标准中指低风险区域。在这个区域，剩余风险水平是可忽略的，一般不要求进一步采取措施降低风险。

当一个风险位于两种极端情况（高风险及以上不可接受区域和广泛可接受的风险区域）之间，如果使用了 ALARP 原则，则所得到的风险可认为是可允许的风险；如果风险处于高风险及以上区域，则该风险是不可接受的，应把它降低到可接受风险水平；在广泛可接受的低风险区域，不需要进一步降低风险，但有必要保持警惕以确保风险维持在这一水平。风险等级划分见图 8.1.6。

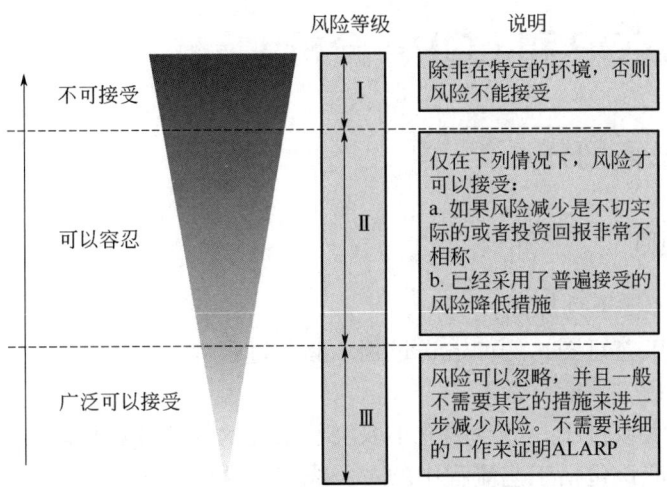

图 8.1.6 风险等级划分

（2）可接受风险水平。

根据 ALARP 原则，可接受风险水平指允许的风险区域或广泛可接受的风险区域。

11）LOPA 报告

LOPA 分析结束时，应生成 LOPA 记录表和报告。LOPA 分析案例和记录表形式见表 8.1.12。LOPA 报告应包括以下内容：

（1）场景的信息来源说明。

（2）企业的风险标准。

（3）IE 发生频率和 IPL 的 PFD。

（4）场景中 IPL 和非 IPL 的评估结果。

（5）场景的风险评估结果。

（6）满足风险标准要求采取的行动及后续跟踪。

（7）如果有必要，对需要采取不同技术进行深入研究的问题提出建议。

（8）对分析期间所发现的不确定情况及不确定数据的处理。

（9）分析小组使用的所有图纸、说明书、数据表和危险分析报告等的清单（包括引用的版本号）。

（10）参加分析的小组成员名单。

表 8.1.12 LOPA 分析记录表

公司名称																		
工艺单元					装置名称					分析组成员			时间			图纸号		
分析节点																		
序号	场景	后果		初始事件		使能必要事件/条件		条件修正		IPL			其他保护措施	后果发生频率	现有风险等级	需求的SIL等级或建议的IPL		减缓后的后果发生频率	减缓后的风险等级	备注
		描述	等级	描述	频率	描述	概率	点火概率	人员暴露概率	致死概率	描述	IPL类别	PFD				描述	IPL类别	PFD			

8.2 石油库 HAZOP 和 LOPA 分析

8.2.1 石油库分析节点划分

1. 分析节点划分原则

分析节点的划分主要遵循下列原则：
（1）体现完整独立的工艺意图，例如输送过程、储存过程等。
（2）全面覆盖工艺过程，不能有遗漏。
（3）节点划分不宜过大或过小，节点的大小取决于系统的复杂性和危险的严重程度。
（4）每个节点的范围应该包括工艺流程中的一个或多个功能系统。

2. 分析节点的划分

为方便分析，可将系统分成多个节点，对于工艺过程，分析节点划分主要考虑设计意图的变化、过程参数的变化以及化学品状态的变化。节点划分的目的是熟悉工艺流程，同时方便讨论问题。本次 HAZOP 分析以设备为基础并结合设计意图进行节点划分。将本次 HAZOP 分析的 PID 图纸按工艺流程划分 3 个节点，见表 8.2.1。

表 8.2.1 HAZOP 分析节点表

节点序号	节点名称	节点描述	图号
1	铁路收油作业单元	铁路油罐车经铁路专用线到达油库卸油栈桥，静止 30min 释放静电。待计量员进行油品检验合格后，作业人员用专用装卸接头，经卸油软管将火车罐车与油罐相连，用潜油泵将油品注入油罐内	—
2	存储单元	罐组设置汽油、柴油立式储罐	—
3	储罐发油作业单元	发油时，先受理、检查提单内容，然后引导车辆进入适当发油台，夹好静电接地夹，插入鹤管，开始发油计量。汽油罐和一个柴油罐发油采用泵送。发油完毕后，放尽鹤管余油，取出鹤管锁定，盖好罐车盖子，将静电夹夹回工作板	—

石油库分析节点图见图 8.2.1（见书后插页和彩图 8.2.1）。

彩图 8.2.1 石油库分析节点图

8.2.2 石油库 HAZOP 分析过程

无论是原油库还是成品油库，甚至石油化工有机液体储存库，除原料来源有差异外，后续工艺过程基本一致。储存工艺中一般包括原料卸车、输送、储存、装车等过程。下面以铁路收油的成品油库为例进行 HAZOP 分析，铁路收油作业 HAZOP 分析记录表见表 8.2.2，储罐存储 HAZOP 分析记录表见表 8.2.3，发油 HAZOP 分析记录表见表 8.2.4。

8.2.3 石油库 LOPA 分析过程

针对铁路收油的成品油库在完成 HAZOP 分析后，流量、液位等工艺参数对预防事故发生较为重要，需要对现有的安全控制措施进一步分析，已确定是否需要设置静态安全控制系统（SIS），以下对铁路收油的成品油库进行 LOPA 分析，油库 LOPA 分析报表见表 8.2.5。

表 8.2.2 铁路收油作业 HAZOP 分析记录表

| 节点序号 | 1 | 节点描述 | 铁路油罐车经铁路专用线到达油库卸油栈桥，静止 30min 释放静电。待计量员进行油品检验合格后，作业人员用专用装卸接头，经卸油软管将火车罐车与油罐相连，用潜油泵将油品注入油罐内 | 设计意图 | 铁路线收油作业 |

| 图号 | 一 | 会议日期 | | 参加人员 | |

| | | | 风险分析 | | | | | | |
| 序号 | 偏离 | 原因 | 后果 | 严重性 | 可能性 | 初始风险 | 已有保护措施 | 剩余风险1 | 建议措施 | 剩余风险2 | 编号 |

| 参数/引导词 | 储罐进油流量过低 | | | | | | | | | | |

1	流量过低	1. 卸油泵故障停	1. 卸油作业中断	1	6	中	1. 启动备用泵输油； 2. 进油储罐液位指示	低			
		2. 过滤器堵塞	1. 卸油作业时间长，影响作业进度安排； 2. 卸油泵空转损坏泵体	1	5	低	1. 定期清理过滤器； 2. 过滤器出口管线设置有压力表，作业人员监护作业，压力低时应清理过滤器； 3. 操作手册规定过滤器清理要求和作业流程	低			
		3. 卸油管线泄漏	1. 油品泄漏至现场，遇热源或明火发生燃爆事故，对附近作业人员造成伤害	3	4	中	1. 现场设置急停按钮，卸油过程发现管线泄漏时操作人员及时停卸油泵，关闭卸油流程阀门； 2. 可燃气体检测报警； 3. 定期检测维修	低			
		4. 流程不通，储罐进油阀门未打开	1. 阀门误关可能导致输油泵出口憋压，损坏泵体； 2. 管线憋压严重导致油品从阀门或管线连接处泄漏，遇热源或明火发生燃爆事故	4	5	高	1. 卸油泵出口压力表，卸油时现场操作人员监护作业，卸油前检测核对流程； 2. 卸油泵输油压力低于管线设计压力； 3. 中控室液位指示、压力指示； 4. 储罐液位指示； 5. 现场设置可燃气体报警、消防设施	低			

续表

序号	参数/引导词	偏离	原因	后果	风险分析			已有保护措施	剩余风险1	建议措施	剩余风险2	编号
					严重性	可能性	初始风险					
2	流量过高	进油管道流量过高	1. 卸油泵出口阀门开度过大	1. 储罐进油时液位低，液面和浮盘存在气相空间时，流速过快造成静电积聚，可能导致燃爆事故	4	6	高	1. 限制流量，流速严格控制在4m/s以内，流量超过限定值时终止进料，待对检查（油品进料流速根据重新接收油品液位上涨速度确定）；2. 卸油泵选型合理，接线及储罐设置了静电跨接和接地	低			
3	流量过高	卸油泵至储罐累计流量过多	1. 卸油量过多；2. 计量错误，卸油量超过储罐剩余容量	1. 流速过快造成静电积聚，存在安全隐患；2. 储罐液位上升过快，浮盘卡涩；3. 储罐溢流至现场，油品遇明火发生燃烧爆炸事故	4	6	高	1. 限制流量，流速严格控制在4m/s以内，流量超过限定值终止进料，待对检查（油品进料流速根据重新接收油品液位上涨速度确定）；2. 管线及储罐设置了静电跨接和接地；3. 液位高高报警LSHH-XXX联锁关闭进口切断阀；4. 液位高高LIA-XXX	低	1. 液位高高联锁关闭进口阀门后，输油泵是否自动停泵；2. 建议对"储罐液位过高"场景进行LOPA分析，复核现有安全仪表系统的设置		
4	流量逆	进油管道油品逆流	1. 输油泵故障停，油品逆流	1. 造成泵体倒转，设备损坏	3	5	中	1. 进油管道设置有止回阀；2. 操作室停泵设置有泵的状态显示，泵停操作人员关闭储罐进口阀门	低			
5	温度过高	铁路罐车温度过高	1. 进料油品温度过高；2. 夏季外界温度高	1. 油品蒸发量大，物料损失；2. 卸车臂内形成气阻，输送缓慢，泵体损坏；3. 油品蒸气泄漏扩散到周围环境，可能发生闪爆环形事故，对作业人员造成伤害；4. 大量卸油品蒸气存在卸油作业过程中因摩擦静电或开盖撞击火花等可能造成燃爆事故，对作业人员造成伤害	3	5	中	1. 操作室设置有温度指示报警；2. 操作人员明确流程；3. 现场设置可燃气体检测报警；4. 卸车作业，插入鹤管后石棉板盖好槽口，减少油气扩散；5. 使用铜制工具作业；6. 作业人员应穿戴防静电服装，使用防爆工具、机具；7. 卸油作业前确认接地良好；8. 控制卸油流速	低			

续表

序号	参数/引导词	偏离	原因	后果	风险分析			已有保护措施	剩余风险1	建议措施	剩余风险2	编号
					严重性	可能性	初始风险					
6	温度过低	卸油管道温度过低	1. 冬季外界温度低	1. 柴油温度低冻堵设备管线，输送负荷增加，严重导致泵体损坏	2	6	中	1. 罐区设置有温度指示报警； 2. 低温下停止收发油作业； 3. 油库冬季温度不低于柴油凝固点，不会造成柴油冻堵管线	低			
7	压力过高	进油管道压力过高（卸油罐至储罐）	1. 输油泵故障，出口压力过高，卸油管道输送压力高	1. 压力过高导致流速过快，静电积聚； 2. 储罐液位上升过快，浮盘卡涩损坏	4	5	高	1. 进油管线流量检测； 2. 储罐液位指示报警； 3. 管道、储油罐设置有静电跨接； 4. 油品进料流速根据收油储罐液位上涨速度确定	低			
			2. 人员误操作，进油管线阀门误关，或卸油泵出口流程不通，泵出口憋压，输油管道压力高	1. 阀门误关导致输油泵后憋压，泵故障损坏，泵后压力可能造成物料从泄压门或管线连接处泄漏，遇热源或明火发生燃爆事故	4	6	高	1. 卸油泵出口管线压力表，卸油泵为离心泵，短时间内出口憋压不会造成泵损坏，收油后铁路罐车液位不下降，停卸油泵，操作人员停卸油泵，检测处理异常工况； 2. 操作步骤执行确认记录，再进行下一个操作； 3. 卸油管线设计压力超过卸油输送压力； 4. 中控室阀门开关状态指示，卸油前检测核对流程； 5. 现场设置可燃气体报警，火灾报警	低			
8	压力过高	进油管道压力过高（铁路车至卸油泵）	1. 人员误操作，管线阀门未打开，泵出口过憋压，输送泵后憋压； 2. 出口过滤器堵塞	1. 潜液泵损坏； 2. 阀门憋压，泵后故障损坏，泵后超压可能造成物料从泄压门或管线连接处泄漏，遇热源或明火发生燃爆事故	4	6	高	1. 卸油管线设计压力超过泵输送压力； 2. 作业前检测核对流程； 3. 定期清理过滤器； 4. 现场火灾报警，可燃气体报警； 5. 潜液泵损坏，油品不会泄漏至外界	低			

续表

序号	参数/引导词	偏离	原因	后果	风险分析			已有保护措施	剩余风险1	建议措施	剩余风险2	编号
					严重性	可能性	初始风险					
9	压力过高	进油管道压力过高（扫槽泵回油至罐）	1. 人员误操作，管线阀门未打开过开启，输送憋压；2. 阀门故障关不严，泵后憋压，泵出口憋压	1. 扫槽泵损坏；2. 阀门关严导致输油管线过压管线损坏，造成输送超压或管线造成物料从泄漏处连接处泄漏，遇热源或明火发生闪爆事故	3	4	中	1. 卸油管线设计压力超过泵输送压力；2. 作业前检测核对流程；3. 定期清理过滤器；4. 现场设置可燃气体报警、火灾报警	低			
10	压力过高	卸油过程储罐压力过高	1. 进料时储罐通气口堵塞；2. 浮盘卡滞；3. 进料流速过快，浮盘上升速度慢	1. 浮盘变形损坏，油品泄漏，遇热源或明火发生燃爆事故	4	4	中	1. 限制流量，流速严格控制在4m/s以内，流量超过限定值时终止进料，核对检查，待正常后重新进料（油品进料流速根据接收油储罐液位上涨速度确定）；2. 储罐液位指示报警，操作人员监护作业，控制液位上升速度；3. 设置可燃气体报警和消防灭火系统	低			
11	压力过高	收油管道压力过高（卸油泵一储罐）	1. 储罐进口阀门误关闭	1. 管道超压，油品从阀门或管线连接处薄弱环节泄漏，遇热源或明火发生燃烧爆炸事故，对附近作业人员造成伤害	3	6	中	1. 泵出口压力显示；2. 设置止回阀反馈信号；3. 罐区可燃气体检测报警	低	进油阀门关闭时应停卸油泵		
12	液位过高	回油罐液位过高	1. 回油罐液位高未及时转储；2. 扫槽泵输送量过多，回油罐液位过高	1. 回油罐满液位，油品溢流至现场，遇热源或明火发生燃烧爆炸事故，对附近作业人员造成伤害	4	6	高	1. 现场液位计，卸油作业前操作人员检查核对收容能力；2. 现场可燃气体检测报警；3. 围堰收容泄漏油品；4. 收油作业时，单批次铁路接收油作业的扫仓气量不会装满回油罐，将回油罐内油品输送至储罐，工艺单记录操作	低			

·246·

续表

序号	参数/引导词	偏离	原因	后果	风险分析			已有保护措施	剩余风险1	建议措施	剩余风险2	编号
					严重性	可能性	初始风险					
13	液位过低	回油罐转罐液位过低	1. 液位低时未及时停止出料	1. 储罐抽空,输送泵空转损坏设备,输送泵密封损坏造成油品泄漏,可能造成燃爆事故	2	6	中	1. 现场液位计,回油罐转罐时操作人员现场监护,液位低时停止出料; 2. 现场设置可燃气体报警	低			
14	液位过低	铁路罐车卸油时液位过低	1. 液位低时未及时送料	1. 离心泵空转损坏泵体	1	6	中	1. 卸油作业时操作人员现场监护,罐车液位低时停泵和鹤管蓄液至泵扫槽泵	低			
15	组分异常	卸油油品异常	1. 流程错误,进料油罐进错油品; 2. 油品分输调度错误	1. 发生混油事故	3	6	中	1. 调度对分输油品及输量进行核对; 2. 取样检测; 3. 卸油作业前操作人员开关阀门情况核对,记录	低			
16	组分异常	油品杂质含量高	1. 来油油品杂质多,卸油前未进行检测; 2. 卸油作业时外界水或其他杂质从鹤管口进入罐车	1. 油品不合格,储罐原有油品污染	2	6	中	1. 来油进行组分检测,合格后进行卸油作业,避免外石棉胶盖好槽车口,避免外界物质进入和罐车内油气扩散	低			
17	步骤异常	铁路罐车插入鹤管后未排气	1. 人员操作失误,未执行操作步骤	1. 输送泵气蚀损坏泵体设备	1	6	中	1. 操作步骤记录	低			
18	步骤异常	铁路罐车鹤管排气口未关闭	1. 人员操作失误,排气后未关闭排气口	1. 卸油作业时油品从排气口泄漏,遇热源或明火发生燃爆事故,对附近作业人员造成伤害	4	6	高	1. 操作步骤记录; 2. 现场设置紧急按钮,停卸油; 3. 操作人员现场监护; 4. 现场设置可燃气体检测报警	低			
19	步骤异常	卸油流程不通	1. 人员操作失误,未检测核对流程	1. 卸油作业中断; 2. 输送泵出口憋压造成泵体损坏	2	6	中	1. 操作步骤记录; 2. 操作人员领取阀门钥匙开阀; 3. 卸油作业前检查核对流程无误后进行作业	低			

续表

序号	参数/引导词	偏离	原因	后果	风险分析			已有保护措施	剩余风险1	建议措施	剩余风险2	编号
					严重性	可能性	初始风险					
20	步骤异常	铁路罐车到站后未接地，罐车静置时间短	人员操作失误，未按操作要求进行作业	1. 静电积聚，卸车作业时可能造成油气燃烧爆事故	4	6	高	1. 操作步骤记录，连接鹤管前槽车下部做好接地等电位连接；2. 罐车到站后，卸油作业前准备时间超过1h	低			
21	泄漏	管道/阀门油品泄漏	管道阀门老化损坏，油品泄漏	1. 油品泄漏，遇热源或明火发生燃烧事故	3	6	中	1. 现场可燃气体检测报警；2. 巡检检查管线阀门跑冒滴漏；3. 定期检测维修	低			
22	泄漏	输送泵密封泄漏	1. 错误操作导致泵的气体长时间憋压损坏；2. 设备老化	1. 油品泄漏，遇热源或明火发生燃烧事故	3	6	中	1. 现场可燃气体检测报警；2. 巡检检查输送泵跑冒滴漏；3. 定期检测维修	低			

表8.2.3 储罐存储HAZOP分析记录表

节点序号	2		图号	—			节点描述	罐组设有柴油及汽油储罐		设计意图	油品储存储	
会议日期							参加人员					

序号	参数/引导词	偏离	原因	后果	风险分析			已有保护措施	剩余风险1	建议措施	剩余风险2	编号
					严重性	可能性	初始风险					
1	流量过高	储罐油品进料量过高	1. 进油流速控制过高；2. 卸油泵出口流量过高	1. 储罐液位上升过快，浮盘卡盘，从通气孔泄漏或遇明火源发生燃爆事故	4	6	高	1. 卸油作业流速控制在4m/s以下；2. 储罐浮盘定期检查维护；3. 设置有消防灭火系统	低			
2				2. 储罐空罐时进料，浮盘下存在空气，进油流速过快静电积聚可能发生燃爆事故	4	6	高	1. 低液位时进料流量不超过1m/s；2. 储罐静电接地；3. 设置有消防灭火系统	低			

续表

序号	参数/引导词	偏离	原因	后果	风险分析			已有保护措施	剩余风险1	建议措施	剩余风险2	编号
					严重性	可能性	初始风险					
3	温度过高	储罐温度过高	1. 夏季等外界温度高	1. 油品挥发量大，物料损失；2. 油气排出量增加，可能引发燃烧事故	2	6	中	1. 储罐温度指示报警，温度高时操作人员手动开启储罐喷淋；2. 储罐隔热措施	低			
4			2. 外部火灾造成储罐温度高	1. 储罐油品温度高，蒸发量大，储罐压力升高，设备超压损坏，物料泄漏，引发火灾连锁效应	4	5	高	1. 设置有消防灭火系统；2. 围堰收容防止油品进一步扩散；3. 储罐顶部焊接为弱连接结构，储罐压力过高时掀顶避免油品大量泄漏	低			
5	温度过低	储罐温度过低	无识别	无重大关注后果	1	1	低					
6	压力过高	储罐压力过高	1. 呼吸阀堵塞，进油时液位上升压缩气相空间造成储罐压力升高；2. 呼吸温度高，油气挥发量大，泄放不及时造成储罐压力升高	1. 储罐超压损坏，油品泄漏，可能发生燃烧事故	4	6	高	1. 储罐设置呼吸阀；2. 呼吸阀设置阻火器；3. 定期检测维修呼吸阀和阻火器	低			
7	液位过高	储罐液位过高	1. 储罐液位高未及时切换进料储罐或停止进料	1. 储罐满液位，油品泄漏，汽油爆炸性混合气体，遇热源或明火发生燃烧事故	4	6	高	1. 储罐液位指示报警LIA-XXX，液位高LSHH-XXX联锁关闭进口切断阀；2. 围堰收容，防止油品泄漏范围扩大；3. 储罐高高报警到满储设置有安全余量；4. 设置消防灭火系统	低	1. 液位高高联锁关闭进口阀门后，输油泵是否自动停泵；2. 建议对"储罐液位过高"进料场景进行LOPA分析，复核现有仪表系统的安全设置		

续表

序号	参数/引导词	偏离	原因	后果	风险分析			已有保护措施	剩余风险1	建议措施	剩余风险2	编号
					严重性	可能性	初始风险					
7	液位过高	储罐液位过高	1. 仪表故障，液位计指示错误；2. 收油计量错误，汽油进料过多	2. 液位误指示低，计划进油量超过储罐实际剩余储存量，储罐满液位，油品泄漏；3. 汽油挥发与空气形成爆炸性混合气体，遇热源或明火发生燃爆事故	4	6	高	1. 每次收油后记录储罐液位等数据，发油前核对储罐储存能力，调整收油量；2. 每次收油后人工测量储罐液位，收油前人工测量储罐储位偏差；3. 储罐液位高高 LSHH-XXX 联锁关闭进口切断阀；4. 液位高切断阀 LIA-XXX；5. 围堰收容，防止油品泄漏范围扩大；6. 储罐高报警到满罐设置有安全余量；7. 设置消防灭火系统；8. 每月一次储罐液位测量，比对现场远传液位	中	1. 液位高高联锁关闭油泵进口阀门后，输油泵是否自动停泵；2. 建议对"储罐场景进料过高"场景进行LOPA分析，复核仪表系统的安全设置		
8	液位过低	汽油储罐液位过低	1. 液位低未及时切换出料储罐或停止出料；2. 发油量计划错误，发油过多	1. 储罐液位放空，发油泵抽空，泵空转损坏泵体；2. 液面和浮盘同存在气相空间，油气和空气形成爆炸性混合气体，再次进油时流速过快，静电积聚可能造成燃爆事故；3. 浮盘落地卡涩，浮盘损坏	5	6	高	1. 储罐液位指示报警 LIA-XXX；2. 液位低低联锁 LSLL-XXX 关闭出口切断阀；3. 静电接地，防止静电积聚	低	1. 液位低低联锁关闭出口阀门后，核实安装车泵是否自动停泵		
9	步骤异常	储罐排水作业时排水时间过长	1. 人员操作失误，油品敞排出	1. 物料损失；2. 油品排至外界，油气和空气形成爆炸性混合气体，遇热电等可能发生燃爆事故，对附近作业人员造成伤害	3	6	中	1. 排水作业时操作人员现场监护作业；2. 现场设置可燃气体检测报警；3. 操作手册明确排水作业流程和注意事项	低			

续表

序号	参数/引导词	偏离	原因	后果	风险分析			已有保护措施	剩余风险1	建议措施	剩余风险2	编号
					严重性	可能性	初始风险					
10	步骤异常	收油切罐时阀门开关顺序错误	人员操作失误,先关闭进料阀门当后再打开进料阀门	1. 卸油泵出口管线憋压,可能造成管线连接处等薄弱环节泄漏,引发燃烧事故	3	6	中	1. 严格按照操作规程要求进行作业,遵循先开后关收油阀门; 2. 及时打开卸油管出口管线压力通过膨胀管泄压; 3. 现场设置可燃气体检测报警	低			
11	步骤异常	储罐阀门开关速度过快	操作失误,阀门关闭过快	1. 快速关闭阀门的停泵引起管道的压力剧升高,造成管道破裂或设备损坏,物料泄漏,引发燃烧事故	3	6	中	1. 严格按照操作规程要求进行作业,操作时,缓慢开闭阀门,使油料流速缓慢变化; 2. 现场设置可燃气体检测报警	低			
12	泄漏	管道阀门油品泄漏	1. 管道/阀门老化损坏,油品泄漏; 2. 油罐管线软管破损泄漏	1. 油品泄漏,遇热源或明火发生燃烧事故	4	6	高	1. 现场可燃气体检测报警; 2. 巡检检查管线阀门跑冒滴漏; 3. 定期检测维修; 4. 远程切断阀	低			
13	泄漏	排污阀油品泄漏	1. 排污阀内漏,油品泄漏; 2. 油罐管线软管破损泄漏	1. 油品泄漏,遇热源或明火发生燃烧事故	4	6	高	1. 现场可燃气体检测报警; 2. 巡检检查管线阀门跑冒滴漏; 3. 定期检修维修; 4. 排污阀设置双阀	低			

表8.2.4 发油HAZOP分析记录表

节点序号		节点描述		设计意图
3		发油时,先受理、检查提单内容,然后引导车辆进入适当发油台,夹好静电接地夹,插入鹤管,开始发油计量。汽油罐和一个柴油罐发油采用泵送。发油完毕后,放尽鹤管余油,取出鹤管锁定,盖好罐车盖子,将静电夹夹回工作板		储罐发油作业
图号		会议日期		
—		参加人员		

续表

序号	参数/引导词	偏离	原因	后果	风险分析 严重性	风险分析 可能性	风险分析 初始风险	已有保护措施	剩余风险1	建议措施	剩余风险2	编号
1	流量过低	发油过程槽车进油流量过低	1. 流程不通，管线阀门未打开或开错阀门	1. 发油泵空转损坏泵体，进口管线抽憋	3	6	中	1. 发油平台操作人员现场监护作业，发油无流量停发油泵，检测处理异常工况；2. 现场设置急停按钮停发油泵；3. 发油储罐液位指示；4. 发油流量计	低			
2			2. 发油泵故障停机；3. 流量计卡死	1. 发油作业中断	1	6	中	1. 关闭出料阀门，停发油作业，槽车更换发油品台	低			
3			4. 发油管线过滤器堵塞	1. 发油速度慢，发油时间长，影响发油进度安排；2. 发油泵气蚀空转，造成泵体损坏	1	6	中	1. 发油流量计；2. 定期清理过滤器，操作手册规定按要求发油和流程	低			
4			5. 发油管线、阀门泄漏	1. 油品泄漏，遇明火发生燃烧泄漏事故，对附近作业人员造成伤害	3	6	中	1. 现场设置急停按钮，发油过程发现管线泄漏时操作人员及时停发油泵，关闭发油流程阀门；2. 可燃气体检测报警；3. 定期检维修	低			
5	流量过多	发油过程槽车进油过多	1. 流量计计量不准；2. 人员操作失误，发油量设置错误	1. 部分油品可能从槽车呼吸口溢流至现场，遇热源明火发生燃烧爆炸事故	4	6	高	1. 现场设置定量装车系统；2. 发油储罐液位指示；3. 现场设置可燃气体检测报警；4. 现场设置急停按钮停发油泵；5. 消防灭火系统；6. 槽车油品牌号、发油信息	低			
6		发油速度过快	1. 发油泵出口压力高；2. 发油泵出口阀门开度小	1. 流速过快，静电积聚可能发生燃烧事故	4	4	中	1. 发油前连接好静电接地，检临对流程，工艺单计量确认；2. 装车采用下装式	低			
7	温度过低	发油管线温度过低	无识别	无重大关注	1	1	低					

·252·

续表

序号	参数/引导词	偏离	原因	后果	风险分析 严重性	风险分析 可能性	初始风险	已有保护措施	剩余风险1	建议措施	剩余风险2	编号
8	温度过高	发油过程管线和槽车温度高	夏季等外界温度高	1. 油品挥发量增加，油气挥发扩散至附近，可能发生闪爆事故	4	4	中	1. 发油前槽车连接油气回收装置，打开手阀；2. 现场设置可燃气体检测报警	低			
9	压力过高	发油过程槽车压力过高	1. 油气回收气相阀门未打开	1. 发油时气相呼吸口排至现场，油气扩散和空气混合成爆炸性混合气体，遇明火或热源发生闪爆事故	4	4	中	1. 发油前槽车连接油气回收装置，打开手阀；2. 现场设置可燃气体检测报警；3. 槽车呼吸阀气声响很大，操作人员立即停发油泵，检测处理异常工况	低			
10			2. 发油泵故障，出口压力过高；3. 进油速度过快，气相空间压缩	1. 部分油气从呼吸口排至现场，可能发生闪爆事故	4	4	中	1. 发油流量计；2. 发油前槽车连接油气回收装置，打开手阀，有回收装置，油气抽到外界	低			
11	液位过高	发油过程槽车压力过高	1. 人员操作失误，发油量设置过多	1. 部分油品从槽车呼吸口泄漏至现场，和空气混合形成爆炸性混合气体，遇明火发生爆炸事故	4	4	中	1. 发油设置定量装车系统；2. 现场储罐液位指示；3. 现场设置急停按钮停发油泵；4. 消防灭火系统；5. 槽车来油库后，开票确认油品牌号、发油量等信息	低			
12	组分异常	发油油品异常	1. 流程错误，发油罐阀门开启错误；2. 油品发错；3. 油品调度错误	1. 发油油品牌号错误	2	6	中	1. 调度对发油品牌号和油量进行核对；2. 发油作业前操作人员流程核对	低			
13	泄漏	管道/阀门油品泄漏	1. 管道、阀门老化损坏，油品泄漏；2. 管道压力高	1. 油品泄漏，遇热源或明火发生燃烧事故	3	6	中	1. 现场可燃气体检测报警；2. 巡检检查管线阀门跑冒滴漏；3. 定期检查维修	低			

续表

序号	参数/引导词	偏离	原因	后果	风险分析			已有保护措施	剩余风险1	建议措施	剩余风险2	编号
					严重性	可能性	初始风险					
14	泄漏	发油泵密封泄漏	1. 错误操作导致的泵体长时间憋压损坏; 2. 设备老化	1. 油品泄漏,遇热源或明火发生燃烧烧事故	3	6	中	1. 现场可燃气体检测报警; 2. 巡检检查发油泵跑冒滴漏; 3. 定期检测维修	低			

表8.2.5 油库LOPA分析报表

公司名称															
工艺单元							装置名称								
分析节点							分析组成员				时间				
											图纸号				
					铁路油罐车经铁路专用线到达油库卸油栈桥,待计量员进行油品检验检验合格后,作业人员用专用装卸接头,经卸油软管将火车罐车与油罐相连,用潜油泵将油品注入油罐内,油品自储罐经发油管线到装车泵到装车鹤管,汽车装车外运。静止30min释放静电										

序号	后果		初始事件		使能必要事件/条件		条件修正				IPL				其他保护措施	后果发生频率	现有风险等级	需求的SIL等级或建议的IPL				减缓后后果发生频率	减缓后的风险等级
	描述	等级	描述	频率	描述	概率	点火概率	人员暴露概率	致死概率	巡检频率	描述	IPL类别	PFD					描述	IPL类别	PFD		
场景																						
1	储罐满液位 冒罐,遇火源发生火灾	4	液位远传错误指示	0.1	—	—	0.3	1	1	—	防火堤	释放后保护措施	0.01	—	3.0×10^{-4}	中	LSHH	SIS	0.033	1.0×10^{-5}	低
2	储罐低液位 浮盘落底形成爆炸环境	4	液位远传错误指示	0.1	—	—	—	—	—	静电系统0.1	—	—	—	—	1.0×10^{-3}	中	LSHH	SIS	0.01	1.0×10^{-5}	低

8.3 LNG 储库 HAZOP 和 LOPA 分析

8.3.1 LNG 储库分析节点划分

1. 分析节点划分原则

分析节点的划分主要遵循下列原则：
(1) 体现完整独立的工艺意图，例如输送过程、储存过程等。
(2) 全面覆盖工艺过程，不能有遗漏。
(3) 节点划分不宜过大或过小，节点的大小取决于系统的复杂性和危险的严重程度。
(4) 每个节点的范围应该包括工艺流程中的一个或多个功能系统。

2. 分析节点的划分

为方便分析，可将系统分成多个节点，对于工艺过程，分析节点划分主要考虑设计意图的变化、过程参数的变化以及化学品状态的变化。节点划分的目的是熟悉工艺流程，同时方便讨论问题。本次 HAZOP 分析以设备为基础并结合设计意图进行节点划分，将本次 HAZOP 分析的 PID 图纸按工艺流程划分 5 个节点，见表 8.3.1。LNG 接收站分析节点图见图 8.3.1（见书后插页和彩图 8.3.1）。

彩图 8.3.1 LNG 接收站分析节点图

表 8.3.1 HAZOP 分析节点表

节点序号	节点名称	节点描述	图号
1	卸船单元	卸船时，先连接卸料臂，然后进行氮气置换，LNG 通过船上的输送泵，经卸料臂及其支管汇集到总管，并通过总管输送到 LNG 储罐中；储罐中的蒸发气（BOG），经过蒸发气回流臂返回到 LNG 船舱，开启 BOG 压缩机，自动调节系统压力。当压力波动过大时，作为紧急处理，可以通过火炬大量泄放 BOG 进行调节。事故状态，可以启用储罐的压力安全阀或真空安全阀	—
2	LNG 储存单元	LNG 储罐设有 2 根进料管，既可以从顶部进料，也可以通过罐内插入立式进料管实现底部进料。在进料管上设置切断阀，可在紧急情况时隔离 LNG 储罐与进料管线。LNG 储罐设有连续的液位、温度和密度监测仪表，以防止罐内 LNG 发生分层和溢流。LNG 储罐通过一根气相管线与蒸发气总管相连，用于输送储罐内产生的蒸发气和卸船期间置换的气体至 BOG 压缩机、LNG 船舱及火炬系统	—
3	LNG 装车单元	在槽车灌装 LNG 前，先要预冷装车臂和气相返回臂。在槽车装车过程中，从槽车中置换出来的蒸发气通过管线返回 BOG 总管。在装车操作时，LNG 装车流量通过控制阀来控制	—
4	BOG 处理单元	蒸发气通过 BOG 压缩机压缩到一定的压力，与 LNG 低压输送泵送出的过冷 LNG 在再冷凝器中混合并冷凝。如果蒸发气流量高于压缩机或再冷凝器的处理能力，储罐和蒸发气总管的压力将升高，当压力超过压力控制阀的设定值时，过量的蒸发气将排至火炬燃烧	—
5	LNG 气化外输单元	接收站设有开架式气化器（ORV），ORV 使用海水作为气化 LNG 的热媒。海水在气化器中作为加热介质，从气化器上部进入，流经传热管的外表面，LNG 流经传热管的内部，从而被加热和气化。ORV 通过海水管线上的流量调节阀控制海水流量，来满足 LNG 气化热负荷要求	—

8.3.2 LNG 储库 HAZOP 分析过程

LNG 储库是近年发展较为迅速的燃料储存模式，主要有天然气采空区反输储存的储气库，利用天然洞穴的储气库，专门修建的地下储气库，这些储气库储存的是气态天然气，因压力高、储气量小等因素导致这类储气库发展受到限制。而 LNG 储气库因储存压力低、气化比高，为常见的天然气库，以下以海运 LNG 为进料方式，进行 LNG 储气库的 HAZOP 分析（见表 8.3.2~表 8.3.6）。

表 8.3.2　LNG 卸船单元分析报表

节点序号	节点描述							设计意图
1	卸船时，先连接卸料臂，并通过总管输送泵，LNG通过船上的输送泵，经卸料臂及其支管汇集到总管，开启BOG压缩机，LNG储罐中的蒸发气（BOG），经卸料臂返回到LNG船舱，自动调节系统动作，泄放BOG进行管系统压力。当压力波动过大时，作为紧急处理，可以通过火炬大量泄放BOG进行调节。事故状态，可以启用储罐的压力安全阀或安全阀或真空安全阀							LNG 储存
图号			会议日期					
一			参加人员					

序号	参数/引导词	偏离	原因	后果	风险分析			已有保护措施	剩余风险1	建议措施	剩余风险2	编号
					严重性	可能性	初始风险					
1	流量无/过小	LNG储罐无进料或进料量过小	1. 运输船LNG量过小	1. 进储罐LNG流量低，无重大安全影响	1	5	低	1. LNG储罐设置液位检测				
2			2. 卸船管线阀门未打开	1. 进储罐LNG流量低，无重大安全影响	1	5	低	1. LNG储罐设置液位检测；2. 阀位反馈及开关标识				
3	流量过大	LNG储罐进料量过大	1. 进料调节阀故障，开度过大	1. 导致流速过快，产生静电	2	6	中	1. 输送管线根据流量设计管径；2. 静电跨接	低			
4	流量逆	LNG逆向流入LNG运输船	1. 卸船时误启动低压泵	1. 影响卸船操作	2	5	低	1. 设置止回阀；2. 泵的运行状态监视				
5	温度过高	LNG运输船船舱温度过高	1. 长时间运输与环境热交换	1. 卸船时，卸船压力过大，导致船舱压力高，储罐压力高，导致储罐超压	4	5	高	1. 船舱压力检测，泄压设施；2. 储罐压力检测，放空系统；3. 压力高时，开启BOG压缩机；4. 安全阀				
6	其他	异常	卸船前未进行氮气置换	可能导致空气混入BOG气体中，形成爆炸环境	4	4	中	1. 严格执行操作规程	低	1. 操作规程明确置换工艺及工艺指标，确认后方可进行下一步操作		
7	其他	异常	卸船初期未采用低流量进行管线预冷	可能导致初期气化量大，导致储罐超压	4	5	高	1. 卸船流程；2. 储罐压力检测，放空系统；3. 压力高时，开启BOG压缩机；4. 安全阀	低	考虑冗余配置压力变送器		

续表

序号	参数/引导词	偏离	原因	后果	风险分析			已有保护措施	剩余风险1	建议措施	剩余风险2	编号
					严重性	可能性	初始风险					
8	其他	异常	船运LNG组成成分差异较大	1. 可能导致LNG产生分层，导致翻滚现象超压	4	5	高	1. 卸船前进行成分分析，密度检测，根据不同密度确定上下进料方式； 2. 可利用低压输送泵混合不同组成的LNG； 3. 储罐压力检测，放空系统； 4. 压力高时，开启BOG压缩机； 5. 火炬系统； 6. 安全阀	低	考虑冗余配置压力变送器		
9	其他	异常	卸完之后未将管线内的残留LNG进行排净	导致死管段LNG气化超压，损坏管道	4	4	中	1. 操作规程； 2. 设置LNG排放罐	低	1. 对可能存在的死管段设置泄压设施		

表8.3.3 LNG储存单元分析报表

节点序号	节点描述									设计意图		
2	LNG储罐设有2根进料管，既可以从顶部进料，也可以通过罐内插入立式进料管实现底部进料。在进料管上设置切断阀，可应急情况时隔离LNG储罐进料管线。LNG储罐设有连续的液位、温度和密度监测仪表，以防止罐内发生分层和溢流。LNG储罐通过一根气相管线与气相总管相连，用于输送储罐内产生的蒸发气体至BOG压缩机，LNG船舱间置换的气体及火炬系统									LNG储存		
图号	—											
	会议日期											
	参加人员											

序号	参数/引导词	偏离	原因	后果	风险分析			已有保护措施	剩余风险1	建议措施	剩余风险2	编号
					严重性	可能性	初始风险					
10	液位过低	LNG储罐液位过低	1. 外送量大，未及时补充LNG	1. 液位过低，持续输出料可能造成泵出现气蚀现象，损坏泵	2	5	中	1. 储罐设有液位指示低报警	低	1. 储罐液位低联锁切断阀门后，应停相关输送泵		
11	液位过高	LNG储罐液位过高	1. 液位过高，持续进料可能造成满罐	1. LNG进入储罐间隙空间，可能储罐压力升高	5	5	高	1. 储罐设有液位指示高报警； 2. 设置压力检测，泄压阀； 3. 设置BOG系统； 4. 火炬系统； 5. 安全阀	中	1. 建议液位设计冗余设计； 2. 建议压力变送器冗余设计		

续表

序号	参数/引导词	偏离	原因	后果	风险分析			已有保护措施	剩余风险1	建议措施	剩余风险2	编号
					严重性	可能性	初始风险					
12	压力过低	LNG储罐压力过低	1. 放空阀误开启	1. 导致BOG气体释放至环境中	2	5	中	1. 设置压力检测；2. 阀位反馈				
13	压力过低	LNG储罐压力过低	2. BOG压缩机功率过高	1. 可能导致LNG储罐产生负压，严重时导致储罐薄弱环节损坏	3	5	中	1. 压力检测，外界补充天然气；2. 破真空阀	低	建议压力变送器冗余设计		
14	压力过高	LNG储罐压力过高	1. BOG压缩机故障	1. 压力过高，造成储罐超压损坏，泄漏	4	5	高	1. 储罐设有压力检测，压力调节放空；2. 火炬系统；3. 设有安全阀	低	建议压力变送器冗余设计		
15	压力过高	LNG储罐压力过高	2. 补压气体调节阀失效，全开	1. 压力过高，造成储罐超压损坏，泄漏	4	5	高	1. 储罐设有压力检测，压力调节放空；2. BOG压缩机；3. 火炬系统；4. 设有安全阀	低	建议压力变送器冗余设计		
16	压力过高	LNG储罐压力过高	3. 外界温度过高	1. 压力过高，造成储罐超压损坏，泄漏	4	4	中	1. 储罐设置保冷层；2. 储罐设有压力检测，压力调节放空；3. BOG压缩机；4. 火炬系统；5. 设有安全阀	低			
17	压力过高	LNG储罐压力过高	4. LNG储罐分层，导致翻滚	1. 压力过高，造成储罐超压损坏，泄漏	4	4	中	1. 可利用低压输送泵混合不同组成的LNG；2. 储罐设有压力检测，压力调节放空；3. BOG压缩机；4. 火炬系统；5. 设有安全阀	低	储罐设置分层温度检测		
18	温度过低		无识别	无重大关注	1	1	低					
19	温度过高	LNG储罐温度过高	1. 外界温度过高	1. 压力过高，造成储罐超压损坏，泄漏	4	4	中	1. 储罐设置保冷层；2. 储罐设有压力检测，压力调节放空；3. BOG压缩机；4. 火炬系统；5. 设有安全阀	低			

续表

序号	参数/引导词	偏离	原因	后果	风险分析			已有保护措施	剩余风险1	建议措施	剩余风险2	编号
					严重性	可能性	初始风险					
20	温度过高	冷箱温度过高	珠光砂未装实或下沉	1. 储罐温度过高，造成LNG蒸发量过大，储罐压力升高，严重时可能造成储罐超压	4	4	中	1. 储罐设有温度检测报警； 2. 储罐设有压力检测，压力调节放空； 3. BOG压缩机； 4. 火炬系统； 5. 设有安全阀	低			
21	其他	异常	外部火灾	可能导致设备超压，导致物料泄漏使火灾事故进一步扩大化	5	3	中	1. 火气系统； 2. 消防系统； 3. 安全防火间距； 4. GDS系统； 5. 装置泄压设施	低	1. 加强日常检查及隐患排查，防止火灾事故的发生		

表8.3.4 LNG装车单元

节点序号		节点描述							设计意图			
3		在槽车灌装LNG前，先要预冷装车臂和气相返回管。在槽车装过程中，从槽车中置换出来的蒸发气通过管线返回BOG总管。在装车操作时，LNG装车流量通过控制阀来控制							LNG装车			
图号		会议日期							参加人员			
—												

序号	参数/引导词	偏离	原因	后果	风险分析			已有保护措施	剩余风险1	建议措施	剩余风险2	备注
					严重性	可能性	初始风险					
22	流量无/过少	LNG装车流量无/过少	1. LNG罐内低压输送泵启动不正常	装车停止	1	5	中	1. 储罐设置三台泵，互为备用	低			
23	流量过多	LNG装车初期流量过多	1. 导致管线未充分进行预冷，温差过大	1. BOG气量大，管线超压	3	5	中	1. 操作规程明确预冷要求； 2. BOG压缩系统	低			
24	其他	泄漏	LNG槽车未装完量，发生泄漏	1. 发生泄漏，引起火灾爆炸	4	4	中	1. 定量装车系统	低	现场设置现场操作柱，紧急切断		

表8.3.5 BOG压缩单元

节点序号		节点描述						设计意图
4		蒸发气通过BOG压缩机压缩到一定的压力与LNG低压输送泵送出的过冷LNG在再冷凝器中混合并冷凝。如果蒸发气流量高于压缩机和再冷凝器的处理能力，储罐和蒸发气总管的压力将升高，当压力超过压力控制阀的设定值时，过量的蒸发气将排至火炬燃烧						回收BOG气体

续表

图号	—			会议日期				设计意图	
				参加人员					

序号	参数/引导词	偏离	原因	后果	风险分析			已有保护措施	剩余风险1	建议措施	剩余风险2	备注
					严重性	可能性	初始风险					
25	流量无/过少	BOG流量小	1. BOG释放量小	无重大安全关注								
26	流量过多	从储罐来的BOG流量过多	1. LNG储罐故障(如翻滚)回收大量泄压气体,储罐高压)	1. BOG气量大,可能导致缓冲罐超压	3	4	中	BOG进口设置压力检测报警PIA1301	低			
27	温度过高	从系统来的BOG温度过高	环境温度高	BOG排气温度高,导致BOG回收效果差,下游超温超压风险	3	5	中	1. 调温阀引入低温LNG混合降温; 2. 排气出口流量调节低温LNG流量换热降温; 3. BOG再冷凝器出口压力调节低温LNG混合降压	低			
28	温度过低	从系统来的BOG温度过低	无识别	无重大后果关注	1	1	低					

表 8.3.6 LNG 气化外输单元

节点序号	5			节点描述	接收站没有开架式气化器(ORV),ORV使用海水作为气化LNG的热媒。海水在气化器中作为加热介质,从气化器上部进入,流经传热管的外表面,LNG流经传热管的内部,从而被加热和气化。ORV通过海水管线上的流量调节阀控制海水流量,来满足LNG气化热负荷要求						
图号	—			会议日期				设计意图	LNG气化外输		
				参加人员							

序号	参数/引导词	偏离	原因	后果	风险分析			已有保护措施	剩余风险1	建议措施	剩余风险2	备注
					严重性	可能性	初始风险					
29	流量无/过少	进气化器LNG流量过低/无	1. LNG回流调节阀失效,全开	导致下游输送量小,可能导致停输	2	5	中	1. 设置四套气化系统; 2. 进气化器流量检测; 3. 阀位反馈	低			

续表

序号	参数/引导词	偏离	原因	后果	风险分析 严重性	风险分析 可能性	风险分析 初始风险	已有保护措施	剩余风险1	建议措施	剩余风险2	备注
30	流量无/过少	进气化器海水流量低/无	1. 工艺海水泵故障	导致加热介质量少,LNG气化不足,未入下游或LNG的下游冻堵或超压	4	5	高	1. 设置三套海水泵; 2. 气化器出口温度及海水进口流量调节海水进口阀门开度; 3. 设置下游LNG进口紧急切断阀	低			
31	流量无/过少	进气化器海水流量低/无	1. 海水进口调节阀失效,全关	导致加热介质不足,LNG气化不足,未入下游或LNG的下游冻堵或超压	4	5	高	1. 设置LNG进口紧急切断阀; 2. 下游设置加热器及调压设施	中	1. 出口设置冗余温度检测,低低联锁关闭LNG进口阀	低	
32	流量过多	进气化器LNG流量过多	1. 高压泵出口流量过大	LNG进口流量大,导致气化器LNG未全部气化,导致下游冻堵或超压	4	5	高	1. 设置LNG回流; 2. 气化器出口设置LNG流量调节; 3. 气化器出口设置温度调节海水流量; 4. 下游设置加热器及调压设施	低	1. 气化器气化能力设计考虑一定富余量	低	
33	流量过多	进气化器LNG流量过多	1. 进气化器LNG调节阀失效,全开	LNG进口流量大,导致气化器LNG未全部气化,导致下游冻堵或超压	4	5	高	1. 气化器出口设置温度调节海水流量; 2. 调节LNG进口切断阀; 3. 下游设置加热器及调压设施	中	1. 气化器气化能力设计考虑一定富余量 2. 出口设置温度检测,低低联锁关闭LNG进口阀	低	
34	温度过低	海水温度过低	冬季环境温度低	热媒换热量不足,导致LNG未全部气化,导致下游冻堵或超压	4	4	中	1. 气化器出口设置温度调节海水流量; 2. 进口调节LNG进口流量; 3. 下游设置加热器及调压设施	低	1. 根据地域情况考虑备用浸没燃烧式气化器	低	
35	温度过低	气化器温度过低	LNG进口量大	LNG气化器量大,导致气化器LNG未全部气化,导致下游冻堵或超压	4	5	高	1. 设置LNG回流; 2. 进口调节LNG进口流量; 3. 气化器出口设置温度调节海水流量; 4. 下游设置加热器及调压设施	低	1. 气化器气化能力设计考虑一定富余量	低	
36	温度过低	气化器温度过低	热媒介质失效	导致加热介质少,未入下游,LNG气化量少,导致下游冻堵或超压	4	5	高	1. 设置LNG进口紧急切断阀; 2. 下游设置加热器及调压设施	中	1. 出口设置冗余温度检测,低低联锁关闭LNG进口阀	低	

8.3.3 LNG储气库 LOPA 分析过程

在完成海运 LNG 进行天然气储气库的 HAZOP 分析后发现，LNG 储气库液位、气化器出口温度是影响 LNG 储气库安全的重要工艺参数，需要进一步分析是否需要设置静态安全控制系统（SIS），表 8.3.7 为 LNG 储气库的 LOPA 分析。

公司名称																	时间			
工艺单元																	图纸号			
分析节点						由船舶来的 LNG 卸入 LNG 储罐暂存，由 LNG 槽车外输，或经过气化器气化之后外输														

表 8.3.7 LNG 储气库 LOPA 分析报表

序号	场景	后果描述	等级	初始事件描述	频率(/a)	使能必要事件/条件描述	概率	点火概率	人员暴露概率	致死概率	IPL 描述	IPL 类别	PFD	其他保护措施	后果发生频率	现有风险等级	需求的 SIL 等级或建议的 IPL 描述	IPL 类别	PFD	缓减后的后果发生频率	缓减后的风险等级	备注
1	LNG 储罐满液位	冒顶，导致储罐超压	5	液位远传误指示	0.1	—	—	—	1	1	压力调节系统	BPCS	0.1	—	1.0×10^{-4}	高	设置液位高高联锁回路 SIL1	SIS	0.01	1.0×10^{-6}	低	
											安全阀	物理保护层	0.01	—								
2	气化器出口温度低	未液化的 LNG 进入下游设备，超压	5	热媒调节失效，误关闭	0.1	—	—	—	1	1	下游加热及调压设施	BPCS	0.1	—	1.0×10^{-2}	中	独立的温度联锁 TISA	SIS	0.01	1.0×10^{-6}	低	建议下游增设安全阀 0.01
3	气化器出口温度低	未液化的 LNG 进入下游设备，超压	5	LNG 进料调节失效，全开	0.1	—	—	—	1	1	气化器出口温度调节热媒流量	BPCS	0.1	—	1.0×10^{-3}	中	独立的温度联锁 TISA	SIS	0.1	1.0×10^{-6}	低	建议下游增设安全阀 0.01
											下游加热及调压设施	BPCS	0.1									

8.4 油库安全分析案例

文本 8.4 油库安全分析案例

课程思政

油气装卸安全事故

党的十八大以来，习近平总书记高度重视安全生产工作，作出一系列关于安全生产的重要论述，一再强调要统筹发展和安全。安全生产事关人民福祉，事关经济社会发展大局。2016 年 1 月 7 日，中共中央总书记、国家主席、中央军委主席习近平在中共中央政治局常委会会议上发表重要讲话，对全面加强安全生产工作提出明确要求，扎实落实安全生产责任制，堵塞各类安全漏洞，坚决遏制重特大事故频发势头。习近平强调，重特大突发事件，不论是自然灾害还是责任事故，其中都不同程度存在主体责任不落实、隐患排查治理不彻底、法规标准不健全、安全监管执法不严格、监管体制机制不完善、安全基础薄弱、应急救援能力不强等问题。

2020 年 11 月 2 日 11 时 45 分许，位于广西壮族自治区北海市铁山港（临海）工业区的中石化北海液化天然气有限责任公司在实施二期工程项目贫富液同时装车工程施工时，由于工作人员未执行仪表联锁工作票后续的审签、确认签字等一系列流程，在没有其他仪表工程师的监护情况下，进入工程师站独自进行操作，使用 SIS 系统对切断阀进行强制关闭操作，致使 LNG 喷射而出，LNG 雾化气团与空气混合，遇到受低温 LNG 喷射冲击后绝缘保护层脆化，脱落的线缆短路产生的火花引发着火事故，造成 7 人死亡，2 人重伤。此次事故再次表明油气储存与装卸自动控制系统在安全生产中的重要性。

思考题

1. 相比常规的安全分析方法，HAZOP 分析有哪些优势？
2. 根据油气库 HAZOP 和 LOPA 分析实例，请说明 HAZOP 和 LOPA 之间的内在联系。

参 考 文 献

[1] 贾承造. 中国石油工业上游科技进展与未来攻关方向 [J]. 石油科技论坛, 2021, 40 (3): 1-10.
[2] 邹才能, 薛华庆, 熊波, 等. "碳中和"的内涵、创新与愿景 [J]. 天然气工业, 2021, 41 (8): 46-57.
[3] 王宗礼, 娄钰, 潘继平. 中国油气资源勘探开发现状与发展前景 [J]. 国际石油经济, 2017, 25 (3): 1-6.
[4] 侯梅芳, 葛苏, 程小岛. 新形势下中国能源安全的内涵、挑战和举措 [J]. 天然气工业, 2022, 42 (9): 157-165.
[5] 李玉忠, 马伟平. 中国石油储备库设计运行技术现状及发展建议 [J]. 天然气与石油, 2021, 39 (3): 18-23.
[6] 梅冠群. 我国"十四五"石油储备建设思路研究 [J]. 当代石油化工, 2020, 28 (1): 9-17.
[7] 杨子健, 李威. 中国石油储备体系的发展现状及建议 [J]. 国际石油经济, 2015, 23 (9): 69-77.
[8] 何东博, 贾成业, 位云生, 等. 世界天然气产业形势与发展趋势 [J]. 天然气工业, 2022, 42 (11): 1-12.
[9] 丁国生, 丁一宸, 李洋, 等. 碳中和战略下的中国地下储气库发展前景 [J]. 油气储运, 2022, 41 (1): 1-9.
[10] 周守为, 朱军龙, 单彤文, 等. 中国天然气及LNG产业的发展现状及展望 [J]. 中国海上油气, 2022, 34 (1): 1-8.
[11] 张盈盈, 李兆慈, 丁杨, 等. 液化天然气的储存与运输技术现状分析 [J]. 现代化工, 2016, 36 (4): 4-7.
[12] 侯明扬. 全球LNG市场2021年回顾及2022年展望 [J]. 油气与新能源, 2022, 34 (2): 20-24.
[13] 黄献智, 杜书成. 全球天然气和LNG供需贸易现状及展望 [J]. 油气储运, 2019, 38 (1): 12-19.
[14] 单彤文. 中国LNG产业链核心技术发展现状与关键技术发展方向 [J]. 中国海上油气, 2020, 32 (4): 190-196.
[15] 郭光臣, 董文兰, 张志廉, 等. 油库设计与管理 [M]. 东营: 石油大学出版社, 1994.
[16] 马秀让. 油库设计实用手册 [M]. 北京: 中国石化出版社, 2014.
[17] 石油和化工工程设计工作手册编委会. 油气储库工程设计 [M]. 东营: 中国石油大学出版社, 2010.
[18] 徐玉朋, 竺柏康. 油气储存与装卸系统 [M]. 北京: 中国石化出版社, 2008.
[19] 许行. 石油库设计与管理 [M]. 北京: 中国石化出版社, 2019.
[20] 杨筱蘅. 输油管道设计与管理 [M]. 东营: 中国石油大学出版社, 2006.
[21] 王楠, 刘德俊. 石油库技术与管理 [M]. 北京: 中国石化出版社, 2014.
[22] 方爱东, 潘海涛, 姜俊杰, 等. 大型原油码头设计技术发展和创新 [J]. 水运工程, 2011, (9): 105-109.
[23] 苏欣, 张琳, 李岳. 国内外地下储气库现状及发展趋势 [J]. 天然气与石油, 2007, (4): 1-4.
[24] 刘颖, 辛礼印, 周玉生. 注气压缩机组的选择及其应用分析 [J]. 油气田地面工程, 2001, (4): 6-7.
[25] 马成松. 地下储气库储存空间的选择 [J]. 江汉石油学院学报, 1996, (3): 119-121.
[26] 焦文玲, 秦裕琨, 赵林波. 城市燃气负荷预测系统体系研究 [J]. 天然气工业, 2005 (1): 155-157, 223.
[27] 李波. 西气东输天然气市场负荷特性与地下储气库建设规模分析 [J]. 天然气工业, 2004, (6): 8-11, 1-2.
[28] 李庆生. 武汉市城市天然气负荷预测和调峰方式优化 [D]. 武汉: 华中科技大学, 2006.

[29] 苏振东, 卢东风, 辛礼印. 喇嘛甸油田储气库注采系统的工艺改造 [J]. 油气田地面工程, 1999, (5): 13-15, 75.

[30] 王丽娟, 郑雅丽, 李文阳, 等. 水层建库气驱水机理数值模拟 [J]. 天然气工业, 2007, (11): 100-102, 143.

[31] 安定纲. 往复式压缩机技术问答 [M]. 2版. 北京: 中国石化出版社, 2005.

[32] Leigh Fletcher, Jim Williams, Graham Bowie, 等. 高压输气管线用小口径X70和X80钢管 [C] // 2006年石油天然气管道工程技术及微合金化钢国际研讨会论文集. 北京: 冶金工业出版社, 2007.

[33] 白雪峰, 房爱兵. 地下储气库天然气回采的节流脱水分析 [J]. 天然气工业, 2006, 26 (6): 121-123.

[34] 阳小平, 王凤田, 邵颖丽, 等. 大张坨地下储气库地面工程配套技术 [J]. 油气储运, 2008, (9): 15-19, 64, 4.

[35] 方亮. 地下储气库储采技术研究 [D]. 大庆: 大庆石油学院, 2003.

[36] 闫光灿. 世界地下储气库 [J]. 天然气与石油, 1997, 15 (3): 6.

[37] 陈家新, 谭羽非, 余其铮. 天然气地下储气库规划设计要点 [J]. 油气储运, 2001, (7): 13-16, 58.

[38] 展长虹. 含水层型天然气地下储库的模拟研究 [D]. 黑龙江: 哈尔滨工业大学, 2001.

[39] 华爱刚, 李建中, 卢林生. 天然气地下储气库 [M]. 北京: 石油工业出版社, 1999.

[40] 郭彬, 房德华, 王秀平, 等. 国外盐穴地下天然气储气库建库技术发展 [J]. 断块油气田, 2002, (1): 78-80, 86.

[41] 丁国生. 盐穴地下储气库建库技术 [J]. 天然气工业, 2003, (2): 106-108, 1.

[42] 李建中. 我国建设盐穴地下储库工程的可行性 [J]. 岩石力学与工程学报, 2002, 21 (B06): 3.

[43] 严宇, 谭羽非, 张碧波. 盐穴型地下储气库调峰优化控制 [J]. 油气储运, 2009, 28 (3): 7-9, 79, 83.

[44] 陶卫方, 岳克敬, 周武德, 等. 陕京输气管道配套储气库冬季调峰优化 [J]. 油气储运, 2010, 29 (5): 321-323, 313.

[45] 李果. 储气库库容计算及CO_2垫层气扩散模型与模拟研究 [D]. 成都: 西南石油大学, 2009.

[46] 李闯文, 孙春良. 地下储气库储气规模的确定 [J]. 管道技术与设备, 1999, (3): 2.

[47] 马国光, 吴晓南, 王元春. 液化天然气技术 [M]. 北京: 石油工业出版社, 2012.

[48] 黄坤, 吴晓南, 田欣. 液化天然气供应技术 [M]. 北京: 石油工业出版社, 2015.

[49] 浦晖, 陈杰. 绕管式换热器在大型天然气液化装置中的应用及国产化技术分析 [J]. 制冷技术, 2011, 31 (3): 26-29.

[50] 袁光杰, 夏焱, 金根泰, 等. 国内外地下储库现状及工程技术发展趋势 [J]. 石油钻探技术, 2017, 45 (4): 8-14.

[51] 李建君. 中国地下储气库发展现状及展望 [J]. 油气储运, 2022, 41 (7): 780-786.

[52] 张刚雄, 李彬, 郑得文, 等. 中国地下储气库业务面临的挑战及对策建议 [J]. 天然气工业, 2017, 37 (1): 153-159.

[53] 姬忠礼, 邓志安, 赵会军, 等. 泵和压缩机 [M]. 北京: 石油工业出版社, 2008.

[54] 全国化工设备设计技术中心站机泵技术委员会. 工业泵选用手册 [M]. 北京: 化学工业出版社, 2011.

[55] 宋虎堂. 阀门选用手册 [M]. 北京: 化学工业出版社, 2007.

[56] 张清双, 尹玉杰, 明赐东. 阀门手册——选型 [M]. 北京: 化学工业出版社, 2013.

[57] 顾安忠. 液化天然气技术手册 [M]. 北京: 机械工业出版社, 2010.

[58] 郭怀东. 大型低温液体贮存站贮罐设计选型论证 [J]. 广东燃气, 2003, (1): 24-28.

[59] 王振良, 李臻. 国内外大型液化天然气储罐发展现状 [J]. 河南化工, 2010, 27 (5): 2-3.

[60] 高中稳, 王万磊, 冀峰, 等. 液化天然气储罐的选用 [J]. 石油化工设备, 2008, 37 (S1):

80-81.

[61] 《海洋石油工程设计指南》编委会. 海洋石油工程陆上终端与 LNG 接收站 [M]. 北京：石油工业出版社, 2008.

[62] 杜光能. LNG 终端接收工艺及设备 [J]. 天然气工业, 1999, 19 (5)：82-86.

[63] 曹文胜, 鲁雪生, 顾安忠, 等. 液化天然气接收站及其相关技术 [J]. 天然气工业, 2006, 26 (1)：112-115.

[64] 刘涛. 透平膨胀机常见故障分析及处理 [J]. 中国设备工程, 2002, (8)：34-35.

[65] 李丕明. 液化石油气储罐设计的几个问题 [J]. 山西化工, 2001, 21 (1)：1.

[66] 曾利坤. 压缩机在液化石油气储配站中的应用 [J]. 江西化工, 1998, (3)：23.

[67] 李鑫. 浅谈液化石油气泵的机械密封 [J]. 科技资讯, 2012, (10)：109-110.

[68] 李占辉. 液化石油气灌装工艺设计 [J]. 石油规划设计, 1995, (4)：41-42.

[69] 赵晓雷. 液化石油气灌装秤的改装 [J]. 组合机床与自动化加工技术, 1994, (3)：39-40.

[70] 王为江. 压缩机卸火车槽车液化石油气工艺设计 [J]. 广州化工, 2012, (7)：163-165.

[71] 张月静, 李彤民. 液化石油气的储存方式及选择 [J]. 油气储运, 1999, 18 (8)：1-5.

[72] 谭志明. 液化石油气及其低温常压储存 [J]. 石油化工, 1995, (24)：351-354, 298.

[73] 谭春艳, 杨永慧, 刘璐. 液化石油气泵的选型 [J]. 燃气技术, 2011, (42)：10-15.

[74] 钟迪, 李启明, 周贤, 等. 多能互补能源综合利用关键技术研究现状及发展趋势 [J]. 热力发电, 2018, (42)：10-15.

[75] 卢昕, 李艳彩. 油库自动化系统 [J]. 化学工程与装备, 2009, (8)：3.

[76] 张之栋. 石油库自动化系统的设计与实现 [D]. 上海：华东理工大学, 2014.

[77] 孟凡芹, 赵鹏程. 石油库仪表与自动化 [M]. 北京：中国石化出版社, 2008.

[78] 田媛. PLC 先进控制策略研究与应用 [D]. 北京：北京化工大学, 2005.

[79] 赵永军. 石油库自动化发油系统的研制 [D]. 北京：北京工业大学, 2005.

[80] 石永春, 张永国. 油库技术管理 [M]. 2 版. 北京：中国石化出版社, 2007.

[81] 曹伟伟. 油罐自动计量系统 [J]. 石油化工自动化, 2012, 48 (2)：5.

[82] 樊宝德, 朱焕勤. 油库计量与监控设备 [M]. 北京：中国石化出版社, 2006.

[83] 张越. 火车自动装车系统设计 [J]. 自动化与仪表, 2004, 19 (5)：4.

[84] 樊宝德, 杨晓婕. 油库加油站油气回收与减排技术 [M]. 北京：中国石化出版社, 2009.

[85] 罗时金. 油库自动化应用 [M]. 北京：中国石化出版社, 2014.

[86] 厉玉鸣. 化工仪表及自动化 [M]. 北京：化学工业出版社, 1991.

[87] 王骥程. 化工过程控制工程 [M]. 北京：化学工业出版社, 1981.

[88] 陆德民. 石油化工自动控制设计手册 [M]. 北京：化学工业出版社, 1988.

[89] 吴俊生, 邵惠鹤. 精馏设计、操作和控制 [M]. 北京：中国石化出版社, 1997.

[90] 吴勤勤. 电动控制仪表及装置 [M]. 北京：化学工业出版社, 1990.

[91] 王常力, 罗安. 集散型控制系统选型与应用 [M]. 北京：清华大学出版社, 1996.

[92] 朱东利. SIL 定级与验证 [M]. 北京：中国石化出版社, 2020.

[93] 《石油化工仪表自动化培训教材》编写组. 安全仪表控制系统 (SIS) [M]. 北京：中国石化出版社, 2009.11.

[94] Desai J N, Pandian S, Vij R K. Big data analytics in upstream oil and gas industries for sustainable exploration and development: A review [J]. Environmental Technology & Innovation, 2020, 21.

[95] Wang Z, Fan Z, Zhang X, et al. Status, trends and enlightenment of global oil and gas development in 2021 [J]. Petroleum Exploration and Development, 2022, 49 (5)：1210-1228.

[96] Zheng D, Xu H, Wang J, et al. Key evaluation techniques in the process of gas reservoir being converted into underground gas storage [J]. Petroleum Exploration and Development, 2017, 44 (5)：840-

849.
[97] Wood D A. A review and outlook for the global LNG trade [J]. Journal of Natural Gas Science and Engineering, 2012, 9: 16-27.
[98] Schafer-Perini L, Wilson J L. Three-dimensional stochastic flow and displacement in a five-spot pattern [C] //The 11th SPE Symposium on Reservoir Simulation. Anaheim: OnePetro, 1991.
[99] Vincent G, Corre B, Thore P. Managing structural uncertainty in a mature field for optimal well placement [J]. SPE Reservoir Evaluation & Engineering, 1999, 2 (4): 377-384.
[100] Aanonsen S I, Eide A L, Holden L, et al. Optimizing reservoir performance under uncertainty with application to well location [C] //SPE Annual Technical Conference and Exhibition. Dallas: OnePetro, 1995.
[101] Bittkow P, Riechel M, Boor G. Management of a complex cavern storage facility for natural gas [C] //SPE Annual Technical Conference and Exhibition. San Antonio: OnePetro, 1997.
[102] Bennion D B, Thomas F B, Ma T, et al. Detailed protocol for the screening and selection of gas storage reservoirs [C] //SPE/CERI gas technology symposium. Calgary: OnePetro, 2000.
[103] Cupems N J. Cryogenic storage facilities for LNG and NGL [J]. Technical and Economic Aspects of Natural Gas Liquefaction-Handling and Transport, 1980, (3): 119-129.
[104] René B. Liquefied natural gas [C] //9th World Petroleum Congress. Tokyo: OnePetro, 1975.
[105] Frank M, Edward R V. ETRM creating an LNG solution [J]. LNG Journal, 2006, (4): 22-23.
[106] Chris P. LNG terminal trends and choice advance [J]. LNG Journal, 2006, (3): 31-32.
[107] David C, Fritz P. LNG pump choices for the modern receiving terminal [J]. LNG Journal, 2005, (6): 31-34.